## Über dieses Buch

Die Nikomachische Ethik des Aristoteles unterscheidet sich bemerkenswert von allen anderen Schriften zur Ethik, die uns aus der Philosophie der Antike erhalten sind. Sie fordert nicht den vollkommenen Menschen und gibt keine Anweisungen zum glückseligen Leben. Sie leistet vielmehr eine gewissenhafte und genaue Analyse des ethischen Verhaltens, wie es im Alltagsleben sichtbar wird. Dabei fehlt keineswegs die philosophische Eindringlichkeit: Das erste und das letzte Buch sind erfüllt von der Forderung, das Glück dort zu suchen, wo das eigentliche Selbst des Menschen tätig ist – in der Erkenntnis der ewigen Dinge. Aber auch diese Forderung wird verhalten und nüchtern vorgetragen, denn gegen nichts ist Aristoteles in seiner Ethik so empfindlich wie gegen leere Tiraden, die davon schwärmen, daß der Philosoph auch in Folterkammern glückselig sei. Die Nikomachische Ethik ist das erste Werk überhaupt, das es unternimmt, was die Philosophie der Gegenwart als eine ihrer wichtigsten Aufgaben ansieht: die phänomenologische Bestandsaufnahme und Interpretation der gegebenen ethischen Tatsachen.

dtv-bibliothek
Literatur · Philosophie · Wissenschaft

Aristoteles
Die Nikomachische Ethik

Deutscher Taschenbuch Verlag

Übersetzt und herausgegeben von Olof Gigon.
Vollständige Ausgabe nach dem Text der zweiten,
überarbeiteten Auflage in der »Bibliothek der Alten
Welt« des Artemis Verlags, Zürich und München 1967.

Von Aristoteles
ist im Deutschen Taschenbuch Verlag erschienen:
Politik (6022)

1. Auflage Mai 1972
3. Auflage Mai 1978: 15. bis 19. Tausend
Deutscher Taschenbuch Verlag GmbH & Co. KG,
München
© 1951 und 1967 Artemis Verlags-AG, Zürich und
München
Umschlaggestaltung: Celestino Piatti unter Verwendung
einer Aristoteles-Statue, Bildarchiv Bruckmann
Gesamtherstellung: C. H. Beck'sche Buchdruckerei
Nördlingen
Printed in Germany · ISBN 3-423-06011-5

# EINLEITUNG

# I

*Die Nikomachische Ethik des Aristoteles ist die repräsentativste Zu-
sammenfassung und Weiterbildung der philosophischen Ethik, so wie
sie bei den Griechen durch die sogenannte Sophistik geschaffen und durch
die Sokratik aufs reichste entwickelt worden ist.*

*Von allen Texten, die sich in der Sammlung der aristotelischen
Schriften finden, ist sie im ganzen einer der lesbarsten und übersicht-
lichsten. Gewiß, für den Leser, der etwa von Platons Gorgias oder Politeia herkommt, wird es auch so nicht leicht sein, in die spröde Wissenschaftlichkeit des Aristoteles einzudringen. Aber die Schwierigkeiten
häufen sich doch nicht derart wie etwa in den metaphysischen und naturphilosophischen Texten.*

*Damit ist der Rahmen dieser Einleitung vorgezeichnet. Den Text
im einzelnen zu analysieren und zu erläutern können wir uns erlassen. Nicht zu umgehen ist dagegen eine – wenn auch zwangsläufig
skizzenhafte – Antwort auf die zwei Hauptfragen: wie entsteht die
philosophische Ethik bei den Griechen überhaupt und welches sind die
Grundtheoreme, die den Charakter der aristotelischen Ethik im besonderen bestimmen? Die erste Frage muß unserem Text die geschichtliche
Tiefe geben, die zweite eine innere Bewegung in einen Text bringen, der
sonst leicht als eine etwas einförmige, gestaltlose Masse erscheinen könnte.*

*Daß daneben über den literarischen Charakter des Textes und sein
Verhältnis zu den sonstigen ethischen Texten des Aristoteles etwas gesagt werden muß, ist selbstverständlich.*

*Wenn wir nach der Entstehung der philosophischen Ethik bei den
Griechen fragen, so begegnen uns sofort zwei Schwierigkeiten, die es
vorerst hinwegzuräumen gilt.*

*Die erste liegt in der Tatsache, daß die herkömmliche Philosophie-
geschichte in der Regel eine höchst einfache, viel zu einfache Beschrei-*

bung des in Frage stehenden Vorganges gibt. Schon im Altertum herrschte fast unbestritten die Auffassung, daß mit Anaxagoras und Archelaos die Naturphilosophie der Vorsokratiker zu Ende gegangen sei und mit Sokrates die Ethik begonnen habe. Schon Aristoteles selbst kennt dieses Schema, und bei Cicero findet sich das berühmt gebliebene Bild: Sokrates habe als erster die Philosophie vom Himmel herabgeholt und in den Städten und Häusern der Menschen angesiedelt. Das Schema und auch das mit alten mythologischen Vorstellungen spielende Bild dürfte aus der Sokratik stammen. Platon freilich gehört es nicht. Gewiß läßt er an bedeutender Stelle seiner Apologie den Sokrates erklären, er habe mit der Naturphilosophie nichts zu schaffen. Aber er sagt dies nicht im Namen der Ethik; denn an derselben Stelle erklärt Sokrates, er habe sich auch nie angemaßt, als ethischer Erzieher aufzutreten. Sokrates redet bei Platon im Namen eines Nichtwissens, dessen Wurzeln eher ontologischer als ethischer Art sind. Platon kann also als Urheber der philosophiegeschichtlichen These, daß Sokrates der erste Ethiker und Schöpfer der philosophischen Ethik gewesen sei, nicht in Frage kommen. Er kennt die These zwar, aber geschaffen ist sie von einem anderen Sokratiker. Die Überlieferung nennt unter den Sokratikern nur zwei, die den Gegensatz zwischen der Ethik als dem Unum Necessarium und der nutzlosen Vielwisserei der Naturphilosophen auf das schärfste herausgehoben haben: Antisthenes von Athen und Aristippos von Kyrene. Einer von diesen beiden wird es sein, dem Sokrates den Ruhm verdankt, der erste Ethiker der antiken Philosophiegeschichte gewesen zu sein.

Von vornherein kann man an diesem Schema zwei Dinge bedenklich finden. Das erste ist die soeben berührte Tatsache, daß es zum platonischen Sokratesbild nicht recht passen will. Das zweite ist dies: der Sokratiker, der zuerst den Sokrates die Naturphilosophie im Namen der Ethik verwerfen ließ, hat aller Wahrscheinlichkeit nach zunächst bloß beabsichtigt, den Sokrates gegen das Bild zu verteidigen, das Aristophanes in seiner Komödie «Die Wolken» von ihm gezeichnet hatte. Bei Aristophanes ist Sokrates der typische Naturphilosoph, der weltabgewandt und zugleich mit unverschämtem, ja blasphemischem Hochmut die Dinge über und unter der Erde erforscht. Zu dieser Thesis ist unser Schema die Antithesis, und man könnte vielleicht der Meinung sein, daß in einem solchen Falle die Frage nach der Geschichtlichkeit der Antithesis mit der Frage nach der Geschichtlichkeit der Thesis solidarisch sei. Denn am Ende ist möglicherweise weder der fanatische Naturphilosoph noch der fanatische Ethiker der geschichtliche Sokrates. Es sind vielleicht nur Programme, die gegeneinander ausgespielt werden. Und es können zu einem guten Teil mehr oder weniger äußerliche, sozusagen literarische Gründe gewesen sein, die dazu führten, Sokrates bald mit dem einen, bald mit dem anderen Programm zu behängen. Die Frage ist jedenfalls offen und auch durch die bisherige Forschung noch keineswegs beantwortet.

Dazu kommt endlich das grundsätzliche Bedenken, daß ein Gebilde wie die philosophische Ethik so wenig wie irgendein anderer großer Gedanke plötzlich durch Urzeugung in einem einzigen Menschen entstanden sein dürfte.

Doch das moderne geschichtliche Bewußtsein hat sich dadurch in der Regel nicht hindern lassen, das einfache Schema der antiken Philosophiegeschichte ohne ernsthafte Vorbehalte anzunehmen. Sie hat als Ergänzung lediglich zwischen den Naturphilosophen und Sokrates die sogenannten Sophisten eingeschoben, die aus verschiedenen Gründen von der Antike nicht berücksichtigt worden waren. Damit war zwar zugestanden, daß der einfache Gegensatz zwischen der ionischen Naturphilosophie eines Anaxagoras und der Gesprächskunst des Sokrates zum Verständnis der geschichtlichen Entwicklung nicht ausreicht. Aber zu einer positiven Interpretation des damit gewonnenen Tatbestandes kam es dennoch nicht, weil gleichzeitig das polemisch gehässige Urteil Platons über jene Sophisten unbesehen übernommen wurde. Dies machte es unmöglich, die Sophisten an ihrem geschichtlichen Orte ernst zu nehmen, nämlich als echte Vorläufer der Sokratik auf dem Weg zum Aufbau einer philosophischen Ethik. Wohl erhielten die Sophisten in den geschichtlichen Darstellungen ihr Kapitel, aber geschildert wurden sie zumeist als eine Gesellschaft oberflächlicher Schwätzer und Charla-

*tane, die es höchstens zu einer ausgesprochen unsympathischen Aufklä-rung gebracht hätten – ein Urteil, dem jedes wirkliche historische Ver-stehen mangelte. So blieb es letzten Endes doch dabei, daß Sokrates die philosophische Ethik plötzlich wie aus dem Nichts hervorgezaubert haben sollte.*

*Die Entwicklung dieses Schemas in der Antike selbst ist recht cha-rakteristisch. Seinem Schöpfer kam es, wie wir vermuteten, in erster Linie auf den programmatischen Gegensatz zum Sokratesbild des Ari-stophanes an. Der Athener Sokrates sollte damit als der leidenschaft-lichste Gegner und Überwinder der aus dem Ausland eingedrungenen Naturphilosophie dargestellt werden. Dies war der Ausdruck einer ganz präzisen polemischen Situation. Wenig später wurde aber daraus eine historische Aussage gemacht, die nun zu einem entscheidenden Glied im Ablauf der antiken Philosophiegeschichte wurde: Sokrates leitet als Begründer der Ethik eine neue Epoche der Philosophie ein. Als solcher figurierte er vermutlich schon im ersten Buch der aristoteli-schen Programmschrift «Über die Philosophie» (einer Schrift, von der in der Einleitung zur Metaphysik noch ausführlich die Rede sein muß).*

*Ein gewisses beschränktes Maß von Richtigkeit kann natürlich trotzdem dieser These zugebilligt werden. Nur muß man die Tatsa-chen anders formulieren. Richtig ist, daß die ionischen Naturphiloso-phen, von denen in perikleischer Zeit eine ganze Reihe sich in Athen aufhielt: Anaxagoras, Hippon, Demokrit, in Athen selbst keine eben-bürtigen Nachfolger gefunden haben. Archelaos, Antiphon und Kri-tias waren nur noch Nachzügler. Bloß läßt sich dieser unbestreitbare Mißerfolg der Naturphilosophie in Athen kaum als Werk des Sokrates bezeichnen. Hier waren andere Kräfte im Spiele: in erster Linie die mißtrauische Altgläubigkeit des Volkes von Athen, das in der For-schung der Naturphilosophen nur verschrobene Liebhaberei und blas-phemische Vorwitzigkeit erblickte; in zweiter Linie das ausdrückliche Erziehungsprogramm der Sophisten, deren bedeutendster, Protagoras, schon dieselbe Forderung aufstellte, die dann von den Sokratikern An-tisthenes und Aristippos einerseits, von einem Literaten wie Isokrates anderseits übernommen wurde: der Wert der theoretischen Wissenschaften wie Astronomie, Geometrie, Arithmetik usw. bemesse sich ausschließlich an ihrer ethischen und praktischen Brauchbarkeit. Was darüber hinausgehe, sei überflüssig.*

*Diese beiden Faktoren haben in der Tat die Weiterentwicklung der Naturphilosophie in Athen auf das schwerste gehemmt, so daß es berechtigt erscheinen kann, aus einer zunächst freilich nur athenischen Perspektive vom Abklingen der alten Naturphilosophie überhaupt zu sprechen. Dabei kann in den außerattischen Zentren der griechischen Geistesgeschichte der Verlauf der Entwicklung sehr wohl ein ganz anderer gewesen sein. Allerdings könnte auch da zugegeben werden, daß der Prozeß der inneren Auflösung der alten einheitlichen Naturphilosophie in eine Reihe von Spezialwissenschaften, der sich vom Ende des 6. Jahrhunderts v. Chr. an vollzieht, unvermeidlich auch eine Minderung der geschichtlichen Stoßkraft der Naturphilosophie überhaupt nach sich gezogen hat.*

*Richtig ist endlich, daß ebenfalls in der perikleischen Zeit die philosophische Ethik zum ersten Male feste Gestalt gewonnen hat. Aber daß auch dieses Ereignis keineswegs an die Person des Sokrates geknüpft gewesen ist, werden wir gleich zu erkennen haben.*

*Was der faktische geschichtliche Anteil des Sokrates an der unvergleichlichen Bewegtheit war, die in der zweiten Hälfte des 5. Jahrhunderts Athen erfüllte, das wird uns vermutlich für immer unbekannt bleiben. Denn wo von ihm in der uns erhaltenen Literatur die Rede ist, ist er fast immer nur Symbol und Repräsentant philosophischer Gedanken und Programme, nie eindeutig geschichtliche Person. Und was die Gedanken selbst betrifft, deren Träger Sokrates in bestimmten Texten ist, so wird ihre Entfaltung paradoxerweise zumeist erst dann begreiflich, wenn wir Sokrates als geschichtlich bewegenden Faktor ausschalten. Wohl fällt sein Leben mit der Zeit und dem Ort zusammen, an dem der griechische Geist sich am mächtigsten entfaltet hat. Aber seine geschichtliche Person bleibt im Dunkel. Wohl dürfen wir glauben, daß er einen vermutlich sehr wesentlichen Raum erfüllte. Aber die*

*Paradoxie der geschichtlichen Überlieferung will es, daß wir diesen
Raum nirgends entdecken und immer nur auf die Räume stoßen, in denen gerade nicht er zu Hause ist.*

*Wir haben von zwei Schwierigkeiten gesprochen, die bei der Frage
nach der Entstehung der philosophischen Ethik bei den Griechen begegnen. Die erste ist mit dem Namen des Sokrates bezeichnet. Die zweite
ist die, daß wir uns grundsätzlich überlegen müssen, worin sich denn
die philosophische von einer vorphilosophischen Ethik unterscheidet.
Eine Erklärung hierüber muß gewagt werden, auch wenn es selbstverständlich ist, daß eine Äußerung des Philosophiehistorikers oder gar
des Philologen zu diesem Gegenstand von dem universalen Standpunkt
des systematischen Philosophen aus äußerst einseitig, lückenhaft und
primitiv aussehen wird.*

*Es scheint, daß die vorphilosophische Ethik vorzugsweise durch zwei
Elemente charakterisiert ist. Fürs erste ist sie unsystematisch und konkret. Sie besteht in einer lockeren Masse einzelner Anweisungen für die
verschiedensten Lebenslagen, ohne daß irgendein Mittelpunkt bezeichnet würde, auf den hin und von dem aus alle Einzelbestimmungen zu
verstehen wären. Es fehlt gewiß in den verschiedenen Gruppen ethischer
Texte, die wir aus der griechischen Frühzeit besitzen, die Einheit nicht
völlig. Wenn wir etwa an die drei Gedichte denken, aus denen noch der
Athener des 5. Jahrhunderts in der Schule die ethische Belehrung zu
empfangen pflegte, so sehen wir, daß die Lebensregeln Hesiods zur
Hauptsache auf ein Bild des gläubigen und arbeitenden Menschen hin
ausgerichtet sind und daß umgekehrt hinter den Elegien des Theognis
von Megara das Ideal des adligen Herrn steht, dessen höchster Ehrgeiz
es ist, von seinen Freunden geehrt und von seinen Feinden gefürchtet zu
werden und im übrigen mit Reichtum wohl versehen zu sein. Bei dem
dritten, Phokylides, wird es sich ähnlich verhalten haben. All das sind
aber keine ausgesprochenen Lebensziele, denen bewußt die Einzelvor-
schriften als Mittel zum Zweck untergeordnet wären. Es sind lediglich
Umrisse einer Gesamthaltung und einer Lebensform, zu der hin die
ethischen Regeln mehr oder minder sichtbar konvergieren. Der Begriff*

*des ethischen Endzwecks, des Telos, wie er uns zuerst bei Platon aus-*
*drücklich belegt ist, fehlt in der vorphilosophischen Ethik vollkommen.*

*Man mag beifügen, daß alle ethischen Regeln der Frühzeit ganz*
*konkret formuliert sind. Sie sollen vor allem dem jungen Menschen*
*Direktiven geben, wie er sich in dieser oder jener präzisen Situation*
*zu verhalten habe. Vielfach gehen sie in reine gesellschaftliche Spiel-*
*regeln über: es wird gesagt, wie man sich den Eltern, den Freunden, den*
*Nachbarn, den älteren Personen gegenüber zu benehmen habe, was*
*für eine Frau man zur Ehe wählen und welche Stellung man ihr*
*einräumen solle, wie man Geschenke machen und Geschenke empfangen*
*müsse usw. Aristoteles selbst hat in das vierte Buch der Nikomachischen*
*Ethik eine ganze Menge solcher Regeln hineingearbeitet, die für*
*uns vielfach mehr gesellschaftlichen als eigentlich ethischen Charakter*
*haben.*

*Der zweite Hauptpunkt ist der, daß die vorphilosophische Ethik ihre*
*Autorität nicht aus irgendwelchen absoluten, rational nachweisbaren*
*Prinzipien schöpft, sondern aus der jeweiligen Tradition. Höchste In-*
*stanz und letzter Grund aller ethischen Verbindlichkeit ist das Vor-*
*bild der vorangehenden Generationen, der Ahnherren der Familie und*
*des Stammes. Das ist im alten Hellas grundsätzlich nicht anders gewe-*
*sen als in Rom. Der Einzelne ist verpflichtet, sich so und nicht anders*
*zu verhalten, weil alle Vorfahren und die Helden der Vorzeit sich so*
*und nicht anders verhalten haben und dabei zu Ruhm oder Reichtum*
*gekommen sind.*

*Wir haben damit jene Züge der vorphilosophischen Ethik genannt,*
*die wohl als das eindeutigste Gegenbild der philosophischen Ethik gelten*
*können. Philosophisch nennen wir eine Ethik, die, mit welchem Gehalt*
*immer, ein rational begründetes geschlossenes System darstellt, also eine*
*Ethik, deren Basis eine jeden Menschen betreffende Richtigkeit und de-*
*ren Ziel ein einziges ist. Nach dem Ursprung solcher Ethik bei den*
*Griechen haben wir zu fragen.*

*Eine Ergänzung ist an dieser Stelle kurz anzubringen. Ich habe*
*an anderer Stelle dargelegt, daß die ionische Naturphilosophie metho-*

*disch von Anfang an zwei verschiedene Strukturen aufweist: sie ist auf der einen Seite Systemkonstruktion (Interpretation des Kosmos als eines zeiträumlichen Ganzen mit geschlossener Ordnung), auf der anderen Problemforschung (Erklärung einzelner seltener, auffallender und beunruhigender Phänomene). Dieselbe Doppelheit kann man auch in der griechischen Ethik finden. Man kann den Übergang zur philosophischen Ethik verstehen als einen Übergang von traditionalistischer Systemlosigkeit zu rationaler Systematik. Man kann ihn auch verstehen als den Übergang von unreflektierter Selbstverständlichkeit zu bewußter Problematik. Und zwar konzentriert sich diese Problematik auf bestimmte einzelne Vorstellungen der archaischen Ethik, die herausgegriffen und durch Generationen hindurch diskutiert werden, mehr oder weniger unabhängig von der ethischen Systematik, die sich gleichzeitig daneben ausbildet. Als Beispiele seien zwei solche Probleme angeführt, die auch in der Nikomachischen Ethik eine Rolle spielen: in archaischer Zeit umfaßt der Gesamtbegriff menschlicher Tüchtigkeit, Arete, ganz selbstverständlich gleichzeitig untadeliges Handeln, standesgemäßes Auftreten, Reichtum, der solches Auftreten erlaubt, und Ansehen unter den Standesgenossen, wie es sich aus solchem Handeln und solchem Auftreten ergibt. Demgegenüber setzt in spätarchaischer Zeit ein Prozeß der Verinnerlichung des Arete-Begriffs ein. Es wird zum Problem, ob und wieweit unter Arete nichts anderes als die innere Verfassung des Menschen, die Rechtlichkeit seiner Gesinnung, unabhängig von Reichtum, Ansehen und Erfolg, unabhängig auch von der Tat als solcher verstanden werden könne oder gar müsse. Ferner: in archaischer Zeit ist die Arete auch selbstverständlich an die adlige Herkunft gebunden; ähnliches beanspruchten vermutlich auch die höheren Techniten wie Ärzte, Seher und Künstler für ihre Leistung; auch für sie war die Herkunft aus Asklepiaden- oder Daidalidenstamm und die gottgeschenkte Begabung unersetzbare Bedingung. Doch beides änderte sich, und es erhob sich das vielberühmte Problem, ob und in welchem Umfang Herkunft und Begabung durch bloßes Lernen ergänzt oder gar ersetzt werden könnten.*

*Es ist natürlich unverkennbar, daß das Aufkommen dieser Probleme in direktem Zusammenhang steht mit den sozialen Erschütterungen des 6. Jahrhunderts. Die Adelsgesellschaft verarmt, verliert Macht und innere Geschlossenheit, und ihr Ideal der Arete zieht sich in die Innerlichkeit zurück oder wird als Gegenstand planmäßiger Belehrung frei verfügbar. Dies führt zu den Fragen, die als selbständige Komplexe das ganze 5. und 4. Jahrhundert beschäftigt haben.*

*Doch gehen wir nun zum Hauptproblem über: Wie bildet sich bei den Griechen die philosophische Ethik in dem oben angedeuteten systematischen Sinne?*

*Die philosophische Ethik der Griechen entsteht, allgemein gesagt, aus zwei Ursprüngen: einmal aus der Rationalisierung und Radikalisierung von Gedanken, die in der vorphilosophischen Lebensweisheit schon lange vorbereitet waren; sodann durch stärkste Anstöße von außen in der Weise, daß die Ethik zu anderen, bereits organisierten Bereichen des Denkens in Beziehung gebracht wird.*

*Wir nehmen das zweite Moment voraus. Formend haben auf die Ethik vor allem zwei Komplexe eingewirkt, die Medizin und die spekulative Naturphilosophie.*

*Die Medizin und die Ethnologie haben den Begriff der menschlichen Natur geliefert. Wie kein anderer Begriff hat er die ethischen Traditionen gesprengt und in einer zunächst gewollt paradoxen Weise eine auf die Beobachtung der menschlichen Natur überhaupt gegründete absolute Ethik ermöglicht. Ihm müssen wir uns besonders zuwenden.*

*Der Begriff der Natur als eines Vorgegebenen, von dem ausgegangen werden muß, ist zunächst, wie es scheint, heimisch gewesen in der Ethnologie, wo die Völkerbeschreibungen der ionischen Reisenden dem Schema folgen, daß auf der einen Seite die konstitutiven, also naturhaften Eigenschaften stehen, auf der anderen die (positiven oder negativen) Eigenschaften, die durch Sitten und Lebensweise dazukommen; sodann in der eigentlichen Medizin, wo eine natürliche Verfassung des menschlichen Körpers abgehoben wird von den verschiedenen Kulturfaktoren, durch die sie günstig oder ungünstig modifiziert werden*

*kann. Es handelt sich auf dieser Stufe durchaus um zwei Komponenten,
nicht etwa um eine Antithese (so kann es sehr wohl sein, daß an sich
schwächliche Naturen durch abhärtende Kulturmaßnahmen gekräf-
tigt werden können; es kann auch das Umgekehrte eintreten, so die von
den Persern planmäßig geförderte Verweichlichung des lydischen Volkes). Seltsamerweise ist es nun nicht möglich, historisch festzustellen,
wer den Sinn des Begriffspaares eingeengt, es eindeutig auf den Gegensatz von Natur und Tradition festgelegt und auf die Ethik übertragen
hat. Es muß einer der großen Sophisten gewesen sein. Doch darauf
kommt hier weniger an. Wir haben vor allem den Gehalt dieser Antithese hervorzuheben. Der Kern ist so einfach, daß er nicht vieler Worte
bedarf. Gegen die Vielheit der wandelbaren und widersprechenden
ethischen Traditionen wird rekurriert auf die immer gleichbleibende
ursprüngliche menschliche Natur. Die Frage, die sich aber sofort auf-
drängt, ist diejenige, woraus denn abgelesen werden kann, was die Natur des Menschen faktisch sei. An zwei Stellen werden bezeichnenderweise Repräsentanten der reinen vorgegebenen Natur gefunden. Der
eine ist das Kind, so wie es bei der Geburt ist, noch ehe irgendein erzie-
herischer Einfluß es hat verändern können. Der andere ist das Tier, das
in einem weiteren Sinne als das von jeder sekundären Einwirkung freie
Lebewesen aufgefaßt wird. Diese beiden Quellen naturgegebenen elementaren Verhaltens werden in der ethischen Literatur vom Beginn des
4. Jahrhunderts an immer wieder angeführt; natürlich stellt sich wohl
recht früh auch eine Gegentendenz ein, für die der Mensch gerade das
ist, was das Kind und das Tier nicht oder noch nicht zu sein vermögen.
Jedenfalls darf hier schon gesagt werden: wo immer wir bei Aristoteles
in positiver oder negativer Verwendung auf das Paar Kind und Tier
stoßen, haben wir es letzten Endes mit ethischen Diskussionen des Sophi-
stenzeitalters zu tun. Schon Herodot läßt ja in einer berühmten Erzählung den ägyptischen König Psammetichos die Frage nach der Ur-
sprache der Menschheit so beantworten, daß er zwei Säuglinge von
jeder menschlichen Einwirkung hermetisch abschließt und beobachten
läßt, welcher Sprache die ersten Laute seien, die sie von sich geben.*

*Welches sind nun die Formen der Ethik, die sich da ergeben – Formen, die wir im Prinzip als die ältesten Typen philosophischer Ethik bezeichnen können?*

*Es sind ihrer zwei, die einander polar gegenüberstehen.*

*Die eine ist die Lustethik. Klassisch ausgeprägt ist sie durch Epikur, aber es besteht kein Zweifel, daß sie in ihren Grundzügen nicht nur auf den Sokratiker Aristippos, sondern über ihn hinaus auf einen der Sophisten zurückgeht. Ihre ungeheure Wirkung verdankt sie gerade der Eindeutigkeit, mit der sie auf die evident beobachtete Natur des Tieres und des Säuglings zurückgeführt wird. Tier und Säugling kennen nur die zwei Reaktionen, die Lust zu suchen und dem Schmerz zu wehren. Daraus ergibt sich, daß dies die einzigen ursprünglichen und allgemeingültigen Reaktionen sind und die undiskutierbaren Grundlagen einer naturgemäßen Ethik.*

*Die andere Ethik dieser Art ist diejenige des Willens zur Macht. Sie geht aus von der Beobachtung am Tiere. Die stärksten Tiere, wie die Löwen und Stiere, üben eine unbedingte Vorherrschaft aus und werden von den Schwächeren in ihrer Vorherrschaft auch unbedingt anerkannt. So finden wir in einigen bedeutenden Stellen des platonischen Gorgias und Thrasymachos die Spuren eines Traktates der Sophistenzeit, der eben diesen Willen zur Macht als die einzige naturgemäße Ethik verficht.*

*Es bedarf keines langen Nachweises, um zu zeigen, daß diese beiden Typen der Ethik nicht nur philosophisch absolut, sondern auch extrem aufklärerisch haben wirken wollen. Der Wille zur Macht war der äußerste Gegensatz zum Ideal demokratischer Gleichheit, und die Ethik der Lust gab sich oft als eine offene Verhöhnung des archaischen Heroentums. Platon hat beide im Gorgias nicht ohne Gewaltsamkeit zu einem einzigen Komplex zusammengerafft und mit aller Leidenschaft bekämpft. Aristoteles geht in der Nikomachischen Ethik einen anderen Weg. Ihm liegt es weniger daran, diese Lehren zu widerlegen als sie sozusagen zu domestizieren. Der Machtethik sucht er die Spitze abzubrechen durch seine Theorie der proportionalen Gerechtigkeit, der*

Lustethik dadurch, daß er zwar die Lust als physischen Genuß ablehnt, aber die Lust an der Tugend für einen notwendigen Teil des tugendhaften Lebens erklärt.

Ein weiterer Punkt ist zu berühren. Jede Ethik, die ihres Namens wert ist, erhält ihr imperativisches Gewicht vorzugsweise dadurch, daß ihre Sätze dem zuwiderlaufen, was der Mensch seiner Neigung nach tun möchte. Ethik ist in ihrem Wesen nicht Bestätigung dessen, was der Mensch ohnehin tut und tun möchte, sondern gerade der pathetische Widerspruch dazu. Dann kann sie aber nur «von oben» kommen, nur thetisch gesetzt werden. Dem steht aber wiederum das Bedürfnis des Menschen nach einer Begründung der ethischen Forderungen entgegen. Der Mensch will begreifen, warum er so handeln soll. Dies drängt dazu, die ethische Forderung als evident nachzuweisen und sie aus der Natur des Menschen so abzuleiten, daß sie einfach bekräftigt, was er in unverbildetem Zustand von selbst tun würde. Es springt dabei eine unaufhebbare Antinomie heraus. Denn der Gegensatz zwischen der Paradoxie des reinen Imperativs und dem Verlangen nach begründender Evidenz ist unaufhebbar.

Dies muß um so eher festgehalten werden, als wir nun fragen, wie die beiden bisher genannten Typen von Ethik weitergewirkt haben. Da zeigt es sich, daß der Versuch, die Ethik auf der evidenten Erfahrung an Kind und Tier aufzubauen, derart suggestiv gewirkt hat, daß auch die sonstigen Entwürfe einer philosophischen Ethik im 5. Jahrhundert sich dem Zwang nicht haben entziehen können, etwas Entsprechendes zu geben. Dies gilt in erster Linie für die zwei Doktrinen, die man neben der Ethik der Lust und der Ethik des Machtwillens als die ältesten und repräsentativsten Versuche philosophischer Ethik wird bezeichnen können.

Es ist auf der einen Seite die Ethik der reinen Erkenntnis, auf der anderen die Ethik der Tugend.

Die Ethik der Erkenntnis, daß also die reine Tätigkeit des Geistes die höchste Form des menschlichen Lebens sei, erwächst geschichtlich aus mancherlei Motiven: aus der Naturphilosophie, die dem Menschen einen Gegenstand des Umgangs gibt, der unvergleichlich viel größer und dauerhafter ist als alles, was er in der Praxis des alltäglichen Daseins anzutreffen vermag; aus religiösen Vorstellungen, wonach eben jener Himmelsraum, mit dem sich die Naturphilosophie befaßt, die wahre Heimat des Menschen und seiner Seele sei; ferner aus der Anschauung, daß der Mensch allein und nur gerade durch das Erkennen, den Logos, sich vom Tiere unterscheide und durch nichts anderes. (Es ist hier nicht der Ort, darauf einzugehen, wie antik gerade eine solche Ausdifferenzierung des Menschen ist. Der uns näherstehende Aspekt des Problems, daß nämlich der Mensch weniger durch das Erkennen als vielmehr durch die Möglichkeit freier Entscheidung vor allen andern Wesen ausgezeichnet ist, tritt in der Antike kaum hervor.) Endlich hat auch das Bild des Dichters eine Rolle gespielt, der anders ist als alle andern Menschen, der menschlich schutzlos, aber ein Freund der Götter ist.

Daraus entsteht denn eine Ethik, deren paradoxer Charakter in der Antike selbst durchaus empfunden worden ist. Ihr Ziel war eine Lebensform, die dem, was die Menschen gemeinhin erstreben und sich vorstellen, auf das entschiedenste entgegengesetzt war: denn nicht das Handeln in der Welt und in der Gemeinschaft, sondern die Absonderung für sich in der Betrachtung des Ewigen wird der einzige Sinn des Daseins.

Auch diese Ethik gehört, wie Platons Gorgias und Theaitetos zeigen, noch dem 5. Jahrhundert an. Und auch sie kann einer Anknüpfung an die Evidenz empirischer Beobachtung der menschlichen Natur nicht entrinnen. Aristoteles hat ja diese Ethik übernommen. Er entwickelt sie in seiner «Mahnschrift zur Philosophie», deren Reste in einem andern Bande der Sammlung mitgeteilt werden sollen. Sie bildet auch den Rahmen der Nikomachischen Ethik: ihr erstes und ihr letztes Buch handeln von ihr, zum Teil natürlich in stärkstem Anschluß an die Mahnschrift. Da wird es denn sichtbar, wie Aristoteles sich bemüht, auf jede Weise zu zeigen, daß selbst das Kind und der primitivste Mensch dem reinen Erkennen zustreben: das Kind freut sich am Anschauen schöner Gegenstände, und jeder Mensch liebt das Bekannte und fürchtet das Unbekannte – eine Deutung elementarer Regungen, die erstaunlich eng neben die Argumentationen der Lustethik tritt.

*Nicht anders steht es mit der Ethik der Tugend. Hier können wir allerdings geschichtlich viel schwerer erkennen, welches ihre Wurzeln sind. Doch auch sie hat im Ansatz einen unzweifelhaft paradoxen Charakter in dem Sinne, daß sie den Menschen radikal auf seine Innerlichkeit verweist. Nicht die äußeren Güter, das Ansehen unter den Menschen und das gesicherte Leben sind ein Wert, sondern einzig und allein das innere Bewußtsein der Tugend. Sie allein genügt zur Glückseligkeit, denn es gibt keine Spaltung zwischen Gutem und Nützlichem. Diese radikal verinnerlichte, alle Werte, an die etwa die homerische Welt glaubte, negierende Ethik ist in Vorstufen schon in der Reflexion des 6. Jahrhunderts zu finden. Ausgesprochen wird sie aber wohl erst gegen Ende des 5. Jahrhunderts. Das Paradoxon ist vielleicht hier am schärfsten: das Bewußtsein der Gerechtigkeit genügt zum Leben und macht völlig gleichgültig gegen den Tod. Zwar nicht Platon, aber ohne Zweifel andere Sokratiker haben aus dem Schicksal des Sokrates diese äußerste Konsequenz gezogen.*

*Aber selbst diese Ethik bedurfte eines Rückhaltes in der Evidenz. Sie kam nicht aus ohne den empirischen Nachweis, daß der Mensch in Wahrheit von seiner Geburt an nichts anderes suche als das Gute und die Tugend. Hier haben wir eine der problematischsten Stellen gerade in der klassischen philosophischen Ethik der Griechen. So wird gezeigt, daß auch die Tiere nicht ohne Gefühle der Aufopferung und Fürsorge seien. Dann gehört hieher der für uns so fremdartige Gedankenkomplex, daß kein Mensch bei klarer Einsicht in die Situation etwas anderes als das Gute wählen würde, so daß also die Spontaneität der Natur zur Tugend drängt und es immer nur an der Kenntnis der Situation mangelt, wenn der Mensch sich verfehlt. Endlich haben wir drittens einen noch schwerer faßbaren Gedanken, der das Gute und Förderliche als das dem Menschen ursprüngliche «Vertraute» bezeichnet, was also elementar zu ihm gehört, wogegen das Schlechte das «Fremde» ist. Der Gedanke hat in der Tugendethik der Stoa eine bedeutende Rolle gespielt, dürfte aber auch schon vorplatonisch sein – mindestens im Kern.*

*So haben sich zunächst am medizinisch-ethnologischen Begriff der Natur zwei Formen philosophischer Ethik entwickelt: die Lustethik und die Machtethik; zwei weitere Formen sind sekundär an ihn angelehnt worden: die Ethik des reinen Erkennens und die Tugendethik.*

*Als zweites, so sagten wir, hat die spekulative Naturphilosophie auf die Ethik eingewirkt. Dies wird zuerst greifbar bei Heraklit von Ephesos, der als erster den Kosmos als einen Staat interpretiert und ein und dasselbe Gesetz im Kosmos wie im Leben jedes einzelnen Menschen unerbittlich walten läßt. Dann könnte gesprochen werden von der Bedeutung, die bei manchen der Naturphilosophen der Begriff der Gerechtigkeit hier und der Liebe dort besessen hat. Damit werden nun freilich ethische Begriffe auf die Naturphilosophie übertragen. Aber es ist kein Zweifel, daß umgekehrt die Verwendung dieser Begriffe in der Naturphilosophie ihnen auch in der Ethik ein besonderes Gewicht verliehen hat.*

*Viel wichtiger ist ein anderer Zusammenhang. Es ist die vielleicht schon in der Sophistik, sicher aber durch den Sokratiker Eukleides vollzogene Gleichung des «Guten» mit dem kosmisch «Seienden» des Parmenides. Welche Motive dazu führten, können wir hier nicht im einzelnen untersuchen. Nur eines muß hervorgehoben werden. Altgriechisch ist der Gedanke, daß alle konkreten Werte des Lebens (Reichtum, Schönheit, Klugheit usw.) insgesamt ambivalent seien, da sie alle ebensogut zum Unglück wie zum Glück führen könnten: den Midas hat sein Reichtum, den Palamedes seine Klugheit ins Verderben gestürzt. Der Mensch weiß von keinem Werte, der unbedingt zuverlässig und eindeutig wäre. Nur die Gottheit kennt solche Werte. Darum bleibt nichts anderes übrig, als die Gottheit um dieses «Gute» überhaupt zu bitten, dessen materiale Bestimmung die Kompetenz des Menschen durchaus überschreitet. Diesem Gedanken nun steht die parmenideische Seinslehre überraschend nahe. Auch da haben wir eine Welt der erfahrenen, bekannten Wirklichkeit, deren Wesen die Widersprüchlichkeit und Zweideutigkeit ist. Was wir vor uns sehen, ist dadurch charakterisiert, daß es ebenso sehr ist wie nicht ist. Dahinter steht aber ein eindeutiges und dauerhaftes Sein. Doch der Mensch kann es auf menschlichen Wegen*

*nicht erkennen. Er bedarf der Führung der Gottheit, um dorthin zu
gelangen. Es ließe sich zeigen, wie das zentrale Postulat des frühen
Platon, die Episteme vom Guten, Zug um Zug der parmenideischen
Noesis des Seienden entspricht. Beides soll in einem strengsten Sinne Wissenschaft
sein. Das Gute soll genau so unveränderlich und ewig mit sich
selbst identisch sein wie das Seiende des Parmenides. Was aber das Gute
eigentlich sei, läßt sich ebensowenig sagen, wie was und wo das Seiende
eigentlich sei. Darum kann denn auch Aristoteles in der Nikomachischen
Ethik nichts mit diesem unfaßbaren Guten anfangen, da es ihm
um das Gute für den Menschen zu tun ist, auch um den Preis einer
letzten Endes nicht aufzuhebenden Ambivalenz.*

*Es ist nicht ohne Interesse, zu sehen, daß es neben dieser Gleichung
von Gutem und Seiendem auch eine Art von Gegenstück dazu gegeben
hat, eine wiederum ontologisch begründete Ethik, die aber nicht vom
Guten, sondern von der Lust ausging und diese nicht mit dem Seienden,
sondern mit dem Werden verknüpfte. Es ist die Ethik des Sokratikers
Aristippos von Kyrene.*

*Zum parmenideischen Seienden ist als Gegenbegriff derjenige des unendlichen
Werdens geschaffen worden. Und wenn das Seiende nur der
Gottheit bekannt ist, so folgt, daß der Mensch nur das Werden wirklich
begreift. Ein Werdendes und Bewegtes in diesem Sinne sind Lust
und Schmerz, jenes als eine ruhige, dieses als eine stürmische Bewegung.
Die innere Wahrnehmung dieser beiden Bewegungen ist das einzige,
was dem Menschen verläßlich zugänglich ist. Sein Leben hat er danach
einzurichten.*

*Nicht nur Platon, sondern auch Aristoteles in den Abschnitten der
Nikomachischen Ethik, die von der Lust sprechen, diskutiert diese ontologische
Lustethik.*

*Noch in einer andern Richtung scheint die Naturphilosophie entscheidend
auf die Ethik eingewirkt zu haben. Denn von ihr scheint der
Begriff des Telos zu stammen als des letzten Zieles, dem sich alle anderen
Ziele und Zwecke unterordnen. Ist der Begriff der Natur grundlegend
für die Rationalität der philosophischen Ethik geworden, so ist*

*es der Begriff des Zieles für ihre Ausgestaltung zum geschlossenen System.*

*Was hier gemeint ist, ist in seiner ausgebildeten Form aus unzäh-ligen Stellen des Aristoteles wohlbekannt: jeder Zweck ist selbst Mittel zu einem weiteren Zweck und dieser wieder Mittel zu einem dritten usw.; da diese Kette aber nicht ins Unbegrenzte weiterlaufen darf (dies ist die These, die ohne weiteren Beweis als selbstverständlich vor-ausgesetzt wird), so muß ein letzter Zweck angesetzt werden, der selbst nicht mehr Mittel ist. Dieser Zweck ist dann der Zweck des menschli-chen Lebens überhaupt, auf den also wie auf die Spitze einer Pyramide alles hinzielt. Bekannt ist auch, daß sich ein komplementärer Gedan-kengang findet: jede Ursache ist selbst wieder Wirkung, und so geht es weiter bis zu einer letzten Ursache, die selbst nur noch Ursache und nicht mehr Wirkung ist; denn es ist nicht möglich, daß die Kette der Ursachen und Wirkungen ins Unbegrenzte zurückschreite.*

*Dieses Gedankenpaar stellt geschichtlich ein ziemlich schwieriges Problem. Schon die volle Parallelität, mit der auf Grund dieses Paares die Ontologie als Lehre von der ersten Ursache und die Ethik als Lehre vom letzten Zweck einander gegenübergestellt werden, muß Mißtrauen erwecken. Ohne Zweifel ist eines der Glieder das primäre, das andere das nachgebildete. Aber welches? Demokrit scheint es gewesen zu sein, der die Philosophie bestimmt hat als die Wissenschaft, die durch das Aufzeigen der Ursachen die Menschen von der Furcht befreit. Aber ob von ihm auch die Lehre von der Ursachenkette stammt? Die These, daß ein Regressus ad infinitum undenkbar sei, wird man eher für elea-tisch-platonisch halten. Und wie steht es mit dem ethischen Gegen-stück? Es begegnet zuerst in eindeutiger Formulierung in Platons Lysis, und dort in einer ausgesprochen spekulativen Umgebung. Die Lehre von Mittel und Zweck im allgemeinen wird an mehreren Stellen von Platons Frühdialogen angedeutet. Sie liegt ihm offenbar am Her-zen. Sie fehlt ja auch im älteren griechischen Denken vollständig. Der gesamte Gedankenkomplex muß im späten 5. Jahrhundert geschaffen worden sein, ohne daß wir sagen können durch wen.*

*In der Pyramide der Zwecke ist die Vorstellung von einem ethischen Zentralbegriff impliziert. Nach einem solchen scheint die Sophistik schon gesucht zu haben. Jedenfalls haben wir eine ganze Reihe von Begriffen, die die Frage beantworten wollen, auf was es bei der Erziehung des Menschen ankomme und welches der höchste Wert im Leben sei. Protagoras hat den Begriff der Klugheit genannt (Eubulia), der athenische Sophist Damon die Geordnetheit (Eukosmia), Demokrit die Heiterkeit (Euthymia); eine skeptische Reflexion hat dem allem das Glückhaben (Eutychia) gegenübergestellt in der Erwägung, daß letzten Endes das Bemühen des Menschen völlig belanglos sei. Hier ordnet sich auch der Begriff ein, der nahezu als einziger allen Sokratikern gemeinsam gewesen zu sein scheint, der Begriff der Glückseligkeit, die Eudaimonia. Von ihm sei später noch einmal die Rede.*

*Gehen wir nun noch kurz auf das ein, was oben die Rationalisierung und Radikalisierung älterer Gedanken der Lebensweisheit genannt wurde. Hier seien nur eben drei besonders bedeutende Beispiele angeführt.*

*Es ist ein altes griechisches Ideal, daß der Mann imstande sein sollte, vollkommen selbständig für sich zu sorgen und zu planen. Es entsteht der Begriff der Autarkie, der nun fortschreitend bis zu seinen letzten Konsequenzen gebracht wird, so wie dies die Erzählungen von Hippias von Elis, dann manches von Sokrates und schließlich die ins Groteske umschlagenden Anekdoten von Diogenes von Sinope veranschaulichen. Der Einzelne beschafft sich bis zum letzten Schuhriemen und Trinkgeschirr alles selbst, was er zum Leben benötigt. Er kann darum auch auf die menschliche Gemeinschaft verzichten. Zusätzlich tritt hier der Gedanke herzu, daß die Vollkommenheit des Menschen der Vollkommenheit Gottes wesensgleich sei; da aber die Gottheit selber autark ist und keines Genossen bedarf (so ist jedenfalls die philosophische Anschauung von Xenophanes), so wird auch der vollkommene Mensch der Gemeinschaft nicht bedürfen. Hieraus entwickelt sich vor allem in den Ethiken des Aristoteles die grundlegende Diskussion über den Sinn der menschlichen Gemeinschaft überhaupt.*

*Ferner: reich an Gehalt ist im griechischen Denken seit jeher der Begriff der Arete gewesen. Wir haben oben schon etwas über ihn gesagt. Wenn er ursprünglich vor allem die ruhmbringende Leistung des Helden meint, so erweitert er sich mit der Zeit so, daß er jede Art von Tüchtigkeit bezeichnet, wie sie den verschiedenen Wesen eigen ist, so die spezifische Tüchtigkeit von Mann und Frau, von Hund und Pferd, Messer und Mantel. Daran kann sich die philosophische Frage schließen, welches nun die spezifische Tüchtigkeit der menschlichen Seele oder des Menschen überhaupt sei im Gegensatz zu der Tüchtigkeit des Körpers oder irgendeines Tieres. Es ist diese Frage, die Aristoteles zur Begründung seiner Ethik des reinen Erkennens herangezogen hat. Auf der anderen Seite verbindet sich der Begriff der spezifischen Arete mit physikalischen Beobachtungen in der Lehre, daß jedes Wesen nur im Sinne seiner spezifischen Arete wirken kann. Das Feuer kann nur erhitzen und nicht abkühlen, das Wasser nur benetzen und nicht trocknen. So kann auch der Gerechte nur gerecht handeln und der Weise nur weise. Daraus entsteht der Begriff des absolut Weisen, der schon bei Platon und anderen Sokratikern angedeutet ist und in der Stoa seine volle Entfaltung erfährt, nicht als realisierbare Möglichkeit, sondern als spekulativ konstruierter Grenzfall, an dem sich die konkrete Ethik zwar dauernd, wenn auch nur aus weiter Ferne orientiert.*

*Endlich mag noch ein Wort von der Systematisierung der Erziehung gesagt werden. Natürlich hat es Erziehung gegeben, seitdem es Menschen gibt. Literarisch wird sie bei den Griechen etwa geformt in den Gedichten, von denen schon die Rede war; freilich nur unter bestimmten begrenzten Gesichtspunkten. Denn manche Teile der Erziehung gehören in die private Sphäre des Einzelnen, von der in der Öffentlichkeit nicht geredet wird. Erst die merkwürdige literarische Bewegtheit, die vom Ende des 6. Jahrhunderts an dazu geführt hat, daß alle möglichen Spezialdisziplinen mit Abhandlungen vor das Publikum traten, hat auch die Erziehung ergriffen. Die Sophistik hat die Erziehungswissenschaft geschaffen. Nun wird gefragt, was das Ziel der Erziehung sei und welches der Weg, der dazu führe. Es werden die Fächer bestimmt und*

systematisiert, die sich der junge Mensch vorzugsweise anzueignen
hat, und es wird über die pädagogische Methode gesprochen. Da haben
wir auf der einen Seite die schon recht früh bezeugte Dreiheit der Elemente des Erziehungserfolges: Begabung, Lernen und Üben; auf der
andern Seite die mannigfachen Vergleiche der Erziehung mit Pflanzen-
kultur und Tierzucht. Dies sind keineswegs nur poetische Metaphern,
sondern die Pädagogik hat sich öfters ganz real an diesen Dingen orientiert. Spuren davon finden sich auch bei Aristoteles.

Soviel mag über die Frage nach dem Ursprung der philosophischen
Ethik bei den Griechen gesagt sein. Nur auf zwei oft übersehene Faktoren sei hier noch hingewiesen. Wir sprachen davon, daß in der Ethik
wie in der Naturphilosophie Systemkonstruktion und Problemforschung
voneinander unterschieden werden könnten. Die Problemforschung hat gerade im Athen des 5. Jahrhunderts von zwei Seiten unzweifelhaft die
stärksten Anregungen erfahren. Das eine ist die Tragödie. Ihre Dichter
arbeiten ja nicht aus dem rätselhaften Überschwang des Gemüts, wie
man es sich oft noch gerne vorstellt. Vielmehr beruht jedes Drama auf
sehr sorgfältigen Überlegungen des Handlungsablaufs und der Charak-
terzeichnung. Der Dichter entscheidet sich, welche Konfliktssituationen
er aus einem gegebenen mythischen Stoff herausholen kann und wie er
die einzelnen Figuren charakterisieren will, als ruhig oder als heftig, als
aufrichtig oder als verschlagen usw. Daß hieraus ganze Kataloge menschlicher Situationen und Charaktere entstehen, ist leicht abzusehen. Wahrscheinlich verdankt gerade ein Werk wie die Nikomachische Ethik in
diesen Dingen der Tragödie mehr, als wir heute festzustellen vermögen.

Der andere Ausgangspunkt zahlreicher ethischer Probleme ist die
Gerichtsberedsamkeit. Ihre Entwicklung zu einem weitverzweigten
System ist ebenso ein Werk des attischen Geistes, wie es die Tragödie ist.
Sie hat nicht nur die eigentlichen Beweismittel für oder gegen eine Tat
zusammengestellt, sondern auch die Beziehungen zwischen Tat und
Charakter untersucht und vor allem die Frage behandelt, wann eine
Tat als freiwillig zu bezeichnen sei und wann nicht. Wenn man etwa
die Kapitel der Nikomachischen Ethik, in denen Aristoteles den Begriff

*des Freiwilligen untersucht, aufmerksam durchliest, so wird man zwar
kaum etwas von dem vernehmen, was die Philosophie der Gegenwart als
Freiheit meint, dafür aber konstatieren, daß sich Aristoteles im wei-
testen Umfang auf die Tragödie und vor allem auf die Gerichtsbered-
samkeit·Athens stützt.*

## II

*Gehen wir nun auf den Text des Aristoteles selbst ein, so ist hier wie
immer nicht zu vermeiden, daß wir nach seinem literarischen Charakter fragen.*

*Aristoteles ist Schüler Platons gewesen und gehört insofern in den
Umkreis der Sokratik. Da ist es denn selbstverständlich, daß die ethischen Probleme bei ihm mit besonderer Energie und Sorgfalt behandelt
worden sind. Aristoteles hat nicht nur im Kreise der Schüler immer
wieder von ihnen gesprochen, sondern auch eine bedeutende Reihe von
Schriften für ein weiteres Publikum verfaßt; dies lag um so näher, als
naturgemäß ein Buch über ethische Dinge weit eher zu fesseln ver-
mochte als etwa Untersuchungen über abgelegene naturphilosophische
oder logische Fragen. Diese Schriften werden in den Vorlesungstexten,
die wir besitzen und von denen die Nikomachische Ethik der umfangreichste ist, immer wieder vorausgesetzt: an manchen Stellen teilt Aristoteles Auszüge aus ihnen mit, da kein Anlaß bestand, die Dinge anders zu sagen, als sie schon einmal gut und endgültig gesagt worden
waren. An anderen Stellen vermeidet er es, bestimmte Probleme zu behandeln, weil sie in den publizierten Werken ohnehin schon hinlänglich erörtert worden waren. Wir besitzen nun allerdings von den publizierten Werken kein einziges mehr. Wie dies gekommen ist, dies darzustellen ist die Aufgabe der allgemeinen Einleitung. Was wir haben,
sind die Titel und mehr oder weniger umfangreiche Zitate. Trotzdem
muß von diesen Werken in aller Kürze gesprochen werden. Denn zu
einem angemessenen Verständnis der Nikomachischen Ethik kommen wir
erst, wenn wir wissen, daß es diese Bücher gegeben hat und daß sie den
Hintergrund unseres Textes bilden.*

*Über das weitaus wichtigste dieser Bücher können wir uns zum Glück besonders kurz fassen, da seine Reste in einem anderen Band dieser Sammlung für sich vorgelegt und erläutert sind. Es ist die Mahnschrift zur Philosophie, der Protreptikos. Hier wird die reine Erkenntnis als Ziel des menschlichen Lebens geschildert und begründet. Es wird gesprochen von der Flucht der Seele aus dem irdischen Dasein zu den ewigen Dingen, aber auch von den Formen und dem Nutzen der philosophischen Bildung im allgemeinen. Die Einleitungsabschnitte fast aller aristotelischen Texte, die wir besitzen, schöpfen aus diesem Werke, und was die Nikomachische Ethik betrifft, so bilden die Auszüge aus dem Protreptikos, wie es scheint, den Rahmen, der den ganzen Haupttext umschließt. Was Aristoteles sonst an Büchern über ethische Probleme publiziert hat, ist uns nur zu einem verschwindenden Teil faßbar. Gewiß fehlt es nicht an Zitaten bei vielen antiken Schriftstellern. Aber nicht nur sind sie noch nie wirklich vollständig gesammelt worden; darüber hinaus sind die meisten ohne Buchangabe überliefert, so daß sich nie mit Sicherheit ausmachen läßt, welchem der Werke sie nun angehören. Immerhin mag folgendes etwa gesagt sein.*

*Vorausgenommen seien zunächst die Werke, die uns als bloße Titel überliefert sind. Es verlohnt sich, auch die Titel kennenzulernen, um wenigstens einen Begriff von dem zu erhalten, was es alles gegeben hat.*

*Da ist zu nennen ein Buch « Über den Reichtum», in welchem vermutlich von gerechtem und ungerechtem Erwerb und Gebrauch des Reichtums die Rede war, dann eines « Über die Lust», ein Gegenstand, der ja auch in der Nikomachischen Ethik immer wieder zur Sprache kommt, eines « Über die Freundschaft», wozu man die Bücher acht und neun der Nikomachischen Ethik vergleichen wird. Eines scheint den Titel « Über die Leidenschaften oder über den Zorn» getragen zu haben. Da mag jene Lehre vorgetragen worden sein, die später namentlich den Widerspruch der Stoiker hervorgerufen hat: daß es nämlich keineswegs wünschbar sei, die Leidenschaften vollständig zu unterdrücken, da sie alle, mit Maß zugelassen, nützlich und für ein erfolgreiches ethisches Handeln geradezu unerläßlich seien. Wir werden nachher*

*auf diesen Punkt noch einmal zurückkommen. In einer besondern Ab-*
*handlung war ferner über das Problem der Freiwilligkeit gesprochen,*
*wohl in derselben Weise, in der es auch im dritten Buch der Nikomachi-*
*schen Ethik untersucht wird. Weiterhin gab es ein Buch «Über das*
*Schöne» – im ethischen Sinne verstanden – und endlich zwei Sammlun-*
*gen von Thesen über die Liebe und über die Freundschaft. Nicht ganz*
*nur reine Titel, aber doch beinahe unfaßbar sind für uns die folgenden*
*Werke: «Nerinthos», ferner ein Dialog, von dem uns absonderlicherweise*
*nicht viel mehr als die Szenerie bekannt ist: ein korinthischer Bauer*
*liest zufällig den platonischen Gorgias und wird durch dieses Buch so*
*ergriffen, daß er augenblicklich seinen Acker und seinen Rebberg ver-*
*läßt, nach Athen wandert und dort seine Seele Platon zur Pflege an-*
*heimgibt.*

*Dann haben wir ein Werk «Über die Erziehung». Hieraus ist uns*
*nur gerade eine Anekdote über den Sophisten Protagoras erhalten. Er*
*soll nämlich in seiner Jugend ein Lastträger gewesen sein und eine*
*besondere Art von Traggestell erfunden haben. Was dies mit dem*
*Thema des Werkes zu tun hat, ist völlig unbestimmt. Endlich haben*
*wir einen offenbar ziemlich umfangreichen Dialog «Politikos», also*
*desselben Titels wie ein Altersdialog Platons. Daß da von der Aufgabe*
*des wahren Staatsmannes gesprochen wurde und daß Aristoteles selber*
*das Gespräch führte, erfahren wir aus einer Briefstelle Ciceros.*

*Ein wenig besser kenntlich sind nur vier Werke, die hier noch zu*
*nennen sind. Das erste ist dasjenige, das dem Aristoteles selbst unter*
*allen ethischen Schriften wahrscheinlich das wichtigste gewesen ist:*
*die vier Bücher des Dialoges über die Gerechtigkeit. In einem gewissen*
*Umfang war dieser Dialog zweifellos als eine Art von Gegenstück zur*
*platonischen Politeia gedacht. Das mag auch erklären, weshalb wir von*
*ihm nur so wenig wissen. Er wird für die Nachwelt durch das plato-*
*nische Meisterwerk gewissermaßen erdrückt worden sein. Immerhin*
*sollte es späterer Forschung gelingen können, ein etwas genaueres Bild*
*gerade von ihm zu gewinnen. Deutlich ist auf jeden Fall, daß die Be-*
*handlung der Gerechtigkeit im fünften Buch der Nikomachischen Ethik*

*auf ihn abgestimmt ist. Die Gerechtigkeit wird hier vorzugsweise unter*
*ihrem engsten sozialen und juristischen Aspekt betrachtet, offenbar weil*
*für die grundsätzlichen philosophischen Fragen auf den Dialog verwie-*
*sen werden konnte. Erhalten sind aus ihm nur vier winzige Bruchstücke.*
*Das erste zeigt, daß Aristoteles ganz im Sinne des platonischen Gorgias*
*scharf gegen die Lustethik polemisiert hat: wenn die Lust zum Lebens-*
*ziel gemacht wird, so wird die Gerechtigkeit aufgehoben, und wenn*
*diese aufgehoben wird, dann auch alle anderen Tugenden. Das zweite*
*ist ein anthropologisches Bruchstück: Denkgegenstände und Wahrneh-*
*mungsgegenstände sind von Natur voneinander geschieden; wahrschein-*
*lich sind dann in einer Diärese auch jeder dieser beiden Teile weiter*
*dichotomiert worden. Dann haben wir zwei Stücke, die von geschicht-*
*lichen Einzelheiten handeln. Das eine schildert den Fall Athens in dem*
*pathetischen Ausruf: Welche Stadt ihrer Feinde haben sie derart er-*
*obert, wie sie die ihrige verlieren mußten? Und das andere erzählt die*
*Geschichte von dem Meisterdieb Eurybates von Aigina, dem es gelang,*
*selbst noch seinen Wächtern, die ihn gefesselt hatten, zu entwischen.*
*Ob damit demonstriert werden sollte, wie die Ungerechtigkeit sich mit*
*Schlauheit verbinden und zu einem scheinbaren Erfolg führen kann –*
*wir wissen es nicht.*

*Eine besondere Stellung nimmt der Dialog über die Adligkeit ein.*
*Er ist der einzige Dialog des Aristoteles, aus dem wir drei wörtlich*
*zitierte Stücke besitzen, der einzige also, der uns vom Stil des aristo-*
*telischen Dialoges eine gewisse Vorstellung gibt. Diese drei Stellen müs-*
*sen denn auch hier angeführt werden.*

*Die erste:*

*«Ganz im allgemeinen bin ich unsicher hinsichtlich der Adligkeit,*
*wen man adlig nennen soll. – Begreiflicherweise bist Du unsicher, sagte*
*ich; denn bei den Leuten und noch mehr bei den Weisen wird das eine*
*bestritten und das andere nicht klar formuliert, so etwa gleich, was ihr*
*Gewicht betrifft. Ich meine dies so: gehört sie zu den ehrwürdigen und*
*ernsthaften Dingen oder ist sie, wie Lykophron geschrieben hat, etwas*
*vollkommen Nichtiges? Jener verglich sie nämlich mit anderen Gütern*

*und erklärte, von Schönheit sei bei ihr nichts zu bemerken und ihre Er-*
*habenheit sei bloß eine Sache der Worte. Man wähle sie also bloß auf*
*das Meinen hin, in Wirklichkeit aber unterschieden sich die Unadligen*
*in nichts von den Adligen.»*

*Die zweite:*

*«Es wird nun nicht nur darüber gestritten, wieweit die Adligkeit ein*
*Gut ist, sondern auch, wen man adlig nennen soll. Die einen meinen,*
*adlig seien jene, die von tüchtigen Eltern abstammen. So verstand es*
*auch Sokrates: da Aristeides tüchtig gewesen sei, so müsse es auch seine*
*Tochter sein. Von Simonides heißt es, er habe auf die Frage, wer*
*adlig sei, geantwortet, jene, die von Familien mit altem Reichtum kä-*
*men. Im Hinblick auf diese Äußerung sind denn auch die Anklagen*
*des Theognis unberechtigt oder jene des Dichters, der sagt: ,Die Sterb-*
*lichen loben zwar die Adligkeit, aber heiraten tun sie lieber in reiche*
*Familien.' Denn bei Zeus, wird man nicht eher jemanden wählen, der*
*selbst reich ist, als jemanden, dessen Urgroßvater oder einer der Vor-*
*fahren reich war, er selbst aber arm ist? – Aber gewiß, sagte er. –*
*Also müßte man eher in reiche Familien heiraten als in adlige. Denn*
*adlig sind jene von früher her, mächtiger aber sind diese jetzt. Kann*
*man nicht dasselbe sagen, wenn einer behauptet, daß adlig nicht jene*
*seien, die von Familien mit altem Reichtum, sondern jene, die von sol-*
*chen mit alter Tüchtigkeit kämen? Denn bedeutender scheint der zu*
*sein, der auf alte Tüchtigkeit hinweisen kann, und es scheint, daß er*
*darin an seinem Vater oder Urgroßvater teilhat. Wünschbarer aber ist*
*es, wenn er selbst anständig ist und nicht der Urgroßvater oder irgend-*
*ein anderer der Vorfahren. – Das ist richtig, was Du sagst, sagte er. –*
*Da wir aber nun weder in der einen noch in der andern Richtung die*
*Adligkeit erblicken, sollen wir es auf einem andern Wege versuchen? –*
*Auf welchem? – Unter ,edel' versteht man doch etwas Lobenswertes*
*und Tüchtiges, wie etwa edel von Antlitz oder mit guten Augen. Da-*
*mit wird etwas Gutes oder Schönes bezeichnet. – Gewiß, sagte er. –*
*Also ist, was edel von Antlitz ist, etwas, was die Vortrefflichkeit des*
*Antlitzes besitzt, und was ein gutes Auge hat, etwas, was die Vor-*

*trefflichkeit des Auges besitzt. – Ja, sagte er. – So gibt es auch unter den Geschlechtern solche, die tüchtig sind, und solche, die gering sind und nicht tüchtig. – Sicherlich, sagte er. – Wir nennen also tüchtig alles, was dies gemäß seiner eigentümlichen Vortrefflichkeit ist, also auch ein tüchtiges Geschlecht. – Gewiß, sagte er. – Offensichtlich also, sagte ich, ist die Adligkeit die Vortrefflichkeit des Geschlechtes.»*

*Die dritte:*

*«So ist also, sagte ich, die Frage klargeworden, die wir uns früher gestellt haben, weshalb nämlich jene, die aus Familien mit altem Reichtum oder alter Tüchtigkeit stammen, adliger zu sein scheinen als jene, die unmittelbar selbst diese Güter erworben haben. Doch ist der, der selbst tüchtig ist, näher an der Tüchtigkeit als jener, der von einem tüchtigen Großvater abstammt; so wird denn der Adlige einfach der tüchtige Mann sein. Einige geben sich den Anschein, als widerlegten sie durch diese Erwägung die Adligkeit ganz, wie denn auch Euripides sagt, daß Adligkeit nicht dem zukomme, der in der Vorzeit tüchtig war, sondern dem, der schlechthin ein tüchtiger Mann ist. Dies ist indessen nicht der Fall, und das Bemühen derer, die die Tüchtigkeit der Vorfahren hinzufügen, ist richtig. Als Ursache davon wollen wir sagen, daß die Adligkeit die Tüchtigkeit des Geschlechtes ist, und Tüchtigkeit gehört zu den guten Dingen. So ist denn ein gutes Geschlecht dasjenige, in welchem sich viele Gute vorgefunden haben. Das geschieht dann, wenn der Ursprung des Geschlechtes ein guter war. Denn dies ist die Kraft des Ursprungs, vieles hervorzubringen, was ihm ähnlich ist. Und dies ist das besondere Werk des Ursprungs, vieles andere zu schaffen, was ihm ähnlich ist. Wenn nun ein solcher Einzelner in dem Geschlecht vorhanden ist und so hervorragend ist, daß seine Tüchtigkeit durch viele Generationen hindurch bewahrt bleibt, da ist notwendigerweise auch das Geschlecht hervorragend. Denn es wird immer viele tüchtige Menschen geben, wenn es sich um ein Geschlecht von Menschen handelt, Pferde, wenn es ein solches von Pferden ist, und ebenso bei den anderen Lebewesen, so daß man mit Recht sagen kann, daß nicht die Reichen oder die Tüchtigen, sondern die aus Familien mit altem*

*Reichtum oder alter Tüchtigkeit Stammenden adlig sind. Die Unter-
suchung sucht nämlich die Wahrheit, und der Ursprung steht an der
Spitze von allem. Freilich sind auch nicht die Nachkommen tüchtiger
Vorfahren schlechthin adlig, sondern nur jene, denen die Vorfahren
auch Vorbilder sind. Wenn nun einer selbst tüchtig ist, in seiner Natur
aber nicht die Fähigkeit besitzt, viele zu zeugen, die ihm ähnlich sind,
so hat er nicht die Fähigkeit, die Adligkeit weiterzugeben. Darin liegt
nun der Ursprung des Geschlechtes, und adlig sind jene, die aus einem
solchen Geschlecht stammen, nicht wenn der Vater adlig ist, sondern
der Ursprung des Geschlechtes. Denn der Vater hat nicht aus sich einen
Tüchtigen gezeugt, sondern weil er aus einem derartigen Geschlecht
war.»*

*Soweit die drei Bruchstücke. Über die Szenerie erfahren wir aus
ihnen, daß jemand (war es Aristoteles selbst?) ein Gespräch erzählt,
das er mit einem anderen geführt hat. Ort und Anlaß des Gesprächs
waren in der Einleitung gewiß genannt. In der Sache sei nur auf die be-
zeichnende Kompromißhaltung des Aristoteles hingewiesen. Daß er den
strengen, äußerlichen Begriff der Adligkeit, wie er noch von den Dichtern des frühen 5. Jahrhunderts vorausgesetzt wurde, verwirft, ist
selbstverständlich. Er macht aber auch die sophistisch-sokratischen Radikalismen (gewiß vor allem eines Antisthenes) nicht mit, sondern bestimmt methodisch, daß wie allem andern auch dem Geschlecht, der
Familie eine spezifische eigene Tüchtigkeit zuerkannt werden müsse;
diese beruhe letzten Endes auf der vorbildlichen Wirkung des Ahnherrn.
So wird Aristoteles dem Consensus gentium gerecht, ohne deshalb die
Unersetzlichkeit der persönlichen Leistung aufgeben zu müssen.*

*Was den Text betrifft, so muß angemerkt werden, daß der Stil ge-
hoben ist und sich von demjenigen der Vorlesungstexte spürbar unterscheidet (das dritte Bruchstück ist stellenweise zerstört, vielleicht auch
interpoliert). Große Schwierigkeiten bereitet hier wie auch in der Nikomachischen Ethik die ethische Terminologie. Das Griechische kennt eine
ganze Skala von Begriffen, die die menschliche Leistungsfähigkeit, die
ethische Vortrefflichkeit und das gesellschaftliche Ansehen bezeich-*

*nen; in dem einen Wort überwiegt dieses, in dem anderen jenes Element.*
*In der Übersetzung ist es unmöglich, alle diese Nuancen wiederzugeben.*
*Es ist auch unmöglich, denselben griechischen Begriff konsequent mit*
*demselben deutschen Ausdruck wiederzugeben. Letzten Endes ist dies*
*vielleicht auch nicht so notwendig. Denn weder Platon noch Aristoteles*
*sind terminologisch wirklich streng.*

*Erwähnung verdienen schließlich das Symposion und eine Sammlung*
*von Problemen, die den Eros betreffen.*

*Dialoge, in welchen Gespräche beim Symposion und über symposia-*
*stische Gegenstände erzählt werden, hat es ohne Zweifel schon im spä-*
*tern 5. Jahrhundert gegeben. Es war die gegebene Form, um alle mög-*
*lichen Gegenstände der Bildung und des privaten und gesellschaftlichen*
*Lebens zwanglos zu diskutieren. So hören wir, daß im aristotelischen*
*Symposion über Homer gesprochen worden war – ganz natürlich, denn*
*Homerverse sind auch damals noch gerne rezitiert worden, und eine be-*
*liebte Unterhaltung war die Frage nach der Erklärung schwieriger*
*Verse. Es scheinen auch die Gebräuche beim Symposion diskutiert wor-*
*den zu sein. Warum bekränzt man sich im Symposion und beim Opfern?*
*Weil wir den Göttern nur Ganzes und Volles darbringen, und das Be-*
*kränzen bedeutet eine Art von Erfüllung.*

*Die Erotika werden einen ähnlichen Inhalt gehabt haben, nur eben*
*nicht in der Gestalt eines Dialoges, sondern als lockere Problemreihe.*
*Wir hören nur von einem Problem, wiederum von der Frage, weshalb*
*man sich bekränze. Aber gewiß sind nicht nur solche äußeren Dinge*
*zur Sprache gekommen, sondern auch Fragen, die tiefer gingen und die*
*die Ursachen, den Verlauf und die Ausdrucksformen der erotischen*
*Leidenschaften behandelten.*

*Gehen wir endlich noch zu den Bruchstücken über, die ohne Buchan-*
*gaben überliefert sind. Nur drei Texte seien hier herausgegriffen, weil*
*sie zu zeigen vermögen, wie sehr die Nikomachische Ethik durchweg*
*auf den publizierten Schriften ruht und deren Gedankengut verarbeitet.*

*Da haben wir zunächst eine Stelle Ciceros, in der Aristoteles zitiert*
*wird, davor warnend, Verschwendung zu loben, wenn sie bloß zu dem*

*Zweck geschieht, sich die Leute gefällig zu machen. Gewiß kann es Situationen geben, in denen Verschwendung durch die Not gerechtfertigt wird, so etwa, wenn man in einer belagerten Stadt eine Kleinigkeit an Wasser um einen ungeheuren Preis kaufen muß. Wenn aber Geld ausgegeben wird, bloß um dem Volk Vergnügen zu bereiten, so liegt erstens keine Notwendigkeit vor, legt man zweitens keine Ehre damit ein und ist es drittens auch unnütz, denn nur die Schlechtesten im Volk fallen darauf herein und auch diese nur für kurze Zeit. Sowie sie ihre Lust gesättigt haben, vergessen sie sie auch wieder. Dergleichen Dinge passen sich also für Kinder, Weiber und Sklaven, nicht aber für tüchtige Männer.*

*Dem steht ein zweiter Text nahe, in welchem richtiger und falscher Ehrgeiz voneinander unterschieden werden. Die Ehre ist an sich etwas Gutes, aber wie bei allen Gütern gibt es ein maßloses und ein maßvolles Bemühen der Menschen um sie. Der eine begeistert sich am Toben und Klatschen des Volkes und ist stolz darauf, daß er fürs Theaterspiel und für die Rennbahn eine Menge Geld hinausgeworfen hat, der andere verachtet dieses Lärmen und findet, es unterscheide sich kaum vom Rauschen des Meeres am Ufer; ihm liegt nur an der Zustimmung der Männer, die unbestechlich das Gute schätzen.*

*Beide Texte gehören offensichtlich in den Umkreis des vierten Buches der Nikomachischen Ethik, jenes Buches, das nach unseren Begriffen weniger von Ethik als vom richtigen gesellschaftlichen Verhalten spricht.*

*Der dritte Text endlich ist wiederum ein Ciceronischer. Er behandelt die Frage nach dem Sinne der Leidenschaften. Es ist ja eigentlich die attische Tragödie gewesen, die die Leidenschaft als eine der Vernunft widerstrebende, oft unheimliche Macht «entdeckt» hat. Sophistik und Sokratik haben das Problem aufgenommen (und ihrerseits wieder die Tragödie beeinflußt). Die Meinung wird in der Regel die gewesen sein, daß die Leidenschaften unbedingt zu verwerfen seien.*

*Aristoteles geht auch hier einen Mittelweg. Cicero hat uns das Schema seiner Gedanken erhalten. «Die Peripatetiker erklären, daß jene*

*Leidenschaften, von denen wir (Stoiker) überzeugt sind, daß sie auszu-
rotten seien, nicht nur natürlich, sondern uns von der Natur auch zu unserem Nutzen gegeben sind. Und zwar argumentieren sie folgendermaßen: Als erstes loben sie den Zorn und sagen, er sei der Schleifstein
der Tapferkeit; mit ganz anderer Wucht würde der Zornige auf den
Feind oder den schlechten Bürger losgehen, und es genüge nicht, sich
bloß zu überlegen: ‚Dieser Krieg ist gerecht, und es ziemt sich, für die
Gesetze, für die Freiheit, für das Vaterland zu kämpfen.‘ Solche Gedanken haben keine Kraft, wenn nicht die Tapferkeit von Zorn erglüht.*

*Sie reden aber nicht nur vom Kriege. Sie glauben auch, daß keine
strenge Disziplin ohne die Schärfe des Zornes bestehen kann. Und ein
Redner führt nicht nur den Angriff, sondern auch die Verteidigung
erst dann gut, wenn er vom Zorne angestachelt ist. Fehlt dieser, so
müsse er wenigstens durch Worte und Gesten vorgetäuscht werden, damit das Wort des Redners den Zorn des Hörers entfache. Endlich erklären sie, wer nicht zu zürnen vermöchte, wirke überhaupt nicht als
ein Mann, und was wir als Sanftmut bezeichnen, belegen sie mit dem
schimpflichen Namen der Schlappheit.*

*Sie loben aber nicht nur diese Leidenschaft, sondern erklären, daß
auch die Leidenschaft der Lust und der Begierde uns zum höchsten
Nutzen gegeben worden sei. Denn niemand könne etwas Großes leisten,
wenn er nicht Lust darauf habe. Bei Nacht pflegte Themistokles auf
der Straße spazieren zu gehen, weil er nicht schlafen konnte, und als
man ihn daraufhin befragte, erwiderte er, die Siegeszeichen des Mil-
tiades würden ihn aufwecken. Wer kennt nicht die Nachtwachen des
Demosthenes? Er sagte, es schmerze ihn, wenn ihm irgendein Handwerker in der Arbeit vor Tagesanbruch zuvorgekommen sei. Die
Häupter der Philosophie endlich hätten ohne brennende Begier danach niemals solche Fortschritte des Wissens machen können. Wir hören, daß Pythagoras, Demokrit und Platon die Grenzen der Erde auf-
gesucht haben; denn sie wollten überallhin gehen, wo es etwas zu lernen
gab. Werden wir annehmen, daß sie dies ohne äußerste Leidenschaft zustande gebracht hätten?*

*Auch den Schmerz, den wir als ein finsteres und gefährliches Untier bezeichnet haben, nennen sie etwas, was die Natur nicht ohne bedeutenden Nutzen gegeben habe, damit nämlich die Menschen Schmerz darüber empfänden, bei Vergehen Züchtigung, Tadel und Schande erleiden zu müssen. Denn wer ohne Schmerz Schande und Schmach erträgt, der scheint straflos auszugehen; besser ist es, durch sein Gewissen gequält zu werden.*

*Auch die übrigen Teile der Leidenschaft halten sie für nützlich, das Mitleid, um Hilfe zu bringen und unverdiente Leiden zu lindern; auch Neid und Mißgunst sind nicht unnütz, wenn nämlich der eine sieht, daß er nicht dasselbe erreicht hat wie der andere, oder daß der andere dasselbe erreicht hat wie er. Wenn man endlich die Furcht beseitigen wollte, so würde damit alles geordnete Leben aufhören; denn dieses findet sich am meisten bei denjenigen, die die Gesetze, die Behörden, die Armut, die Schande, den Tod und den Schmerz fürchten.*

*Derart argumentieren sie, doch immerhin so, daß sie zugestehen, diese Leidenschaften müßten beschnitten werden. Sie völlig auszureißen sei weder möglich noch notwendig. Nahezu in allen Dingen sei der Mittelweg der beste.»*

*Systematisch werden hier die verschiedenen Affekte durchgenommen: Zorn, Lust und Schmerz, Mitleid, Neid und Furcht, und von jedem gezeigt, daß er nicht nur naturgemäß, sondern auch in einem bestimmten Maße nützlich sei. Daß der Zorn an der Spitze steht, ist begreiflich. Denn so wie die Tapferkeit unter den Kardinaltugenden diejenige ist, die einem bloßen irrationalen Affekt am nächsten steht, so ist der Zorn derjenige der Affekte, der am meisten ethischen Charakter zu besitzen scheint; es darf hier geradezu an das erinnert werden, was die alttestamentliche und christliche Theologie über den «Zorn Gottes» zu sagen pflegt.*

*Im ganzen gesehen handelt es sich bei unserm Text um die Lehre von der Metriopatheia, dem Maßhalten im Affekt, eine Lehre, die, wie oben schon angedeutet, zu den umstrittensten Teilen der aristotelischen und überhaupt peripatetischen Ethik gehört hat. Vor allem die*

Stoiker als die Vertreter der Apatheia, der kompromißlosen Bekämp-
fung der Leidenschaften, haben sich immer wieder in heller Entrüstung
dagegen gewandt. Daß die Lehre auf Aristoteles selbst zurückgeht,
halte ich für sicher. Denn auch wenn sie in der Nikomachischen Ethik
nirgends in jener Klarheit formuliert wird, wie wir sie in dem Auszug
Ciceros finden, so führt doch alles, was etwa im vierten Buch über den
Zorn und im zehnten über die Lust gesagt wird, darauf.

   Über die verlorenen ethischen Schriften des Aristoteles mag damit
genug gesagt sein. Aber noch sind wir mit den Präliminarien nicht zu
Ende. Im erhaltenen Corpus der aristotelischen Schriften finden sich
nicht nur einer, sondern drei ethische Traktate. Der umfangreichste
trägt den Titel Nikomachische Ethik, der zweite den Titel Eudemische
Ethik und der dritte den Titel Große Ethik. Es sei gleich beiläufig bemerkt, daß es bis jetzt nicht gelungen ist, auch nur einen dieser Titel
zureichend zu erklären. Die Große Ethik ist unter den erhaltenen die
kleinste; aber offensichtlich muß sie durch ihren Namen von einer noch
kleineren, die wir nicht kennen, abgehoben worden sein. Nikomachos hat
der Sohn des Aristoteles geheißen, und den Namen des Eudemos haben
zwei seiner Freunde getragen. In welchem Verhältnis aber diese Personen zu den Texten stehen, die ihren Namen führen, wissen wir nicht.
Nun, sachlich kommt darauf auch nicht so viel an.

   Wichtiger ist zu wissen, welches das inhaltliche Verhältnis der drei
Ethiken untereinander ist. Die wissenschaftliche Forschung hat sich
seit dem Beginn des Jahrhunderts außerordentlich intensiv mit dieser
Frage beschäftigt. Man kann vielleicht sagen, daß ein gewisses Einver-
ständnis darüber erreicht worden ist, daß die Eudemische Ethik Platon
nähersteht als die Nikomachische Ethik und daß die Große Ethik umgekehrt Platon so ferne steht, daß man annehmen möchte, es seien hier
überhaupt Gedanken eingearbeitet, die erst dem nacharistotelischen Peripatos angehören. Man könnte also obenhin eine Entwicklungslinie ziehen, die von der Eudemischen Ethik über die Nikomachische zur Großen Ethik führt. Indessen ist dies nur der allgemeinste Aspekt des Problems, und wir haben die Dinge mit Absicht so vorsichtig als nur mög-

*lich formuliert. Denn wenn wir nun ein Einzelproblem der Ethik her-*
*ausgreifen würden und es durch die drei Ethiken hindurch verfolgten*
*(es läßt sich nicht bei allen Problemen machen, da die kürzeren Ethiken*
*bei weitem nicht denselben stofflichen Umfang haben wie die Niko-*
*machische Ethik), so würde sich zeigen, daß mit dem Begriff der Ent-*
*wicklung allein nicht auszukommen ist. Die drei Ethiken ergänzen*
*einander gegenseitig. In den meisten Fällen sind natürlich die Formu-*
*lierungen der Nikomachischen Ethik die klarsten und ausführlichsten.*
*Man muß sie kennen, um die Äußerungen der beiden andern Ethiken*
*richtig zu verstehen. Zuweilen ist es aber auch umgekehrt. Zuweilen*
*hat die Eudemische Ethik den präziseren Text oder spricht Gedanken*
*aus, die in der Nikomachischen Ethik vorausgesetzt, aber nicht for-*
*muliert sind. In einzelnen Fällen muß sogar die Große Ethik heran-*
*gezogen werden, damit die eigentliche Intention des Aristoteles klar*
*wird.*

*Wie ist das zu erklären? Man wird sich wohl vorstellen müssen, daß*
*jene Peripatetiker, die die aristotelischen Texte für eine Buchausgabe*
*zurechtmachten, zunächst aus der vorhandenen Masse jene Fassungen*
*auswählten, die ihnen die Lehre am vollständigsten, klarsten und rich-*
*tigsten wiederzugeben schienen. Das bildete die Nikomachische Ethik.*
*Ich glaube kaum, daß Aristoteles selbst seinen Text so redigiert hat.*
*Wer es war, läßt sich nicht sagen, ist auch im Grunde weniger wichtig.*
*Wichtig wäre zu wissen, wie tief die Eingriffe des Redaktors oder der*
*Redaktoren in den aristotelischen Text gewesen sind. Das wissen wir bis*
*jetzt noch nicht, wird sich aber durch minutiöse Einzelinterpretation*
*sicherlich einmal bis zu einem gewissen Grade feststellen lassen.*

*Neben der Nikomachischen Ethik blieben natürlich noch mancherlei*
*Textmaterialien übrig. Diese sind zu dem zusammengestellt worden,*
*was dann den Titel Eudemische Ethik erhielt. Man braucht nur die*
*ersten Seiten dieses Textes zu lesen, um sich davon zu überzeugen, daß*
*er schwerlich je als selbständiger Traktat über die Ethik hat gelten*
*können. Beinahe könnte man ihn (literarisch gesprochen) einen Anhang*
*zur Nikomachischen Ethik nennen, eine roh zusammengestellte Samm-*

*lung von Textvarianten oder Ergänzungen, die aus irgendwelchen*
*Gründen im Haupttext nicht aufgenommen werden konnten.*

   *Etwas anders steht es mit der Großen Ethik. Sie wird in der Tat in*
*nacharistotelischer Zeit und nur teilweise mit aristotelischen Materia-*
*lien aufgebaut worden sein. Im Prinzip ist aber auch sie für das Ver-*
*ständnis des Aristoteles nicht ohne Interesse. Denn das aristotelische*
*Gut stammt weder aus der Nikomachischen noch aus der Eudemischen*
*Ethik, sondern aus wieder anderen Fassungen der ethischen Vorlesung*
*des Aristoteles. Daß es viele Fassungen gegeben hat, ist ja in keiner*
*Weise merkwürdig. Aristoteles hat den ethischen Komplex bestimmt*
*öfters traktiert als irgendeinen anderen. Denn schließlich war er Schü-*
*ler Platons und war die Ethik das, was das Volk von Athen vor allem*
*von seinen Philosophen erwartete.*

### III

*Wenn wir nun endlich auf die Nikomachische Ethik selbst eintreten, so*
*nur um (wie schon bemerkt) einige wenige Probleme herauszugreifen,*
*die für sie im ganzen charakteristisch sind.*

   *Vor allem muß von einer eigentümlichen Zwiespältigkeit der aristo-*
*telischen Ethik gesprochen werden. Wir haben gesehen, wie Aristoteles*
*in seiner Mahnschrift zur Philosophie das Ziel des menschlichen Lebens*
*als das reine Erkennen bestimmt hat. Denn nur das Erkennen unter-*
*scheidet den Menschen wesentlich vom Tiere und bringt ihn jener Welt*
*nahe, aus der seine Seele stammt und in die sie nach dem Tode zurück-*
*kehren soll. Die Freude am Wissen ist schon im Kinde angelegt, und*
*wenn wir uns fragen, welches denn das Leben der Götter sei, so liegt es*
*auf der Hand, daß die Götter in ihrer seligen Vollkommenheit weder*
*für Gerechtigkeit noch für Tapferkeit noch für Selbstbeherrschung*
*irgendwelche Verwendung haben. Das reine Erkennen ist die einzige*
*Tätigkeit, die ihrer würdig ist. Und die Aufgabe des Menschen ist es,*
*den Göttern so weit als irgend möglich ähnlich zu werden.*

   *Dieses Lebensideal und auch die Argumente dafür sind zur Haupt-*
*sache älter als Aristoteles. Es ist kein Zufall, daß es seine früheste Aus-*

*prägung in den Erzählungen von den zwei großen ionischen Natur-
philosophen Anaxagoras und Demokrit erhalten hat. Ein Lebensideal,
das derart den Verzicht auf Reichtum und Ansehen und vor allem auf
politisches Handeln in sich schloß, hätte im Athen des 5. Jahrhunderts
nicht entstehen können. Athenisch ist nicht der Verzicht auf das praktische politische Handeln, sondern seine Begründung durch die Philosophie. Dem sind die Sophisten und dann die Sokratiker entgegengekom-
men. Freilich, der Zwiespalt ist von Anfang an da. Wohl übernimmt
die Philosophie die Aufgabe, den Menschen zum tüchtigen Bürger her-
anzubilden, eine politische Wissenschaft zu schaffen und die Frage
nach dem vollkommenen Staate zu beantworten. Dennoch strebt sie ins-
geheim, wie alle Philosophie, aus der menschlichen Gemeinschaft heraus
in eine Autarkie, in welcher der einzelne Mensch souverän mit der
Welt fertig wird und an seinem eigenen Geiste genug hat. Es ist hier
nicht der Ort, zu zeigen, wie dieser Zwiespalt durch das ganze Werk
Platons hindurchgeht. Wir haben nur festzuhalten, daß Aristoteles
ihn übernimmt und daß er in der Nikomachischen Ethik besonders
deutlich zum Ausdruck kommt. Die Frage nach dem Lebensziel
und dem vollkommenen Leben, die in sich ein Ganzes darstellt, ist von
demjenigen, der die Nikomachische Ethik redigiert hat, auf zwei
Bücher verteilt worden, das erste und das letzte. Das erste führt die
Untersuchung bis zu dem Punkte, wo die vollkommene Tätigkeit der
Seele als das Lebensziel bezeichnet wird. Das letzte beschreibt den Inhalt dieser Tätigkeit, nämlich die Erkenntnis. Diese Zweiteilung ist
vorgenommen worden, damit zunächst als Tätigkeit der Seele die Gesamtheit der Tugenden dargestellt werden kann. Und außerdem beginnt und endet die Nikomachische Ethik mit einer Anknüpfung an die
Politik. Die umfassendste aller Wissenschaften ist die politische, da sie
das gesamte Leben der umfassendsten Gemeinschaft, des Staates, zu or-
ganisieren hat. Der Einzelne verhält sich zur Gemeinschaft wie der
Teil zum Ganzen. So ist denn auch das Ziel des Ganzen höher als das
Ziel des Teiles. Natürlich bleibt die Notlösung immer möglich, daß
nämlich auch das Ziel des Ganzen ein Leben der reinen Erkenntnis sei.*

*Aber es ist eine Notlösung, durch die organisch verschiedene Dinge zu-
sammengezwungen werden.*

*Es sei hier der Sprung gewagt zu einem Problem, das in der Niko-
machischen Ethik zwar nur einen kleinen Raum einnimmt, aber sachlich von außerordentlicher Wichtigkeit ist. In der großen Untersuchung
über die Freundschaft wird gegen Ende des neunten Buches die Frage
aufgeworfen, wie sich die Freundschaft zur Autarkie des vollkommenen Menschen verhalte. Das Ideal der Autarkeia entsteht zunächst aus
ethisch-technischer Reflexion: der freieste und vollkommenste Mensch
müßte derjenige sein, der auf keine fremde Hilfe angewiesen ist, sondern
sein Leben ganz aus eigener Kraft aufbauen kann. Dazu kommt dann
der theologische Gedanke. Wenn der Weise der Gottheit gleichen soll
und die Gottheit sich selbst genug ist und keines Genossen bedarf, so folgt,
daß auch der Weise sich selbst genügen soll. Wozu ist dann die menschliche Gemeinschaft da? Die Reflexion der Sophistik begründet sie damit,
daß der Mensch zugrunde gehen müßte, wenn er allein wäre. Nur wenn
die Menschen sich zusammenschließen, vermögen sie den wilden Tieren
und der Natur zu trotzen und ein angemessenes Dasein zu organisie-
ren. Aber damit wird die menschliche Gemeinschaft ein Werk der Not
und nicht der Vollkommenheit, und zwar einer sehr äußerlichen, bana-
len Not. Es gilt aber die Gemeinschaft als etwas zu erweisen, was nicht
ein Produkt bedrängter äußerer Umstände ist, sondern wesentlich in der
menschlichen Natur liegt. Aristoteles hat hier eine ebenso eigenartige
wie eindrucksvolle Lösung gefunden. Freilich, um sie richtig zu verstehen, müssen die drei parallelen Texte der Nikomachischen Ethik, der
Eudemischen und der Großen Ethik zusammen betrachtet werden.
Dann ergibt sich das Folgende. Die vollkommenste Tätigkeit, die es
gibt, ist die Reflexion des Geistes auf sich selbst. Darin ist das delphi-
sche Gebot « Erkenne dich selbst » erfüllt und darin auch die spekulative
These, daß der Geist kein höheres Objekt besitzen könne als sich selbst.
Die Gottheit vermag diese Reflexion ununterbrochen und ohne jegliche
Mühe zu vollziehen. Der Mensch vermag es nicht, weil er nicht nur
Geist ist. Doch es bleibt ihm ein Ausweg. Er vermag sich selbst zu er-*

*kennen im Spiegel des ihm gleichartigen Freundes. Auf diese Weise be-*
*gründet Aristoteles die Freundschaft und damit die menschliche Ge-*
*meinschaft überhaupt. Gewiß, auch in dieser Form bleibt es eine Be-*
*gründung aus Mangel und nicht aus Vollkommenheit. Aber dies mag*
*wohl in der Natur der Sache liegen. Der Sinn der Existenz des anderen*
*Menschen ist philosophisch ebensowenig zureichend begründbar wie der*
*Sinn der geschichtlichen Vergangenheit.*

*Aus den Zusammenhängen des ersten Buches der Nikomachischen*
*Ethik seien noch drei Probleme herausgehoben. Sie berühren sich alle*
*mit Fragen, die wir schon in unserm ersten Abschnitt skizziert haben.*

*Da wäre etwa davon zu sprechen, in welchem Umfang Aristoteles*
*die ethischen Werte fixiert. Gegeben ist eine ganze große Masse von*
*Tugenden, wie Gerechtigkeit, Tapferkeit, Selbstzucht usw. Das vor-*
*philosophische Verständnis glaubt zu wissen, was damit traditionsge-*
*mäß gemeint ist. Die Reflexion der Sophistenzeit löst dieses Verständnis*
*auf. Wenn Gerechtigkeit bedeutet, nicht zu stehlen, so gilt dies nur den*
*Freunden und Mitbürgern gegenüber; dagegen Feinden etwas zu steh-*
*len ist gerade gerecht. Lügen ist verwerflich. Aber einen Freund in*
*Lebensgefahr anzulügen, um ihn damit zu retten, ist im Gegenteil*
*höchst lobenswert. Tapferkeit besteht im Standhalten. Aber es gibt*
*ganze Völkerstämme, deren Taktik in geschickter Flucht besteht und*
*die man darum gewiß nicht feige nennen wird. Dieser Situation gegen-*
*über gab es zunächst nur zwei Lösungen. Die eine akzeptierte diese*
*Paradoxa und erklärte, daß eben alle ethischen Begriffe auf bestimmte*
*Verhältnisse bezogen seien. Wir haben bei Xenophon ein recht bedeu-*
*tendes kurzes Gespräch zwischen Sokrates und Aristippos. Dieser fragt*
*den Sokrates, was er als gut bezeichne, in der Erwartung, Sokrates*
*werde irgend etwas Bestimmtes nennen, und er könne dann zeigen, daß*
*es unter Umständen auch nicht gut sein würde; aber Sokrates kommt*
*ihm zuvor und stellt die Gegenfrage: « Meinst Du etwas Gutes gegen*
*die Fieber? oder gegen Augenweh? oder gegen Hunger?» Denn So-*
*krates war der Auffassung (wie Xenophon ausdrücklich sagt), daß es*
*kein Gutes gebe, was nicht gut für etwas sei. Damit ist die eine der*

*möglichen Theorien klar bezeichnet. Man könnte sie etwa so ausdrücken:*
*Alle ethischen Werte fallen unter die Kategorie der Relation.*

   *Platon hat diese Auffassung aufs leidenschaftlichste bekämpft. Für*
*ihn ergibt sich aus der Ambivalenz (wir gebrauchten diesen Begriff*
*schon früher) alles dessen, was die Menschen gerecht, tapfer usw. nen-*
*nen, daß hinter diesen gemeinten Werten die wirklichen Werte ebenso*
*stünden wie hinter der Scheinwelt die Welt des parmenideischen Seien-*
*den. Das Gute, Gerechte, Tapfere usw. steht für Platon bedingungslos*
*in der Kategorie der Wesenheit. Sie sind das eigentlich Seiende, das*
*ewig mit sich selbst identisch ist.*

   *Platon geht noch einen Schritt weiter. Im 5. Jahrhundert entwickel-*
*ten sich die mathematischen Wissenschaften, deren Exaktheit sie alsbald*
*zu einem Modell der Wissenschaftlichkeit überhaupt werden ließ. Es*
*war dann ein naheliegender Gedanke, daß das ethische Wissen in seiner*
*Unbestimmtheit und Ambivalenz den denkbar größten Gegensatz zur*
*mathematischen Exaktheit darstellte. Es ist wiederum Xenophon, bei*
*dem sich die Formel findet, daß im Grunde die mathematischen Wissen-*
*schaften die einzigen seien, die der Mensch fähig sei sich wirklich an-*
*zueignen, wogegen das Wissen vom Guten der Gottheit vorbehalten*
*bleibe. Daß die vollkommene Form der Wissenschaft mathematisch sei,*
*glaubt auch Platon. Aber gegen Xenophon will er das ethische Wissen*
*nicht den Göttern überlassen, sondern fordert, daß auch die Wissen-*
*schaft vom Guten mathematischen Charakter haben müsse.*

   *Etwas ergibt sich daraus mit Sicherheit: Platon kann wohl behaup-*
*ten, daß das Gute, Gerechte usw. ewig mit sich selbst identische Wesen-*
*heiten seien und mathematisch erfaßbar sein müßten (am großartig-*
*sten ist sein Versuch der Mathematisierung der Ethik in den nicht ver-*
*öffentlichten, aber in Schülernachschriften teilweise erhaltenen «Vor-*
*lesungen über das Gute»). Es wird ihm gerade darum nie gelingen, zu*
*erklären, worin denn materiell dieses Gute und Gerechte eigentlich be-*
*stünden. Seine Ethik bleibt mit Notwendigkeit eine reine Form.*

   *Wie hat sich Aristoteles dazu gestellt? Eigentlich müßte man sa-*
*gen, daß er sich weder mit der einen noch mit der anderen Position*

identifiziert. Den platonischen Begriff des Guten läßt er beiseite, da er ausdrücklich vom Guten sprechen will, das der Mensch verwirklichen kann; und die Nikomachische Ethik hat ausdrücklich den Zweck, nicht bloß theoretische Kenntnisse zu vermitteln, sondern zum praktischen Handeln anzuleiten. Aber er lehnt auch die Auffassung der ethischen Begriffe als Relationsbegriffe ab. Wenn er die Tugenden als Mitte zwischen einem Zuviel und einem Zuwenig bezeichnet, wie das im zweiten Buch geschieht, so folgt er damit im ganzen doch platonischen Gedanken. Man wird ihm nicht Unrecht tun, wenn man sagt, daß er in einem weiten Umfang zu den traditionellen vorphilosophischen Anschauungen zurückkehrt. Wir wissen ja, welche Bedeutung für ihn der Consensus gentium besitzt. Eine Meinung, die seit jeher und von allen Völkern geteilt worden ist, kann nicht ganz falsch sein. Daß Aristoteles gerade in der Ethik sich auf diesen in der Sitte und bei Dichtern greifbaren Consensus stützt, ist nicht zu verwundern. So billigt er den ethischen Begriffen eine gewisse Bestimmtheit zu, warnt aber davor, allzu große Präzision zu erwarten.

Es kann hier auch etwas ganz Äußerliches bemerkt werden: Während Aristoteles in den naturphilosophischen und metaphysischen Schriften immer wieder die früheren Philosophen nennt und deren Ansichten diskutiert, finden sich in der Ethik so gut wie keine Namen. Meinungen Früherer werden gewiß angeführt, aber ganz allgemein – für uns eher zu bedauern, denn ohne Zweifel hat Aristoteles viele Gedanken von Sophisten und Sokratikern hineingearbeitet. Aber er legt darauf keinen Wert. Es liegt ihm in der Ethik nicht daran, sich mit irgendwelchen ältern Theoretikern auseinanderzusetzen, sondern eine Ethik der Anständigkeit zu skizzieren, wie sie durch die Tradition vorgezeichnet ist und wie sie verwirklicht werden kann.

Es sei nun noch vom Begriff der Eudaimonia kurz die Rede. Er ist durch Platon und Aristoteles zu einem der wichtigsten und berühmtesten Begriffe der philosophischen Ethik bei den Griechen geworden. Es verlohnt sich, noch einmal klarzumachen, daß dies keineswegs selbstverständlich ist.

In der Zeit, in welcher Ethik und Erziehung begannen wissenschaftlich organisiert und in literarischen Abhandlungen dem Publikum bekannt gemacht zu werden, mußte selbstverständlich auch mitgeteilt werden, was diese Wissenschaften letzten Endes zu leisten imstande wären. Das war hier genau so wichtig wie bei der Architektur, Gartenbaukunst oder Medizin. Da ergaben sich denn Begriffe, die zunächst einfach jene Frage beantworteten, worauf die Wissenschaft der Ethik eigentlich hinauslaufe. Protagoras scheint den Begriff der Eubulia genannt zu haben; das war eine praktische Zielsetzung. Protagoras wollte den Menschen die Fähigkeit beibringen, im Staate und zu Hause mit richtiger Überlegung zu handeln. Sein Schüler Demokrit hat demgegenüber die Euthymia als den wünschenswertesten Zustand bezeichnet. Darin liegt, daß es nicht auf das Handeln und nicht auf große und aufregende Taten ankomme, sondern allein auf die Ruhe des Gemütes, die weder durch überflüssigen Ehrgeiz noch auch durch die Angst vor den Dingen über und unter der Erde verwirrt werden dürfe. Der erste der athenischen Sophisten wiederum, Damon, der Freund des Perikles, hat von der Eukosmia gesprochen, womit vor allem die bürgerliche Diszipliniertheit gemeint gewesen sein mag.

Ein Sokratiker wird es gewesen sein, der in handgreiflicher Polemik gegen diese Schlagworte als das einzig Wünschenswerte die Eutychia, das Glückhaben, bezeichnet hat. Damit war gesagt, daß es völlig belanglos sei, was für Fähigkeiten der Mensch besitze oder sich aneigne. Letzten Endes sei alles Glückssache, eine Anschauung, die sich etwa auch in dem Zweizeiler des Theognis findet:

«Bete nicht darum, an Ruhm dich auszuzeichnen oder an Reichtum;
    das einzige, was der Mensch braucht, ist Glück.»

In diese Gruppe der Begriffe gehört nun auch die Eudaimonia. Das Wort bedeutet zunächst Gunst des Daimon, der Gottheit. Es gehört insofern in die Nähe von Eutychia, weil auch damit etwas gemeint wird, was der Mensch sich durchaus nicht selbst verschaffen, worum er höchstens beten kann. Aber das Wort hat eine bewußt paradoxe Umdeutung erfahren. Es beginnt mit dem berühmten Satze Heraklits, daß *der Daimon für den Menschen nichts anderes sei als seine eigene Art. Demokrit sagt dasselbe noch schärfer: der gute wie der schlechte Daimon ist in der Seele, und: «Die Eudaimonia wohnt nicht in Herden und nicht in Gold; die Seele ist der Wohnsitz des Daimon.» Da ist denn die Umwertung vollzogen. Gerade das, was der Mensch vom Daimon erwarten möchte, soll er selbst leisten und hat er selbst in der Hand. Ich halte es für sicher, daß der Sokratiker, der zuerst diesen Begriff in den Mittelpunkt gestellt hat, bewußt an diese Äußerungen Heraklits und Demokrits angeknüpft hat. Eudaimonia ist ein Begriff, der allgemein genug war, um sozusagen axiomatisch verwendet zu werden: daß alle Menschen die Eudaimonia besitzen wollen, ist selbstverständlich. Und doch kann gerade daran gezeigt werden, daß es allein vom Menschen und seinem Tun abhängt, ob er zur Eudaimonia gelangt.*

*Endlich mag in diesem Zusammenhang noch vom Gedanken der Lebenswahl gesprochen werden. Im ersten Buch der Nikomachischen Ethik werden drei Formen des Lebens genannt, die man wählen könne: das Leben des Ehrgeizes, das Leben des Genusses und das Leben der Erkenntnis. Dieses Motiv ist vor allem seiner Form nach schon sehr alt. Es hängt mit jenen volkstümlichen, schon in der archaischen Lyrik abgewandelten Reihen zusammen: der eine wünscht sich dies, der andere jenes, ich aber wünsche mir – und dann kommt etwas, das allen anderen Wünschen vollkommen entgegengesetzt ist. Schon eine Form des Volksbuchs von den sieben Weisen ist dieser Art: der Skythe Anacharsis kommt nach Hellas und sucht nach dem weisesten der Griechen. Da findet er diesen und jenen, Thales, Solon, Periander und alle die anderen, aber wahrhaft weise ist nur der, von dem man es nicht erwartet hätte: der Bauer Myson, der still auf seinem Hof sitzt und seinen Acker bearbeitet.*

*Uns ist dieses Motiv noch am ehesten vertraut aus der ersten Ode des ersten Odenbuches von Horaz: der eine wird getrieben durch den Ehrgeiz, den politischen oder den sportlichen, ein anderer sucht den Reichtum und der dritte das Vergnügen beim Wein oder auf der Jagd. Der Dichter aber wünscht sich nichts anderes als ruhig für sich zu leben und in der Gunst der Musen.*

*Wie hier der Dichter allen übrigen Menschen entgegengestellt wird,
so bei Aristoteles der Philosoph. Die philosophische Lebensform ist der
unmittelbare Erbe der dichterischen Lebensform, wie sie in der altgriechischen Lyrik beschrieben worden ist; denn daß hinter Horaz griechische Dichtungen des 7. und 6. Jahrhunderts stehen, ist nicht zweifelhaft.*

*Was in der Nikomachischen Ethik im übrigen über die drei Lebens-
formen gesagt wird, ist vermutlich nur ein Auszug aus der ausführli-
cheren Darstellung, die Aristoteles im Protreptikos oder in einem anderen
Dialoge davon gegeben hat.*

*Aus dem Protreptikos stammt auch, wie schon angedeutet, die Be-
gründung und Beschreibung der philosophischen Lebensform, die wir
im zehnten Buche lesen. Davon sei hier nicht mehr gesagt; denn dies
wird ohnehin in dem dem Protreptikos gewidmeten Bande dieser Sammlung zur Sprache kommen.*

*So sei denn nur noch von einem Problem die Rede: von dem Begriff
der Tugend, wie er im zweiten Buch der Nikomachischen Ethik entwickelt wird. Aristoteles nennt die Tugend eine Mitte zwischen einem
Zuviel und einem Zuwenig. So ist Tapferkeit die Mitte zwischen Feigheit und Tollkühnheit, Großzügigkeit die Mitte zwischen Verschwendung und Geiz usw.*

*Die Frage geht nach der Herkunft und dem Sinn dieser Lehre. Was
ihren geschichtlichen Ausgangspunkt betrifft, so gibt Aristoteles selbst
eine erste Andeutung: «Wir sehen, daß ein Übermaß an Gymnastik
ebenso die Körperkraft schädigt wie ein Mangel und daß ein Übermaß
an Speise und Trank ebenso die Gesundheit ruiniert wie ein Mangel.»
Da haben wir es also mit Regeln der Gymnastik und Diätetik zu tun,
Regeln, die sich nicht auf einen bestimmten Autor zurückführen lassen
(dazu sind sie viel zu banal), die aber ein Beispiel mehr dafür sind, in
welchem Umfang gerade die Medizin für den Aufbau der philosophischen Ethik maßgebend gewesen ist. Immerhin dürfte die Lehre des
Aristoteles nicht nur aus diesem Bereiche stammen. Wenn etwa Demokrit in einem Satze sagt: «Schön ist in allem das Gleichmaß; Übermaß*

*und Mangel gefallen mir nicht»*, so hat er dabei nicht an Diätetik gedacht, sondern vielleicht eher an die Kunst. Es gibt für ein Bauwerk,
für Umfang und Gehalt einer Dichtung richtige und falsche Proportionen. Aber wichtiger ist wohl noch die Lehre, die Platon in seinen
Vorlesungen über das Gute vorgetragen hat und die wir aus der Nach-
schrift des Aristoteles wenigstens zum Teil kennen. Da steht an der
Spitze die Einheit, der die Gleichheit zugeordnet ist, und ihr gegenüber
die unumgrenzte Zweiheit, die sich in das Große und Kleine, das Übermaß und den Mangel aufteilt. Wir haben die einzigartige Mischung
von mathematischer, ontologischer und ethischer Spekulation, die in
dieser Lehre Platons vorliegt, nicht zu analysieren. Es muß nur gesagt werden, daß in der aristotelischen Doktrin auch diese Dinge mit-
gehört werden müssen.

Die hellenistische Philosophie hat diese Lehre wieder aufgegeben. Das
ist verständlich, denn ihre konsequente Durchführung erfordert allzu-
viele künstliche Schemata. Es ist denn auch nicht merkwürdig, daß
Aristoteles dort, wo er die Tugenden nach diesem Prinzip zu katalo-
gisieren unternimmt, oft konstatieren muß, daß ihm die Begriffe fehlen
oder daß eines der Glieder praktisch nicht existiert. So kann man sich
wohl ein Zuviel an Genußfreude denken, aber nicht leicht ein Zuwenig.
Außerdem bemerkt Aristoteles selbst, daß die richtige Mitte immer
wieder eine andere ist, da ja auch die persönlichen Anlagen und Nei-
gungen des Einzelnen zu berücksichtigen sind, die bald nach der einen,
bald nach der andern Richtung gehen.

Hervorzuheben wären im übrigen noch viele Dinge. So etwa, was
schon angedeutet wurde, daß Aristoteles sehr genau den Begriff der
freiwilligen und verantwortlichen Tat umschreibt und die vernunft-
gemäße Entscheidung abhebt von allen andern Formen des Begehrens,
daß aber diese Fragen ausschließlich auf einer juristischen und psychologischen Ebene behandelt werden; von dem Pathos und den Problemen,
die für uns mit dem Begriff der Freiheit verbunden sind, findet sich
nicht die Spur. Oder es wäre davon zu sprechen, wie Aristoteles wiederum zu vermitteln sucht zwischen einem Rigorismus, der die Glück-

*seligkeit ausschließlich in den Besitz der Tugend setzt, gleichgültig ob der Mensch im übrigen verhungert oder gefoltert wird, und der communis opinio, die den Menschen dann glückselig nennt, wenn er reich und angesehen ist, eine große Familie hat und sich bis ins höchste Alter hinein der besten Gesundheit erfreut. Aristoteles sieht sich da gedrängt, zu unterscheiden zwischen einem Minimum, das für die Glückseligkeit unentbehrlich ist und auf das sie sich im äußersten Notfall zurückziehen kann, und einem Maximum, das wünschbar ist, wenn der Mensch nun wirklich im vollen Sinne glückselig heißen soll. So wird das glückselige Leben unterschieden vom glückseligsten Leben.*

*Diese Haltung ist für die Nikomachische Ethik, für Aristoteles und den Peripatos überhaupt bezeichnend geblieben. Ihr Ausgangspunkt ist nicht so sehr ein nüchterner Realismus als vielmehr ein betont positives Verhältnis zur Geschichte; so würden wir es etwa nennen. Aristoteles ist zwar durchaus der Überzeugung, daß mit seiner Philosophie der Höhepunkt der Philosophie überhaupt erreicht sei. Aber das bedeutet nicht, daß er sich als allein Wissender der unübersehbaren Menge der Toren gegenüberstellt, wie es die Vorsokratiker und die Hellenisten und bis zu einem gewissen Grade auch Platon getan hat. Was die früheren Generationen geleistet haben, ist Vorbereitung auf sein eigenes Philosophieren. Was die andern Menschen, die Einzelnen wie die Völker, denken und glauben, ist eine Ahnung des Richtigen.*

*Wir sagten in unserm ersten Abschnitt, daß die philosophische Ethik damit begonnen habe, daß sie mit Hilfe des Naturbegriffes die ethischen Traditionen zerstört habe. Der Gegensatz von Natur und herkömmlichem Meinen spielt noch bei Platon eine große Rolle. Bei Aristoteles wird er gegenstandslos. Denn was die Menschen überall und seit jeher gemeint haben, das ist gerade ein Hinweis auf das naturgemäß Richtige. Von hier aus ergibt es sich, daß Aristoteles die Radikalismen und Paradoxien nicht mitmachen kann. Und selbst was seinem Wesen nach ein Paradoxon ist, das reine Erkennen als Ziel des Lebens, wird derart eingebaut in die natürlichen Tendenzen und Meinungen der Menschen, daß man den paradoxen Charakter kaum mehr empfindet. Darum lehnt*

*Aristoteles auch jenen Begriff der Glückseligkeit ab, den etwa Epikur im Sinne hat, wenn er erklärt, der Weise werde selbst unter Folter-qualen Lust empfinden.*

*Aber allerdings: die aristotelische Ethik konnte vielleicht als eine Ethik der Gebildeten in einer Zeit relativer Sekurität ihre Wirkung tun. Daß sie versagte, wo Pathos verlangt wurde und wo die Menschen Pathos brauchten, um schwierige Situationen zu bewältigen, liegt auf der Hand. Denn die unerfüllbaren Forderungen haben die Menschen seit jeher ganz anders zum Handeln getrieben als die erfüllbaren. Wohl wird das Paradox leicht zur bloßen Rhetorik. In der Stoa ist es oftmals wirklich nur noch Rhetorik gewesen. Trotzdem hat die stoische und epikureische Ethik unvergleichlich viel tiefer gewirkt als die aristote-lische. Ob dies für oder gegen Aristoteles spricht, dies zu entscheiden mag dem Urteil des Einzelnen überlassen bleiben.*

OLOF GIGON

Zugrundegelegt wurde der Übersetzung die Textausgabe von Fr. Suse-mihl – O. Apelt, Leipzig 1912.

Seit dem Erscheinen der ersten Auflage dieser Übersetzung sind zwei gewichtige Kommentare zur Nikomachischen Ethik erschienen: *Franz Dirlmeier*, Berlin 1956, 3. Aufl. 1964, und *R.A. Gauthier* und *J.Y. Jolif*, Louvain 1958–1959. Vor allem dem mit umfassender Gelehrsamkeit und gründlicher Kenntnis der Werke des Aristoteles und Platons geschriebenen Kommentar F. Dirlmeiers verdanke ich sehr viel, auch dort, wo ich nicht mit ihm übereinstimme. Von Kleinigkeiten abgesehen urteile ich in zwei Punkten anders als er: Erstens erscheint mir die Nikomachische Ethik nicht aus einem Guß geschrieben, sondern aus Texten verschiedener Zielsetzung und Tonlage zusammengearbeitet; verhältnismäßig unwichtig ist dabei allerdings die Frage, wer diese Texte zusammengearbeitet hat, ob Aristoteles oder einer seiner Schüler. Zweitens scheint mir Dirlmeier etwas zu einseitig Aristoteles als den getreuen Jünger Platons aufzufassen; einerseits wird damit die zuweilen scharfe Kritik des Aristoteles an Platon zu wenig berücksichtigt, andererseits aber auch der Umstand zu wenig bedacht, daß dem Aristoteles ja nicht nur das Œuvre Platons, sondern die gesamte ethische Literatur von Demokrit über die Sophisten und Sokratiker bis hinab zu den frühen Schriften des Xenokrates vorgelegen hat. – Endlich versuchen die Anmerkungen auch, das leidige und doch unübersehbare Problem der Beziehung der Dialoge zu den ethischen Pragmatien voranzutreiben. In den beiden Kommentaren ist dieses Problem etwas zu beiläufig behandelt. (Dezember 1966.)

# DIE NIKOMACHISCHE ETHIK

# ERSTES BUCH

1. Jede Kunst und jede Lehre, ebenso jede Handlung und jeder Entschluß scheint irgendein Gut zu erstreben. Darum hat man mit Recht das Gute als dasjenige bezeichnet, wonach alles strebt. Es zeigt sich aber ein Unterschied in den Zielen: denn die einen sind Tätigkeiten, die andern sind bestimmte Werke außer ihnen. Wo es Ziele außerhalb der Handlungen gibt, da 5 sind ihrer Natur nach die Werke besser als die Tätigkeiten.

Da es nun viele Handlungen, Künste und Wissenschaften gibt, ergeben sich auch viele Ziele: Ziel der Medizin ist die Gesundheit, der Schiffsbaukunst das Schiff, der Strategik der Sieg, der Ökonomik der Reichtum. Wo nun immer solche Künste einer einzigen Aufgabe untergeordnet sind, wie etwa der Reit- 10 kunst die Sattlerei und die andern der Reitkunst dienenden Künste, und wie die Reitkunst wiederum und die gesamte Kriegskunst der Strategik untergeordnet ist und so andere unter anderen, in allen diesen Fällen sind die Ziele der leitenden Künste insgesamt vorzüglicher als die der untergeordneten. Denn diese werden um jener willen verfolgt. 15

Dabei macht es keinen Unterschied, ob die Tätigkeiten selber das Ziel des Handelns sind oder etwas anderes außer ihnen, wie bei den genannten Künsten.

Wenn es aber ein Ziel des Handelns gibt, das wir um seiner selbst willen wollen und das andere um seinetwillen; wenn wir also nicht alles um eines andern willen erstreben (denn so 20 ginge es ins Unbegrenzte, und das Streben wäre leer und sinnlos), dann ist es klar, daß jenes das Gute und das Beste ist.

Wird nun das Erkennen jenes Zieles nicht auch für das Leben ein großes Gewicht haben, und werden wir nicht wie Bogen-

schützen, wenn wir unser Ziel vor Augen haben, das Gehörige
besser treffen können? Wenn dies der Fall ist, müssen wir ver-
25 suchen, wenigstens im Umriß zu erfassen, was es wohl sein mag
und welcher Wissenschaft oder Fähigkeit es zugeordnet ist.

Man wird wohl an die wichtigste und leitendste Wissenschaft denken wollen. Dies scheint die politische Wissenschaft
zu sein. Denn sie bestimmt, welche Wissenschaften in den
Staaten vorhanden sein müssen, welche ein jeder lernen muß
b1 und bis zu welchem Grade man sie lernen muß. Wir sehen auch,
daß die angesehensten Fähigkeiten ihr untergeordnet sind:
Strategik, Ökonomik, Rhetorik und andere. Da sie sich also
der übrigen praktischen Wissenschaften bedient und außerdem
5 Gesetze darüber erläßt, was man zu tun und zu lassen habe, so
dürfte wohl ihr Ziel die Ziele aller anderen mit umfassen; dann
wäre also dieses das Gute für den Menschen. Mag nämlich auch
das Gute dasselbe sein für den Einzelnen und den Staat, so
scheint es doch größer und vollkommener zu sein, das Gute
für den Staat zu greifen und zu bewahren; erfreulich ist es zwar
schon bei einem einzigen Menschen, schöner und göttlicher
10 aber für Völker und Staaten.

Darauf zielt also unsere Untersuchung, die ein Teil der politischen Wissenschaft ist. Wir werden uns aber mit demjenigen
Grade von Bestimmtheit begnügen müssen, der dem gegebenen Stoffe entspricht. Denn man darf nicht bei allen Fragen
die gleiche Präzision verlangen, wie man es ja auch nicht im
Handwerklichen tut.

Das Edle und Gerechte, das der Gegenstand der politischen
15 Wissenschaft ist, zeigt solche Unterschiede und solche Unbe-
ständigkeit, daß man vermuten könnte, es beruhe nur auf dem
Herkommen und nicht auf der Natur. Dieselbe Unbeständig-
keit besteht auch im Bezug auf die Güter; denn viele Menschen kommen durch sie zu Schaden: schon manche sind durch

den Reichtum zugrunde gegangen, andere durch die Tapferkeit. Da wir nun über solche Dinge und unter solchen Voraussetzungen reden, müssen wir damit zufrieden sein, in groben Umrissen das Richtige anzudeuten; und wenn wir bloß über 20 das zumeist Vorkommende reden und von solchem ausgehen, so werden auch die Schlußfolgerungen dieser Art sein.

Auf dieselbe Weise hat nun aber auch der Hörer alles, was wir sagen werden, aufzunehmen. Denn es kennzeichnet den Gebildeten, in jedem einzelnen Gebiet nur so viel Präzision zu verlangen, als es die Natur des Gegenstandes zuläßt. Andern- 25 falls wäre es, wie wenn man von einem Mathematiker Wahrscheinlichkeitsgründe annehmen und vom Redner zwingende Beweise fordern würde.

Jeder beurteilt dasjenige richtig, was er kennt, und ist darin ein guter Richter. Über einen bestimmten Gegenstand vermag a1 der darin Gebildete zu urteilen, über alle Gegenstände der in allem Gebildete. Darum ist ein junger Mensch kein geeigneter Hörer für die politische Wissenschaft. Denn er ist unerfahren in der Praxis des Lebens; die Untersuchung geht aber gerade von dieser aus und behandelt diese. Ferner ist er geneigt, den Leidenschaften zu folgen, und wird darum ohne Zweck und 5 Nutzen zuhören, da ja das Ziel hier nicht die Erkenntnis, sondern das Handeln ist. Es macht allerdings keinen Unterschied, ob man an Jahren jung ist oder an Charakter unreif. Denn der Mangel hängt nicht von der Zeit ab, sondern davon, daß man den Leidenschaften lebt und auf sie hin jedes einzelne erstrebt. Für solche Menschen ist die Erkenntnis völlig fruchtlos, wie etwa für die Unbeherrschten. Wer aber seine Strebungen nach der Vernunft richtet und demgemäß handelt, für den dürfte 10 das Wissen von diesen Dingen von vielfältigem Nutzen sein.

2. Dies mag als Einleitung gesagt sein über den Hörer, wie unsere Untersuchung aufgenommen werden soll und was wir uns

zum Ziele setzen. Wir nehmen nun das Frühere wieder auf:
Da also jede Erkenntnis und jeder Entschluß nach irgendeinem
15 Gute strebt, wonach wird nach unserer Auffassung die politische Wissenschaft streben, und welches ist das oberste aller
praktischen Güter? Im Namen stimmen wohl die meisten
überein. Glückseligkeit nennen es die Leute ebenso wie die
Gebildeten, und sie setzen das Gut-Leben und das Sich-gut-
Verhalten gleich mit dem Glückseligsein.
20     Was aber die Glückseligkeit sei, darüber streiten sie, und
die Leute sind nicht derselben Meinung wie die Weisen. Jene
nämlich verstehen darunter etwas Selbstverständliches und
Sichtbares, wie Lust, Reichtum oder Ehre, der eine dies, der
andere jenes, oftmals auch einer und derselbe Verschiedenes:
wenn er krank ist, meint er die Gesundheit, wenn er arm ist,
25 den Reichtum. Da sie sich aber ihrer eigenen Unwissenheit
bewußt sind, bewundern sie jene, die etwas Großes und ihr
Verständnis Übersteigendes sagen. Einige meinten, es gebe
neben diesen vielen Gütern ein anderes Gutes an und für sich,
das auch die Ursache des Gutseins all der andern Güter wäre.
Alle Ansichten zu prüfen ist wohl eher sinnlos; wir dürfen uns
also auf jene beschränken, die am verbreitetsten sind oder ei-
30 nigermaßen begründet zu sein scheinen.
     Wir dürfen nicht übersehen, daß ein Unterschied besteht
zwischen den Untersuchungen, die von den Prinzipien ausgehen, und denen, die zu den Prinzipien hinführen. Mit Recht
pflegte denn auch Platon die Frage zu stellen und zu untersuchen, ob der Weg von den Prinzipien kommt oder zu ihnen
b1 geht, so wie wenn man im Stadion von den Preisrichtern zum
Ziele läuft oder umgekehrt. Man muß nämlich vom Bekannten
beginnen. Dies ist aber ein Doppeltes: ein Bekanntes für uns
und ein Bekanntes an sich. Wir werden wohl mit dem für uns
Bekannten anfangen müssen. Darum muß der, der über das
5 Schöne und Gerechte und überhaupt über die politische Wis-

*nicht spekulativ !*

senschaft hören will, eine gute Lebensführung aufweisen; denn der Ausgangspunkt ist das Daß, und wenn dieses hinreichend sichtbar geworden ist, dann wird es nicht mehr des Warum bedürfen. Wer nun diese Lebensführung besitzt, der kennt entweder die Prinzipien schon oder dürfte sie leicht begreifen. Wo aber weder das eine noch das andere zutrifft, da gelten die Verse Hesiods: «Dieser ist der Allerbeste, der selbst alles er- 10 sinnt; tüchtig ist aber auch jener, der dem gut Redenden folgt. Wer aber weder selbst zu ersinnen vermag noch sich in seinem Innern merkt, was er von einem anderen hört, der ist ein unbrauchbarer Mann.»

3. Wir wollen nun den Punkt erörtern, von dem wir abgeschweift sind. Nicht ohne Grund scheint man das Gute und die Glück- 15 seligkeit an den Lebensformen abzulesen. Die Mehrzahl der Leute und die rohesten wählen die Lust. Darum schätzen sie auch das Leben des Genusses. Es gibt nämlich vor allem drei hervorstechende Lebensformen, die eben genannte, die politische und die betrachtende.

Die große Menge erweist sich als völlig sklavenartig, da sie das Leben des Viehs vorzieht. Sie kommen aber zu einiger 20 Rechtfertigung, da es vielen unter den Mächtigen ähnlich ergeht wie Sardanapal.

Die gebildeten und energischen Menschen wählen die Ehre. Denn dies kann man als das Ziel des politischen Lebens bezeichnen. Aber es scheint doch oberflächlicher zu sein als das, was wir suchen. Denn die Ehre liegt wohl eher in den Ehrenden als in dem Geehrten, vom Guten aber vermuten wir, daß 25 es dem Menschen eigen ist und nicht leicht verlorengehen kann. Ferner scheint man die Ehre zu suchen, um sich selbst zu überzeugen, daß man gut sei. Man wünscht ja geehrt zu werden durch die Verständigen und durch jene, die einen kennen, und dies wegen der eigenen Tüchtigkeit. So ist eigentlich

für diese die Tüchtigkeit das höhere Ziel. Also könnte man
vielleicht die Tüchtigkeit als das letzte Ziel der politischen
Lebensform auffassen.

Aber selbst sie erweist sich als unvollkommen. Denn offenbar ist es möglich, daß man im Besitze der Tüchtigkeit auch
schlafen oder sein Leben lang untätig sein kann. Man kann
21 außerdem mit ihr Mißgeschick erleiden und in das größte Unglück kommen. Wer aber so lebt, den wird niemand glückselig
nennen, außer um eben seine Behauptung zu retten. Doch
genug davon. Darüber ist ja auch in den enkyklischen Schriften
hinreichend gesprochen worden.

Die dritte Lebensform ist die betrachtende. Sie werden wir
5 im nachfolgenden untersuchen.

Die kaufmännische Lebensform hat etwas Gewaltsames an
sich, und offensichtlich ist der Reichtum nicht das gesuchte
Gute. Denn er ist nur als Mittel zu anderen Zwecken zu gebrauchen. Darum wird man wohl eher die obengenannten Dinge
als Ziele annehmen; denn diese werden um ihrer selbst willen geschätzt. Doch auch sie scheinen nicht das Gesuchte zu sein, ob-
10 schon viele Argumente zu ihren Gunsten angeführt worden sind.

4. Dies wollen wir nun lassen. Wichtiger ist es wohl, den Begriff
des Universalen zu untersuchen und sich zu fragen, wie er gemeint sei; freilich widerstrebt eine solche Untersuchung, da
uns befreundete Männer die Ideen eingeführt haben. Es scheint
aber wohl besser und eine Pflicht der Wahrheit gegenüber zu
15 sein, auch die eigenen Empfindungen nicht zu schonen, zumal
da wir Philosophen sind. Denn da beide uns lieb sind, so dürfen
wir es verantworten, die Wahrheit vorzuziehen.

Diejenigen, die diese Lehre aufgebracht haben, haben über-
all da keine Ideen angenommen, wo sie von einem Früher und
Später redeten (darum haben sie auch keine Gesamtidee der
Zahlen aufgestellt). Das Gute aber findet sich in den Katego-

rien der Wesenheit, der Qualität und der Relation; das An-
Sich aber und die Wesenheit ist ihrer Natur nach früher als die
Relation; denn diese gleicht einem Nebenschößling und einem Zusatz zum Seienden. Es kann also keine Idee geben, die
diese Kategorien gemeinsam umgreift.

Ferner: Da vom Guten ebenso viele Bedeutungen ausgesagt
werden wie vom Seienden (denn es findet sich in der Kategorie
der Wesenheit wie Gott oder Geist, in der Qualität wie die 25
Tugenden, in der Quantität wie das rechte Maß, in der Relation wie das Brauchbare, in der Zeit wie die rechte Gelegenheit, in dem Raume wie der gesunde Aufenthaltsort u. dgl.),
so gibt es da offenbar kein Universales, das allen gemeinsam
und eines wäre. Denn sonst würde man von ihm nicht in allen
Kategorien, sondern nur in einer sprechen.

Ferner: Da es von dem zu einer Idee Gehörigen auch nur 30
eine Wissenschaft gibt, so würde es auch nur eine Wissenschaft
von allem Guten geben. Nun gibt es aber viele, sogar von dem,
was unter eine einzige Kategorie fällt; wie etwa die rechte Gelegenheit im Kriege von der Strategik behandelt wird, in der
Krankheit von der Medizin, und wie die Wissenschaft des
rechten Maßes bei der Nahrung die Medizin ist, bei der körperlichen Anstrengung die Gymnastik.

Man wird auch fragen, was sie eigentlich mit dem Begriffe
des An-Sich meinen, da ja der Mensch an sich und der Mensch 35
unter denselben Begriff fallen, nämlich den des Menschen. So- b1
fern beide Mensch sind, unterscheiden sie sich nicht. Dasselbe
gilt auch vom Guten, sofern es Gutes ist. Auch wird das Gute
an sich nicht darum eher gut sein, weil es ewig ist, wie auch das
Dauerhafte nicht weißer ist als das nur einen Tag Bestehende.

Einleuchtender scheint die Lehre der Pythagoreer über das 5
Gute zu sein. Sie setzen die Eins in die Reihe der Güter. Ihnen
scheint auch Speusippos gefolgt zu sein. Doch hievon sei anderswo die Rede.

Gegen das von uns Gesagte könnte indessen eingewandt
10 werden, daß nämlich jene Theorie gar nicht von jedem Guten
gelten wolle, sondern daß nur das um seiner selbst willen Er-
strebte und Geschätzte als eine einzige Idee aufgefaßt werde,
wogegen dasjenige, was jenes hervorbringe oder irgendwie be-
wahre oder das Gegensätzliche abwehre, nur im Hinblick auf
jenes und in einem andern Sinne gut hieße. Das Gute hätte
dann offensichtlich eine doppelte Bedeutung: das eine wäre gut
an sich, das andere im Hinblick auf jenes. Trennen wir also das
15 Gute an sich von dem Nützlichen und prüfen, ob es nun als
eine einzige Idee aufgefaßt werden kann. Was für Güter wird
man aber als Güter an sich ansetzen? Etwa jene, die auch für
sich allein erstrebt werden, wie das Denken, Sehen und bestimmte Freuden und Ehren? Denn selbst wenn wir dies um
eines anderen willen erstreben, so mag man es doch zu dem an
sich Guten rechnen. Oder wäre es überhaupt nichts anderes
20 außer der Idee selber? Dann wäre sie aber eine Form ohne Gehalt. Wenn aber auch jene Dinge an sich gut sind, dann wird
man zeigen müssen, daß derselbe Begriff des Guten in ihnen
allen sichtbar wird, so wie im Schnee und im Bleiweiß der Begriff des Weißen. Die Begriffe der Ehre, Erkenntnis und Lust
sind aber verschieden gerade, sofern sie Güter sind. Ein Gutes
also, das gemeinsam wäre und als eine einzige Idee aufgefaßt
25 werden könnte, existiert nicht.

Aber wie ist es denn zu verstehen? Das viele Gute scheint
doch nicht zufällig denselben Namen zu haben. Ist es etwa
darum, weil es von einem herkommt oder insgesamt auf eines
hinzielt oder eher in der Weise der Analogie? In dieser Weise
ist das, was im Körper das Sehvermögen ist, in der Seele der
Geist und in einem anderen wiederum ein anderes. Aber die-
30 sen Punkt müssen wir jetzt wohl fallen lassen; denn darüber
Genaueres auszusagen dürfte einem anderen Bereiche der Philosophie angemessener sein.

Dasselbe gilt auch von der Frage nach der Idee. Auch wenn ein Gutes existiert, das eines ist und allgemein ausgesagt wird, oder das abgetrennt und an und für sich besteht, so ist es doch klar, daß dieses Gute für den Menschen weder zu verwirklichen noch zu erwerben ist. Nun ist es aber ein solches, was 35 wir suchen.

Vielleicht könnte man meinen, die Kenntnis jenes abgetrennten Guten böte einen Nutzen im Hinblick auf die zu erwerbenden und zu verwirklichenden Güter. Wir hätten jenes a1 wie eine Art Vorbild vor Augen und würden damit auch das Gute für uns besser erkennen und, wenn wir es erkennen, dann auch erlangen. Diese Überlegung hat zwar einige Wahrscheinlichkeit, widerspricht aber dem Tatbestand bei den Wissenschaften. Denn alle streben zwar nach irgendeinem Gute und 5 kümmern sich um das, was ihnen dazu fehlt, und dennoch lassen sie die Erkenntnis dieses Guten an sich beiseite. Es ist aber nicht glaubhaft, daß sämtliche Spezialisten ein derartiges Hilfsmittel nicht kennen und nicht einmal vermissen. Man sieht auch nicht ein, was ein Weber oder Schreiner für einen Nutzen in seiner eigenen Kunst davon haben soll, daß er das Gute an sich kennt, oder wie einer ein besserer Arzt oder Feldherr 10 wird, «wenn er die Idee des Guten betrachtet hat». Es scheint ja der Arzt nicht einmal die Gesundheit an sich zu suchen, sondern die Gesundheit des Menschen oder vielleicht eher die Gesundheit dieses bestimmten Menschen. Denn er heilt den Einzelnen.

5. Hierüber sei soviel gesagt. Wir wollen abermals auf das gesuchte Gute zurückkommen und fragen, was es wohl sei. 15 Offenbar ist es in jeder Handlung und Kunst ein anderes. Denn ein anderes ist es in der Medizin und in der Strategik und so fort. Welches ist nun das Gute in jedem einzelnen Falle? Wohl das, um dessentwillen alles übrige geschieht. Dies ist in der

Medizin die Gesundheit, in der Strategik der Sieg, in der Bau-
20 kunst das Haus, anderswo wieder anderes. Bei jedem Handeln
und Entschlusse ist es das Ziel. Denn dieses ist es, wegen dessen man stets das übrige tut. Wenn es also ein Ziel allen Handelns überhaupt gibt, so wäre dies das zu verwirklichende
Gute, und wenn es mehrere solche Ziele gibt, dann sind es
diese. So ist die Untersuchung auf einem anderen Wege zu
demselben Punkte gelangt.

25 Wir wollen versuchen, dies noch etwas besser zu verdeut-
lichen. Da sich viele Ziele zeigen, wir aber von diesen manche
um anderer Dinge willen wählen, wie den Reichtum, Flöten
und überhaupt alle Instrumente, so ist es offenbar, daß nicht
alle Endziele sind. Das vollkommen Gute scheint aber ein Endziel zu sein. Wenn es also nur ein einziges Endziel gibt, so wäre
dies das Gesuchte, wenn aber mehrere, dann das vollkom-
30 menste unter diesen.

Vollkommener nennen wir das um seiner selbst willen Er-
strebte gegenüber dem um anderer Ziele willen Erstrebten,
und das niemals um eines anderen willen Gesuchte gegenüber
dem, was sowohl wegen sich selbst als auch wegen eines andern
gesucht wird; allgemein ist das vollkommene Ziel dasjenige,
was stets nur an sich und niemals um eines anderen willen gesucht wird.

Derart dürfte in erster Linie die Glückseligkeit sein. Denn
b1 diese suchen wir stets wegen ihrer selbst und niemals wegen
eines anderen; Ehre dagegen und Lust und Vernunft und jede
Tüchtigkeit suchen wir teils wegen ihnen selber (denn auch
wenn wir keinen weiteren Gewinn von ihnen hätten, würden
wir jedes einzelne von ihnen wohl erstreben), teils aber auch
um der Glückseligkeit willen, da wir glauben, eben durch jene
5 Dinge glückselig zu werden. Die Glückseligkeit aber wählt
keiner um jener Dinge willen und überhaupt nicht wegen
eines anderen.

Dasselbe scheint sich aus dem Prinzip der Selbstgenügsamkeit zu ergeben. Denn das vollkommen Gute scheint selbstgenügsam zu sein. Wir verstehen diese Selbstgenügsamkeit nicht einfach für den Einzelnen, der für sich allein lebt, sondern auch für seine Eltern, Kinder, Frau und überhaupt seine Freunde und Mitbürger, da ja der Mensch seiner Natur nach in der Gemeinschaft lebt. Doch muß hier eine Grenze gezogen werden. Denn wenn man weitergehen wollte bis zu den Vorfahren und Nachkommen und zu den Freunden der Freunde, so geriete man ins Unbegrenzte. Aber dies wollen wir später untersuchen.

Als selbstgenügsam gilt uns dasjenige, was für sich allein das Leben begehrenswert macht und vollständig bedürfnislos. Für etwas Derartiges halten wir die Glückseligkeit, und zwar so, daß sie das Wünschenswerteste ist, ohne daß irgend etwas anderes addiert werden könnte. Wenn nämlich eine Addition möglich wäre, so würde sie offenbar noch wünschbarer, wenn auch noch das kleinste Gut dazukäme. Denn das Dazutreten würde dann einen Zuschuß an Gutem bedeuten, und es ist immer das größere Gut das wünschbarere. So scheint also die Glückseligkeit das vollkommene und selbstgenügsame Gut zu sein und das Endziel des Handelns.

6. Aber damit, daß die Glückseligkeit das höchste Gut sei, ist vielleicht nicht mehr gesagt, als was jedermann zugibt. Wir möchten aber noch genauer erfahren, was sie ist. Dies sollte wohl geschehen können, wenn wir von der eigentümlichen Leistung des Menschen ausgehen. Wie nämlich für einen Flötenspieler, einen Bildhauer und überhaupt für jeden Künstler und für jeden, der eine Leistung und ein Handeln hat, in der Leistung das Gute und das Rechte liegt, so wird es wohl auch vom Menschen gelten, wenn anders auch ihm eine besondere Leistung zukommt. Oder sollte es eigentümliche Leistungen

und Handlungen des Schreiners oder Schusters geben, nicht
30 aber des Menschen, als ob er zur Untätigkeit geschaffen wäre?
Sollte nicht eher so, wie das Auge, die Hand, der Fuß und überhaupt jedes einzelne Körperglied seine besondere Leistung hat,
auch der Mensch neben all dem seine besondere Leistung besitzen? Welche mag sie nun wohl sein? Das Leben offenbar
nicht, denn dies besitzen auch die Pflanzen, wir suchen aber
das dem Menschen Eigentümliche. Das Leben der Ernährung
a1 und des Wachstums ist also auszuscheiden. Es würde darauf
das Leben der Wahrnehmung folgen, aber auch dieses ist uns
gemeinsam mit dem Pferde und Rinde und allen Tieren überhaupt. Es bleibt also das Leben in der Betätigung des vernunftbegabten Teiles übrig. Dieser findet sich vor teils als ein der
Vernunft gehorchender, teils als ein die Vernunft besitzender
5 und ausübender. Da auch dies wiederum in doppeltem Sinne
zu verstehen ist, so muß man da an das wirklich tätige Leben
denken; denn dieses dürfte doch als das eigentlichere gelten.

Wenn nun die eigentümliche Leistung des Menschen in einer
Tätigkeit der Seele besteht, die sich nach der Vernunft oder
doch nicht ohne die Vernunft vollzieht, und wenn wir die
Leistung eines beliebig Tätigen und eines hervorragend Tätigen derselben Gattung zurechnen (so wie das Spiel des Kitharisten und dasjenige des guten Kitharisten, und so in allen Fäl-
10 len), so daß wir zur Leistung überhaupt noch das Merkmal
hervorragender Tüchtigkeit in ihr beifügen (denn die Leistung
des Kitharisten ist das Kitharaspielen, die des hervorragenden
Kitharisten aber das gut Spielen) – wenn also das so ist und
wir als die eigentümliche Leistung des Menschen ein bestimmtes Leben annehmen und als solches die Tätigkeit der
Seele und die vernunftgemäßen Handlungen bestimmen und
als die Tätigkeit des hervorragenden Menschen eben diese
Tätigkeit in einem hervorragenden Maße, und wenn endlich
dasjenige hervorragend wird, was im Sinne der ihm eigentüm-

lichen Leistungsfähigkeit vollendet wird –, wenn das alles so ist, dann ist das Gute für den Menschen die Tätigkeit der Seele auf Grund ihrer besondern Befähigung, und wenn es mehrere solche Befähigungen gibt, nach der besten und vollkommensten; und dies außerdem noch ein volles Leben hindurch. Denn eine Schwalbe macht noch keinen Frühling, und auch nicht ein einziger Tag; so macht auch ein einziger Tag oder eine kurze Zeit niemanden glücklich und selig.      20

7. Dies möge als Umriß des gesuchten Gutes gelten; denn man muß wohl zuerst die Grundlinien ziehen und dann nachher das Bild ausführen. Sind die Grundlinien richtig gezeichnet, so sollte wohl jeder selbst weiterkommen und die Sache ausarbeiten. Auch ist die Zeit Entdecker solcher Dinge oder doch ein guter Helfer, wie denn auch der Fortschritt der Wissenschaften auf diese Weise zustande gekommen ist. Denn das 25 Fehlende ergänzen kann jeder.

Man muß sich auch an das vorher Gesagte erinnern und Genauigkeit nicht auf dieselbe Weise bei allen Gegenständen fordern, sondern in jedem Falle gemäß der zugrunde liegenden Materie und soweit es der Untersuchung angemessen ist. Denn auch der Schreiner und der Geometer suchen die gerade Linie auf verschiedene Weise: der eine, soweit sie für seine Arbeit 30 nützlich ist, der andere mit der Frage, was ihr Wesen oder ihre Qualität sei; denn er ist Betrachter der Wahrheit. Auf dieselbe Weise muß man es auch in den anderen Dingen halten, damit nicht etwa die Nebensachen die Hauptsachen überwuchern.

Man darf auch nicht in allen Dingen die Ursache auf dieselbe Weise suchen, sondern in einigen Fällen muß es hinrei- b1 chen, das Daß ordentlich gezeigt zu haben, wie etwa im Falle der Prinzipien. Das Daß ist das Erste und das Prinzip. Von den Prinzipien aber erkennt man die einen durch Induktion, die

anderen durch Wahrnehmung, wieder andere durch eine Art
von Gewöhnung und andere wieder anders. Man muß versuchen allen einzelnen nachzugehen, so wie sie ihrer Natur nach
5 sind, und sich bemühen, sie richtig zu sondern. Denn dies hat
auf das Nachfolgende einen großen Einfluß. Denn der Anfang
scheint mehr als die Hälfte zu sein, und von ihm aus werden
viele Fragen aufgeklärt.

8. Man muß nun über diesen Begriff des Guten und der Glückseligkeit nicht nur auf Grund von Schlußfolgerungen reden
und aus Beweisgründen, sondern auch aus der allgemei-
10 nen Anschauung. Denn mit der Wahrheit stimmen alle
Tatsachen überein, mit dem Irrtum dagegen werden sie rasch
in Widerspruch geraten.

Wenn nun die Güter dreigeteilt werden, und zwar so, daß
die einen äußere Güter genannt werden, die zweiten körperliche, die dritten seelische, so nennen wir die seelischen die
eigentlichen und die hervorragendsten Güter. Außerdem
15 schreiben wir die entsprechenden Handlungen und Tätigkeiten der Seele zu. So befinden wir uns denn in schönster Übereinstimmung mit dieser Anschauung, die alt ist und von allen
Philosophierenden geteilt wird.

Richtig ist auch, daß das Ziel als Handlungen und Tätigkeiten bestimmt wird. Denn auf diese Weise gehört das Ziel
zu den seelischen Gütern und nicht zu den äußeren.

20 Ebenso stimmt mit unserer Darlegung überein, daß man
vom Glückseligen sagt, er lebe gut und verhalte sich gut.
Denn eben von einem guten Leben und guten Verhalten hatten wir gesprochen.

9. Es scheint auch alles, was man von der Glückseligkeit auszusagen sucht, dem von uns Dargelegten zuzukommen. Denn
die einen bestimmen sie als Tugend, die andern als Einsicht,
die dritten als eine Art von Weisheit, andere wiederum als all

dies oder doch eins davon verbunden mit der Lust oder doch nicht ohne die Lust. Andere nehmen auch das äußere Wohlergehen dazu. Einige dieser Ansichten werden seit alters von vielen Leuten vertreten, andere dagegen nur durch wenige und berühmte Männer. Es ist aber anzunehmen, daß keiner sich im ganzen vollständig verfehlt hat, sondern wenigstens in einem oder gar im meisten haben sie recht.

Mit denen nun, die die Glückseligkeit als Tugend oder als 30 irgendeine Tugend bestimmen, ist unsere Lehre durchaus im Einklang. Denn zur Tugend ist die tugendgemäße Tätigkeit zu rechnen. Es macht aber vielleicht keinen kleinen Unterschied, ob man das Beste als einen Besitz oder ein Ausüben ansieht und ob man es in einen Zustand oder in eine Tätigkeit setzt. Denn ein Zustand kann bestehen, auch ohne daß er etwas Gutes vollbringt, wie etwa wenn man schläft oder in irgendeiner andern Weise außer aller Tätigkeit ist. Bei der Tätigkeit dagegen ist dies unmöglich; denn sie wird mit Notwendigkeit handeln und gut handeln. Wie in den olympischen Spielen nicht die Schönsten und Stärksten bekränzt werden, sondern jene, die kämpfen (denn unter diesen befinden sich die Sieger), 5 so werden auch jene die schönen und guten Dinge des Lebens gewinnen, die richtig handeln.

Das Leben von solchen ist auch an sich genußreich. Denn das Genießen gehört zu den seelischen Dingen, und einem jeden ist genußreich, wozu er sich hingezogen fühlt, das Pferd dem Pferdeliebhaber, das Schauspiel dem Liebhaber von Schauspielen; ebenso das Gerechte dem Freund der Gerechtigkeit 10 und überhaupt das Tugendgemäße dem Freund der Tugend. Bei den Leuten freilich steht das Genußreiche im Widerspruch, weil es nicht von Natur ist, den Liebhabern des Schönen aber ist genußreich das, was von Natur genußreich ist. Derart sind die tugendgemäßen Handlungen; sie sind also solchen Menschen und auch an sich genußreich. Ihr Leben bedarf nicht zu- 15 sätzlich der Lust wie eines Umhangs, sondern es hat die Lust in sich selber. Dazu kommt, daß der, der sich nicht an edlen Taten freut, auch nicht gut ist. Denn man wird niemanden gerecht nennen, der sich nicht am gerechten Handeln freut,

20 oder großzügig, der sich nicht an großzügigen Taten freut, und ebenso beim übrigen. Wenn es also so ist, dann sind doch wohl die tugendgemäßen Handlungen an sich genußreich.

Sie sind aber auch gut und schön, und dies ganz vorzugsweise, wenn nämlich der Edle gut darüber zu urteilen vermag. Er urteilt aber so, wie wir gesagt haben.

So ist also die Glückseligkeit das Beste, Schönste und Erfreulichste, und man kann dies nicht voneinander trennen, wie es

25 das delische Epigramm tut: «Das Schönste ist die Gerechtigkeit, das Beste die Gesundheit, das Erfreulichste aber, zu erlangen, was man möchte.» Denn all dies miteinander kommt den besten Tätigkeiten zu. Und diese nun, oder die eine beste unter

30 ihnen, nennen wir die Glückseligkeit.

Sie scheint freilich auch der äußeren Güter dazu zu bedürfen, wie wir gesagt haben. Es ist nämlich unmöglich oder doch nicht leicht, das Edle zu tun, wenn man keine Mittel zur Ver-

b1 fügung hat. Denn vieles richtet man aus durch Freunde, Reichtum und politische Macht, die sozusagen als Werkzeuge dienen. Andererseits, wenn man bestimmter Dinge ermangelt, wie der Adligkeit, wohlgeratener Nachkommenschaft und der Schönheit, so verkümmert die Glückseligkeit. Denn vollkommen glücklich kann man denjenigen nicht nennen, der in seinem Äußeren übermäßig häßlich ist oder von geringer Herkunft oder einsam und kinderlos, und vielleicht noch weniger

5 denjenigen, der ganz übel geratene Kinder oder Freunde hat, oder dem sie gut waren, aber gestorben sind. Wie wir also gesagt haben, es scheint, daß man auch eines derartigen Wohlergehens bedarf. Darum setzen denn auch einige das glückliche Treffen der Glückseligkeit gleich, andere aber der Tugend.

10. So wird denn auch die Frage gestellt, ob die Glückseligkeit durch Lernen, Gewöhnung oder anderweitige Übung ange- 10 eignet werden könne oder ob sie durch eine göttliche Zuteilung oder durch das Glück gewährt werde. Wenn es nun überhaupt irgendein Geschenk der Götter an die Menschen gibt, so ist anzunehmen, daß die Glückseligkeit gottgegeben sei, und zwar um so eher als sie unter den menschlichen Gütern das Beste ist. Aber dies gehört vielleicht eher einer andern Untersuchung an; jedenfalls aber, auch wenn sie nicht von Gott geschickt wird, sondern durch Tugend und eine Art von Ler- 15 nen oder Übung zustande kommt, so gehört sie doch zu den göttlichsten Dingen. Denn der Preis und das Ziel der Tugend scheint das Beste zu sein und ein Göttliches und Seliges.

Sie wird dann auch für viele in gleicher Weise erreichbar sein. Denn durch irgendwelche Belehrung und Fürsorge wird sie allen zugänglich sein können, die nicht im Bezug auf die Tugend verstümmelt sind.

Wenn es nun besser ist, auf diese Weise glücklich zu sein als 20 durch den Zufall, so ist auch anzunehmen, daß es sich tatsächlich so verhält, da doch das Naturgemäße so geworden ist, wie es am besten ist, und ebenso, was die Kunst hervorbringt und jede Ursache, und vor allem die beste. Das Größte und Schönste dem Zufall zuzuschreiben wäre gar zu leichtfertig.

Dasselbe Ergebnis folgt aber auch aus unseren Überlegun- 25 gen. Denn die Glückseligkeit war als eine Art von tugendgemäßer Tätigkeit der Seele bestimmt worden. Von den übrigen Gütern muß das eine mit Notwendigkeit dabei sein, das andere ist in der Form von Werkzeugen behilflich und nützlich.

Dies entspricht auch dem am Anfang Gesagten. Denn dort setzten wir das Ziel der politischen Kunst als das beste an, 30 und gerade diese bekümmert sich am meisten darum, die Bürger zu einer bestimmten Art und zur Tugend zu bilden und fähig, das Edle zu tun.

Sinnvollerweise nennen wir nun auch weder ein Rind noch
ein Pferd noch irgendein anderes Tier glückselig. Denn keines
21 von ihnen kann an einer solchen Tätigkeit teilhaben. Aus demselben Grunde ist auch ein Kind noch nicht glückselig. Denn
es kann wegen seines Alters noch nicht derartig handeln.
Preist man solche aber dennoch glückselig, so tut man es im
Sinne einer Hoffnung.

Es bedarf nämlich, wie wir gesagt haben, einer vollkom-
5 menen Tugend und eines vollkommenen Lebens. Denn es gibt
viele Veränderungen und vielerlei Zufälle in einem Leben, und
es kann derjenige, dem es am besten ergeht, in seinem Alter
in großes Unglück stürzen, so wie es im troianischen Epos über
Priamos erzählt wird. Wer aber solche Zufälle erlebt und im
Unglück endet, den preist keiner selig.

10 11. Soll man aber auch keinen andern Menschen selig preisen, solange er lebt, sondern im Sinne Solons auf das Ende schauen?
Wenn wir dies so annehmen, ist der Mensch dann auch tatsächlich glückselig, wenn er gestorben ist? Oder ist dies nicht
vollkommen unsinnig, besonders für uns, die wir die Glückseligkeit eine Art von Tätigkeit nennen? Wenn wir aber nicht
15 den Toten glückselig nennen und auch Solon nicht dies meint,
sondern nur, daß man erst dann mit Sicherheit einen Menschen
selig preisen kann, wenn er schon außerhalb von allem Übel
und allem Unglück steht, so enthält auch dies ein Problem.
Denn es scheint auch für den Toten ein Gut oder Übel zu geben, ähnlich wie für den Lebenden, selbst ohne daß er es spürt,
20 wie Ehre oder Schande der Kinder und allgemein Wohlergehen
oder Unglück der Nachkommen. Doch auch dies schafft eine
Schwierigkeit. Es kann einer bis ins Alter glückselig gelebt
haben und entsprechend gestorben sein und nun in seinen
Nachkommen viele Veränderungen erfahren, und die einen
können tüchtig sein und ein dementsprechendes Leben erlan-

gen, die andern im Gegenteil; so ist es klar, daß sie sich im
Abstand von ihren Eltern auf die verschiedenste Weise verhalten können. Dies wäre jedoch unsinnig, wenn auch der Tote
sich mit diesen zusammen veränderte und bald glückselig
wäre, bald unglücklich – unsinnig wäre es allerdings auch,
wenn nicht für eine gewisse Zeit die Schicksale der Nachkom-   30
men die Eltern berühren sollten.

Doch kehren wir zu der vorangehenden Frage zurück. Von
ihr aus wird sich vielleicht auch die jetzige Frage beantworten
lassen. Wenn man also auf das Ende schauen muß und dann
einen jeden selig preisen, nicht weil er jetzt selig ist, sondern
weil er es vorher war, ist es dann nicht unsinnig, daß man dann
nicht die Wahrheit über ihn sagt, wenn er faktisch glückselig   35
ist, nur weil man nicht die Lebenden preisen will wegen der   b1
Veränderungen und weil man die Glückseligkeit als etwas Be-
harrendes auffaßt und nicht leicht Veränderliches, während
doch das Glück bei einem und demselben Menschen vielfach
kreist? Denn offensichtlich, wenn wir dem Glück folgen wollten, so würden wir denselben Menschen oftmals bald glücklich,   5
bald unglücklich nennen; der Glückselige wäre dann eine Art
von Chamaileon und stünde auf ungesunder Grundlage. Oder
ist es überhaupt falsch, dem Glück nachzufolgen? Denn nicht
in ihm liegt das Gut und Schlecht, sondern, wie wir gesagt
haben, das menschliche Leben bedarf zwar seiner, doch entscheidend für die Glückseligkeit sind die tugendgemäßen   10
Tätigkeiten, und für das Gegenteil die umgekehrten.

Unsere Bestimmung erhält denn auch durch diese Erwägung
ihre Bestätigung. Denn bei keiner der menschlichen Leistungen gibt es eine solche Beständigkeit wie bei den tugendgemäßen Tätigkeiten. Diese scheinen sogar beharrender zu sein
als die Wissenschaften, und unter ihnen wiederum sind am
beharrendsten die an Rang höchsten, weil die Glückseligen   15
am meisten und dauerndsten in ihnen leben. Dies wird auch

wohl die Ursache dafür sein, daß sie nicht in Vergessenheit
geraten. Das Gesuchte also findet sich beim Glückseligen,
und er wird sein Leben lang derart sein. Denn stets oder
doch mehr als alle anderen wird er tugendgemäß handeln
20 und denken, und die Schicksale wird jener am schönsten und
in jeder Hinsicht harmonisch tragen, der in Wahrheit gut ist
und vierwinklig ohne Tadel.

Da nun vieles nach dem Zufall geschieht, an Größe und
Kleinheit Verschiedenes, so ist klar, daß die kleinen Glücks-
fälle und auch deren Gegenteil für das Leben nichts ausmachen;
25 große und viele dagegen machen, wenn sie günstig sind, das
Leben noch glückseliger (denn sie sind gerade dazu da, das Leben mitzuschmücken, und sie auszunützen wird darum schön
und anerkennenswert), wenn aber das Gegenteil eintritt, so
reibt es die Glückseligkeit auf und trübt sie. Denn es bringt
Schmerz mit und hindert an manchen Tätigkeiten. Doch auch
30 darin wird das Edle hindurchleuchten, wenn einer heiter vieles
und großes Unglück trägt, nicht aus Empfindungslosigkeit,
sondern aus vornehmer und großer Gesinnung.

Wenn nun die Tätigkeiten über das Leben entscheiden, wie
wir gesagt haben, so kann wohl keiner der Glückseligen unselig
werden. Denn er wird niemals tun, was hassenswert oder
35 schlecht ist. Denn wir meinen, daß der wahrhaft Gute und
a1 Verständige jede Art von Schicksal in guter Haltung trägt
und in der gegebenen Lage stets das Beste tut, wie auch der
tüchtige Feldherr das gegebene Heer auf das kriegsmäßigste
einsetzt und der Schuster mit dem gegebenen Leder den
5 schönsten Schuh verfertigt und so auch alle andern Handwerker. Wenn das so ist, dann dürfte der Glückselige niemals unselig werden, wohl aber auch nicht vollkommen selig, wenn
er nämlich in Schicksale wie das des Priamos gerät.

Er wird aber auch nicht wandelbar und leicht veränderlich
sein. Denn er wird nicht leicht aus der Glückseligkeit heraus-

getrieben werden und nicht durch irgendein beliebiges Unglück, sondern nur durch vieles und großes; freilich wird er
dann auch nicht wieder in kurzer Zeit glückselig, sondern,
wenn überhaupt, dann nur in einer langen und vollständigen,
wenn er in ihr große und schöne Dinge erlangt.

Was hindert also, jenen glückselig zu nennen, der gemäß
der vollkommenen Tugend tätig und mit äußeren Gütern 15
hinlänglich versehen ist, nicht eine beliebige Zeit hindurch,
sondern durch ein ganzes Leben? Oder muß man beifügen,
daß er auch in Zukunft so leben und dementsprechend sterben
müsse, da ja die Zukunft uns verborgen ist, wir aber in jeder
Hinsicht die Glückseligkeit als das Ziel und das Vollkommene
ansetzen? Wenn es so ist, dann werden wir unter den Lebenden jene glückselig nennen, denen das Genannte zukommt
und zukommen wird, glückselig freilich als Menschen.      20

Dies sei denn also soweit festgestellt. Das Schicksal der Nachkommen und aller Freunde überhaupt nicht einwirken zu lassen scheint allzu lieblos und der allgemeinen Anschauung zu-
widerlaufend. Da nun aber die Ereignisse viele und vielartige
Unterschiede aufweisen und die einen uns mehr angehen, die 25
anderen weniger, so würde es weitläufig und unabsehbar werden, wenn wir alles ins Einzelne sondern wollten; es wird also
wohl genügen, wenn wir allgemein und im Umriß reden.

Wenn nun, wie bei den uns selber treffenden Unglücksfällen
die einen ein gewisses Gewicht und Bedeutung für das Leben
haben, die andern dagegen leichter erscheinen, es sich auch
bei allen Freunden gleich verhält, und wenn ferner der Unter- 30
schied, ob ein Schicksal Lebende oder Tote betrifft, viel größer ist als der, ob verbrecherische und schreckliche Handlungen in den Tragödien vorkommen oder wirklich ausgeführt
werden, so muß man auch diesen Unterschied mitberechnen,
noch eher aber wohl die Frage, ob die Dahingeschiedenen an 35
irgendeinem Gute oder am Gegenteil davon teilhaben. Denn b1

aus dem Gesagten ergibt sich, daß, wenn auch etwas bis zu
ihnen dringt, etwas Gutes oder das Gegenteil, es dann nur
etwas Schwaches und Geringes ist, entweder an sich oder doch
für sie – wenn aber nicht, es dann doch nur so groß und derart sein wird, daß es weder die, die es nicht sind, glückselig
5 macht, noch die, die es sind, ihrer Glückseligkeit beraubt. Es
scheinen also wohl für die Dahingeschiedenen die Fälle des
Glücks und des Unglücks der Freunde etwas auszumachen,
doch nur so sehr und derart, daß sie weder die Glückseligen
zu Unseligen machen können noch irgend etwas anderes
dieser Art.

10 12. Nachdem wir dies festgestellt haben, wollen wir auch fragen, ob die Glückseligkeit eher zu den lobenswerten oder zu
den ehrwürdigen Dingen gehört. Denn zu den bloßen Fähigkeiten gehört sie offenbar nicht. Alles Lobenswerte scheint
nun gelobt zu werden, weil es eine bestimmte Qualität besitzt und sich zu etwas in bestimmter Weise verhält. Den
Gerechten und den Tapferen und überhaupt den Edlen und
15 die Tugend loben wir wegen ihrer Taten und Leistungen,
und den Kräftigen und den Schnelläufer und ebenso jeden andern, weil er eine bestimmte Qualität besitzt und sich zu etwas Gutem und Wertvollem in bestimmter Weise verhält.
Dies ergibt sich auch aus den Lobreden auf die Götter. Sie
würden lächerlich, wenn sie sich auf unsere Verhältnisse be-
20 zögen, und zwar darum, weil eben das Lob auf eine bestimmte
Beziehung gegründet ist, wie wir gesagt haben.

Wenn nun das Lob derart ist, so ist es klar, daß es für das
Beste kein Lob gibt, sondern etwas Größeres und Besseres, wie
es ja auch der Fall zu sein scheint. Denn wir preisen die Götter
selig und glücklich, und ebenso preisen wir die göttlichsten
25 unter den Menschen selig. Das gilt auch für die Güter. Denn
niemand lobt die Glückseligkeit wie etwa die Gerechtigkeit,

sondern er preist sie als etwas Göttlicheres und Besseres. So scheint denn auch Eudoxos mit einer richtigen Begründung der Lust den höchsten Preis zuerkannt zu haben. Denn er meinte, die Tatsache, daß sie nicht gelobt werde, obwohl sie zu den Gütern zähle, würde anzeigen, daß sie höher stünde als das Lobenswerte, und von solcher Art seien Gott und das 30 Gute. Denn darauf bezöge sich auch alles übrige.

Das Lob also kommt der Tugend zu (denn von dieser her tun wir das Gute), die Ehre aber den Leistungen, und zwar gleichermaßen den körperlichen wie den geistigen.

Aber diese Frage sollte wohl eher in den Arbeiten über die Lobreden genauer untersucht werden. Für uns ergibt sich aus 35 dem Gesagten klar, daß die Glückseligkeit zum Ehrwürdigen a1 und Vollkommenen gehört. Dies scheint auch daher zu kommen, daß sie ein Ursprung ist. Denn um ihretwillen machen wir alle alles übrige; und den Ursprung und die Ursache der Güter nennen wir etwas Ehrwürdiges und Göttliches.

13. Da die Glückseligkeit eine Tätigkeit der Seele gemäß der 5 vollkommenen Tugend ist, so haben wir nun nach der Tugend zu fragen. Auf diese Weise dürften wir wohl auch hinsichtlich der Glückseligkeit klarer sehen können. Es scheint sich auch der wahrhafte Staatsmann am allermeisten um sie zu bemühen. Denn er will, daß die Bürger tugendhaft werden und den Gesetzen gehorsam; ein Vorbild dafür haben wir an den Gesetz- 10 gebern der Kreter und Spartaner, und wenn es noch andere dieser Art gegeben hat. Wenn also diese Untersuchung zur politischen Wissenschaft gehört, so ist es klar, daß wir dem Plane gemäß vorgehen, den wir uns am Anfang vorgenommen haben.

Es liegt weiterhin auf der Hand, daß wir nach der menschlichen Tugend fragen. Denn wir suchten von vornherein das menschliche Gute und die menschliche Glückseligkeit. 15

Als menschliche Tugend bezeichnen wir nun nicht die des
Körpers, sondern die der Seele. Und die Glückseligkeit nennen
wir die Tätigkeit der Seele. Wenn sich dies so verhält, dann
muß offenbar der Staatsmann einigermaßen über die Seele Bescheid wissen, ebenso wie der, der die Augen heilen will oder
20 den ganzen Körper, und zwar jener um so mehr, je ehrwürdiger und besser die Politik ist als die Medizin. Die Gebildeten
unter den Ärzten bemühen sich jedenfalls sehr um die Kenntnis der Seele. So muß also auch der Politiker nach der Seele
fragen, und zwar im Hinblick auf jene Probleme und soweit
es für sie notwendig ist. Denn näher darauf einzutreten macht
25 wohl mehr Mühe, als es zum Gegenstand gehört.

Über die Seele wird einiges ausreichend in den publizierten
Schriften gesagt. Dies können wir hier benutzen. So wurde
gesagt, daß der eine Teil von ihr vernunftlos sei, der andere
vernunftbegabt. Ob nun dies so voneinander getrennt ist wie
die Teile des Körpers und überhaupt alles Teilbare, oder ob es
30 Dinge sind, die dem Begriff nach zwei sind, ihrer Natur nach
aber unlösbar miteinander verbunden wie in der Kugel das
Hohle und das Gewölbte, das tut hier nichts zur Sache. Vom
Vernunftlosen ist das eine von den Pflanzen an allgemein verbreitet, nämlich dasjenige, was die Ursache der Ernährung und
des Wachstums ist. Eine derartige seelische Fähigkeit wird man
in allen Wesen annehmen, die sich ernähren, sogar schon in
b1 den Embrya, und dann auch in den erwachsenen Wesen. Denn
es ist doch das Wahrscheinlichste, daß es sich um dieselbe
Fähigkeit handelt.

Die Tugend dieses Seelenteils ist eine ganz allgemeine und
nicht eigentümlich menschliche. Denn dieser Teil und diese
Fähigkeit scheinen vorzugsweise im Schlafe tätig zu sein. Der
5 Edle und der Schlechte sind aber gerade im Schlafe am wenigsten unterscheidbar, wie man denn sagt, daß in der Hälfte des
Lebens der Glückliche sich vom Unseligen nicht unterscheide.

Dies ist auch einleuchtend: denn der Schlaf ist eine Untätigkeit
der Seele, soweit sie tüchtig oder gemein heißt; es dringen
höchstens vereinzelte Bewegungen in den Schlaf vor und be-
wirken, daß die Traumvorstellungen der Anständigen besser 10
sind als diejenigen der Beliebigen. Aber genug davon. Von
der ernährenden Seele sei weiter nichts mehr gesagt, da sie
ihrer Natur nach mit der menschlichen Tugend nichts zu
schaffen hat. Es scheint aber auch noch ein anderes Stück der
Seele vernunftlos zu sein und dennoch irgendwie an der Vernunft teilzuhaben. Denn beim Beherrschten wie beim Unbeherrschten loben wir die Vernunft und den vernünftigen Teil 15
der Seele. Denn er ermahnt mit Recht und zum Besten. Es
findet sich aber bei den Menschen von Natur noch anderes,
etwas Vernunftwidriges und was gegen die Vernunft kämpft
und ihr widerstrebt. Genau so wie gelähmte Körperteile, wenn
man sie nach rechts bewegen will, nach links ausschlagen, so 20
ist es bei der Seele. Die Strebungen der Unbeherrschten gehen
gerade verkehrt. Allerdings sehen wir beim Körper die ver-
kehrten Bewegungen, bei der Seele dagegen nicht. Dennoch
muß man wohl annehmen, daß es auch in der Seele etwas Vernunftwidriges gibt, das der Vernunft entgegengesetzt ist und
ihr widerstrebt. In welcher Weise es von ihr verschieden ist, 25
macht hier nichts aus. Es scheint aber auch dies an der Vernunft teilzuhaben, wie wir gesagt haben. Denn im beherrschten
Menschen gehorcht es ja der Vernunft. Und vielleicht noch
folgsamer ist es beim Maßvollen und Tapferen. Dort stimmt
nämlich alles mit der Vernunft überein.

    Auch das Unvernünftige scheint von doppelter Art zu sein.
Denn das Pflanzliche hat mit der Vernunft überhaupt nichts
zu tun, das Begehrende und allgemein das Strebende dagegen 30
hat einen gewissen Anteil an ihr, sofern es ihr gehorcht und
fügsam ist. So sagen wir ja auch, daß wir ein Verhältnis zum
Vater und zu den Freunden haben, und meinen das Wort

anders als in der Mathematik. Daß aber das Unvernünftige in
gewisser Weise dem Vernünftigen gehorcht, zeigt auch die
Zurechtweisung und jede Form von Tadel und Ermahnung.

21    Wenn man aber behaupten will, daß auch dies Vernunft besitzt, so ist dann eben auch das Vernünftige von zweierlei
Art, das eine wesentlich und in sich selbst, das andere gewissermaßen als ein dem Vater Gehorsames.

Auch die Tugend wird nun auf Grund dieser Unterscheidung aufgeteilt. Denn die einen Tugenden nennen wir verstandesmäßige, die anderen ethische: verstandesmäßige sind
5 etwa die Weisheit, Auffassungsgabe und Klugheit, ethische
die Großzügigkeit und Besonnenheit. Denn wenn wir über
den Charakter reden, so sagen wir nicht, daß einer weise oder
von guter Auffassungsgabe, sondern daß er friedfertig oder besonnen sei. Wir loben aber auch den Weisen wegen seines Verhaltens. Und die lobenswerten Verhaltensweisen nennen wir
10 Tugenden.

## ZWEITES BUCH

1. Die Tugend ist also von doppelter Art, verstandesmäßig und ethisch. Die verstandesmäßige Tugend entsteht und wächst 15 zum größeren Teil durch Belehrung; darum bedarf sie der Erfahrung und der Zeit. Die ethische dagegen ergibt sich aus der Gewohnheit; daher hat sie auch, mit einer nur geringen Veränderung, ihren Namen erhalten.

Hieraus ergibt sich auch, daß keine der ethischen Tugenden uns von Natur gegeben wird. Denn kein natürlicher Gegenstand kann andere Gewohnheiten annehmen: der Stein, der 20 von Natur fällt, wird sich niemals gewöhnen, nach oben zu steigen, auch wenn man es tausendmal übte, ihn nach oben zu werfen; ebenso geht auch nicht das Feuer nach unten, und auch sonst läßt sich kein Wesen anders gewöhnen, als es von Natur ist. Die Tugenden entstehen in uns also weder von Natur noch gegen die Natur. Wir sind vielmehr von Natur dazu gebildet, sie aufzunehmen, aber vollendet werden sie durch die 25 Gewöhnung.

Ferner bringen wir bei allem, was uns von Natur zukommt, zunächst die entsprechenden Fähigkeiten mit und entwickeln erst später die Tätigkeiten, wie dies an den Sinneswahrnehmungen deutlich ist: denn wir haben die Wahrnehmungen nicht dadurch erworben, daß wir viel gesehen und viel gehört haben, sondern weil wir die Wahrnehmungen zuerst besaßen, haben wir sie dann betätigt und sie uns nicht erst durch die 30 Betätigung angeeignet. Die Tugenden dagegen erwerben wir, indem wir sie zuvor ausüben, wie dies auch für die sonstigen Fertigkeiten gilt. Denn was wir durch Lernen zu tun fähig werden sollen, das lernen wir eben, indem wir es tun: durch

Bauen werden wir Baumeister und durch Kitharaspielen Kitha-
b1 risten. Ebenso werden wir gerecht, indem wir gerecht handeln, besonnen durch besonnenes, tapfer durch tapferes Handeln.

Ein Beweis ist auch, was in den Staatsgemeinschaften geschieht. Denn die Gesetzgeber machen die Bürger durch Gewöhnung tugendhaft, und dies ist die Absicht jedes Gesetz-
5 gebers; wer dies nicht geschickt anstellt, der macht einen
Fehler, und gerade darin unterscheidet sich eine gute von
einer schlechten Verfassung.

Ferner vollziehen sich Entstehen und Vergehen jeder Tugend aus denselben Gründen und auf denselben Wegen ebenso
wie die Fertigkeiten. Denn durch das Kitharaspielen entstehen
die guten wie die schlechten Kitharisten, ebenso auch die Bau-
10 meister und alle übrigen. Denn wenn sie gut bauen, werden
sie gute Baumeister, wenn schlecht, dann schlechte. Wenn es
sich nämlich nicht so verhielte, dann bedürfte man gar keiner
Lehrer, sondern alle würden von Natur gut oder schlecht. So
verhält es sich also auch bei den Tugenden. Denn indem wir
im Geschäftsverkehr den Menschen gegenüber handeln, wer-
15 den wir, die einen gerecht, die andern ungerecht; handelnd
in Gefahren und uns an Furcht oder Mut gewöhnend, werden
wir tapfer oder feige. Ebenso steht es auch mit Begierde und
Zorn. Die einen werden besonnen und milde, die anderen
zügellos und jähzornig, die einen, weil sie sich in solchen La-
20 gen derart verhalten, die andern, weil umgekehrt. Und mit
einem Worte: die Eigenschaften entstehen aus den entsprechenden Tätigkeiten. Darum muß man die Tätigkeiten in bestimmter Weise formen. Denn von deren Besonderheiten hängen dann die Eigenschaften ab. Es kommt also nicht wenig
darauf an, ob man gleich von Jugend auf an dies oder jenes ge-
25 wöhnt wird; es kommt viel darauf an, ja sogar alles.

2. Da nun die gegenwärtige Untersuchung nicht der reinen Forschung dienen soll wie die übrigen (denn wir fragen nicht, um zu wissen, was die Tugend sei, sondern damit wir tugendhaft werden, da wir anders keinen Nutzen von ihr hätten), so müssen wir die Handlungen prüfen, wie man sie ausführen soll. Denn von ihnen hängt es entscheidend ab, daß auch die Eigenschaften entsprechend werden, wie wir eben gesagt haben.

Daß man nach rechter Einsicht handeln soll, ist allgemeiner Grundsatz und sei hier vorausgesetzt. Wir werden später noch darüber reden und fragen, was die rechte Einsicht sei und wie sie sich zu den anderen Tugenden verhält. Nur dies sei von vornherein festgestellt, daß jede Untersuchung über das Handeln im Umriß und nicht mit mathematischer Genauigkeit geführt werden darf; wie wir ja auch am Anfang gesagt haben, daß die Untersuchungen sich nach der Materie richten müssen. Im Bereich der Handlungen und des Förderlichen gibt es nichts Stabiles, wie auch nicht beim Gesunden. Dies gilt schon vom Allgemeinen und erst recht vom Einzelnen, wo sich nichts genau festlegen läßt. Weder eine Wissenschaft noch allgemeine Empfehlungen sind dafür zuständig, sondern die Handelnden selbst müssen die jeweilige Lage bedenken, ebenso wie in der Medizin und in der Steuermannskunst. Aber obschon die vorliegende Untersuchung solcher Art ist, werden wir versuchen, sie durchzuführen.

Als erstes ist zu erkennen, daß derartige Eigenschaften durch Mangel oder Übermaß zugrunde zu gehen pflegen (denn man muß vom Sichtbaren auf das Unsichtbare schließen), so wie wir es bei Kraft und Gesundheit sehen. Denn übermäßiges Turnen vernichtet die Kraft und ebenso zu wenig Turnen. Ebenso zerstören ein Zuviel oder Zuwenig an Speise und Trank die Gesundheit, das Angemessene dagegen schafft die Gesundheit, mehrt sie und erhält sie. So verhält es sich also auch bei der Besonnenheit, Tapferkeit und den übrigen

Tugenden. Wer alles flieht und fürchtet und nichts aushält,
der wird feige, wer aber vor gar nichts Angst hat, sondern auf
alles losgeht, der wird tollkühn; und wer jede Lust auskostet
und sich keiner enthält, wird zügellos, wer aber alle Lust meidet, wird stumpf wie ein Tölpel. So gehen also Besonnenheit
25 und Tapferkeit durch Übermaß und Mangel zugrunde, werden aber durch das Mittelmaß bewahrt.

Aber nicht nur das Werden, Wachsen und Vergehen entsteht aus denselben Gründen und durch dieselben Wirkungen,
sondern auch die Tätigkeiten halten sich in demselben Bereiche. Denn so ist es auch bei den sonstigen, völlig sichtbaren
30 Eigenschaften, etwa der Kraft. Sie entsteht durch reichliche
Nahrung und Aushalten vieler Strapazen, und dies kann eben gerade der Kräftige leisten. Ebenso ist es bei den Tugenden: durch
die Enthaltung von Lust werden wir besonnen, und wenn wir
es geworden sind, so können wir uns auch am leichtesten der
35 Lust enthalten. Dasselbe bei der Tapferkeit: wir gewöhnen
b1 uns daran, das Furchtbare zu verachten und es zu bestehen,
und werden auf diese Weise tapfer, und wenn wir es geworden sind, so werden wir wiederum am leichtesten das Schreckliche aushalten können.

Erkennbar sind die Eigenschaften an der Lust oder dem
5 Schmerz, der die Taten begleitet. Denn wer sich der körperlichen Lüste enthält und sich eben daran freut, der ist besonnen, wer es aber ungern tut, ist zügellos; und wer Furchtbares
aushält und sich daran freut oder doch keinen Schmerz empfindet, der ist tapfer, wer es dagegen mit Schmerzen tut, ist
feige. So bezieht sich also die ethische Tugend auf Lust und
10 Schmerz. Denn wegen der Lust tun wir das Schlechte, und
wegen des Schmerzes versäumen wir das Gute. Also müssen
wir gleich von Jugend an dazu erzogen werden, wie Platon
sagt, daß wir Freude und Schmerz empfinden, wo wir sollen.
Denn darin besteht die rechte Erziehung.

Wenn sich ferner die Tugenden auf Handlungen und Leidenschaften beziehen und auf jede Leidenschaft und jede Handlung Lust und Schmerz folgen, so bezieht sich auch aus diesem Grunde die Tugend auf Lust und Schmerz. Dies zeigt sich 15
weiterhin daran, daß die Züchtigungen in diesem Bereich
ausgeübt werden. Denn sie sind eine Art von Heilung, und
die Heilungen werden naturgemäß durch das Entgegengesetzte vollzogen.

Ferner ist, wie wir schon vorhin sagten, jede Eigenschaft
der Seele ihrer Natur nach mit dem verbunden und entspricht
dem, wodurch sie besser oder schlechter geworden ist. Die 20
Menschen werden schlecht durch Lust und Schmerz, indem
sie das eine erjagen, das andere meiden, und zwar entweder
was man nicht soll oder wann man nicht soll oder wie man nicht
soll und wie sonst noch diese Dinge durch die Überlegung
unterschieden werden. Darum bestimmt man auch die Tugenden als eine Art von Leidenschaftslosigkeit und Stille. Dies ist
freilich falsch, wenn es nur so schlechthin gesagt wird, ohne 25
beizufügen: wie man soll und wie man nicht soll und das Wann
usw.

Es wird also vorausgesetzt, daß die derart bestimmte Tugend sich auf die Lust und den Schmerz im Tun des Besten
bezieht und die Schlechtigkeit auf das Gegenteil.

Auch aus dem Folgenden dürfte es uns klar werden, daß sie
sich auf eben diese Dinge bezieht. Wenn es nämlich drei Ziele
des Erstrebens und des Meidens gibt, das Schöne, Förderliche 30
und Angenehme, und dem gegenüber, das Häßliche, Schäd-
liche und Schmerzhafte, so wird der Tugendhafte in all diesem
das Rechte finden, der Schlechte aber in allem das Rechte verfehlen, vor allem, was die Lust betrifft. Denn diese ist allen
Lebewesen gemeinsam und begleitet alles, was zur Entschei- 35
dung kommt. Denn auch das Schöne und das Förderliche erscheint angenehm.                                          a1

Ferner ist uns allen dies von unserer Säuglingszeit her anerzogen. Darum ist es auch schwierig, diese Empfindung abzustreifen, da das Leben ganz davon durchtränkt ist.

Wir ordnen auch die Handlungen, die einen mehr, die an
5 dern weniger, gemäß Lust und Schmerz. So ist es also notwendig, daß sich die gesamte Untersuchung darum drehe. Denn es bedeutet für das Handeln nicht wenig, ob man sich in richtiger Weise freue und Schmerz empfinde oder nicht.

Schließlich ist es noch schwieriger, mit der Lust zu kämpfen als mit dem Zorn, wie Heraklit behauptet. Auf das Schwierigere aber bezieht sich jede Kunst und Tugend; denn das Ge
10 lingen ist in diesem Falle vorzüglicher. Also ist auch aus diesem Grunde die ganze Untersuchung auf Lust und Schmerz konzentriert, sowohl was die Einzeltugend als auch was die Staatsordnung betrifft. Wer mit diesen Dingen richtig umgeht, der wird tugendhaft sein, wer es schlecht tut, schlecht. Daß nun also die Tugend sich auf Schmerz und Lust bezieht und
15 daß sie durch dasselbe wächst und zugrunde geht, durch das sie auch entstanden ist, wenn es nicht mehr in derselben Weise vorhanden ist, und daß sie in demselben auch tätig ist, aus dem sie entstanden ist, das sei damit festgestellt.

3. Man könnte aber fragen, wie wir dies meinen, daß die, die gerecht handeln, gerecht werden müßten, und die, die besonnen handeln, besonnen. Wenn sie nämlich gerecht und beson
20 nen handeln, dann sind sie ja schon gerecht und besonnen, so wie man schon Grammatiker und Musiker ist, wenn man Grammatik und Musik treibt. Oder verhält es sich auch bei diesen Künsten nicht so? Denn man kann etwas grammatisch Korrektes tun auch durch Zufall und wenn es einem ein anderer zeigt. Also ist man nur dann ein Grammatiker, wenn man etwas grammatisch Korrektes tut, und dies auf fachmännische Weise, das
25 heißt: im Sinne der Grammatik, die man sich angeeignet hat.

Außerdem verhält es sich nicht gleich bei den Künsten und
bei den Tugenden. Denn was durch die Künste geschieht, hat
seine Qualität in sich selbst. Es genügt also, daß dies in einer
gewissen Weise zustande kommt. Im Bereich der Tugenden
geschieht etwas nicht schon dann auf gerechte oder besonnene
Weise, wenn die Tat sich irgendwie verhält, sondern erst wenn
auch der Handelnde in einer entsprechenden Verfassung han- 30
delt: erstens wissentlich, dann auf Grund einer Entscheidung,
und zwar einer solchen um der Sache selbst willen, und drittens, wenn er im Handeln sicher und ohne Wanken ist.

Dies alles spielt beim Besitz der Künste keine Rolle, abge- b1
sehen vom Wissen als solchem. Bei den Tugenden hat jedoch das Wissen überhaupt keinen oder doch nur einen geringen Einfluß, das andere dagegen keinen geringen, sondern
es entscheidet vielmehr alles und bewirkt es; und zwar entsteht es aus dem häufigen Tun des Gerechten und Besonnenen.
Die Handlungen heißen also gerecht und besonnen, wenn sie 5
so sind, wie sie ein Gerechter und Besonnener ausführt. Gerecht und besonnen ist aber nicht derjenige, der solche Handlungen ausführt, sondern der so handelt, wie es der Gerechte
und der Besonnene tun.

Mit Recht wird also gesagt, daß der Gerechte durch das gerechte Handeln entsteht und der Besonnene durch das beson- 10
nene. Ohne so zu handeln, dürfte wohl keiner jemals tugendhaft werden. Die Leute freilich handeln nicht so, sondern sie
meinen zu philosophieren und tüchtig zu werden, indem sie
sich in die Theorie flüchten; sie verhalten sich sozusagen wie
die Kranken, die zwar aufmerksam auf die Ärzte hören, aber 15
keine von den Vorschriften befolgen. Und wie jene niemals am
Körper gesund werden, wenn sie sich auf solche Weise pflegen,
so werden auch diese nicht an der Seele gesund, wenn sie auf
diese Weise philosophieren.

4. Jetzt haben wir zu untersuchen, was die Tugend ist. Wenn es
20 in der Seele drei Dinge gibt, die Leidenschaften, Fähigkeiten
und Eigenschaften, so wird die Tugend wohl eins von diesen
dreien sein. Unter Leidenschaften verstehe ich Begierde, Zorn,
Angst, Mut, Neid, Freude, Liebe, Haß, Sehnsucht, Mißgunst,
Mitleid und allgemein alles, bei dem Lust und Schmerz dabei
sind. Fähigkeiten sind jene, durch die wir zu solchen Leiden-
25 schaften bereit sind, wie etwa, daß wir fähig sind, Zorn,
Schmerz oder Mitleid zu empfinden. Die Eigenschaften endlich sind es, durch die wir uns zu den Leidenschaften richtig
oder falsch verhalten. Wenn wir zum Zorn rasch und hemmungslos geneigt sind, so verhalten wir uns schlecht, wenn
aber mäßig, dann richtig, und so auch bei dem anderen.

Weder Tugend noch Schlechtigkeit sind nun Leidenschaf-
30 ten. Wir gelten ja auch nicht auf Grund der Leidenschaften als
gut oder gemein, sondern auf Grund von Tugend und Schlechtigkeit. Weiterhin werden wir nicht wegen der Leidenschaften
gelobt oder getadelt (denn man lobt nicht den Ängstlichen
oder den Zürnenden, und man tadelt nicht den Zürnenden
überhaupt, sondern den in gewisser Weise Zürnenden), son-
a1 dern beides nur wegen der Tugend oder Schlechtigkeit. Ferner zürnen wir und fürchten uns ohne Willensentscheidung,
die Tugenden dagegen sind Entscheidungen oder doch nicht
ohne Entscheidung. Außerdem sagen wir, daß wir durch die
Leidenschaften in Bewegung versetzt werden, bei den Tugen-
5 den und Schlechtigkeiten reden wir aber nicht von Bewegung, sondern von einer bestimmten Verfassung.

Darum sind sie auch nicht Fähigkeiten. Denn wir heißen
weder gut noch schlecht, weil wir zu irgendwelchen Leidenschaften fähig sind, und empfangen auch nicht deswegen Lob
oder Tadel. Ferner sind wir zu etwas fähig von Natur, edel
10 oder gemein dagegen werden wir nicht von Natur. Davon haben wir vorhin gesprochen. Wenn also die Tugenden weder

Leidenschaften noch Fähigkeiten sind, so bleibt nur, daß sie Eigenschaften sind.

5. Was nun die Tugend gattungsmäßig ist, haben wir gesagt. Man muß aber nicht nur feststellen, daß sie eine Eigenschaft ist, sondern auch, was für eine. Es sei also gesagt, daß jede Tüchtigkeit dasjenige, wovon sie die Tüchtigkeit ist, zu guter Verfassung bringt und seine Leistung gut macht: so macht die Tüchtigkeit des Auges das Auge vollkommen und ebenso dessen Leistung. Denn durch die Tüchtigkeit des Auges sehen wir gut. Ebenso macht die Tüchtigkeit des Pferdes das Pferd brauchbar und gut zum Laufen, den Reiter zu tragen und die Feinde zu bestehen. Wenn sich dies bei allen Dingen ebenso verhält, so wäre die Tüchtigkeit des Menschen diejenige Eigenschaft, durch die einer ein tüchtiger Mensch wird und seine Leistung gut vollbringt.

Wie das zustande kommt, haben wir schon gesagt. Es wird aber auch durch folgendes klar, wenn wir betrachten, welches die Natur der Tugend ist. In jedem teilbaren Kontinuum gibt es ein Mehr, ein Weniger und ein Gleiches, und dies sowohl an und für sich wie auch im Bezug auf uns. Das Gleiche ist eine Art Mitte zwischen Übermaß und Mangel. Ich nenne die Mitte einer Sache dasjenige, was denselben Abstand von beiden Enden hat; dieses ist für alle Menschen eines und dasselbe. Die Mitte im Bezug auf uns ist das, was weder Übermaß noch Mangel aufweist; dieses ist nicht eines und nicht für alle Menschen dasselbe. So ist etwa 10 viel und 2 wenig, und so wird der Sache nach 6 als die Mitte genommen; denn der Abstand zwischen beiden Enden ist derselbe. Dies ist die Mitte in der zahlenmäßigen Bedeutung. Die Mitte im Bezug auf uns darf man aber nicht so nehmen. Denn wenn für jemanden eine Nahrung für zehn Minen viel ist und für zwei Minen wenig, so wird doch nicht der Turnlehrer nun einfach Nahrung für sechs

Minen vorschreiben. Denn das kann für den Betreffenden immer noch viel oder wenig sein. Für einen Milon wird es wenig sein, für den, der erst zu turnen beginnt, ist es viel. Dasselbe
5 gilt für Laufen oder Ringen. So wird also jeder Fachmann Übermaß und Mangel meiden und die Mitte suchen und wählen, die Mitte aber nicht der Sache nach, sondern im Bezug auf uns.

Wenn nun jede Wissenschaft ihre Leistung auf diese Weise gut zu Ende bringt, indem sie auf die Mitte sieht und die Lei-
10 stungen darauf hinführt (darum pflegt man auch von den wohlgeglückten Leistungen zu sagen, daß man nichts wegnehmen oder zusetzen kann, da nämlich Übermaß und Mangel das Geglückte zerstören, das Mittelmaß es dagegen bewahrt), wenn also die guten Künstler, wie wir behaupten, im Hinblick darauf arbeiten, die Tugend aber ebenso wie die Natur noch
15 viel genauer und besser ist als jede Kunst, so wird die Tugend wohl auf die Mitte zielen.

Ich meine dabei die ethische Tugend. Denn sie befaßt sich mit den Leidenschaften und Handlungen, und an diesen befinden sich Übermaß, Mangel und Mitte. So kann man mehr oder weniger Angst empfinden oder Mut, Begierde, Zorn,
20 Mitleid und überhaupt Freude und Schmerz, und beides auf eine unrichtige Art; dagegen es zu tun, wann man soll und wobei man es soll und wem gegenüber und wozu und wie, das ist die Mitte und das Beste, und dies kennzeichnet die Tugend. Ebenso gibt es auch bei den Handlungen Übermaß, Mangel und Mitte. Die Tugend wiederum betrifft die Leidenschaften
25 und Handlungen, bei welchen das Übermaß ein Fehler ist und der Mangel tadelnswert, die Mitte aber das Richtige trifft und gelobt wird. Und diese beiden Dinge kennzeichnen die Tugend. So ist also die Tugend ein Mittelmaß, sofern sie auf die Mitte zielt.

Ferner kann man sich auf vielfache Weise verfehlen; denn das Schlechte ist dem Unbegrenzten zugeordnet, wie die Py-

thagoreer vermuteten, und das Gute dem Begrenzten; richtig
handeln kann man nur auf eine Art. Darum ist jenes leicht und
dieses schwer. Leicht ist es, das Ziel zu verfehlen, schwierig
aber, es zu treffen. Auch aus diesem Grunde also gehören zur
Schlechtigkeit das Übermaß und der Mangel, zur Tugend aber
die Mitte: «Die Edlen sind es auf einfache Art, die Schlechten 35
aber auf alle Arten.»

6. Die Tugend ist also ein Verhalten der Entscheidung, begründet in der Mitte im Bezug auf uns, einer Mitte, die durch
Vernunft bestimmt wird und danach, wie sie der Verständige a1
bestimmen würde. Die Mitte liegt aber zwischen zwei Schlechtigkeiten, dem Übermaß und dem Mangel. Während die
Schlechtigkeiten in den Leidenschaften und Handlungen hinter dem Gesollten zurückbleiben oder über es hinausgehen,
besteht die Tugend darin, die Mitte zu finden und zu wählen. 5
Darum ist die Tugend hinsichtlich ihres Wesens und der Bestimmung ihres Was-Seins eine Mitte, nach der Vorzüglich-
keit und Vollkommenheit aber das Höchste.

Freilich hat nicht jede Handlung und nicht jede Leidenschaft Raum für eine Mitte. Denn einzelne sind in ihrem Namen schon verbunden mit der Schlechtigkeit, wie die Schaden- 10
freude, die Schamlosigkeit oder der Neid, und bei den Handlungen der Ehebruch, der Diebstahl und der Mord. Alle diese
und ähnliche Dinge werden getadelt, weil sie in sich selbst
schlecht sind und nicht ihr Übermaß oder ihr Mangel. Man
kann bei ihnen also niemals das Rechte treffen, sondern immer
nur sich verfehlen. Es gibt kein Richtig oder Unrichtig im 15
Bezug auf solche Dinge, etwa mit wem und wann und wie man
Ehebruch treiben solle, sondern etwas derart zu tun ist schlechthin falsch. Ebenso steht es, wenn man meinen wollte, es gäbe
bei Ungerechtigkeit, Feigheit, Zügellosigkeit eine Mitte, ein
Übermaß und einen Mangel. Denn so gäbe es ja eine Mitte in 20
Übermaß und Mangel und ein Übermaß des Übermaßes und

einen Mangel des Mangels. Wie es also in der Besonnenheit
und Tapferkeit kein Übermaß und keinen Mangel geben kann,
weil die Mitte gleichzeitig auch eine Art von Spitze ist, so gibt
es Mitte, Übermaß und Mangel auch nicht bei jenem, sondern
25 wie immer man handelt, wird man sich verfehlen. Allgemein
gesagt, gibt es weder eine Mitte von Übermaß und Mangel
noch ein Übermaß und einen Mangel von der Mitte.

7. Dies darf man aber nicht nur allgemein feststellen, sondern
muß es auch dem Einzelnen anpassen. Denn in den Untersuchun-
30 gen über das Handeln sind die Allgemeinheiten zwar umfassender, die Einzelheiten aber wahrer. Denn die Handlungen betreffen das Einzelne, und dem müssen die Aussagen entsprechen.

Das Folgende muß man nun dem Schema entnehmen. Bei
Furcht und Mut ist die Tapferkeit die Mitte. Beim Übermaß
b1 hat dasjenige in der Richtung auf die Furchtlosigkeit keinen
eigenen Namen (dies ist oftmals der Fall), dasjenige in Richtung auf den Mut heißt Tollheit; das Übermaß der Angst und
der Mangel an Mut heißt Feigheit.

Bei Lust und Schmerz, freilich nicht in jedem Falle und
5 weniger beim Schmerz, heißt die Mitte Besonnenheit, das
Übermaß Zügellosigkeit. Mangelhaft in Richtung auf die Lust
sind die Menschen kaum. Darum haben solche auch keinen eigenen Namen. Man mag sie stumpf nennen.

Bei Geben und Nehmen von Geld ist die Mitte die Großzügigkeit, Übermaß und Mangel sind Verschwendung und
10 Kleinlichkeit. Übermaß und Mangel verhalten sich da auf entgegengesetzte Weise: denn der Verschwender ist übermäßig
im Ausgeben und mangelhaft im Nehmen, der Kleinliche ist
übermäßig im Nehmen und mangelhaft im Ausgeben. Dies
sei jetzt als Skizze und im allgemeinen gesagt, und wir begnü-
15 gen uns damit. Später werden wir uns genauer darüber äußern.
Hinsichtlich des Geldes gibt es andere Verhaltensweisen: die

Mitte ist die Großartigkeit (denn der Großartige unterscheidet sich vom Großzügigen; dieser betrifft geringe Dinge, jener große). Das Übermaß ist Geschmacklosigkeit und Spießigkeit, der Mangel die Knauserigkeit. Dies unterscheidet sich von 20 den Eigenschaften bei der Großzügigkeit. Wie, das werden wir später sagen.

Hinsichtlich der Ehre und Ehrlosigkeit ist die Mitte die Großgesinntheit, das Übermaß ist eine Art von Eitelkeit, der Mangel die Kleinmütigkeit.

Wie wir nun sagten, daß sich die Großzügigkeit zur Großartigkeit verhalte, dadurch daß sie sich im Kleinen bewährt, so gibt es auch eine Eigenschaft, die der auf große Ehre bezo- 25 genen Großgesinntheit gegenübersteht und sich vielmehr in Kleinem bewegt. Denn man kann nach Ehre streben, wie man soll oder zuviel oder zuwenig. Wer zuviel darnach strebt, heißt ehrgeizig, wer zuwenig, heißt ehrgeizlos, der Mittlere aber hat keinen Namen. Ohne Namen sind auch die entsprechenden 30 Verhaltensweisen, nur daß der des Ehrgeizigen Ehrgeiz heißt. Darum werden auch die beiden Enden für den mittleren Platz in Anspruch genommen: zuweilen nennen wir den Mittleren ehrgeizig, zuweilen auch ehrgeizlos; und zuweilen loben wir den Ehrgeizigen und zuweilen den Ehrgeizlosen. Aus welcher a 1 Ursache wir dies tun, werden wir später sagen. Jetzt sei das übrige in der entsprechenden Weise verfolgt.

Es gibt auch im Zorn Übermaß, Mangel und Mitte. Doch diese sind zumeist ohne Namen. Immerhin, da der Mittlere 5 mild heißt, so werden wir die Mitte eben Milde nennen. Von den Extremen sei der Übermäßige jähzornig genannt und die zugehörige Schlechtigkeit Jähzorn, der Mangelhafte dagegen schwächlich und der Mangel Schwächlichkeit.

Es gibt auch andere drei Mittelmaße, die eine gewisse Ähnlichkeit miteinander aufweisen und dennoch voneinander ver- 10 schieden sind. Sie beziehen sich alle auf die Gemeinschaft in

Worten und Taten, unterscheiden sich aber darin, daß sich
die eine auf die Wahrheit in diesen Dingen bezieht, die andere
auf das Gefällige; hievon gilt wieder das eine für das Spiel, das
andere für alle Zustände des Lebens. Es soll also auch über sie
15 geredet werden, damit wir noch besser erkennen, daß in allen
Dingen die Mitte zu loben ist, die Extreme aber weder richtig
noch lobenswert sind, sondern zu tadeln. Auch hievon ist die
Mehrzahl ohne Namen, es sei aber versucht, wie beim anderen, ihnen Namen zu geben, der Klarheit wegen und damit
man gut folgen kann.

Was die Wahrheit betrifft, so heiße der Mittlere wahrhaftig
20 und die Mitte Wahrhaftigkeit, das Übertreiben dagegen Unverschämtheit, und wer sie besitzt, unverschämt, das Zuwenig-
Tun dagegen Ironie und Ironiker. Was das Gefällige beim Spiel
betrifft, so ist der Mittlere der Gewandte und die Mitte Gewandtheit, das Übermaß aber Ungezogenheit und der Über-
25 mäßige der Ungezogene, der Mangelnde dagegen der Tölpel
und dazu als Verhaltensweise die Tölpelhaftigkeit.

Was die sonstige Gefälligkeit im Leben betrifft, so ist der
in richtiger Weise Gefällige liebenswürdig, und die Mitte
heißt Liebenswürdigkeit, der Übermäßige dagegen, wenn er
ohne Absicht so ist, heißt gefallsüchtig, und wenn er damit
seinen Vorteil verfolgt, schmeichlerisch; der Mangelhafte, der
30 überall unliebenswürdig ist, heißt streitsüchtig und grob.

Es gibt auch in den Leidenschaften und im Bezug auf sie
Mittelzustände. Denn die Schamhaftigkeit ist zwar selbst
keine Tugend, aber der Schamhafte wird gelobt. Denn auch
hier gibt es Mitte, Übermaß und Mangel. Übermäßig ist der
Schüchterne, der sich vor allem scheut; der Mangelhafte oder
35 wer sich überhaupt nicht scheut, ist der Schamlose, der Mittlere der Schamhafte.

b1   Entrüstung ist die Mitte zwischen Neid und Schadenfreude;
diese betreffen Schmerz und Freude über das, was unseren

Nächsten zustößt. Der Entrüstete ärgert sich über jene, die
unverdient Glück haben, der Neidische übertrifft diesen und
empfindet Schmerz über alles; der Entrüstete empfindet andererseits auch Schmerz über die, die unverdient Unglück 5
haben, der Schadenfreudige dagegen empfindet nicht nur
keinen Schmerz, sondern freut sich darüber.

Aber über diese Dinge wird anderswo Gelegenheit sein, zu
sprechen. Was schließlich die Gerechtigkeit betrifft, die in
einem doppelten Sinne verstanden wird, so werden wir sie auf-
teilen und jeden der Teile behandeln und nachweisen, in welchem Sinne er eine Mitte darstellt. Ebenso soll über die ver-
standesmäßigen Tugenden gesprochen werden.                    10

8. Da es nun drei Verhaltensweisen gibt, zwei Schlechtigkeiten
je aus Übermaß oder Mangel und eine Tugend, die der Mitte,
so stehen in gewisser Weise alle zu allen im Gegensatz. Denn die
Extreme stehen zueinander und zur Mitte im Gegensatz und
die Mitte zu den Extremen. Wie nämlich das Gleiche gegenüber 15
dem Geringeren größer ist, gegenüber dem Größeren aber geringer, so haben auch die mittleren Haltungen gegenüber den man-
gelhaften ein Übermaß, und gegenüber den übermäßigen zeigen
sie einen Mangel in den Leidenschaften und Handlungen.

So erscheint der Tapfere dem Feigling gegenüber als tollkühn,
dem Tollkühnen gegenüber als feige. Ebenso ist der Beson- 20
nene im Vergleich zum Stumpfen ausschweifend, im Vergleich
zum Ausschweifenden stumpf. Der Großzügige ist gegenüber
dem Kleinlichen verschwenderisch, gegenüber dem Verschwender kleinlich.

So stoßen denn die Extreme jeweils die Mitte ab zum anderen Extrem, und den Tapfern nennt der Feige tollkühn, der 25
Tollkühne feige und beim anderen dementsprechend.

Da nun die Dinge derart einander gegenüberliegen, so ist der
Gegensatz der Extreme zueinander größer als derjenige zur

Mitte. Denn diese Arten sind weiter voneinander weg als von der Mitte, so wie das Große dem Kleinen und das Kleine dem
30 Großen ferner steht als beides dem Gleichen. Außerdem haben einige Extreme eine gewisse Ähnlichkeit mit der Mitte, wie die Tollkühnheit zur Tapferkeit und die Verschwendung zur Großzügigkeit. Die Extreme untereinander sind dagegen von der größten Verschiedenheit. Und was am meisten Abstand voneinander hat, das wird als Gegensatz definiert, so daß auch umgekehrt etwas um so gegensätzlicher ist, je weiter Ab-
35 stand es voneinander hat.

a 1    Gegenüber der Mitte ist bald das Übermaß und bald der Mangel in einem größeren Gegensatz. So ist der Tapferkeit nicht die Tollkühnheit am gegensätzlichsten, die ein Übermaß ist, sondern vielmehr die Feigheit, die ein Mangel ist; der Besonnenheit steht umgekehrt nicht die Stumpfheit ferner, die ein Mangel ist, sondern die Zügellosigkeit als das Übermaß.

5    Dies ergibt sich aus zwei Ursachen. Die eine liegt in der Sache selbst. Wenn das eine Extrem der Mitte nähersteht und ähnlicher ist, so stellen wir nicht diese, sondern eher das andere Extrem zu ihm in den Gegensatz: so scheint der Tapferkeit die Tollkühnheit näherzustehen und ähnlicher zu sein, unähnlicher die Feigheit, und darum stellen wir eher diese
10 in den Gegensatz. Denn was von der Mitte den größeren Abstand hat, das scheint uns entgegengesetzter zu sein. Dieses ist also die eine Ursache aus der Sache selbst. Die andere Ursache kommt von uns her. Denn wozu wir von Natur irgendwie eher geneigt sind, das scheint uns der Mitte entgegengesetzter zu sein. So sind wir als Menschen eher zur Lust
15 geneigt, und darum lassen wir uns eher zur Zügellosigkeit treiben als zur Sittsamkeit. Wir nennen also eher das einen Gegensatz, in dessen Richtung wir eher zunehmen. Und darum ist die Zügellosigkeit als ein Übermaß der Besonnenheit vorzugsweise entgegengesetzt.

9. Daß nun also die ethische Tugend eine Mitte ist, und wie sie es ist, und daß sie die Mitte zweier Schlechtigkeiten ist, derjenigen des Übermaßes und derjenigen des Mangels, und daß die Tugend solcher Art ist, weil sie die Kunst ist, in den Leidenschaften und Handlungen auf die Mitte zu zielen, dies ist nun hinreichend dargelegt.

Darum ist es auch anstrengend, tugendhaft zu sein. Denn überall ist es mühsam, die Mitte zu treffen. So trifft auch nicht 25 jeder Beliebige, sondern nur der Kundige die Mitte des Kreises. Ebenso kann ein jeder leicht in Zorn geraten und Geld ausgeben und verschwenden. Das Wem, Wieviel, Wann, Wozu und Wie zu bestimmen ist aber nicht jedermanns Sache und ist nicht leicht. Darum ist das Richtige selten, lobenswert und schön.

Darum muß der, der auf die Mitte zielt, als erstes sich von 30 dem der Mitte Entgegengesetzteren fernhalten, wie auch Kalypso empfiehlt: «Diesen Dampf und dieser Woge halte fern das Schiff.» Denn von den Extremen ist das eine fehlerhafter als das andere.

Da es nun mühselig ist, genau die Mitte zu treffen, so muß 35 man in zweitbester Fahrt, wie es heißt, das geringste der Übel wählen. Das wird am ehesten auf dem von uns angegebenen b1 Wege möglich sein. Wir müssen aber beobachten, wozu wir von uns aus am geneigtesten sind. Denn der eine von uns ist es seiner Natur nach zu diesem, der andere zu jenem. Dies zeigt sich an der Lust oder dem Schmerz, den wir empfinden. Da muß man sich selbst in das Gegenteil hinüberziehen. Denn wenn wir uns vom Verfehlen sehr weit entfernen, werden wir 5 zur Mitte gelangen, so wie jene es machen, die gekrümmtes Holz gerade richten.

In allem muß man am meisten auf das Lustvolle und die Lust achten. Denn sie beurteilen wir nicht unbefangen. Was die Ältesten des Volkes Helena gegenüber empfanden, das müs-

sen auch wir der Lust gegenüber empfinden und in jedem
Punkte ihre Worte nachsprechen. Denn so werden wir sie von
uns weisen und weniger Fehler begehen. Wenn wir so handeln,
werden wir, im ganzen gesagt, am ehesten die Mitte treffen
können.

Dies mag wohl schwierig sein und vor allem im einzelnen.
15 Denn es ist nicht leicht, zu unterscheiden, wie, wem, worüber
und wie lange Zeit man zürnen soll. Auch wir selbst loben zuweilen die, die zuwenig tun, und nennen sie milde, zuweilen
aber die heftig Zürnenden und nennen sie männlich. Freilich,
wer nur wenig daneben trifft, den wird man nicht tadeln,
weder gegen das Zuviel noch gegen das Zuwenig. Wer aber
stark abweicht, den tadelt man. Denn das kann dann nicht ver-
20 borgen bleiben. Wiederum ist es jedoch nicht leicht, begrifflich zu bestimmen, wieweit und bis zu welchem Grade einer
tadelnswert ist. So verhält es sich ja auch mit den anderen
sinnlich wahrnehmbaren Dingen. Solche Dinge halten sich im
Einzelnen, und das Urteil darüber steht der Sinneswahrnehmung zu.

Soviel ist nun aber gezeigt, daß die mittlere Haltung in
25 allem die lobenswerte ist, daß man aber zuweilen auf das Übermaß, zuweilen auf den Mangel hin abbiegen soll. Denn so
werden wir am ehesten die Mitte und das Richtige treffen.

# DRITTES BUCH

1. Da nun die Tugend sich auf Leidenschaften und Handlungen bezieht und da Lob und Tadel das Freiwillige treffen, das Unfreiwillige aber Verzeihung erlangt, gelegentlich sogar Mitleid, so muß derjenige, der nach der Tugend forscht, wohl auch das Freiwillige und Unfreiwillige bestimmen. Dies ist auch nützlich für die Gesetzgeber im Hinblick auf Ehrungen und Züchtigungen. 35

Unfreiwillig scheint zu sein, was durch Gewalt oder Unkenntnis geschieht. Gewaltsam ist, was seinen Ursprung außerhalb hat, und zwar so, daß der Handelnde oder Leidende keinen Einfluß darauf nehmen kann, etwa wenn der Sturm einen irgendwohin führt, oder die Menschen, die über einen herrschen.

Was aber aus Angst vor größerem Übel geschieht oder wegen etwas Edlem, etwa wenn ein Tyrann eine schändliche 5 Tat befiehlt und dabei Eltern und Kinder in seiner Gewalt hat und diese gerettet werden können, wenn man sie tut, dagegen sterben müssen, wenn man sie nicht tut, so besteht hier ein Zweifel, ob man das freiwillig oder unfreiwillig nennen soll. Ähnliches geschieht auch, wenn man im Sturm etwas von sich wirft. Denn im allgemeinen wirft niemand freiwillig Wertgegenstände weg, dagegen tun es alle Verständigen, wenn ihre eigene Rettung und die anderer auf dem Spiele steht. Solche 10 Handlungen sind also gemischt, gleichen aber eher den freiwilligen. Denn im Augenblick, in dem sie ausgeführt werden, entscheidet man sich für sie. Und das Ziel einer Handlung wird ja durch die Situation bestimmt. Darum muß man von freiwillig und unfreiwillig reden für den Augenblick, in dem

es getan wird. Dann handelt man freiwillig. Denn der Ursprung
der Bewegung der werkzeughaften Teile bei derartigen Handlungen ist im Handelnden selbst. Bei wem aber der Ursprung
des Handelns steht, bei dem steht ebenso das Handeln oder
Nichthandeln selbst. Also ist derartiges freiwillig; allgemein
gesprochen dagegen vielleicht unfreiwillig. Denn keiner würde
eine derartige Handlung als solche wählen.

20    Bei derartigen Handlungen wird man allerdings zuweilen
sogar gelobt, wenn man Schändliches oder Schmerzliches aushält um eines Großen und Schönen willen. Wo aber das Gegenteil der Fall ist, wird man getadelt. Denn das Schändlichste
zu erdulden ohne Hinblick auf ein Edles oder Angemessenes
zeigt niedrige Gesinnung. In einzelnen Fällen gibt es kein Lob,
aber doch Verzeihung, wenn man tut, was man nicht soll, im
25 Hinblick auf Dinge, die die menschliche Natur übersteigen
und die keiner aushalten würde. Zu einigen Dingen soll man
sich vielleicht überhaupt nicht zwingen lassen, sondern eher
sterben und das Schlimmste erdulden. Denn lächerlich erscheint, was den euripideischen Alkmeon zum Muttermord
gezwungen hat.

      Zuweilen ist es schwierig, zu beurteilen, für was man sich
30 entscheiden und welches von zwei Dingen man aushalten
soll – und noch schwerer ist es, bei dem einmal Entschiedenen
zu bleiben. Denn zumeist ist das, was einen erwartet, schmerzlich, das, wozu man gezwungen wird, schändlich, so daß also
Lob und Tadel sich darnach verteilen, ob man sich hat zwingen lassen oder nicht.

b1    Was muß man aber gewaltsam nennen? Etwa einfach das,
was seine Ursache außerhalb hat und zu dem der Handelnde
nichts beiträgt? Was an sich ein unfreiwilliges Tun ist, in einer
bestimmten Lage aber einer andern Möglichkeit vorgezogen
wird, so daß der Ursprung im Handelnden ist, dergleichen ist
an sich zwar unfreiwillig, wird aber, da eine Entscheidung

gegen eine andere Möglichkeit vorliegt, zu einem Freiwilligen. Oder es gleicht eher einem Freiwilligen. Denn die Handlungen liegen im Einzelnen, und dieses ist freiwillig. Wofür man sich aber entscheiden soll, ist nicht leicht zu sagen. Denn es gibt im Einzelnen viele Differenzen.

Wenn aber einer behaupten wollte, daß das Angenehme und Schöne gewaltsam wirke (denn es zwinge von außen her), so wäre für ihn überhaupt alles gewaltsam. Denn um jener Dinge willen tun wir ja alle alles; die einen freilich mit Gewalt und ungern und mit Schmerzen, die andern jedoch um des Angenehmen und Schönen willen mit Freude. Lächerlich ist es dann, das von außen Kommende anzuklagen und nicht vielmehr sich selbst, weil man durch dieses so leicht erjagt werden kann, und für das Schöne sich selbst als Ursache zu fühlen, für das Schändliche aber das Angenehme verantwortlich zu machen.

So scheint also das Gewaltsame dasjenige zu sein, dessen Ursache außerhalb liegt, ohne daß der Gewalt Erleidende selbst etwas dazu beiträgt.

2. Was aus Unwissenheit geschieht, ist nicht durchweg freiwillig. Unfreiwillig wird es, wenn es schmerzlich ist und man es bereut. Denn wer etwas aus Unwissenheit tut und sich dann über die Tat nicht ärgert, der hat zwar nicht freiwillig getan, was er ja nicht gewußt hatte, aber auch nicht unfreiwillig, da es ihn hinterher nicht schmerzte. Was also aus Unwissenheit geschieht und dann bereut wird, scheint unfreiwillig zu sein, wer es dagegen nicht bereut, ist ein anderer, und so mag man sein Tun nicht-freiwillig nennen. Denn da er sich unterscheidet, ist es besser, wenn er einen eigenen Namen erhält.

Aus Unwissenheit zu handeln und unwissend zu handeln scheinen zwei verschiedene Dinge zu sein. Denn wer in Trunkenheit oder im Zorn handelt, scheint nicht aus Unwissenheit zu handeln, sondern aus den angegebenen Gründen, aber nicht wissend, sondern unwissend.

Jeder Schlechte ist unwissend darüber, was man tun und
lassen muß, und durch diesen Fehler werden die Menschen
ungerecht und überhaupt schlecht. Der Begriff des Unfreiwil-
30 ligen will aber nicht meinen, daß einer das Zuträgliche nicht
kennt. Denn die Unwissenheit in der Entscheidung ist nicht
Ursache der Unfreiwilligkeit, sondern der Schlechtigkeit, und
nicht die Unwissenheit im Allgemeinen (denn wegen dieser
wird man bloß getadelt), sondern die im Einzelnen, in dessen
a1 Bereich sich das Handeln bewegt. In diesen Dingen gibt
es auch Mitleid und Verzeihung. Denn wer etwas vom Einzelnen nicht kennt, der handelt unfreiwillig. Vielleicht ist es
nicht unzweckmäßig, dies aufzugliedern, was und wieviel es
ist: wer es ist und was, und im Bezug auf was und worin er
handelt, zuweilen auch, mit was, das heißt mit welchem Werk-
5 zeug, und wozu, etwa um der Rettung willen, und wie, nämlich langsam oder schnell.

Unwissend sein in alledem kann keiner, wenn er nicht wahnsinnig ist. Offensichtlich wird man auch den Handelnden kennen. Denn wie sollte man sich selbst nicht kennen? Was man
tut, das kann man vielleicht nicht wissen, so wie man sagt, es
sei einem beim Reden etwas entfallen, oder wenn man nicht
weiß, daß es sich um Geheimnisse handelt, wie bei Aischylos die
10 Mysterien; oder man hat etwas zeigen wollen, und es ging los,
wie jener mit der Wurfmaschine; oder man kann meinen, daß
der eigene Sohn ein Feind sei, wie Merope, oder daß die zu-
gespitzte Lanze in einer Kugel endige oder daß ein Stein ein
Bimsstein sei. Oder man schlägt zu, zu seiner Verteidigung,
und tötet. Oder man will den anderen berühren wie die Faust-
15 kämpfer, haut ihn aber nieder. In all diesen Dingen kann es im
Bezug auf die Handlung Unwissenheit geben. Und wer in diesem Sinne unwissend ist, scheint unfreiwillig gehandelt zu haben, vor allem in den Hauptpunkten: Hauptpunkte sind der
Bereich und der Zweck der Handlung. Endlich muß bei der

Unfreiwilligkeit, die auf dieser Art der Unwissenheit beruht, auch noch die Handlung schmerzlich sein und Reue erregen.

3. Wenn nun unfreiwillig ist, was gewaltsam und aus Unwissenheit geschieht, so dürfte das Freiwillige dasjenige sein, dessen Ursprung im Handelnden selbst ist, sofern er alles Einzelne kennt im Bezug auf den Bereich der Handlung. Vielleicht ist es auch nicht richtig, unfreiwillig zu nennen, was im Zorn oder in der Begierde geschieht. Denn fürs erste wird auf diese 25 Weise kein einziges der anderen Lebewesen etwas freiwillig tun, und auch nicht die Kinder. Und dann: tun wir alles unfreiwillig, was in Begierde oder Zorn geschieht, oder das Edle freiwillig und nur das Schändliche unfreiwillig? Oder ist eine solche Annahme lächerlich, da es ja nur eine Ursache gibt? Es scheint auch widersinnig, das Streben nach solchen Dingen unfreiwillig zu nennen, nach denen man streben soll. Denn 30 man soll ja über bestimmte Dinge zürnen und andere begehren, wie etwa die Gesundheit oder das Wissen. Es scheint auch das Unfreiwillige schmerzhaft zu sein, dem Begehren zu folgen jedoch angenehm. Was besteht ferner für ein Unterschied zwischen einem Fehler aus Überlegung und einem Fehler aus Zorn, wenn man den einen als unfreiwillig bezeichnet? Zu meiden sind beide; die vernunftlose Leidenschaft scheint aber nicht weniger menschlich zu sein und so auch die Handlungen b1 des Menschen, die aus Zorn oder Begierde entspringen. Es ist widersinnig, diese als unfreiwillig zu bezeichnen.

4. Da wir nun das Freiwillige und Unfreiwillige bestimmt haben, haben wir in der Folge von der Entscheidung zu sprechen. 5 Denn dies scheint der Tugend am eigentümlichsten zu sein und noch mehr als die Handlungen ein Urteil über die Charaktere zu ermöglichen.

Die Entscheidung gehört offenbar zum Freiwilligen, ist aber nicht dasselbe. Das Freiwillige ist der weitere Begriff. Denn

am Freiwilligen haben auch die Kinder und die übrigen Lebewesen einen Anteil, an der Entscheidung dagegen nicht. Und
plötzliche Handlungen nennen wir freiwillig, aber nicht, daß
10 sie von einer Entscheidung ausgehen.

Wer aber behauptet, sie sei Begierde, Zorn oder ein Wollen
oder irgendein Meinen, scheint nicht das Richtige zu treffen.
Denn die Entscheidung ist uns mit den vernunftlosen Lebewesen nicht gemein, wohl aber die Begierde und der Zorn. Und
der Unbeherrschte handelt im Begehren, aber nicht mit Entscheidung. Der Beherrschte umgekehrt handelt in Entschei-
15 dung, aber ohne Begehren. Und der Entscheidung kann die
Begierde entgegentreten, nicht aber die Begierde selbst einer
Begierde. Endlich bezieht sich die Begierde auf Angenehmes
und Schmerzliches, die Entscheidung dagegen weder auf das
eine noch auf das andere.

Noch weniger ist sie mit dem Zorn gleichzusetzen. Denn
was im Zorn geschieht, scheint am allerwenigsten durch Entscheidung zu geschehen.

20    Sie ist aber auch kein Wollen, auch wenn sie verwandt erscheint. Denn die Entscheidung bezieht sich nicht auf Unmögliches, und wenn einer behauptet, sich für solches zu entscheiden, so müßte er als einfältig wirken. Das Wollen dagegen
bezieht sich auch auf Unerreichbares, wie etwa die Unsterblichkeit. Das Wollen geht auch auf Dinge, die man niemals aus
sich selbst vollbringt, wie etwa, daß irgendein Schauspieler
oder Athlet den Sieg erringt. Dazu entscheidet sich aber kei-
25 ner, sondern nur zu Dingen, von denen er annimmt, daß er sie
selbst zustande bringen kann. Ferner bezieht sich das Wollen
eher auf das Ziel, das Entscheiden dagegen eher auf die zum
Ziel führenden Wege. So wollen wir gesund sein, wir entscheiden uns aber für die Mittel, durch die wir gesund werden. Und
wir wollen glückselig sein und beanspruchen dies; es geht aber
nicht an, zu sagen, daß wir uns dafür entscheiden. Allgemein

gesagt, scheint sich die Entscheidung auf das zu beziehen, was in unserer Gewalt ist.

Sie ist aber auch kein Meinen. Denn das Meinen betrifft alles, das Ewige und Unmögliche ebensogut wie das, was in unserer Gewalt steht. Es wird ferner durch wahr und falsch unterschieden und nicht durch gut und schlecht. Die Entscheidung fällt dagegen eher in diese Kategorien. Daß sie nun ganz allgemein mit dem Meinen identisch sei, wird wohl niemand behaupten. Sie ist es aber auch nicht mit einem bestimmten Meinen. Denn wir werden dadurch qualifiziert, daß wir uns für Gutes oder Schlechtes entscheiden, nicht aber dadurch, daß wir es meinen. Und wir entscheiden uns, zu ergreifen oder zu vermeiden und dergleichen, das Meinen geht aber auf das, was etwas sei, wem es nütze und wie. Etwas zu ergreifen oder zu meiden meinen wir nicht. Und die Entscheidung wird eher dafür gelobt, daß sie wählt, was sie soll, als dafür, daß sie richtig ist; das Meinen dagegen dafür, daß es wahr ist. Und wir entscheiden uns für das, von dem wir am sichersten wissen, daß es gut ist; wir meinen dagegen, was wir nicht genau wissen. Es scheinen auch nicht dieselben Menschen das Beste zu wählen und zu meinen, sondern einige meinen das Bessere, wählen aber aus Schlechtigkeit nicht, was sie sollen. Ob weiterhin ein Meinen der Entscheidung voraufgeht oder ihr nachfolgt, macht keinen Unterschied. Denn wir fragen nicht danach, sondern ob die Entscheidung mit irgendeinem Meinen identisch sei.

Was ist nun die Entscheidung und welcher Art, da sie nichts vom Genannten ist? Sie scheint freiwillig zu sein, aber das Freiwillige ist nicht immer ein Gegenstand der Entscheidung. Ist sie also ein Vorher-Bedachtes? Denn die Entscheidung geht mit Denken und Überlegung zusammen. Auch der Name scheint anzudeuten, daß es sich um etwas handelt, das man vor anderem wählt.

5. Überlegt man nun alles und ist alles ein Gegenstand der Überlegung, oder gibt es Ausnahmen? Wir müssen vielleicht
20 sagen: Gegenstand der Überlegung natürlich nicht für den Einfältigen oder Wahnsinnigen, sondern für den Verständigen.

Über das Ewige stellt man keine Überlegungen an, etwa über den Kosmos oder darüber, daß Diagonale und Seite inkommensurabel sind. Ebenso tut man es nicht über die Dinge, die in Bewegung sind, und zwar immer in derselben Weise, sei es aus Notwendigkeit oder durch Natur oder aus
25 irgendeiner andern Ursache, wie etwa Sonnenwenden und -aufgänge. Ebenso auch nicht über das, was immer wieder anders ist, wie Dürre und Regenfälle; und ebenso nicht über das Zufällige, wie das Finden eines Schatzes. Und auch nicht über sämtliche menschliche Dinge: kein Spartaner wird sich überlegen, wie etwa die Skythen ihren Staat am besten einrichten könnten. Denn derartiges steht gar nicht in unserer Gewalt.
30 Wir überlegen uns also die Dinge, die in unserer Gewalt und ausführbar sind. Denn dies ist auch das einzige, was übrigbleibt. Ursachen scheinen nämlich zu sein die Natur, die Notwendigkeit und der Zufall, ferner der Geist und alles, was durch den Menschen bewirkt wird. Von den Menschen überlegt ein jeder das, was er zu vollbringen fähig ist. Es gibt aber
b1 keine Überlegung hinsichtlich der exakten und sich selbst genügenden Wissenschaften, wie etwa die Grammatik (denn wir sind nicht im Zweifel, wie man schreiben soll); sondern was durch uns geschieht, aber nicht immer in derselben Weise, das ist Gegenstand der Überlegung, etwa die Medizin oder die Erwerbskunst, und die Steuermannskunst eher als die Turn-
5 kunst, sofern jene weniger genau ausgearbeitet ist, und ebenso beim übrigen, und zwar eher bei den Künsten als bei den Wissenschaften. Denn hier sind wir mehr im Zweifel. Also betrifft das Überlegen die Dinge, die zumeist begegnen, die ungewiß sind, wie sie herauskommen, und bei denen unbestimmt

ist, wie man handeln soll. Bei den großen Sachen nehmen wir
Berater dazu, da wir uns selbst mißtrauen und uns nicht für
fähig halten, allein zu entscheiden.

Wir überlegen uns weiterhin nicht die Ziele, sondern das,
was zu den Zielen führt. Denn der Arzt überlegt nicht, ob er
heilen soll, noch der Redner, ob er überzeugen soll, noch der
Politiker, ob er eine gute Staatsordnung schaffen soll, noch
überhaupt jemand hinsichtlich des Zieles. Sondern wir setzen
das Ziel an und erwägen dann, wie und durch welche Mittel 15
wir es erreichen, und wenn sich mehrere Wege zeigen, so wird
geprüft, welcher der schnellste und schönste sei; wenn aber ein
Weg eingeschlagen wird, so fragt man, wie das Ziel durch
diesen Weg erreicht wird, und dann wieder, wie man auf
jenen Weg gelangt, bis man zur ersten Ursache kommt, die im
Fragen das Letzte ist. Denn der Überlegende geht forschend 20
und analysierend vor, wie wenn er eine geometrische Figur
konstruierte. Freilich ist nicht jedes Forschen eine Überlegung,
etwa das mathematische, aber jede Überlegung ist ein Forschen, und das Letzte in der Analyse ist das Erste im Werden.
Und wenn man auf etwas Unmögliches stößt, so verzichtet
man, etwa wenn man Geld braucht und sich dies nicht zu be- 25
schaffen vermag. Wenn es sich aber als möglich erweist, dann
beginnt man zu handeln. Möglich ist, was durch uns geschehen kann; auch was durch Freunde geschieht, geschieht in
gewisser Weise durch uns. Denn die Ursache steht bei uns.
Man fragt aber bald nach den Werkzeugen, bald nach der Art
ihrer Verwendung; ebenso im übrigen bald durch welches 30
Mittel, bald wie, bald mit wessen Hilfe etwas geschehen soll.

Es scheint nun, wie gesagt, der Mensch der Ausgangspunkt
der Handlungen zu sein. Die Überlegung bezieht sich auf das,
was man selbst zu vollbringen vermag; gehandelt wiederum
wird um eines anderen willen. Gegenstand der Überlegung
ist ja nicht das Ziel, sondern der Weg zum Ziel. Da allerdings

nicht das Einzelne, etwa ob das jetzt Brot sei oder ob es ordentlich gebacken sei. Denn dies fällt der Sinneswahrnehmung zu.
Wollte man aber dauernd überlegen, so käme man ins Unend-
liche. Gegenstand der Überlegung und der Entscheidung ist
dasselbe, nur daß das Entschiedene schon bestimmt ist. Denn
was in der Überlegung vorgezogen wird, das ist entschieden.
5 Jeder hört nämlich auf zu fragen, wie er handeln soll, wenn er
den Ursprung des Handelns auf sich selbst zurückgeführt
hat und in sich selbst auf das Regierende; denn dieses ist es,
was entscheidet. Die isst deutlich auch in den alten Staatsverfassungen, die Homer dichterisch nachgebildet hat: dort
kündigten die Könige das, was sie entschieden hatten, dem
Volke an.
10    Da nun das Entschiedene ein Überlegtes und Erstrebtes ist,
das in unserer Gewalt steht, so wird also die Entscheidung das
überlegende Streben nach den Dingen sein, die in unserer Gewalt stehen. Denn aus der Überlegung entsteht unser Urteil,
und dann streben wir gemäß der Überlegung. So sei also im
Umriß gesagt, was die Entscheidung ist, auf was sie sich be-
15 zieht und daß sie die Wege zum Ziel im Auge hat.
    6. Das Wollen dagegen geht auf das Ziel, wie wir sagten; die
einen meinen, es ginge auf das Gute, die andern, es ginge auf
das scheinbare Gute. Jene nun, die sagen, daß das Gewollte das
Gute sei, kommen dazu, anzunehmen, daß dasjenige gar nicht
gewollt sei, was einer auf Grund einer unrichtigen Wahl will;
denn wenn es gewollt wäre, wäre es auch gut; es traf sich aber,
20 daß es schlecht war. Wer aber wiederum sagt, daß das jeweils
erscheinende Gute das Gewollte sei, der sagt, daß das Gewollte
nicht ein von Natur Gewolltes sei, sondern nur für jeden Einzelnen, was ihm so scheint. Jedem scheint wieder anderes gut
zu sein und je nachdem sogar Entgegengesetztes.
    Wenn nun also dies nicht paßt, muß man dann sagen, daß
allgemein und der Wahrheit nach das Gewollte das Gute sei,

für jeden Einzelnen aber das so Erscheinende? Für den Edlen ist es das in Wahrheit Gute, für den Gemeinen das Zufällige, 25 so wie auch bei den Körpern für die gut disponierten dasjenige gesund ist, was in Wahrheit so ist, für die kränklichen dagegen anderes, und ebenso auch beim Bitteren, Süßen, Warmen, Schweren usw.? Denn der Edle beurteilt jedes Einzelne richtig, und in jedem Einzelnen erscheint ihm die Wahrheit. Denn für 30 jede Verfassung gibt es eigenes Schönes und Angenehmes, und vielleicht zeichnet sich der Edle gerade dadurch am meisten aus, daß er in jedem Einzelnen die Wahrheit erkennt, da er gewissermaßen Richtschnur und Maß dafür ist. Die Leute dagegen scheinen sich durch die Lust täuschen zu lassen. Denn sie ist nicht gut und scheint doch so. So wählen sie also die b1 Lust als ein Gutes und meiden den Schmerz als ein Schlechtes.

7. Da nun das Ziel Gegenstand des Wollens ist und die Dinge, für die man sich als Mittel zum Ziele entscheidet, Gegenstand des Überlegens, so erfolgen die entsprechenden Taten durch Entscheidung und freiwillig. Und darauf beziehen sich die Tä- 5 tigkeiten der Tugenden. Also ist die Tugend in unserer Macht und ebenso die Schlechtigkeit. Denn wo das Tun in unserer Macht steht, da gilt dies auch für das Nichttun, und wo das Nein bei uns steht, da steht auch das Ja bei uns. Wenn also das Handeln als etwas Schönes in unserer Macht ist, so ist es auch das Nicht-handeln als etwas Schändliches, und wenn umgekehrt das Nicht- 10 handeln als etwas Schönes bei uns steht, so steht auch das Handeln als etwas Schändliches bei uns. Wenn es also an uns ist, das Schöne und das Schändliche zu tun und ebenso auch wieder nicht zu tun, und wenn eben darin das Gut- und Schlechtsein besteht, so ergibt sich, daß es bei uns steht, an-ständig oder gemein zu sein.

Zu behaupten, daß «keiner freiwillig schlecht ist oder unfrei-willig selig», ist teils falsch, teils wahr. Denn glückselig ist ge- 15

wiß keiner unfreiwillig, doch die Schlechtigkeit ist freiwillig.
Oder muß man das oben Gesagte anzweifeln und erklären, der
Mensch sei nicht Ursprung und Erzeuger seiner Taten, wie
etwa seiner Kinder? Wenn dies aber doch so ist und wir auf
keine andern Ursprünge zurückgehen können als auf diejeni-
20 gen, die in uns selbst sind und deren Ursprünge auch in uns
selbst sind, dann sind auch die Handlungen selbst bei uns und
freiwillig. Als Zeugnis dafür können wohl gelten jeder Einzelne für sich und auch die Gesetzgeber. Denn diese züchtigen
und strafen diejenigen, die Schlechtes getan haben, soweit es
nicht unter Gewalt geschah oder aus einer Unwissenheit, an
25 der sie nicht selbst schuld waren; wer aber das Edle getan hat,
den ehren sie, und auf diese Weise ermuntern sie die einen und
schrecken die anderen ab. Aber dazu wird keiner ermuntert,
Dinge zu tun, die nicht bei uns stehen und nicht freiwillig sind,
so wie es auch sinnlos ist zu ermahnen, nicht heiß zu haben,
nicht Schmerzen zu empfinden, nicht zu hungern und dergleichen; denn dergleichen empfinden wir unvermeidlich.
30 Man züchtigt auch gerade wegen der Unwissenheit selbst,
wenn einer schuld an seiner Unwissenheit zu sein scheint, so
wie etwa die Strafen bei Trunkenheit verdoppelt werden. Denn
da ist der Ursprung in einem selbst; man war ja Herr darüber,
sich nicht zu betrinken, und dieses war dann die Ursache der
Unwissenheit. Man bestraft auch jene, die in den Gesetzen
nicht Bescheid wissen in Dingen, die sie wissen müßten und
a 1 die nicht schwer sind; desgleichen in allen Fällen, in denen die
Unwissenheit auf Nachlässigkeit zurückzugehen scheint, wo
man es denn in seiner Gewalt hätte, nicht unwissend zu sein.
Denn aufzupassen hat man in seiner Hand. Aber vielleicht ist
man von solcher Art, daß man nicht aufpassen kann; doch
dann ist man selbst schuld, daß man so geworden ist, weil man
5 zügellos lebt, und dann ungerecht oder zuchtlos ist, Verbrechen begeht oder sich dem Trunk und derartigen Dingen er-

gibt. Wie nämlich einer jeweils tätig ist, so wird er selber. Das zeigt sich an denjenigen, die sich um irgendeinen Sport oder eine Arbeit bemühen; denn sie betätigen sich fortwährend darin. Nicht zu wissen also, daß aus der andauernden Tätigkeit in bestimmten Dingen die Eigenschaften entstehen, zeigt voll- 10 kommene Gefühllosigkeit. Es wäre ja auch widersinnig, wenn der Ungerechte nicht auch ungerecht sein wollte und der Zügellose nicht auch zügellos. Wenn aber nun einer wissend das tut, wodurch er ungerecht werden wird, dann wird er offenbar freiwillig ungerecht sein; dann wird er auch nicht, wann er will, aufhören können, ungerecht zu sein, und hernach sofort gerecht sein. Denn auch der Kranke wird nicht so ge- sund, nachdem er, wie es vorkommt, sich freiwillig in Krank- 15 heit gestürzt hat, indem er unmäßig lebte und den Ärzten nicht gehorchte. Denn zuvor zwar hatte er es in der Hand, nicht krank zu werden, wenn er sich aber hat gehen lassen, nicht mehr, so wie es auch nicht mehr möglich ist, einen los- gelassenen Stein wieder zurückzuholen; und dennoch hatte man es in der Hand, ihn loszulassen und zu werfen. Denn das Prinzip liegt beim Einzelnen selbst. So hatten es auch der Un- gerechte und der Zügellose am Anfang in der Hand, nicht der- 20 art zu werden; insofern sind sie es freiwillig. Wenn sie es aber einmal geworden sind, haben sie es nicht mehr in der Hand.

Doch nicht nur die Schlechtigkeiten der Seele entstehen freiwillig, sondern zuweilen auch diejenigen des Körpers, wes- halb wir auch solche tadeln. Denn wer von Natur häßlich ist, wird niemals getadelt, wohl aber, wer es aus Mangel an Tur- nen und Körperpflege ist. Dasselbe gilt bei Schwäche und In- 25 validität. Denn keiner macht jemandem einen Vorwurf, der durch Natur, Krankheit oder einen Unfall erblindet ist, son- dern man bedauert ihn. Aber jeder wird wohl denjenigen ta- deln, der es durch Trunksucht oder eine andere Ausschweifung geworden ist. So werden also von den Defekten des Körpers

diejenigen getadelt, die in unserer Gewalt stehen, die anderen aber nicht. Wenn es sich aber so verhält, dann sind doch wohl
30 auch in den andern Bereichen jene Defekte, die getadelt werden, in unserer Gewalt.

Wenn aber nun einer behaupten wollte, daß alle nach dem streben, was ihnen als Gutes erscheint, daß man aber nicht Herr über seine Vorstellungskraft sei, sondern wie gerade ein
b1 jeder beschaffen sei, so sei auch das Ziel, das ihm erscheine: – wenn jedoch ein jeder in gewisser Weise verantwortlich ist für seine Eigenschaften, so wird er es auch für seine Vorstellungskraft sein. Wenn aber keiner für sich schuld ist an seinem schlechten Tun, sondern handelt, weil er das Ziel nicht kennt
5 und meint, er erreiche auf diesem Wege für sich das Beste, und wenn das Streben nach dem Ziel nicht selbstgewählt ist, sondern man so geboren sein muß, wie wenn man mit dem Augenlicht geboren wird, damit man richtig urteilt und das in Wahrheit Gute wählt, und wenn der begabt ist, bei dem dies von Natur in gutem Zustand ist (denn der wird das Größte und Schönste und was man von einem andern weder übernehmen
10 noch lernen kann, besitzen, so wie er von Natur ist – und eine schöne und richtige Natur in diesem Stück zu haben wird wohl die vollkommene und wahre Begabung sein), wenn also dies wahr ist, inwiefern wird dann die Tugend eher freiwillig sein als die Schlechtigkeit? Denn beiden, dem Tugendhaften wie dem Schlechten, liegt das Ziel von Natur oder wie immer vor
15 Augen und ist da, und das andere wird darauf bezogen, und so handelt man dann irgendwie.

Mag nun das Ziel nicht von Natur dem Einzelnen jeweilig erscheinen, sondern auch von ihm selbst ausgehen, oder mag das Ziel von Natur sein, der Tugendhafte aber das Weitere freiwillig tun, so ist die Tugend ein Freiwilliges, und dann wird genau so sehr die Schlechtigkeit freiwillig sein. Denn auch der
20 Schlechte hat die Freiheit im Bezug auf das Handeln, wenn

auch nicht im Bezug auf das Ziel. Wenn also, wie man sagt, die
Tugenden freiwillig sind (denn wir sind gewissermaßen Mit-
ursache der Eigenschaften, und dadurch, daß wir so und so
sind, setzen wir auch das Ziel entsprechend an), so werden
auch die Schlechtigkeiten freiwillig sein. Denn da gilt das Ent- 25
sprechende. Die Handlungen sind allerdings nicht in der glei- (30)
chen Weise freiwillig wie die Eigenschaften. Denn die Handlungen haben wir vom Ursprung an bis zum Ziel in der Hand
und wissen das Einzelne; bei den Eigenschaften verfügen wir
nur über den Anfang; was im Einzelnen dazukommt, ist uns (a1)
nicht bekannt, wie bei den Krankheiten. Aber weil es bei uns
stand, mit den Dingen so oder so umzugehen, darum sind sie
freiwillig.

8. Wir haben also nun allgemein über die Tugenden gesprochen, (b26)
haben sie der Gattung nach im Umrisse dahin bestimmt, daß
sie eine Mitte und ein Verhalten sind, und haben auch angegeben, wodurch sie entstehen und daß sie an sich gerade im
Vollziehen dessen bestehen, wodurch sie entstehen, ferner, daß
sie in unserer Gewalt und freiwillig sind und so, wie es etwa
die rechte Vernunft vorschreibt.

Nun wollen wir die Untersuchung über jede einzelne Tu- a4
gend aufnehmen und erklären, was sie sind, welches ihre Be- 5
reiche sind und wie sie sich betätigen; daraus wird sich auch
ergeben, wie viele es sind.

9. Als erstes sei von der Tapferkeit gesprochen. Daß sie eine
Mitte ist im Hinblick auf Furcht und Zuversicht, ist bereits
klar geworden. Was wir fürchten, ist offensichtlich das Furchterregende; dieses ist, allgemein gesagt, das Schlimme. Darum
wird auch die Furcht bestimmt als die Erwartung eines Schlim-
men. Wir fürchten nun zwar alle Übel, wie Schande, Armut, 10
Krankheit, Freundlosigkeit, Tod, aber die Tapferkeit scheint

sich nicht auf alle zu beziehen. Denn einige Übel zu fürchten
ist sogar Pflicht und edel, sie nicht zu fürchten ist schlecht,
etwa die Unehre. Denn wer sie fürchtet, ist ein ordentlicher
und empfindsamer Mensch, wer sie nicht fürchtet, dagegen
15 schamlos. Von einigen wird er allerdings tapfer genannt in
einem übertragenen Sinne, sofern er mit dem Tapferen eine
gewisse Ähnlichkeit besitzt; denn auch der Tapfere kennt
keine Furcht. Armut dagegen und Krankheit soll man wohl
nicht fürchten, und überhaupt all das nicht, was nicht von der
Schlechtigkeit herrührt und nicht durch einen selbst veranlaßt ist. Aber wer dem gegenüber keine Furcht empfindet,
ist nicht tapfer. Wir nennen auch ihn nur so wegen einer ge-
20 wissen Ähnlichkeit; manche nämlich sind zwar in Kriegsge-
fahren feige, dafür aber großzügig und machen sich nichts aus
dem Verlust ihres Vermögens. Auch wird man weder den feige
nennen, der Gewalttat an Frau und Kindern oder Neid oder
sonst dergleichen fürchtet, noch auch den tapfer, der gleich-
mütig bleibt, wenn er Prügel bekommen soll.

Welches ist also das Furchtbare, dem der Tapfere entgegen-
25 tritt? Etwa die schlimmsten Dinge? Denn keiner ist eher imstande, das Schreckliche zu ertragen. Das Furchtbarste ist aber
der Tod. Denn er ist ein Ende, und es scheint für den Toten
weder Gutes noch Schlechtes mehr zu geben. Indessen scheint
es der Tapfere auch nicht mit dem Tode in jeder Form zu tun
zu haben; etwa mit demjenigen auf dem Meere oder in Krankheiten. In welcher Form also? Etwa demjenigen in der edelsten
30 Form? Das wäre derjenige im Kriege. Denn hier ist die Gefahr
am größten und am edelsten. Dazu stimmen auch die Ehren,
die in den Demokratien und bei den Fürsten den im Kampfe
Gefallenen zuerkannt werden.

Tapfer im wesentlichen Sinne hieße dann, wer unerschrocken
ist vor einem edlen Tode und vor all dem, was den Tod unmittelbar nahe bringt, wie das vor allem im Kriege geschieht.

Auch auf dem Meere und in Krankheiten wird der Tapfere unerschrocken sein, aber nicht so wie die Seeleute; denn die einen b1
glauben an keine Rettung und verabscheuen einen derartigen
Tod, die andern aber sind zuversichtlich auf Grund ihrer Erfahrung. Außerdem erweist sich die Tapferkeit dort, wo eine
Abwehr möglich oder wo der Tod edel ist; aber bei einem derartigen Untergang ist keines von beidem der Fall.                    5

10. Das Furchterregende ist nicht für alle Menschen dasselbe;
wir sprechen auch von einem solchen, das über das Menschen-
maß hinausgeht. Dieses ist furchtbar für jeden, der vernünftig
ist. Was aber menschlicherweise furchterregend ist, ist verschieden nach seiner Größe und nach dem Mehr oder Weniger.
Dasselbe gilt auch für jenes, was Mut macht.                         10

Der Tapfere ist unerschrocken nach dem Maße des Menschen. Er wird zwar auch die menschlicherweise furchterregen-
den Dinge fürchten; aber so wie es Pflicht ist und wie es die
Vernunft will, wird er sie aushalten um des Edlen willen. Denn
dies ist der Endzweck der Tugend. Man kann diese Dinge
mehr oder weniger fürchten und auch Dinge, die nicht furchtbar sind, fürchten, als ob sie es wären. Die möglichen Fehler   15
bestehen also darin, daß man fürchtet, was man nicht soll oder
wie oder wann man nicht soll und dergleichen mehr. Dasselbe
gilt auch im Bezug auf die Zuversicht.

Wer also aushält und fürchtet, was man soll und weswegen
man es soll und wie und wann, und wer in derselben Weise
Zuversicht hat, der ist tapfer.

Der Tapfere nämlich leidet und handelt, wie es angemessen
ist und wie es die Vernunft will. Ziel aber bei jeder Tätigkeit   20
ist das Handeln auf Grund eines bestimmten Verhaltens. Das
gilt auch für den Tapferen. Die Tapferkeit ist etwas Edles.
Derart ist auch der Endzweck, und alles wird durch den Endzweck bestimmt. Um des Edlen willen also harrt der Tapfere
aus und tut, was der Tapferkeit gemäß ist.

Was jene betrifft, die durch Übermaß fehlen, so hat jener,
der es aus Furchtlosigkeit tut, keinen besonderen Namen
25 (wir sagten früher, daß vieles keinen eigenen Namen besitzt).
Man mag ihn wahnsinnig oder unempfindlich nennen, wenn
er gar nichts fürchtet, weder ein Erdbeben noch die Meeres-
wogen, wie man es von den Kelten erzählt. Wer durch ein
Übermaß von Zuversicht dem Furchtbaren gegenüber fehlt,
ist tollkühn. Es scheint aber auch Tollkühne zu geben, die
Prahler sind und Tapferkeit nur vorspielen. So wie der Tapfere
30 dem Furchtbaren gegenüber sich wirklich verhält, so will dieser in seinem Verhalten zu sein scheinen; soweit er es kann,
ahmt er es nach. Darum sind auch viele von ihnen Poltrons.
Sie zeigen sich kühn, wo es geht, halten aber das wirklich
Furchtbare nicht aus.

Wer sich übermäßig fürchtet, ist feige. Auf ihn trifft zu, daß
35 er fürchtet, was er nicht soll und wie er nicht soll usw. Sein
a1 Verhalten kann auch bestimmt werden als Mangel an Zuversicht; aber charakteristischer für ihn ist das Übermaß an Ver-
zagtheit. Der Feige ist einer, der zu wenig hofft, weil er alles
fürchtet. Vom Tapferen gilt das Gegenteil. Denn zuversichtlich ist der, der hofft.

Es haben also mit denselben Dingen zu tun der Feige, der
5 Tollkühne und der Tapfere, nur verhalten sie sich verschieden
dazu. Die einen haben ein Zuviel oder ein Zuwenig, der Tapfere
aber hält sich in der Mitte und so, wie es sein soll. Die Tollkühnen sind voreilig und energisch vor der Gefahr, in ihr aber
lassen sie nach. Die Tapferen aber sind beim Handeln rasch,
vorher aber ruhig.

10    11. Wie gesagt also, ist die Tapferkeit eine Mitte im Bezug auf
Zuversicht und Furcht in den genannten Bereichen; sie entscheidet sich und harrt aus, weil es edel ist oder weil das Gegenteil schimpflich ist. Dagegen zu sterben, um der Armut
oder einer Liebe oder irgendeinem Schmerze zu entgehen,

zeigt nicht Tapferkeit, sondern eher Feigheit. Denn es ist weichlich, das Widerwärtige zu fliehen, und wer da den Tod aushält, tut es nicht, weil es edel ist, sondern nur, um einem 15 Übel zu entgehen.

Die Tapferkeit ist also etwas Derartiges. Man spricht aber noch von weiteren Arten der Tapferkeit, und zwar in fünffacher Weise.

Das erste ist die Tapferkeit des Staatsbürgers. Sie gleicht der genannten Tapferkeit am meisten. Denn es scheint, daß die Bürger in den Gefahren ausharren wegen der gesetzlichen Strafen und wegen der Schande und den Ehrungen. Darum gelten auch jene für die tapfersten, in deren Staat die Feiglinge 20 ehrlos und die Tapferen geehrt sind. Von derartigen dichtet auch Homer, wie etwa von Diomedes und Hektor: «Polydamas würde als erster mich mit Schmähung belasten», und Diomedes: «Hektor wird nämlich einmal unter den Troern in der Versammlung sagen: Vor mir ist der Tydide geflohen ...»    25

Diese Tapferkeit ist der vorhin genannten am ähnlichsten, weil sie wegen der Tugend entsteht (wegen des Ehrgefühls nämlich) und wegen des Verlangens nach dem Edlen (nämlich nach der Ehre) und der Meidung des Tadels, der schimpflich ist.

Hieher mag man auch jene rechnen, die von ihren Vorgesetzten eben dazu gezwungen werden. Sie stehen jedoch tie- 30 fer, da sie nicht aus Ehrgefühl, sondern aus Angst so handeln und nicht die Schande, sondern den Schmerz scheuen. Denn es zwingen sie die Vorgesetzten, wie Hektor sagt: «Doch wen ich fern von der Schlacht sich ducken sehe, ihm soll das nicht helfen, den Hunden zu entfliehen.» Dasselbe tun jene, die Leute 35 in die erste Reihe stellen und sie schlagen, wenn sie zurückweichen, ebenso diejenigen, die sie vor Gräben und derglei- b1 chen aufstellen. Denn alle diese üben Zwang aus. Man soll aber nicht aus Zwang tapfer sein, sondern weil es edel ist.

Weiterhin scheint die Erfahrung in den einzelnen Dingen eine Art Tapferkeit zu sein. Darum meinte auch Sokrates, die
5 Tapferkeit sei ein Wissen. Derart sind die einen in diesem, die andern in jenem Gebiete, im Kriege aber die Soldaten. Denn es scheint viele leere Schrecken im Kriege zu geben, worüber diese am ehesten Bescheid wissen. So scheinen sie tapfer zu sein, weil die anderen nicht wissen, wie sich die Dinge verhalten. Ferner sind sie auf Grund ihrer Erfahrung am ehesten befähigt, etwas auszurichten, ohne selbst etwas zu erleiden; denn
10 sie verstehen die Waffen zu gebrauchen und verfügen auch über die richtigen Waffen, um möglichst viel auszurichten und möglichst wenig zu erleiden. So kämpfen sie wie Bewaffnete mit Waffenlosen und wie Athleten mit Ungeübten. Denn auch in diesen Wettkämpfen sind nicht die Tapfersten diejenigen, die sich im Kampfe am meisten auszeichnen, sondern die Kräftigsten und die, die sich körperlich in der besten Verfassung
15 befinden. Die Soldaten werden feige, wenn die Gefahr übermäßig wird und sie an Zahl und Ausrüstung versagen. Sie fliehen also als erste, Bürger dagegen halten stand und sterben, wie es beim Hermaion geschah. Denn diese halten die Flucht für schimpflich und den Tod für wünschbarer als eine solche Rettung.
20 Jene aber begaben sich von vornherein nur in die Gefahr unter der Voraussetzung, daß sie die Stärkeren seien; als sie aber erkannten, wie es stand, flohen sie, weil sie den Tod mehr fürchten als die Schande. Der Tapfere ist aber nicht derart.

Man führt auch den Zorn auf die Tapferkeit zurück. Denn tapfer scheinen auch jene, die aus Zorn wie die wilden Tiere
25 auf jene losgehen, die sie verwundet haben, und so gelten denn auch die Tapferen als zornmütig. Denn der Zorn geht am unbekümmertsten auf die Gefahren los, woher denn auch Homer dichtete: «Er gab Mut seinem Zorne ein», und «er weckte Kraft und Zorn auf», und «ein harter Zorn um die Nase», und «es kochte das Blut». All dies scheint das Erwachen und den

Andrang des Zornes zu bezeichnen. Die Tapfern nun handeln um des Edlen willen, und der Zorn unterstützt sie dabei. Die wilden Tiere handeln aber aus Schmerz, wenn sie geschlagen werden oder sich fürchten; wenn sie nämlich im
Wald oder Gebüsch sind, kommen sie nicht hervor. Also besteht die Tapferkeit nicht darin, aus Schmerz und Zorn her-
vorgetrieben auf die Gefahr loszugehen, ohne das Schreckliche ₃₅
vorauszubemerken; sonst wären ja auch die Esel, wenn sie
sich abmühen, tapfer. Denn auch wenn sie geschlagen werden, hören sie nicht auf zu weiden. Auch die Ehebrecher wa- ₃₁
gen um ihrer Begierde willen viele tollkühne Dinge. So
scheint also die durch den Zorn erregte Tapferkeit die natur-
gegebenste zu sein; aber sie ist Tapferkeit erst, wenn sie die
Entscheidung und einen Zweck dazunimmt. Bekanntlich fühlen die Menschen Schmerz, wenn sie zürnen, und freuen sich, ₅
wenn sie sich rächen; wer aus diesem Grunde kämpft, ist zwar
kampftüchtig, aber nicht tapfer. Denn sie machen es nicht um
des Edlen willen und nicht, wie die Vernunft will, sondern aus
Leidenschaft. Denn sie sind von etwas dergleichen erfüllt.

Auch die Zuversichtlichen sind nicht tapfer. Denn weil sie ₁₀
oftmals und viele Gegner besiegt haben, sind sie in den Gefahren sicher. Sie sind jenen ähnlich, weil beide Zuversicht haben. Aber die Tapferen haben sie aus den vorhin erwähnten
Gründen, die anderen, weil sie meinen, die Stärksten zu sein
und nichts Widriges erfahren zu können. So verhalten sich
auch die Betrunkenen. Denn auch sie werden voll Zuversicht. ₁₅
Wenn sie aber nicht in dem Zustand sind, so laufen sie davon.
Dem Tapfern ist es aber eigentümlich, das auszuhalten, was
dem Menschen furchtbar ist und als solches erscheint, und
zwar weil dies edel ist, schändlich aber, es nicht zu tun. Darum
wird man auch für tapferer halten, wer in plötzlichen Gefahren
furchtlos und ruhig bleibt, als wer es in offensichtlichen ist.
Denn jenes erwächst eher aus dem Charakter und weniger aus ₂₀

irgendwelcher Vorbereitung. Bekannter Gefahr kann man durchaus mit Überlegung und Vernunft entgegentreten, beim Plötzlichen aber wirkt der Charakter. Tapfer wirken auch jene, die nichts ahnen. Sie sind nicht weit entfernt von den Zuversichtlichen, aber geringer als sie, weil jene doch ein Urteil haben, diese aber nicht. Darum harren sie auch nur eine
25 Zeitlang aus. Wenn sie aber erkennen, daß sie sich getäuscht haben und daß die Dinge sich anders verhalten, als sie gemeint hatten, fliehen sie, wie es den Argivern ging, als sie auf die Spartaner stießen und meinten, es seien Sikyonier.

12. Es ist also gesagt, wer die Tapferen sind und wer jene, die tapfer scheinen. Die Tapferkeit betrifft Kühnheit und Angst, aber nicht beides in derselben Weise, sondern eher das Angst-
30 erregende. Denn wer hier unverwirrt ist und sich hierin verhält, wie er soll, der ist eher tapfer als derjenige, der sich gegen das Kühnheiterregende so verhält.

Man heißt denn auch tapfer, wie gesagt, dadurch, daß man das Schmerzliche aushält. Darum ist auch die Tapferkeit mit Schmerz verbunden und wird mit Recht gelobt. Denn es ist
35 schwieriger, das Schmerzliche auszuhalten, als sich des Angenehmen zu enthalten. Es scheint nun allerdings das Ziel der
b1 Tapferkeit angenehm zu sein, doch durch die Nebenumstände verdeckt zu werden, so wie es bei den Turnwettkämpfen geschieht. Denn beim Faustkampf ist das Ziel angenehm, der Kranz und die Ehrungen, um derentwillen alles geschieht; geschlagen zu werden tut dagegen weh, wenn es das Fleisch
5 trifft, und überhaupt ist die ganze Anstrengung schmerzlich. Und da die Anstrengungen zahlreiche zu sein scheinen, der Zweck aber ganz unscheinbar, so scheint überhaupt nichts Angenehmes daran zu sein. Wenn es sich nun mit der Tapferkeit ähnlich verhält, so werden der Tod und die Wunden für den Tapferen zwar schmerzlich und widerwillig sein, aber er wird sie aushalten, weil es edel ist oder weil das Gegenteil

schändlich ist. Und je mehr einer die ganze Tugend hat und
glückselig ist, desto schmerzlicher wird ihm der Tod sein.
Denn gerade ein solcher sollte am meisten zu leben verdienen,
und ein solcher wird mit vollem Bewußtsein der größten Güter beraubt; und dies ist schmerzlich. Aber ein solcher ist
nicht weniger tapfer, ja sogar mehr, weil er das Edle im Krieg 15
solchen Gütern vorzog. Es gibt also nicht bei allen Tugenden
ein lustvolles Tätigsein, sondern nur, soweit es mit dem Ziele
verbunden ist. Nichts hindert, daß gerade nicht diese Menschen die stärksten Soldaten seien, sondern solche, die weniger
tapfer sind und sonst ein anderes Gut gar nicht besitzen. Denn
diese sind zu Gefahren bereit und geben das Leben gegen 20
geringen Gewinn hin.

13. Über die Tapferkeit sei so viel gesagt (denn was sie ist, läßt
sich aus dem Gesagten ohne Mühe im Umriß entnehmen).
Nun sei von der Besonnenheit die Rede. Denn diese zwei Tugenden scheinen dem vernunftlosen Teil der Seele anzuge-
hören.                                                     25
   Daß die Besonnenheit eine Mitte ist hinsichtlich der Lust,
haben wir schon gesagt; im Bezug auf den Schmerz ist sie es
weniger und nicht in derselben Weise. In demselben Bereich
findet sich auch die Zügellosigkeit.
   Was für Arten von Lust gemeint sind, haben wir jetzt zu
prüfen. Es seien also von den körperlichen die seelischen Lustempfindungen unterschieden, wie etwa Lust an Ehre oder am 30
Lernen. Hier freut sich jeder an dem, wozu er Neigung hat,
und dabei empfindet der Körper nichts, sondern eher der Geist.
Wer nun bei solchen Lustempfindungen ist, der heißt weder
besonnen noch zügellos, ebenso wenig derjenige, der sich andern Lustempfindungen hingibt, soweit sie nicht körperlich
sind. Denn wer gern Geschichten anhört oder erzählt und den
Tag mit beliebigen Sachen zubringt, den nennen wir schwatz- 35

haft, aber nicht zügellos; auch nicht jene, die über Geld oder
Freunde Schmerz empfinden.

Die Besonnenheit bezieht sich also auf körperliche Lüste,
aber auch da nicht auf alle. Denn wer sich an Gesichtsein-
drücken freut, also an Farben, Gestalten und Zeichnung,
5 heißt weder besonnen noch zügellos. Allerdings sollte man
meinen, daß es auch da ein Maß gebe, wie man sich freuen
soll, und ein Übermaß und einen Mangel. Dasselbe gilt von
den Gehörseindrücken. Denn wer sich übermäßig freut an Gesang oder Schauspiel, heißt nicht zügellos; und auch nicht besonnen, wer das mit rechtem Maße tut. Auch von den Ge-
ruchsempfindungen reden wir nicht so, außer nebenbei. Denn
10 wer sich am Duft von Äpfeln, Rosen oder Räucherwerk erfreut,
heißt nicht zügellos; eher jener, dem es am Geruch von Parfüm
oder Speisen liegt. Denn daran vergnügen sich die Zügellosen,
weil es sie an die Dinge erinnert, die sie begehren. So kann man
auch bei andern Menschen, wenn sie Hunger haben, sehen,
daß sie sich am Duft der Speisen freuen. Derartige Freude ist
15 aber zügellos: denn der Zügellose begehrt solche Dinge.

Die anderen Lebewesen empfinden nicht Freude in diesen
Sinneswahrnehmungen, außer nebenbei. Denn die Hunde
freuen sich nicht am Geruch der Hasen, sondern daran, sie zu
fressen, und der Geruch bewirkt, daß sie sie bemerken. Auch
der Löwe freut sich nicht, das Rind brüllen zu hören, sondern
20 es zu verschlingen; und am Gebrüll merkt er, daß das Rind
in der Nähe ist, und scheint sich darüber zu freuen; ebenso an
der Wahrnehmung von Hirsch oder Wildziege einfach, weil
er auf die Nahrung wartet.

Besonnenheit und Zügellosigkeit betreffen jene Lustarten,
an denen auch die übrigen Lebewesen teilhaben und die darum
25 sklavisch und tierisch erscheinen. Es sind Tasten und Schmekken. Das Schmecken kommt freilich wenig oder gar nicht in
Betracht. Denn zum Schmecken gehört die Unterscheidung

der Säfte, etwa bei jenen, die die Weine prüfen und die Speisen zubereiten. Aber die Freude bezieht sich nicht darauf, oder jedenfalls nicht diejenige der Zügellosen, sondern auf den Ge- 30 nuß, der sich ganz durch das Tastorgan vollzieht beim Essen, Trinken und dem, was man Aphrodisia nennt. Deshalb betete ein Schlemmer darum, es möchte ihm seine Kehle länger wer- den als die eines Kranichs, weil die Berührung den Genuß er- zeugte. Die Sinnesempfindung, die mit der Zügellosigkeit zu- b1 sammengehört, ist also die allgemeinste. Sie scheint auch mit Recht besonders verwerflich zu sein, weil wir sie nicht besit- zen, sofern wir Menschen sind, sondern sofern wir Lebewesen sind. Solche Dinge zu schätzen und vorzuziehen ist tierisch. Ausgenommen sind die vornehmsten der Lustempfindungen, 5 die das Tasten hervorruft, wie etwa beim Turnen jene, die durch das Abreiben und die Wärme erzeugt werden. Denn auch das Tasten des Zügellosen bezieht sich nicht auf den gan- zen Körper, sondern nur auf einige Teile.

Von den Begierden scheinen nun die einen allgemein und natürlich zu sein, die andern individuell und künstlich. So ist jene nach Nahrung natürlich. Denn jeder, der es braucht, be- 10 gehrt nach trockener oder feuchter Nahrung, zuweilen auch nach beidem, oder auch nach dem Bette, wie Homer sagt, wenn einer jung und kräftig ist. Aber nicht jeder begehrt nun gerade dies oder jenes und immer dasselbe. Darum scheint es in unserer Gewalt zu sein. Dennoch hat es etwas Natürliches. Denn für diesen ist dies, für den anderen etwas anderes lust- voll, und bestimmte Dinge sind für alle lustvoller als irgend- welche beliebigen.

Bei den natürlichen Begierden nun machen wenige Men- 15 schen Fehler und nur in einer Richtung, nämlich auf das Über- maß hin: Beliebiges zu essen oder zu trinken, bis man überfüllt ist, bedeutet an Menge das natürliche Maß überschreiten. Denn die natürliche Begierde ist lediglich die Ergänzung des

Mangels. Darum heißen jene gefräßig, weil sie sich über das
20 Gehörige hinaus anfüllen. Derart sind die allzu sklavischen.
Bei den individuellen Lustempfindungen gibt es aber viele
und vielfache Fehler. Denn wer auf etwas versessen ist, heißt
so, weil er sich an Dingen freut, wo man es nicht soll, oder all-
zusehr oder auf vulgäre Weise oder nicht, wie man soll. Die
Zügellosen übertreiben in allem. Denn sie freuen sich an Din-
25 gen, an denen man es nicht soll (denn es sind hassenswerte
Dinge), und wenn es doch Dinge sind, an denen man es darf,
so tun sie es mehr, als man soll, oder so, wie es die Menge tut.

Daß nun das Übermaß in der Lust Zügellosigkeit heißt und
zu tadeln ist, ist klar. Beim Schmerz aber heißt nicht wie bei
der Tapferkeit derjenige, der ausharrt, besonnen und zügellos
30 der Gegenteilige, sondern zügellos ist, wer mehr Schmerz empfindet, als er soll, darüber, daß er seine Lust nicht erlangt (die
Lust ist es gerade, die ihm Schmerz macht), besonnen ist aber
jener, der über die Abwesenheit der Lust und das Verzichten
auf Lust keinen Schmerz empfindet.

a1     14. Der Zügellose begehrt nun entweder alles Lustvolle oder
das, was es am meisten ist, und wird von dem Begehren ange-
trieben, dies allem anderen vorzuziehen. So empfindet er
Schmerz sowohl, wenn es mißlingt, als auch, wenn er begehrt
(denn die Begierde ist mit Schmerz verbunden; es scheint freilich widersinnig, wegen der Lust Schmerz zu empfinden).
5 Mangelhaft im Bezug auf die Lust und sich weniger freuend,
als man soll, ist kaum jemand. Eine derartige Stumpfheit
wäre unmenschlich. Denn auch die übrigen Lebewesen unterscheiden die Nahrungsmittel und freuen sich an den einen und
an den anderen nicht. Wenn aber einem nichts angenehm ist
und sich nicht eins vom anderen unterscheidet, so ist man dem
10 Menschsein überhaupt ferne. Ein solcher hat überhaupt keinen
besondern Namen, weil es ihn fast nicht gibt. Der Besonnene
steht aber hierin in der Mitte. Er freut sich nicht an dem,

was dem Zügellosen die meiste Freude macht, sondern ärgert sich eher darüber, noch freut er sich überhaupt an Dingen, an denen man es nicht soll, oder überhaupt in besonderem Maße an solchen Sachen; noch schmerzt es ihn, wenn er sie nicht hat, oder begehrt er sie, oder doch nur mit Maß und nicht mehr, als er soll, und nicht, wann er nicht soll, und überhaupt nichts 15 dergleichen. Was er aber an Angenehmem für die Gesundheit und das körperliche Wohlbefinden braucht, danach wird er mit Maß streben und wie man soll, und ebenso nach dem anderen Angenehmen, soweit es jenes nicht hindert oder dem Edlen widerspricht oder das Vermögen gefährdet. Wer freilich dies tut, der liebt derartige Lust mehr, als sie wert ist. Der Besonnene ist aber nicht so, sondern wie es die rechte Vernunft will. 20

15. Die Zügellosigkeit scheint eher freiwillig zu sein als die Feigheit. Denn die eine kommt aus Lust, die andere aus Schmerz; jene erstrebt, diesen flieht man. Und der Schmerz verändert und zerstört die Natur dessen, der ihn hat, die Lust aber bewirkt nichts dergleichen. So ist sie freiwilliger und entsprechend tadelnswerter. Man kann sich nämlich auch leichter an 25 sie gewöhnen. Denn es gibt viel Derartiges im Leben, und die Gewöhnung vollzieht sich ohne Gefahr; beim Schrecklichen ist es dagegen umgekehrt.

Es scheint nun im Einzelfalle die Feigheit nicht in derselben Art freiwillig zu sein. Denn sie selbst ist zwar ohne Schmerz, aber das Schreckliche verändert den Menschen durch den Schmerz, so daß er die Waffen wegwirft und auch sonst ein 30 verzerrtes Äußeres hat. Darum scheint sie auch etwas Gewaltsames zu sein. Für den Zügellosen dagegen ist das Einzelne freiwillig (denn er begehrt ja und strebt danach), das Allgemeine dagegen weniger. Denn keiner begehrt zügellos zu sein.

Den Namen der Zügellosigkeit wenden wir auch bei den Ungezogenheiten der Kinder an. Denn sie haben eine gewisse b1 Ähnlichkeit. Was aber von was den Namen hat, darauf kommt

hier nichts an, aber offenbar das Abgeleitete vom Primären.
Der Name scheint auch nicht schlecht übertragen zu sein.
Denn gezüchtigt muß werden, was nach Schändlichem strebt
5 und stark wächst; derart ist die Begierde und das Kind. Denn
nach ihren Begierden leben auch gerade die Kinder, und das
Streben nach dem Angenehmen ist bei ihnen das Bedeutend-
ste. Wenn sie nun nicht gehorsam sind und dem Befehle nicht
dienen, so wächst dies ins Ungemessene. Denn das Streben
nach Angenehmem ist unersättlich und kommt dem Unverständigen von allen Seiten. Die Regsamkeit der Begierde mehrt
das, was ihr verwandt ist, und wenn die Begierden groß und
10 heftig sind, so drängen sie die Überlegung beiseite. Darum
sollen sie maßvoll und selten bleiben und der Vernunft in keiner Weise sich widersetzen. Das nennen wir dann folgsam und
zuchtvoll. Denn wie das Kind nach dem Befehl des Lehrers
leben muß, so auch das Begehrende nach der Vernunft. Dar-
15 um muß auch das Begehrende beim Besonnenen mit der Vernunft übereinstimmen. Denn für beide ist das Ziel das Edle, und
der Besonnene begehrt die Dinge, die er soll und wie er soll
und wann er soll. Und dies befiehlt auch gerade die Vernunft.

## VIERTES BUCH

1. Dies sei nun von der Mäßigkeit gesagt. Darnach soll von der Freigebigkeit die Rede sein.

Sie scheint die Mitte hinsichtlich des Vermögens zu sein. Denn der Freigebige wird nicht wegen kriegerischer Taten gelobt noch wegen derjenigen des Besonnenen oder wegen gerechter Entscheidungen, sondern im Hinblick auf das Geben und Empfangen von Vermögen; vor allem im Hinblick auf das Geben. Vermögen nennen wir alles, dessen Wert mit Geld bemessen wird.

Die Verschwendung und der Geiz sind das Übermaß und der Mangel hinsichtlich des Vermögens. Von Geiz sprechen wir stets bei jenen, die sich mehr, als recht ist, um das Vermögen bemühen; mit dem Begriff Verschwendung verbinden wir zuweilen noch anderes: denn wir nennen Verschwender jene, die zügellos sind und ihr Geld durch Ausschweifungen verschleudern. Diese scheinen denn auch die Schlechtesten zu sein. Denn sie haben gleichzeitig viele Schlechtigkeiten. Doch werden sie nicht mit dem angemessenen Namen bezeichnet. Denn eigentlich ist ein Verschwender derjenige, der ein einziges Laster besitzt, nämlich, sein Vermögen zugrunde zu richten. Verschwender ist, wer durch sich selbst zugrunde geht; die Zerstörung des eigenen Besitzes scheint eine Art von Selbstvernichtung zu sein, weil das Leben vom Besitz abhängt.

So verstehen wir also die Verschwendung. Alles, wovon es einen Gebrauch gibt, kann man gut oder schlecht gebrauchen. Der Reichtum gehört zu den Gebrauchsgegenständen. Gebrauchen wird jedes Ding derjenige am besten, der dazu tüch-

tig ist. Also wird den Reichtum am besten derjenige gebrauchen, der die das Vermögen betreffende Tugend besitzt. Dies
ist der Freigebige.

   Der Gebrauch des Vermögens scheint im Ausgeben und im
Schenken zu bestehen; das Empfangen und Behüten gehört
10 eher zum Erwerb. Darum ist es dem Freigebigen eher eigentümlich, zu geben, wem er soll, als zu empfangen, von wem er
soll, und nicht zu empfangen, von wem er nicht soll. Denn
es entspricht der Tugend eher, Gutes zu tun als es zu erfahren,
und eher, Edles zu tun als Schändliches nicht zu tun. Offensichtlich gehört aber zum Geben das Tun des Guten und Edlen,
15 und zum Empfangen das Erfahren des Guten und das Meiden
des Schändlichen. Auch dankt man dem, der gibt, und nicht dem,
der nicht empfängt, und ebenso lobt man jenen mehr. Es ist auch
leichter, nicht zu empfangen als zu geben. Denn man gibt weniger das Eigene preis, als daß man auf Fremdes verzichtet.

   Also heißen freigebig jene, die geben. Jene dagegen, die
20 nicht nehmen, werden nicht wegen ihrer Freigebigkeit gelobt,
dagegen allerdings wegen ihrer Gerechtigkeit. Wer aber empfängt, erhält überhaupt kein Lob. Endlich führt von allen Tugenden die Freigebigkeit am ehesten zur Freundschaft. Denn
solche sind nützlich, und zwar durch das Geben.

   2. Die tugendhaften Handlungen sind edel und werden um des
Edlen willen getan. So wird denn auch der Freigebige im Hin-
25 blick auf das Edle geben und auf richtige Art: also wem er soll,
wieviel er soll und wann er soll und was sonst zum rechten Geben gehört. Und zwar wird er dies mit Freude oder doch ohne
Schmerz tun. Denn das Tugendgemäße ist angenehm oder
schmerzlos, in keinem Falle aber schmerzhaft.

   Wer gibt, wem er nicht soll, und nicht im Hinblick auf das
Edle, sondern aus irgendeinem andern Beweggrund, ist nicht
freigebig, sondern wird einen andern Namen erhalten. Ebenso
30 wer mit Schmerzen gibt; denn dies bedeutet, daß er den Besitz

der edlen Handlung vorzieht, und dies paßt nicht zum Freigebigen.

Er wird auch nicht empfangen, wo er nicht soll. Denn ein
solches Empfangen schickt sich nicht für jemanden, der den
Besitz nicht achtet. Er wird auch nicht leicht bitten. Denn wer
gerne Gutes tut, wird nicht leicht Wohltaten empfangen wollen. Er wird empfangen, wo er darf, wie wenn er aus eigenem
Besitze schöpfte, und nicht als ob dies etwas Edles wäre, sondern weil es notwendig ist, damit er zu geben vermag. Das b1
Eigene wird er nicht vernachlässigen, weil er ja damit anderen
aushelfen will. Er wird auch nicht jedem Beliebigen geben;
denn er soll geben können, wem er soll und wann und wo es
edel ist.

Es gehört auch entschieden zum Freigebigen, beim Geben
so weit über das Maß hinauszugehen, daß er für sich den geringeren Teil zurückbehält. Denn der Freigebige schaut nicht 5
auf das Eigene.

Die Freigebigkeit wird nach dem Vermögen beurteilt. Denn
sie besteht nicht in der Menge der Gaben, sondern in der Haltung des Gebenden, und diese richtet sich nach dem Vermögen. So hindert nichts, daß einer freigebig ist, der weniger gibt,
weil er aus geringerem Vermögen schöpft.                          10

Als besonders freigebig gelten jene, die ihren Besitz nicht
selbst erworben, sondern ererbt haben. Sie wissen nichts vom
Mangel, und außerdem lieben alle mehr ihre eigenen Schöp-
fungen, so wie Eltern oder Dichter.

Der Freigebige bleibt nicht leicht reich, da ihm weder am
Empfangen noch am Bewahren liegt; er gibt leicht aus und 15
schätzt das Geld nicht um seiner selbst willen, sondern um geben zu können. Darum klagt man auch das Schicksal an, daß
jene, die es am meisten verdienen, am wenigsten reich sind.
Doch ist dies wohl verständlich. Denn beim Geld gilt wie bei
anderen Dingen, daß man es nicht besitzen kann, wenn man

sich nicht darum kümmert, es zu erwerben. Doch wird der Freigebige nicht geben, wem er nicht soll und wann er nicht soll usw. Denn dann würde er nicht im Sinne der Freigebigkeit handeln; wenn er das Geld darauf verwendet, so hat er nichts mehr, um es dort zu verwenden, wo er soll. Denn wie gesagt: freigebig ist, wer seinem Vermögen gemäß ausgibt und wofür er soll. Wer das Maß überschreitet, ist ein Verschwender.

25 Darum nennen wir die Tyrannen nicht Verschwender. Denn bei der Masse ihres Besitzes scheint es nicht leicht, daß sie in Geschenken und Ausgaben das Maß überschreiten.

Da also die Freigebigkeit eine Mitte ist im Geben und Empfangen von Besitz, so wird der Freigebige geben und ausgeben, wofür er soll und wieviel er soll, im Kleinen wie im Großen, 30 und dies mit Freude. Ebenso wird er empfangen, woher er soll und wieviel er soll. Da nämlich die Tugend in diesen beiden Fällen die Mitte ist, so wird er beides so tun, wie er soll. Dem angemessenen Geben entspricht ein angemessenes Nehmen – ein anderes Nehmen ist der Gegensatz dazu. Die entsprechenden Eigenschaften finden sich also gleichzeitig an demselben 21 Menschen, die gegensätzlichen natürlich nicht. Wenn er aber gelegentlich einmal gegen das Sollen und das Edle Geld aufwendet, so wird es ihn schmerzen, aber nur mit Maß und soweit es dies soll. Denn zur Tugend gehört, daß man Freude und Schmerz empfindet, worüber man soll und wie man soll.

Der Freigebige ist auch von angenehmem Umgang in Geld-5 sachen. Denn er läßt sich auch ein Unrecht gefallen, da er auf Geld keinen Wert legt und mehr Ärger darüber empfindet, daß er eine Ausgabe, die er gesollt hätte, unterlassen hat, als Schmerz, daß er eine Ausgabe getan hat, die er nicht hätte tun sollen; dem Simonides würde er nicht gefallen.

3. Der Verschwender verfehlt sich auch darin. Er empfindet weder Freude noch Schmerz, worüber er soll und wie er soll. Das wird im folgenden noch deutlicher werden.

Wir haben gesagt, daß Verschwendung und Geiz Übermaß und Mangel sind, und zwar in zwei Dingen, im Geben wie im Nehmen. Das Ausgeben rechnen wir dabei zum Geben. Die Verschwendung ist nun ein Übermaß im Geben und Nicht-nehmen und ein Mangel im Nehmen, der Geiz ist ein Mangel im Geben und ein Übermaß im Nehmen, außer in Kleinigkeiten. 15

Die beiden Teile der Verschwendung sind nun kaum ver-bunden; denn es ist nicht leicht, allen zu geben, ohne von irgendwoher zu nehmen; wenn Privatleute so geben, geht ihnen rasch das Vermögen aus, und Privatleute sind es ja auch, die man Verschwender nennt. Immerhin sind solche bedeu-tend besser als Geizige. Denn dieser Fehler ist durch Alter und 20 Verarmung leicht heilbar und kann dann zur Mitte führen. Denn der Verschwender hat die Eigenschaften des Freigebigen. Er gibt und nimmt nicht, bloß tut er beides nicht, wie er soll, und nicht richtig. Wenn er sich daran gewöhnen kann oder sich sonstwie ändert, wird er ein Freigebiger und wird geben, wem er soll, und nehmen, von wem er soll. Darum ist dieser Charakter auch nicht eigentlich schlecht. Denn übermäßig zu 25 geben und nichts zu empfangen ist weder niedrig noch ge-mein, bloß töricht.

Wer also in diesem Sinne ein Verschwender ist, scheint viel besser zu sein als der Geizige, aus den genannten Gründen und weil der eine vielen nützt, der andere keinem und nicht einmal sich selbst. Immerhin nehmen, wie gesagt, die meisten Ver- 30 schwender, wo sie nicht sollen, und sind in dieser Richtung geizig. Sie werden habgierig, weil sie gerne ausgeben, aber dies nicht leicht tun können. Denn ihr Vermögen ist rasch aufgebraucht. Also sind sie gezwungen, sich von anderswo-her welches zu verschaffen. Zugleich nehmen sie, ohne den b1 Anstand zu bedenken, kleinlich und von allen Seiten. Denn sie wünschen zu geben, wie und aus welchen Mitteln ist ihnen aber gleichgültig. Insofern sind ihre Geschenke nicht

einmal freigebig. Denn sie sind nicht edel, nicht im Hinblick
5 darauf gegeben und nicht, wie sie sein sollen. Zuweilen be-
reichern sie solche, für die es besser wäre, wenn sie arm wären;
den Anständigen würden sie nichts geben, doch den Schmeich-
lern und solchen, die ihnen irgendein Vergnügen verschaffen,
in reichem Maße. Darum sind die meisten von ihnen auch
zügellos. Sie geben leicht Geld aus und verbrauchen es auf
Zügellosigkeiten, und da sie nicht auf das Edle hin leben,
10 gleiten sie zu den Vergnügungen ab.

Der Verschwender gerät dahin, wenn er keine Erziehung
hat. Wenn man sich um ihn kümmert, kann er wohl zur Mitte
und zu dem, was er soll, gelangen. Der Geiz dagegen ist unheilbar. Denn das Alter und jede Hilflosigkeit scheint geizig zu
machen. Er ist auch dem Menschen angeborener als die Ver-
15 schwendung. Denn die meisten Leute sind eher habsüchtig
als zum Geben bereit.

Der Geiz erstreckt sich über vieles und hat viele Formen.
Es scheint nämlich viele Arten von Geiz zu geben. Er besteht
in zwei Dingen, dem Mangel im Geben und dem Übermaß im
Nehmen, findet sich aber nicht bei allen in seiner Vollständig-
keit, sondern zuweilen spaltet er sich, und die einen tun zu-
20 viel im Nehmen, die andern zuwenig im Geben.

Jene, die man sparsüchtig, knauserig, Filze nennt, tun alle
zuwenig im Geben, interessieren sich aber nicht für fremden
Besitz und wünschen nicht zu empfangen, die einen aus Anstand und Scheu vor der Schande (einige nämlich scheinen an
25 ihrem Geld darum festzuhalten oder behaupten es doch, damit
sie nicht einmal gezwungen würden, etwas Schändliches zu tun;
so ist auch der Kümmelspalter und seinesgleichen; er heißt
so, weil er das Nichtgeben im höchsten Übermaß betreibt).
Andere hüten sich vor fremdem Gute aus Angst, da es nicht
leicht ist, selbst von andern zu empfangen, aber andern nichts
30 zu geben; also wollen sie lieber weder nehmen noch geben.

Andere wiederum sind übermäßig im Nehmen und nehmen von überallher und alles, wie jene, die niedrige Gewerbe
treiben, die Bordellwirte und dergleichen und die Wucherer,
die kleine Summen zu hohen Zinsen ausleihen. Alle diese nehmen, wo man nicht soll, und mehr, als man soll. Gemeinsam ist   21
ihnen die Geldgier. Denn alle nehmen gerne Schimpf auf sich
um des Gewinnes, und erst noch eines kleinen Gewinnes willen. Wer nämlich im Großen nimmt, wo er nicht soll und was
er nicht soll, heißt nicht geizig: etwa die Tyrannen, die Städte   5
brandschatzen und Tempel plündern; sie heißen schlecht,
gottlos und ungerecht. Dagegen gehören der Falschspieler,
der Taschendieb und der Räuber zu den Geizigen. Denn sie
sind habgierig. Beide mühen sich wegen des Gewinnes und
nehmen Schimpf auf sich; die einen begeben sich in die größten
Gefahren um des Raubes willen, und die andern profitieren von   10
den Freunden, denen sie doch geben müßten. Beide sind habgierig, da sie dort Gewinn holen wollen, wo man es nicht soll.

Alle diese Arten des Nehmens sind geizig. So nennt man
denn mit Recht den Geiz der Freigebigkeit entgegengesetzt.
Er ist ein größeres Übel als die Verschwendung, und die Menschen verfehlen sich in ihm häufiger als durch Verschwendung,   15
wie wir sie beschrieben haben.

So viel sei also von der Freigebigkeit und den ihr entgegengesetzten Lastern gesagt.

4. Es scheint nun folgerichtig zu sein, darnach von der Großartigkeit zu sprechen. Denn auch sie scheint eine Tugend zu sein,
die sich auf das Vermögen bezieht. Sie betrifft aber nicht, wie   20
die Freigebigkeit, alle Handlungen in Geldsachen, sondern nur
die Ausgaben. In diesen übertrifft sie die Freigebigkeit an Größe. Denn wie der Name anzeigt, ist sie der angemessene Aufwand im Großen. Die Größe ist nun ein relativer Begriff. Der
Aufwand eines Mannes, der ein Kriegsschiff stellt, ist ein an-   25

derer als derjenige eines andern, der eine Festgesandtschaft
ausstattet. Das Angemessene richtet sich nach der Person, der
Situation und dem Objekt. Wer im Kleinen oder Mäßigen richtig ausgibt, heißt nicht großartig, also nicht, wer «oftmals
dem Bettler gab», sondern wer dies im Großen tut. Denn der
30 Großartige ist auch freigebig, der Freigebige aber darum nicht
großartig. Der Mangel in dieser Haltung heißt Kleinlichkeit,
das Übermaß Protzerei und Unfeinheit und dergleichen. Sie tun
nicht zuviel an Größe dort, wo sie sollen, sondern prunken, wo
man nicht soll und wie man nicht soll. Darüber noch später.
35    Der Großartige gleicht dem Wissenden. Er vermag das Angemessene zu erkennen und große Ausgaben richtig zu ma-
b1 chen. Wie wir nämlich am Anfang sagten: das Verhalten wird
durch die Tätigkeiten und die Gegenstände bestimmt. So sind
die Aufwendungen des Großartigen groß und angemessen;
dementsprechend auch die Werke. Denn so wird die Ausgabe
groß und angemessen, wenn sie dem Werke angemessen ist.
5 So muß also das Werk des Aufwandes würdig sein und der
Aufwand des Werkes oder es noch übertreffen. Diesen Aufwand
macht der Großartige im Hinblick auf das Edle; dies ist nämlich allen Tugenden gemeinsam. Außerdem macht er ihn gerne und unbedenklich. Denn das Nachrechnen ist kleinlich. Er
wird also mehr darauf achten, wie es am schönsten und wür-
digsten herauskommt, als was es kostet und wie man es am
billigsten machen kann.
10    Der Großartige muß auch freigebig sein. Denn auch der
Freigebige gibt aus, was er soll und wie er soll. Aber hierin besteht das eigentümlich Große des Großartigen, der im übrigen
dieselben Objekte hat wie der Freigebige. Mit demselben Aufwande wird sein Werk großartiger. Denn der Vorzug eines
Besitzstücks und eines Werkes ist nicht derselbe. Beim Besitz ist das Kostbarste das Wertvollste, etwa das Gold, beim
Werke das Große und Schöne. Denn das anzuschauen erregt

Staunen, und das Großartige soll Staunen erregen. Der Vorzug
des Werkes ist also die Großartigkeit im Großen.

5. Aufwendungen, die wir meinen, sind die Ehre einbringen-
den, also was die Götter betrifft, Weihgeschenke, Zurüstun- 20
gen, Opfer, überhaupt alles, was zum Kulte gehört und worin
sich edler Wetteifer für die Gemeinschaft zeigt, wenn man
etwa einmal eine glänzende Theateraufführung veranstaltet
oder ein Kriegsschiff stellt oder die Stadt bewirtet. Bei allem
aber kommt es, wie gesagt, darauf an, wer handelt und welches
seine Mittel sind. Dies muß entsprechen, und der Aufwand 25
muß nicht nur zum Werke, sondern auch zur Person passen.
Darum wird ein Armer nicht großartig sein können, weil er
nichts besitzt, mit dem er einen angemessenen Aufwand treiben könnte. Wollte er es versuchen, so wäre er töricht. Denn
dies wäre gegen die Angemessenheit und das Gehörige. Die
Tugend besteht aber im richtigen Handeln.

Angemessen ist es dagegen für jene, die über Besitz verfü- 30
gen, entweder durch eigene Arbeit oder von den Vorfahren
her, oder die an solchem Besitz beteiligt sind und die vornehm
und berühmt sind und dergleichen. Denn in all dem liegt Größe
und Würde.

Der Großartige ist also vorzugsweise von dieser Art, und
sein Tun bewegt sich in solchen Aufwendungen, wie wir sie
nannten; denn dies ist das Größte und Ehrenvollste. Von den 35
Privatausgaben gehören die einmaligen hieher, Hochzeit und a 1
dergleichen, oder Dinge, an denen die ganze Stadt interessiert
ist oder doch die Angesehensten, die Aufnahme und das Geleit
von Gästen, Geschenke und Gegengeschenke. Denn der Großartige macht keine Ausgaben für sich selbst, sondern für die
Gemeinschaft, und die Geschenke haben eine Ähnlichkeit mit 5
Weihegaben.

Es gehört auch zum Großartigen, sein Haus entsprechend
seinem Reichtum einzurichten (denn auch dieser ist eine Zier)

und vor allem für dauerhafte Werke Aufwendungen zu machen (denn diese sind die schönsten) und in allem das Ange-
10 messene zu beachten. Denn für Götter und Menschen paßt sich nicht dasselbe, und auch nicht für einen Tempel und für ein Grab. Jeder Aufwand kann in seiner Art groß sein; schlechthin am großartigsten ist die Größe beim Großen, anderswo aber der dementsprechend große. Auch ist die Größe des Werkes von der Größe des Aufwandes verschieden. Der schönste Ball und das schönste Fläschchen haben die Großartigkeit eines Ge-
15 schenkes für Kinder; hierin Ehre einlegen zu wollen ist gering und kleinlich. Der Großartige wird also in allem, was immer er tut, großartig handeln (das wird nicht leicht zu übertreffen sein) und so, daß das Werk dem Aufwande angemessen ist.

6. Derart ist also der Großartige. Das Übermaß bezeichnet den
20 Protzigen, der gegen das Gehörige zuviel Aufwand treibt, wie wir sagten. Er verbraucht dort viel, wo nur wenig Aufwand nötig wäre, und prunkt unpassend, richtet eine Einladung wie ein Hochzeitsessen ein und verwendet als Leiter einer Komödienaufführung beim Einzug des Chores Purpurstoffe wie die Megarer. Und all dies tut er nicht im Hinblick auf das Edle,
25 sondern um seinen Reichtum zu zeigen und um deshalb angestaunt zu werden; wo er viel ausgeben müßte, gibt er wenig aus, und umgekehrt.

Der Kleinliche tut in allem zuwenig und wird bei den größten Ausgaben in Kleinigkeiten die Schönheit des Ganzen ruinieren; er wird zögern in dem, was er tut, überlegen, wie es am billigsten
30 wird, jammern und in allem meinen, er tue mehr, als er solle.

Diese Haltungen sind Fehler, doch bringen sie keine Schande, weil sie dem Nächsten nicht schaden und nicht gar zu abstoßend sind.


7. Die Großgesinntheit scheint schon dem Namen nach auf Großes zu gehen. Wir fragen zuerst, auf was für Großes. Ob wir
35

nach der Eigenschaft oder nach ihrem Träger fragen, macht keinen Unterschied. Großgesinnt scheint zu sein, wer sich großer Dinge für würdig hält und es auch ist. Wer es tut, ohne es zu sein, ist ein Tor; die Tugend verträgt aber keine Torheit und keinen Unverstand. Großgesinnt ist also der Genannte; wer nur kleiner Dinge würdig ist und sich selbst so einschätzt, ist bescheiden, aber nicht großgesinnt. Denn die Großgesinnt- 5 heit liegt in der Größe, wie die Schönheit in der Größe des Körpers; die Kleinen mögen zierlich und wohlgebaut sein, schön sind sie nicht. Wer sich aber großer Dinge für würdig hält und es überhaupt nicht ist, ist ein Prahler; wer sich größerer für würdig hält, als er ist, ist dies nicht immer. Wer sich geringer einschätzt, als er ist, ist ängstlich, mag er großer, mittlerer oder 10 auch kleiner Dinge würdig sein, sich aber jedesmal noch geringer einschätzen. Am ängstlichsten wird freilich jener wirken, der großer Dinge würdig ist. Denn was täte er, wenn er nicht so großer Dinge würdig wäre?

Der Großgesinnte ist der Größe nach ein Äußerstes, dem Sollen nach eine Mitte (denn er schätzt sich richtig ein); die anderen zeigen ein Übermaß oder einen Mangel.

Wenn er sich nun großer Dinge für würdig hält und es auch 15 ist, und vor allem der allergrößten, so wird es wohl vorzugsweise eines sein. Von Wert spricht man bei den äußeren Gütern. Als das größte werden wir wohl jenes bezeichnen, was wir den Göttern zuschreiben, was die Angesehenen am meisten erstreben und was der Siegespreis bei der edelsten Handlung ist. Dieser Art ist die Ehre (sie ist das größte der äußeren Güter). Der Großgesinnte verhält sich also 20 zu Ehre und Unehre, wie er soll. Aber auch abgesehen vom Beweise zeigt sich, daß es die Großgesinnten mit der Ehre zu tun haben. Denn sie halten sich vorzugsweise der Ehre für wert, und zwar der ihnen gebührenden Ehre.

Der Ängstliche schätzt sich zu niedrig ein, im Bezug auf sich
selbst wie im Bezug auf den Wert des Großgesinnten. Der
25 Prahler schätzt sich zu hoch ein, im Bezug auf sich selbst, nicht
aber im Hinblick auf den Großgesinnten.

Der Großgesinnte, wenn er der größten Ehren würdig ist,
ist wohl auch der Beste. Denn es ist der jeweils Bessere des
Größeren würdig, und des Größten der Beste. Also muß der
wahrhaft Großgesinnte tugendhaft sein; und die Größe in je-
30 der einzelnen Tugend scheint ihm eigentümlich zu sein. Es
wird ihm also nicht wohl anstehen, in Panik zu fliehen oder
Unrecht zu tun. Denn wozu sollte der Schändliches tun, dem
nichts groß ist? Würde man also das Einzelne durchgehen, so
sähe man, daß ein Großgesinnter, der nicht tugendhaft ist,
völlig lächerlich wäre. Er verdiente ja nicht einmal Ehre, wenn
35 er schlecht wäre. Denn die Ehre ist der Siegespreis der Tugend
und wird nur den Guten zuerkannt.

a 1    So scheint also die Großgesinntheit wie ein Schmuck der
Tugenden zu sein. Sie macht sie größer und besteht nicht ohne
sie. Darum ist es auch schwierig, in Wahrheit großgesinnt zu
sein; ohne Tugendadel ist dies nicht möglich.

5    Der Großgesinnte hat es also vor allem mit Ehre und Unehre zu tun. Bei großen Ehren und solchen, die ihm die Edlen
antun, wird er sich mit Maß freuen, als empfinge er, was ihm
gebührt, oder noch weniger als das (denn für die vollkommene
Tugend gibt es keine angemessene Ehre). Dennoch wird er
solche Ehre annehmen, weil sie ihm keine größeren zuteil wer-
10 den lassen können. Eine Ehrung durch Beliebige und bei Kleinigkeiten wird er vollkommen übersehen, denn sie ist seiner
nicht wert; ebenso eine Beleidigung, da sie ihn nicht mit
Recht trifft.

Der Großgesinnte hat es also, wie gesagt, vor allem mit der
Ehre zu tun. Doch wird er sich auch gegenüber dem Reichtum,
der Macht und jedem Glück und Unglück, wie es sich trifft,

maßvoll verhalten, und wird sich «nicht im Glück übermäßig
freuen oder im Unglück übermäßig betrüben». Dies tut er
nicht einmal der Ehre gegenüber, die doch das Größte ist (denn
Macht und Reichtum sind wegen der Ehre begehrenswert;
wer sie besitzt, will ihretwegen geehrt werden). Wem aber die
Ehre ein Geringes bedeutet, dem wird auch das übrige ebensowenig bedeuten. Darum scheinen die Großgesinnten hochmütig zu sein.

8. Auch Glücksgüter scheinen zur Großgesinntheit beizutra- 20
gen. Man ehrt die Adligen, die Herrschenden, die Reichen.
Denn sie ragen hervor, und alles, was in Gutem hervorragt, ist
besonders ehrwürdig. Darum macht auch dergleichen die Menschen großgesinnter; denn sie werden dann von anderen geehrt.

In Wahrheit aber ist nur der Tugendhafte der Ehre würdig. 25
Wer aber beides hat, Tugend und Glücksgüter, wird um so
mehr geehrt. Wer freilich diese besitzt ohne die Tugend, hält
sich mit Unrecht großer Dinge für würdig und gilt mit Unrecht als großgesinnt. Denn ohne vollkommene Tugend kann
dies nicht bestehen, und wer nur jene Güter besitzt, wird vielmehr hochmütig und frech. Denn ohne Tugend ist es nicht 30
leicht, das Glück gelassen zu ertragen. Jene können es nicht,
meinen über die anderen erhaben zu sein und verachten sie; b1
selbst aber tun sie, was ihnen gerade einfällt. Denn sie ahmen
den Großgesinnten nach, ohne ihm ähnlich zu sein, und tun
es dort, wo sie es eben können. Also handeln sie zwar nicht gemäß der Tugend, aber verachten doch die anderen. Der Großgesinnte verachtet sie mit Recht, denn er hat eine richtige 5
Meinung; die andern tun es, wie es sich trifft.

Er bringt sich ferner nicht gerne und wegen Kleinigkeiten
in Gefahr, da er nur wenige Dinge schätzt. In großen Dingen
dagegen tut er es und schont dann sein Leben nicht, da es sich
nicht lohnt, unter allen Umständen zu leben. Er vermag wohlzutun, scheut sich aber, Wohltaten zu empfangen. Denn jenes 10

tut der Überlegene, dies der Unterlegene. Er erwidert Wohltaten durch größere; denn so wird der, der begonnen hat, ihm
verpflichtet und wird der Beschenkte sein. Sie werden sich
auch, so scheint es, an jene erinnern, denen sie Gutes erwiesen
haben, dagegen nicht an jene, von denen sie Gutes erfahren
haben. Denn der Empfänger steht unter dem Geber, der Großgesinnte will aber überlegen sein. So hört er denn auch vom
15 einen gerne, vom andern ungerne. Darum soll auch Thetis,
wie erklärt wird, dem Zeus nicht ihre Wohltaten aufzählen,
ebenso nicht die Spartaner den Athenern gegenüber, sondern
vielmehr die Wohltaten, die sie von jenen empfangen hatten.

Der Großgesinnte wird auch um nichts bitten, oder nur ungerne, dagegen mit Vergnügen Gefälligkeiten erweisen. Angesehenen und Reichen gegenüber ist er großartig, gegen ge-
20 wöhnliche Menschen einfach. Denn jenen überlegen zu sein
ist schwer und vornehm, diesen gegenüber ist es leicht. Unter
jenen vornehm aufzutreten ist nicht unedel, aber bei Niedri-
gen ist es ebenso gemein, wie seine Stärke gegen Schwache zu
gebrauchen.

Er wird sich nicht um Ehren bemühen, nach denen jedermann drängt, oder um Dinge, bei denen andere die erste Rolle
spielen. Er ist langsam und bedächtig, außer wo es sich um eine
25 große Ehre und ein großes Werk handelt, unternimmt Weni-
ges, aber dann Großes und Ansehnliches. In Haß und Freundschaft muß er offen sein. Denn nur Furcht versteckt sich. Er
wird sich auch um die Wahrheit mehr bemühen als um das Ansehen und immer offen reden und handeln; denn er ist frei-
mütig, weil er die Leute verachtet. So ist er auch wahrhaf-
30 tig, außer wo er ironisch spricht; dies tut er der Menge gegenüber.

Er kann auch nicht abhängig von anderen leben, außer von
a1 Freunden. Denn dies ist sklavisch, und darum sind auch alle
Schmeichler Taglöhner und alle Niedriggestellten Schmeich-

ler. Er wird sich auch nicht leicht wundern, denn nichts ist für
ihn groß. Er ist auch nicht nachträglich, denn der Großgesinnte erinnert sich nicht, an das Schlimme schon gar nicht, sondern sieht darüber hinweg.

Er redet auch nicht von den Leuten; denn er spricht weder 5
über sich noch über andere. Es liegt ihm weder daran, gelobt
zu werden, noch daß andere getadelt werden. Er ist auch nicht
leicht bereit, zu loben. Darum redet er auch nichts Schlechtes,
nicht einmal von seinen Feinden, außer im Scherz.

Am wenigsten wird er über die Lebensbedürfnisse oder Kleinigkeiten jammern und um Hilfe bitten; denn das tut nur ei- 10
ner, der Wert auf dergleichen legt. Er will lieber Schönes besitzen, das keinen Gewinn bringt, als Gewinnbringendes und
Nützliches. Denn so ist er eher autark.

Der Großgesinnte scheint sich auch bedächtig zu bewegen,
tief und ruhig zu reden. Denn wem an wenigem liegt, der ist
nicht eifrig, und wer nichts für groß hält, der ist nicht ange-
spannt. Das laute Reden und schnelle Gehen zeigt aber das 15
Gegenteil an.

9. Derart ist also der Großgesinnte. Der Mangel hierin ist die
Ängstlichkeit, das Übermaß die Prahlerei. Auch diese beiden
sind eigentlich nicht schlecht (denn sie tun nichts Schlechtes),
aber sie begehen Fehler. Der Ängstliche ist des Guten wert
und beraubt sich dieses Guten selbst und scheint einen Fehler 20
darin zu haben, daß er sich nicht selbst des Guten für wert hält
und sich selbst nicht kennt. Denn sonst würde er nach dem
verlangen, wessen er würdig ist, vorausgesetzt daß es ein Gutes
ist. Indessen scheinen solche Menschen nicht dumm zu sein,
nur schwerfällig. Allerdings scheint eine solche Meinung den
Menschen auch schlechter zu machen. Denn jeder sonst strebt 25
nach dem, wessen er wert ist, diese aber verzichten auf edle
Taten und Beschäftigungen, wie wenn sie ihrer unwürdig
wären, und ebenso auch auf die äußeren Güter.

Die Prahler dagegen sind töricht und kennen sich selbst
nicht, und dies ganz offensichtlich; sie nehmen ehrenvolle
Dinge in Angriff, als ob sie ihrer würdig wären, und kompro-
30 mittieren sich dann. Sie zieren sich in Kleidung, Haltung und
dergleichen und wollen, daß ihre Glücksgüter sichtbar werden, und reden darüber, als ob ihnen dies Ehre einbrächte. Der
Großgesinntheit ist freilich die Ängstlichkeit mehr entgegengesetzt als die Prahlerei. Denn sie kommt häufiger vor und ist
schlimmer.

35    10. Die Großgesinntheit hat es also, wie gesagt, mit der Ehre
b1 im Großen zu tun. Es scheint sich aber auf sie noch eine andere
Tugend zu beziehen, wie wir am Anfang sagten, und die sich
zur Großgesinntheit zu verhalten scheint wie die Freigebigkeit zur Großartigkeit. Beide Tugenden halten sich vom Gro-
5 ßen ferne und bringen uns im Mäßigen und Kleinen in die
richtige Verfassung. Wie es nun beim Empfangen und Geben
von Geld eine Mitte gibt, ein Übermaß und einen Mangel,
so gibt es auch im Streben nach Ehre ein Zuwenig und Zuviel
und ein Woher-man-Soll und Wie-man-Soll. Wir tadeln nämlich den Ehrgeizigen, weil er mehr, als er soll, und von wo er
10 nicht soll, Ehre sucht, den Nichtehrgeizigen dagegen, weil
er nicht einmal bei schönen Taten geehrt zu werden verlangt.
Zuweilen loben wir immerhin den Ehrgeizigen als männlich
und Liebhaber des Schönen, den Ehrgeizlosen wiederum als
maßvoll und bescheiden, wie wir es am Anfang gesagt haben.

Da nun die Liebe zu etwas einen verschiedenen Sinn haben
kann, so beziehen wir den Ehrgeiz offensichtlich nicht immer
15 auf denselben Gegenstand, sondern bald loben wir ihn, weil
er mehr tut als die Leute, bald tadeln wir ihn, weil er mehr tut,
als er soll. Und da die Mitte keinen Namen hat, so scheinen
die Extreme um sie zu streiten, als ob sie unbesetzt wäre. Wo
es aber Übermaß und Mangel gibt, gibt es auch eine Mitte.
Die einen streben mehr oder weniger, als sie sollen, nach der

Ehre; man kann dies aber auch tun, wie man soll. Diese Haltung wird denn auch gelobt. Sie ist die Mitte im Bezug auf die
Ehre, hat aber keinen Namen. Dem Ehrgeiz gegenüber wirkt
sie als Ehrgeizlosigkeit, der Ehrgeizlosigkeit wiederum gegenüber als Ehrgeiz, gegen beides sozusagen als beides. Dies scheint
auch bei den andern Tugenden zu gelten. Doch hier sieht es
aus, als stünden einander nur die Extreme gegenüber, weil die
Mitte keinen Namen hat.                                    25

11. Sanftmut ist die Mitte beim Zorne. Da nämlich hier die Mitte
wie so ziemlich auch die Extreme unbenannt sind, so beziehen
wir die Sanftmut auf die Mitte, obschon sie eher dem gleichfalls unbenannten Mangel zuneigt. Das Übermaß kann man
Zornmütigkeit nennen. Denn der Affekt ist der Zorn. Was ihn  30
verursacht, ist vieles und verschiedenes.

Wer nun zürnt, worüber er soll und wem er soll und ferner
wie, wann und wie lange er soll, wird gelobt. Er wird denn
auch der Milde sein, da ja gerade die Milde gelobt wird. Denn
der Milde soll doch derjenige sein, der sich nicht erregt und
nicht von der Leidenschaft beherrscht wird, sondern handelt,
wie es die Vernunft anordnet, und demgemäß beim richtigen  35
Anlaß und die richtige Zeit hindurch zürnt; doch scheint er
sich eher in der Richtung auf den Mangel zu verfehlen. Denn  a 1
der Milde ist nicht rachsüchtig, sondern neigt eher zum Ver-
zeihen. Der Mangel nun, mag er Zornlosigkeit oder wie immer heißen, wird getadelt. Denn wer nicht zürnt, wo er soll,
gilt als einfältig, und ebenso wer es nicht tut, wie und wann  5
und wem er es soll. Ein solcher scheint keine Empfindungen
und keinen Schmerz zu kennen; da er nicht zürnt, wird er sich
nicht wehren. Doch ist es sklavisch, sich Beschimpfungen gefallen zu lassen und die Seinigen nicht dagegen zu schützen. Das
Übermaß kommt in allen Richtungen vor. Man zürnt, wem
man nicht soll, worüber man nicht soll und mehr, als man soll,  10

und schneller und längere Zeit. Immerhin hat nicht jeder gleichzeitig alle diese Fehler. Dies wäre auch nicht möglich. Denn das Schlechte vernichtet sich selbst und wird, wo es vollständig ist, untragbar.

Die Zornmütigen werden schnell zornig, und zwar gegen wen sie nicht sollen und worüber sie nicht sollen und mehr, als
15 sie sollen. Aber sie hören rasch auf, und dies ist das Beste an ihnen. Dies geschieht ihnen, weil sie den Zorn nicht bei sich behalten, sondern wegen ihrer Reizbarkeit offen zurückschlagen und sich dann wieder beruhigen.

Übermäßig reizbar sind die Jähzornigen. Sie zürnen über alles und jeden. Daher haben sie auch ihren Namen.
20 Die Bitteren sind schwer zu versöhnen und zürnen lange. Denn sie behalten ihre Leidenschaft für sich. Ruhe stellt sich ein, wenn sie Vergeltung geübt haben. Denn die Rache setzt dem Zorn ein Ende und verwandelt den Schmerz in Freude. Geschieht dies nicht, so bleibt der Druck auf ihnen. Denn da der Zorn nicht sichtbar wird, redet ihnen auch niemand zu, und um den Zorn für sich zu überwinden, braucht es Zeit.
25 Solche sind sich selbst und ihren nächsten Freunden am allermeisten beschwerlich.

Bösartig nennen wir jene, die sich ärgern, worüber sie nicht sollen und mehr, als sie sollen, und längere Zeit und die sich ohne Rache oder Strafe nicht beruhigen.

Zur Sanftmut stellen wir eher das Übermaß des Zornes in
30 Gegensatz. Denn dies kommt häufiger vor, da die Rache das Menschlichere ist, und außerdem ist das Zusammenleben mit den Bösartigen schwieriger.

Das Gesagte bestätigt, was wir schon früher bemerkt haben. Es ist nicht leicht zu bestimmen, wie, wem, worüber und wie lange man zürnen soll und welches die Grenze des richtigen
35 und des fehlerhaften Verhaltens ist. Wer einen kleinen Fehler nach dem Zuviel oder Zuwenig begeht, erfährt keinen Tadel.

Zuweilen loben wir, die daran Mangel haben, und nennen sie milde oder bezeichnen umgekehrt die Bösartigen als männlich und als fähig, zu regieren. Wo und wie das tadelnswerte Verhalten beginnt, ist nicht leicht theoretisch zu sagen. Die Entscheidung liegt beim Einzelnen und bei der Wahrnehmung.

Dies ist immerhin klar, daß die Mitte lobenswert ist, wo wir 5 denn zürnen, wem wir sollen, worüber wir sollen, wie wir sollen usw. Übermaß und Mangel dagegen sind verwerflich, in kleinem Umfang wenig, in größerem mehr, in ganz großem außerordentlich. Man muß also offensichtlich die mittlere Haltung einnehmen.

12. Damit sei erledigt, was über den Zorn zu sagen ist. Was den 10 Umgang, das Zusammenleben und den Verkehr in Worten und Taten betrifft, so scheinen die einen liebedienerisch zu sein, da sie alles den Leuten zu Gefallen loben und niemals widersprechen, sondern meinen, sie dürften denen, mit denen sie zusammentreffen, nicht unangenehm sein. Die Gegensätzlichen, die immer widersprechen und sich nicht darum kümmern, irgendwem weh zu tun, heißen grob und streitsüchtig. 15 Daß diese genannten Haltungen tadelnswert sind, ist klar, ebenso, daß die Mitte zwischen ihnen lobenswert ist, wo man denn annimmt, was und wie man soll, und entsprechend ablehnt. Sie hat keinen Namen, gleicht aber am meisten der Freundschaftlichkeit. Denn wer die mittlere Haltung besitzt, 20 ist das, was wir meinen, wenn wir von einem rechten Freunde sprechen, nur daß da noch die Liebe dazukommt.

Der Unterschied von der Freundschaft besteht darin, daß die Leidenschaft fehlt und die Liebe zu denen, mit denen man umgeht. Denn man nimmt da alles auf, wie man soll, nicht aus Liebe oder Haß, sondern weil man diese Haltung hat. Man wird sich dann gleich verhalten zu Unbekannten und Bekann- 25

ten, zu Verwandten und Fremden, nur eben in jedem Falle, wie
es sich schickt. Man soll sich nämlich nicht in derselben Weise
um Verwandte wie um Fremde kümmern oder sie verletzen.

Im allgemeinen wird man also, wie gesagt, verkehren, wie
man soll. Indem man sich an das Schöne und Zuträgliche hält,
30 wird man sich bemühen, nicht zu verletzen und an der Freude
der andern teilzunehmen. Denn da man es mit dem Angenehmen oder Schmerzlichen im Umgang zu tun hat, so wird der
richtig Handelnde dort, wo es für ihn unschön oder schädlich
ist, sich am Vergnügen zu beteiligen, es mißbilligen und lieber
verletzen. Und wenn ein Tun Schande bringt, und zwar eine
bedeutende, oder Schaden, der Widerspruch aber nur wenig
35 verletzt, so wird er es nicht hinnehmen, sondern widersprechen.

Er wird aber verschieden umgehen mit Angesehenen und
11 mit Beliebigen und mit mehr oder weniger Bekannten, und
was es sonst für Unterschiede gibt, und wird jedem das Passende zuteil werden lassen; an sich wird er sich lieber am Angenehmen beteiligen, sich hüten, zu verletzen, und die Folgen
bedenken, wenn sie bedeutend sind, ich meine das Edle und
5 das Zuträgliche. Und um einer nachfolgenden großen Freude
willen wird er im Kleinen verletzen.

Derart ist also der Mittlere, doch hat er keinen eigenen Namen. Von jenen, die sich beliebt machen wollen, ist der, der
nur angenehm sein will und sonst nichts, liebedienerisch; wer
daraus einen Nutzen erhofft im Bezug auf das Geld und was
durch Geld zu erlangen ist, ist ein Schmeichler. Wer sich aber
10 über alles ärgert, ist, wie gesagt, grob und streitsüchtig. Die
Extreme scheinen einander gegenüberzustehen, weil die Mitte
keinen Namen hat.

13. Ungefähr in demselben Bereich befindet sich auch die Mitte
zwischen Einbildung und Ironie. Auch sie hat keinen Namen.
Doch schadet es nichts, auch dies zu durchgehen. Denn durch
15 die Behandlung des Einzelnen begreift man sicherlich die

ethischen Dinge besser und überzeugt sich davon, daß die Tugenden Mitten sind, wenn man sieht, daß dies überall gilt.

Wir haben nun schon jene genannt, die beim gesellschaftlichen Verkehr sich auf das Angenehme und Schmerzliche bezieht. Jetzt sei von der gesprochen, die die Wahrheit und Unwahrheit in Wort, Tat und Auftreten betrifft.    20

Der Eingebildete scheint sich den Anschein rühmenswerter Eigenschaften zu geben, die er nicht besitzt, oder größerer, als er sie besitzt. Der Ironische umgekehrt verleugnet, was er hat, oder macht es geringer, der Mittlere endlich ist aufrichtig und bleibt in Leben und Wort immer er selbst und gibt zu, was er besitzt, und macht es weder größer noch geringer. Dies alles 25 kann man zu einem besonderen Zwecke tun oder auch nicht. Doch jeder spricht und handelt und lebt so, wie er ist, wenn er nicht einen besondern Zweck verfolgt.

An sich ist die Lüge schlecht und verwerflich, die Wahrheit schön und lobenswert. So wird denn auch der Wahrhaftige als der Mittlere zu loben sein, die Lügnerischen sind aber beide 30 zu tadeln; mehr immerhin der Eingebildete.

Reden wir nun über jeden Einzelnen und zuerst über den Wahrhaftigen. Wir meinen nun nicht jenen, der in Abmachungen zuverlässig ist und was Gerechtigkeit und Ungerechtigkeit angeht (denn dies gehört zu einer anderen Tugend), sondern jenen, der, ohne daß etwas Derartiges in Frage steht, im b1 Wort und im Leben aufrichtig ist, weil dies seine Art ist. Ein solcher wird wohl anständig sein. Denn der Aufrichtige wird die Wahrheit sagen, auch wo es nicht darauf ankommt, und dann um so mehr, wo es darauf ankommt. Die Lüge wird er als 5 eine Schande meiden, da er sie ja schon an sich meiden würde. Jemand dieser Art ist lobenswert. Er wird eher nach dem Zuwenig von der Wahrheit abweichen. Dies scheint passender, da die Übertreibungen widerwärtig sind.

Wer sich nun bedeutender macht, als er ist, ohne besondere

10 Absicht, ist zwar einem schlechten Menschen ähnlich (denn sonst hätte er keine Freude an der Lüge), aber wird doch eher eitel als schlecht sein. Wenn er aber eine Absicht hat, so ist es noch nicht allzu tadelnswert, wenn diese in Ehre oder Ansehen besteht; besteht sie aber in Geld, oder was mit Geld zu erreichen ist, so ist es schon häßlicher.

Die Einbildung besteht nicht in der Fähigkeit, zu prahlen, sondern in dem Willen dazu. Denn der Eingebildete ist so auf 15 Grund seines Verhaltens und weil er so ist wie der Lügner, der an der Lüge selbst Freude hat, und weil er damit Ehre und Gewinn sucht.

Wer um des Ansehens willen prahlt, schreibt sich Eigenschaften zu, die gelobt oder gepriesen werden; wer es um des Gewinnes willen tut, schreibt sich Eigenschaften zu, deren die Nächsten bedürfen und deren Nichtvorhandensein man ver20 stecken kann. Sie nennen sich Seher, Weise oder Ärzte. Darum behaupten die meisten derartiges von sich und prahlen damit. Denn das Genannte findet sich bei ihnen.

Der Ironische, der sich geringer macht, scheint eine feinere Art zu haben; denn er scheint nicht wegen des Gewinnes so zu sein, sondern um die Anmaßung zu meiden. Am liebsten ver25 leugnet er, was große Ehre macht, wie es auch Sokrates zu tun pflegte. Wer sich aber in kleinen und offenkundigen Dingen verstellt, heißt affektiert und ist eher verächtlich. Zuweilen erscheint gerade dies als Prahlerei, wie etwa das Tragen eines lakonischen Kleides. Denn das Übermaß und der allzu krasse Mangel sind beide prahlerisch. Wer aber die Ironie mit Maß 30 anwendet und in nicht gar zu handgreiflichen und bekannten Dingen, erscheint als liebenswürdig.

Der Wahrhaftigkeit ist vor allem die Einbildung entgegengesetzt. Denn sie ist der schlimmere Fehler.

14. Da es nun im Leben auch eine Erholung gibt und in ihr Unterhaltung und Scherz, so scheint es auch da angemessene

Umgangsformen zu geben: was man reden und anhören soll 21
und wie. Es macht freilich einen Unterschied, ob man bei der-
artigem mitredet oder bloß zuhört. Aber auch da gibt es natürlich der Mitte gegenüber ein Übermaß und einen Mangel.

Wer nun im Komischen übertreibt, wirkt als Possenreißer
und als ordinär. Er sucht um jeden Preis das Lächerliche und 5
strebt mehr danach, Lachen zu erregen als etwas Schickliches
zu sagen und die ausgelachte Person nicht zu verletzen. Wer
aber selbst niemals scherzt und sich über die Scherzenden
ärgert, gilt als ungebildet und steif. Wer endlich angemessen
scherzt, heißt gewandt als einer, der sich zu wenden weiß.    10

Dergleichen scheinen nämlich Bewegungen des Charakters
zu sein, und wie man den Körper nach seinen Bewegungen beurteilt, so auch den Charakter. Da aber das Komische das
Nächstliegende ist und die meisten sich an Spiel und Scherz
mehr freuen, als sie sollen, so gelten auch die Possenreißer als
liebenswürdig und werden gewandt genannt. Daß sie sich aber 15
von diesen unterscheiden, und zwar nicht wenig, ergibt sich
aus dem Gesagten.

Der mittleren Haltung ist endlich auch die Korrektheit
eigentümlich. Der Korrekte redet und hört solche Dinge, wie
es sich für einen Anständigen und Vornehmen gehört. Bestimmte Scherze darf ein solcher wohl machen und sich anhören. Der Scherz des vornehmen Menschen unterscheidet 20
sich indessen von demjenigen des sklavischen und der des
Gebildeten von demjenigen des Ungebildeten.

Das mag man auch aus der Alten und Neuen Komödie entnehmen. Für jene lag das Komische in den Zoten, für diese
eher in den Anspielungen, was im Bezug auf die Schicklichkeit
keinen kleinen Unterschied macht.

Soll man nun das rechte Scherzen bestimmen als ein Reden, 25
das für einen vornehmen Menschen nicht unschicklich ist,
oder als eines, das den Hörer nicht verletzt, sondern vielmehr

amüsiert? Oder ist dies zu unbestimmt? Denn den einen verletzt dies, den andern jenes, und dies gilt auch für das Zuhören.
Was man nämlich gerne anhört, das wird man wohl auch selbst
sagen. Doch wird man nicht alles sagen. Denn der Scherz ist

30 eine Art von Beleidigung, und die Gesetzgeber verbieten bestimmte Arten von Beleidigung. Vielleicht sollten sie auch bestimmte Scherze verbieten. Der Liebenswürdige und Vor-
nehme wird sich dementsprechend verhalten und gewissermaßen für sich selbst Gesetz sein. Das ist also der Mittlere,
mag man ihn nun korrekt oder gewandt nennen.

Der Possenreißer hat eine Schwäche für das Komische und
35 schont weder sich noch andere, wenn er nur Lachen hervor-
rufen kann, und sagt Dinge, die der Liebenswürdige niemals
b1 sagen, ja die er zum Teil nicht einmal anhören würde. Der
Ungebildete ist aber für dergleichen Umgang ungeeignet.
Denn er trägt nichts bei und ärgert sich über alles. Doch scheinen Erholung und Scherz im Leben notwendig zu sein.

5 So sind also drei Mitten im Leben angeführt worden, alle
im Bezug auf den Verkehr in bestimmten Reden und Handlungen. Ihr Unterschied besteht darin, daß die eine sich auf
die Wahrheit bezieht, die zwei andern auf das Angenehme und
von diesen die eine auf den Scherz, die andere auf die sonstigen
Arten des Umgangs.

10 15. Von der Scham kann man nicht wie von einer Tugend reden.
Sie ist eher ein Affekt als eine Haltung. Bestimmt wird sie
als Furcht vor Schande, und sie zeigt sich ähnlich wie die
Furcht vor dem Schrecklichen. Wer sich schämt, errötet, wer
den Tod fürchtet, wird blaß. Beides scheint also körperlich zu
sein, und das weist eher auf einen Affekt als auf eine ethische
15 Haltung hin. Ferner paßt dieser Affekt nicht zu jedem Alter,
sondern zur Jugend. Wir meinen nämlich, daß der Jugendliche
schamhaft sein müsse, weil er im Affekte lebt und viele Fehler

begeht, die Scham aber hindere ihn daran. Also loben wir, wer in der Jugend schamhaft ist, von einem älteren Menschen wird man dies aber nicht rühmen. Denn wir meinen, daß er nichts 20 tun dürfe, worüber er sich schämen müßte. Auch der Anständige wird keine Scham brauchen, da sie sich nur auf schlechte Taten bezieht, und diese wird er eben nicht tun. Dabei macht es nichts aus, ob etwas in Wahrheit schändlich ist oder nur der allgemeinen Meinung nach; er wird keines von beiden tun und sich dann also auch nicht zu schämen brauchen.

Schlecht ist aber der, der fähig ist, etwas Schändliches zu 25 tun. Unsinnig ist es, sich so zu verhalten, daß man sich schämen wird, wenn man etwas Derartiges tut, und dann zu glauben, man sei darum anständig. Denn man schämt sich über freiwillige Taten, freiwillig wird aber der Anständige nie etwas Schlechtes tun.

Also wäre die Scham unter bestimmten Voraussetzungen 30 anständig: wenn man etwas Schlechtes täte, würde man sich schämen. Aber das hat mit der Tugend nichts zu tun. Wenn die Schamlosigkeit zwar schlecht ist und ebenso, ohne Scheu Schändliches zu tun, so ist es doch noch keineswegs anständig, solches zu tun und sich dann zu schämen.

Auch die Enthaltsamkeit ist keine eigentliche Tugend, sondern eine gemischte. Das wird sich später zeigen. Jetzt wollen wir von der Gerechtigkeit sprechen. 35

## FÜNFTES BUCH

1. Nun ist nach Gerechtigkeit und Ungerechtigkeit zu fragen, mit was für Handlungen sie es zu tun haben, was für eine Mitte die Gerechtigkeit ist und zwischen was für anderem das Gerechte liegt. Die Untersuchung soll auf dieselbe Weise wie 5 bisher vor sich gehen.

Wir sehen nun, daß alle jenes Verhalten Gerechtigkeit nennen, auf Grund dessen die Menschen fähig sind, gerecht zu handeln, und dies auch tun und wollen. Dasselbe gilt von der Ungerechtigkeit, auf Grund deren man das Ungerechte tut und es auch will. Dies sei also als erstes im Umriß vorausgesetzt. 10

Mit den Verhaltensweisen steht es anders als mit den Fähigkeiten und Kenntnissen. Denn eine einzige Fähigkeit und Wissenschaft umfaßt die Gegensätze, ein Verhalten dagegen nicht; so kann von der Gesundheit nichts Entgegengesetztes 15 ausgehen, sondern nur Gesundes. Wir sagen, daß auf eine gesunde Art geht, wer so geht wie ein Gesunder. Vielfach allerdings erkennt man ein bestimmtes Verhalten durch seinen Gegensatz, oder auch beide Verhaltensweisen durch ihre Grundlage. Wenn man sieht, was Wohlbefinden ist, so sieht man auch, was ein schlechtes Befinden ist; ebenso kann man von dem, was gutes Befinden erzeugt, auf dieses selbst schlie- 20 ßen und umgekehrt. Wenn nämlich das Wohlbefinden eine Festigkeit des Fleisches ist, so muß das schlechte Befinden in Weichheit des Fleisches bestehen; und was das Wohlbefinden schafft, ist das, was die Festigkeit des Fleisches schafft.

Wird das eine Glied in verschiedenen Bedeutungen verstanden, so folgt meistens, daß auch das andere Glied in verschiedenen Bedeutungen zu verstehen ist. Ist also der Begriff des 25

Gerechten vieldeutig, so ist es auch derjenige des Ungerechten und der Ungerechtigkeit.

2. Es scheinen nun in der Tat Gerechtigkeit und Ungerechtigkeit in verschiedenem Sinne gemeint zu werden; weil aber die Bedeutungen nahe beisammenliegen, so merkt man es nicht so, wie wenn sie weit voneinander abstünden. Der Unterschied ist nur groß, wo er die Gestalt betrifft, so wie man mit demselben Worte Schlüssel einen Knochen unter dem Hals 30 der Tiere bezeichnet und das Werkzeug zum Schließen der Türen.

Bestimmen wir also, in wieviel Bedeutungen man vom Ungerechten spricht. Ungerecht scheint der Gesetzwidrige zu sein und ebenso der Unersättliche und Ungleiche; demgemäß wird gerecht sein, wer die Gesetze beobachtet und sich an die Gleichheit hält. Gerecht ist also das Gesetzliche und Gleiche, b1 ungerecht das Widergesetzliche und Ungleiche.

Da außerdem der Ungerechte auch unersättlich ist, so wird sich die Ungerechtigkeit auf die Güter beziehen, freilich nicht auf alle, sondern auf jene, bei denen es Glück und Unglück gibt und die an sich immer gut sind, aber nicht immer für den Einzelnen. Die Menschen erbitten sie von den Göttern und ja- 5 gen ihnen nach. Doch sollten sie statt dessen vielmehr darum bitten, daß das schlechthin Gute auch für sie gut sein möchte, und sollten erwählen, was für sie gut ist.

Der Ungerechte will nun nicht immer mehr haben, sondern auch weniger, nämlich vom schlechthin Schlechten. Da aber das geringere Übel gewissermaßen ein Gut zu sein scheint und die Unersättlichkeit sich auf Güter bezieht, so scheint also ein solcher unersättlich zu sein. Er ist aber ungleich. Denn dies 10 umfaßt jenes und ist der gemeinsame Begriff.

3. Wenn nun der Widergesetzliche als ungerecht gilt und der Beobachter der Gesetze als gerecht, so ist klar, daß alles Gesetzliche in einer gewissen Weise gerecht ist. Was von der

Gesetzgebung bestimmt wird, ist gesetzlich, und jedes Einzelne davon nennen wir gerecht.

Die Gesetze reden nun über alles und zielen entweder auf
das, was allen gemeinsam zuträglich ist oder den Besten oder 15
den Regierenden, und zwar entweder im Sinne der Tugend
oder in einem andern derartigen Sinne. So nennen wir denn in
einem Sinne gerecht, was in der staatlichen Gemeinschaft die
Glückseligkeit und deren Teile hervorbringt und bewahrt.

Das Gesetz schreibt vor, die Werke des Tapferen zu
verrichten, also seinen Posten nicht zu verlassen, nicht zu 20
fliehen und nicht die Waffen wegzuwerfen, ebenso die Werke
des Besonnenen, also nicht Ehebruch zu treiben und Gewalt-
taten zu begehen, und die des Sanftmütigen, also nicht zu
schlagen oder zu schimpfen. Ebenso ist es mit den andern Tugenden und Lastern. Es befiehlt das eine, verbietet das andere,
das richtige Gesetz in der richtigen Weise, das improvisierte
in schlechterer Weise.                                        25

Diese Gerechtigkeit ist die vollkommene Tugend, aber nicht
schlechthin, sondern im Hinblick auf den anderen Menschen.
Darum gilt die Gerechtigkeit vielfach als die vornehmste der
Tugenden, und «weder Abendstern noch Morgenstern sind
derart wunderbar», und im Sprichwort sagt man: «In der
Gerechtigkeit ist alle Tugend zusammengefaßt.» Sie gilt vor 30
allem als die vollkommene Tugend, weil sie die Anwendung
der vollkommenen Tugend ist. Vollkommen ist sie, weil der,
der sie besitzt, die Tugend auch dem andern gegenüber anwenden kann und nicht nur für sich. Viele nämlich können in
ihren eigenen Angelegenheiten die Tugend anwenden, nicht
aber in den Beziehungen zu anderen. Darum scheint das Wort a1
des Bias richtig zu sein: «Die Herrschaft zeigt den Mann»;
denn der Herrschende steht bereits in Gemeinschaft und in
Beziehung zu anderen. Aus demselben Grunde scheint auch
die Gerechtigkeit allein unter allen Tugenden «ein fremdes

Gut» zu sein, weil sie sich auf den andern bezieht. Sie tut nämlich, was einem anderen zuträglich ist, sei es dem Regenten oder
5 jenem, der derselben Gemeinschaft angehört. Der Schlechteste
ist dementsprechend, wer die Schlechtigkeit gegen sich selbst
und gegen die Freunde anwendet, der Beste, wer die Tugend
nicht nur gegen sich, sondern gegen den andern anwendet.
Denn dies ist eine schwierige Aufgabe.

Diese Gerechtigkeit also ist nicht ein Teil der Tugend, son-
10 dern die ganze Tugend, und die ihr entgegengesetzte Ungerechtigkeit ist nicht ein Teil der Schlechtigkeit, sondern die
ganze Schlechtigkeit. (Worin freilich die Tugend und diese
Gerechtigkeit sich voneinander unterscheiden, ergibt sich aus
dem Gesagten. Beide sind dasselbe, aber ihr Begriff ist nicht
derselbe, sondern sofern sie sich andern gegenüber betätigt,
ist sie Gerechtigkeit; sofern sie ein bestimmtes Verhalten
schlechthin ist, ist sie die Tugend.)

15 4. Wir suchen nun die Gerechtigkeit als besondern Teil der
Tugend. Wir behaupten nämlich, daß es dies gebe. Ebenso
gilt dies von der Ungerechtigkeit als besonderem Laster. Ein
Beweis dafür, daß es dieses beides gibt, ist folgendes: Bei den
andern Schlechtigkeiten tut der Handelnde unrecht, aber ist
nicht unersättlich, etwa wenn er aus Feigheit den Schild wegwirft oder aus Bösartigkeit schimpft oder aus Kleinlichkeit
nicht mit Geld aushilft. Ist er aber unersättlich, so handelt er
20 oftmals gar nicht in einem solchen Sinne und auch nicht in
jedem Sinne dieser Art, sondern gemäß einer ganz bestimmten
Schlechtigkeit, die wir tadeln, und gemäß der Ungerechtigkeit.

Es gibt also eine Ungerechtigkeit als Teil der ganzen und
ein Ungerechtes als Teil des ganzen Ungerechten im Sinne des
Widergesetzlichen.

Ferner wenn einer des Gewinnes wegen Ehebruch treibt
25 und noch Geld dazu bekommt, der andere aber es aus Begierde

tut, Geld drauflegt und Schaden erleidet, so scheint der zweite
eher zügellos zu sein als unersättlich, der erste aber ungerecht,
aber nicht zügellos. Dies offenbar, weil der Gewinn das Motiv
war.

Ferner lassen sich alle andern Ungerechtigkeiten auf ein bestimmtes Laster zurückführen, der Ehebruch auf die Zügellosigkeit, das Verlassen des Nebenmannes auf Feigheit, das 30
Schlagen auf den Zorn; wenn man dagegen auf Gewinn ausgegangen ist, so wird das auf kein anderes Laster zurückgeführt
als eben auf die Ungerechtigkeit. Also gibt es offenbar eine
Ungerechtigkeit, die neben der ganzen als ein Teil erscheint
und denselben Namen hat, weil in ihrer Begriffsbestimmung
dieselbe Gattung wieder erscheint. Denn beide wirken sich b1
anderen gegenüber aus; aber die eine im Bezug auf Ehre, Geld
oder Selbsterhaltung, oder wie wir all das mit einem Worte zu-
sammenfassen mögen, und ihr Motiv ist die Lust am Gewinn,
die andere dagegen betrifft alles, womit der Tugendhafte es
zu tun hat.

5. Daß es also mehrere Arten von Gerechtigkeit gibt und 5
eine besondere Gerechtigkeit neben der gesamten Tugend, ist
klar. Was und wie sie ist, muß nun untersucht werden.
Wir unterscheiden im Ungerechten das Widergesetzliche
und das Ungleiche und im Gerechten das Gesetzliche und das
Gleiche. Aus dem Ungesetzlichen kommt jene Ungerechtigkeit, von der vorhin die Rede war. Da aber das Ungleiche und 10
das Widergesetzliche nicht dasselbe sind, sondern sich zueinander verhalten wie Teil und Ganzes (denn alles Ungleiche ist
gesetzwidrig, aber nicht alles Gesetzwidrige ist ungleich), so
sind offenbar auch das Ungerechte und die Ungerechtigkeit
hierin nicht dasselbe, sondern verschieden wie Teil und Ganzes. Denn jene Ungerechtigkeit ist ein Teil der ganzen Ungerechtigkeit und ebenso die entsprechende Gerechtigkeit ein 15
Teil der Gerechtigkeit. So muß denn von der partikularen Ge-

rechtigkeit und Ungerechtigkeit die Rede sein und ebenso
vom partikular Gerechten und Ungerechten.

Die Gerechtigkeit und Ungerechtigkeit, die der ganzen
Tugend entsprechen als der Gebrauch der ganzen Tugend
20 und Schlechtigkeit andern gegenüber, mögen als erledigt gelten. Und daß das diesen entsprechende Gerechte und Ungerechte auszusondern ist, ist klar. Der größte Teil des Gesetzlichen betrifft nämlich Handlungen im Sinne der gesamten Tugend. Denn das Gesetz gebietet, gemäß jeder einzelnen Tugend zu leben, und verbietet jede einzelne Schlechtigkeit. Was
25 aber die gesamte Tugend hervorbringt, sind jene Gesetzesvor-
schriften, die über die Erziehung für die Gemeinschaft erlassen
sind. Was die Erziehung des Einzelnen, wodurch einer ein tüchtiger Mann schlechthin wird, betrifft, ob dies zur Staatslehre
gehört oder nicht, ist später zu prüfen. Denn es ist vielleicht
nicht dasselbe, ein tugendhafter Mann zu sein oder irgendein
Bürger.

30 Von der besondern Gerechtigkeit nun und dem ihr entsprechenden Gerechten betrifft die eine Art die Zuteilung von
Ehre, Geld und den andern Dingen, die unter die Mitglieder
der Gemeinschaft aufgeteilt werden können; denn hier kann
der eine ungleich oder gleich viel erhalten wie der andere. Die
31 andere Art ordnet den vertraglichen Verkehr. Diese hat wiederum zwei Teile. Denn von den Verkehrsformen sind die einen
freiwillig, die andern unfreiwillig. Freiwillig sind etwa Kauf,
Verkauf, Darlehen, Bürgschaft, Nutznießung, Deposition,
Miete. Dies heißt freiwillig, weil der Ursprung solcher Ver-
5 träge ein freiwilliger ist. Von den unfreiwilligen Verkehrsformen sind die einen verborgene, wie Diebstahl, Ehebruch, Gift-
mischerei, Kuppelei, Sklavenverführung, Meuchelmord, falsches Zeugnis; die andern sind gewaltsam, wie Mißhandlung,
Freiheitsberaubung, Totschlag, Raub, Verstümmelung, Beleidigung, Beschimpfung.

6. Da nun der Ungerechte und das Ungerechte ungleich sind, so gibt es offenbar ein Mittleres zwischen dem Ungleichen. Dies ist das Gleiche. Denn wo immer beim Handeln es ein Mehr oder Weniger gibt, gibt es auch ein Gleiches. Ist nun das Ungerechte ungleich, so wird das Gerechte gleich sein. Davon sind auch ohne Beweis alle überzeugt.

Wenn außerdem das Gleiche eine Mitte ist, so wird wohl auch das Gerechte eine Mitte sein. Das Gleiche befindet sich nun bei mindestens zwei Dingen. Also muß das Gerechte eine Mitte sein, ein Gleiches, bezogen auf etwas und für bestimmte Partner und, sofern es eine Mitte ist, zwischen bestimmten Dingen (d. h. dem Mehr oder Weniger); endlich, sofern es gleich ist, von zweien, und sofern gerecht, für bestimmte Menschen.

Das Gerechte setzt also mindestens vier Elemente voraus: die Menschen, für die es gerecht ist, sind zwei, und die Sachen, auf die es sich bezieht, sind ebenfalls zwei. Und zwar ist die Gleichheit dieselbe, für die und in was sie vorhanden ist. Wie sich die Sachen verhalten, so werden sich auch die Menschen verhalten. Sind diese nicht gleich, so werden sie auch nicht Gleiches erhalten. Daher kommen die Streitigkeiten und Prozesse, daß entweder Gleiche Ungleiches oder Ungleiche Gleiches haben und zugeteilt erhalten. Dies ergibt sich auch aus dem Moment der Würdigkeit. Denn alle stimmen darin überein, daß das Gerechte im Zuteilen auf einer bestimmten Würdigkeit beruhen müsse. Doch diese Würdigkeit gilt nicht für alle als dieselbe, sondern die Demokraten sehen sie in der Freiheit, die Oligarchen im Reichtum, andere in der Adligkeit, und die Aristokraten in der Tugend.

Das Gerechte ist also etwas Proportionales. Proportionalität ist nämlich nicht nur der aus Einheiten bestehenden Zahl eigentümlich, sondern überhaupt jeder Zahl. Proportionalität ist eine Gleichheit der Verhältnisse und verlangt mindestens vier Glieder.

Daß die diskrete Proportionalität vier Glieder hat, ist klar; aber dies gilt auch von der kontinuierlichen. Denn hier wird ein Glied wie zwei angewendet und zweimal gesetzt, etwa in
b 1 der Proportion: wie sich A zu B verhält, so B zu C. Hier ist B zweimal gesetzt, und wenn man es doppelt rechnet, so erhält man vier Glieder.

Ebenso besteht auch das Gerechte in wenigstens vier Gliedern, und ihr Verhältnis ist dasselbe. Denn die Personen sind
5 in demselben Verhältnis unterschieden wie die Sachen. Wie A zu B soll sich also auch C zu D verhalten und umgekehrt: wie A zu C, so B zu D. Ebenso wird sich also auch das Ganze zum Ganzen verhalten; durch die Zuteilung wird es verbunden, und wenn es so verbunden wird, ist die Verbindung gerecht.

10 7. Es liegt also die Gerechtigkeit der Verteilung in der Verknüpfung von A mit C und B mit D, und das Gerechte ist die Mitte, das Ungerechte dagegen der Verstoß gegen die Proportion. Denn das Proportionale ist die Mitte, und das Gerechte ist das Proportionale.

Diese Proportionalität nennen die Mathematiker die geometrische. In ihr verhält sich das Ganze zum Ganzen wie das
15 Glied zum Glied. Diese Proportionalität ist keine kontinuierliche. Denn die Person und die Sache sind nicht der Zahl nach eines.

Das Gerechte ist also diese Proportion, das Ungerechte ist, was gegen sie verstößt. Es wird dann ein Mehr oder Weniger, wie dies auch in der Wirklichkeit zutrifft. Denn wer Unrecht tut, erhält mehr, wer Unrecht leidet, weniger von einem be-
20 stimmten Gute. Beim Übel ist es umgekehrt; da verhält sich das geringere Übel zum größeren Übel wie ein Gut; denn das kleinere Übel ist dem größeren vorzuziehen, und was vorgezogen wird, ist ein Gut, und zwar ein um so größeres, je mehr es vorgezogen wird.

Dies ist also die eine Art des Gerechten. Die andere ist das
Ordnende, das im freiwilligen und unfreiwilligen vertragli- 25
chen Verkehr vorliegt. Dieses Gerechte hat eine andere Gestalt als das vorangehende. Das Gerechte, das das Gemeinsame verteilt, verfährt immer nach der genannten Analogie.
Wenn etwa aus öffentlichen Geldmitteln eine Verteilung statt-
findet, so wird sie nach dem Verhältnis geschehen, das die ein- 30
gebrachten Beiträge zueinander haben. Das diesem Gerechten
entgegengesetzte Ungerechte wird dieses Verhältnis verletzen.

Das Gerechte im Verkehr ist zwar auch ein Gleiches und das
Ungerechte ein Ungleiches, doch nicht nach jener genannten,
sondern nach der arithmetischen Proportionalität. Denn es 31
macht nichts aus, ob ein anständiger Mensch einen schlechten
beraubt oder umgekehrt, und ob ein Anständiger Ehebruch
begeht oder ein Schlechter. Sondern das Gesetz betrachtet nur
den Unterschied des angerichteten Schadens und behandelt
die Personen als gleiche und fragt nur, ob der eine Unrecht tat, 5
der andere Unrecht litt, der eine schädigte, der andere geschädigt wurde. Das Ungerechte ist da in solcher Weise ein Ungleiches, und der Richter versucht es auszugleichen. Wenn nämlich der eine geschlagen wurde, der andere geschlagen hat, der
eine tötet und der andere getötet wird, so sind Leiden und
Tun ungleich verteilt. Der Richter versucht durch die Strafe
auszugleichen, indem er den Gewinn wegnimmt.                    10

Man redet nämlich hier ganz allgemein vom Gewinn, auch
wenn dieser Begriff für einzelne Situationen nicht paßt, so
wenn etwa der Schlagende einen Gewinn und der Geschlagene
einen Schaden haben soll. Aber wenn man das Erlittene ab-
mißt, so heißt eben das eine Schaden, das andere Gewinn.

So ist das Gleiche die Mitte zwischen dem Zuviel und dem
Zuwenig, und Gewinn und Schaden sind in entgegengesetz- 15
tem Sinne Zuviel und Zuwenig. Das Zuviel an Gutem und
Zuwenig an Üblem ist der Gewinn, das Entgegengesetzte der

Schaden. Die Mitte davon ist das Gleiche und das Gerechte. So wird also die ordnende Gerechtigkeit die Mitte zwischen Schaden und Gewinn sein.

Darum nimmt man auch beim Streite seine Zuflucht zum 20 Richter. Zu ihm zu gehen bedeutet zur Gerechtigkeit zu gehen. Denn der Richter soll so etwas wie eine beseelte Gerechtigkeit sein, und man sucht einen maßvollen Richter, und einige nennen sie «Mittelsmänner», als würden sie die Gerechtigkeit treffen, wenn sie die Mitte treffen. So ist also das Gerechte ein Mittleres wie auch der Richter. Der Richter stellt 25 die Gleichheit her: wie wenn eine Linie in ungleiche Teile zerschnitten wäre, nimmt er vom größeren Teile dasjenige weg, was über die Hälfte hinausgeht, und fügt es dem kleineren Teile zu. Ist aber das Ganze in zwei gleiche Teile geteilt, so sagt man, jeder habe das Seinige, wenn sie beide die Hälfte erhalten haben.

Das Gleiche ist also die Mitte zwischen dem zu Großen und 30 dem zu Kleinen nach der arithmetischen Proportion. Darum heißt es auch gerecht (dikaion), weil es zweiteilig (dicha) ist, wie wenn man dichaion sagen würde und der Richter (dikastes) dichastes hieße. Wenn man nämlich von zwei gleichen Stücken von dem einen etwas wegnähme und dem andern zufügte, so würde dieses das andere um zwei Teile übertreffen; wenn von dem einen bloß weggenommen wird, nicht aber dem b1 andern zugefügt wird, so übertrifft dieses nur um einen Teil. Andernfalls aber übertrifft das eine Stück die Mitte um das zugesetzte Stück und die Mitte wieder das andere Stück um das, was von jenem weggenommen wurde. Hieraus werden wir erkennen, was man von dem, der zuviel hat, wegnehmen und dem, der zuwenig hat, dazugeben muß. Dem, der zuwenig hat, muß man nämlich soviel dazugeben, als die Mitte seinen 5 Anteil übertrifft, und von dem, der zuviel hat, soviel wegnehmen, als er über die Mitte hinausgeht.

Die Linien AA, BB, CC seien einander gleich. Von AA werde AE weggenommen und zu CC als CD hinzugefügt, so daß
die ganze Linie DCC die Linie EA um das Stück CD und EF
übertrifft, also die Linie BB um das Stück CD.

(Dies gilt auch bei den verschiedenen Künsten. Sie könnten
nicht existieren, wenn der Künstler nicht etwas von bestimmter
Quantität und Qualität hervorbrächte und dafür eine ent-   10
sprechende Quantität und Qualität erhielte.)

Die Begriffe Schaden und Gewinn stammen aus dem freiwilligen Verkehr. Denn mehr zu erhalten, als man hatte,
heißt Gewinn machen, und weniger zu haben, als man am Anfang besaß, heißt Schaden erleiden, etwa bei Kauf und Verkauf und was das Gesetz sonst erlaubt. Wenn aber weder mehr   15
noch weniger eingenommen wird, sondern Gleiches um Gleiches, so sagt man, man erhalte das Seinige und habe weder
Schaden noch Gewinn. Also ist dieses Gerechte eine Mitte
zwischen Gewinn und Schaden in den unfreiwilligen Verhältnissen und so, daß man das Gleiche nachher hat, wie man es
zuvor hatte.   20

8. Einige meinen nun, die Wiedervergeltung sei das Gerechte
schlechthin, so die Pythagoreer. Sie bestimmten das Gerechte
schlechthin als das, was man von einem andern als Vergeltung
erfährt.

Doch die Wiedervergeltung stimmt weder mit der austei-
lenden noch mit der ordnenden Gerechtigkeit überein, obschon man meint, der Satz des Rhadamanthys über die Ge-   25
rechtigkeit wolle dies sagen: «Wenn er leidet, was er getan
hat, so ist gerades Recht geschehen.»

Doch der Widerspruch ist vielfach. Wenn etwa ein Beamter
jemanden geschlagen hat, so darf man nicht zurückschlagen; wenn man aber einen Beamten geschlagen hat, so soll
man nicht bloß geschlagen, sondern auch noch bestraft wer-   30
den.

Außerdem macht die Freiwilligkeit oder Unfreiwilligkeit einen großen Unterschied.

In der Gemeinschaft des Austausches allerdings umfaßt das entsprechende Gerechte die Wiedervergeltung, und zwar nach Proportionalität und nicht nach der Gleichheit. Denn durch die proportionale Vergeltung bleibt der Zusammenhang des Staates gewahrt. Denn teils sucht man das Schlechte zu vergelten, und wenn man das nicht täte, hätte man eine Art von Sklaverei; teils will man das Gute vergelten, und wenn es das nicht gäbe, so gäbe es keinen Austausch von Leistungen, durch den doch die Gemeinschaft beisammenbleibt. Darum werden auch an sichtbarer Stelle Tempel der Chariten errichtet, damit man dankbar sei. Denn dies ist dem Wohlwollen eigentümlich. Man muß dem, der uns gefällig gewesen ist, Gegendienste erweisen und auch seinerseits mit Freundlichkeit beginnen.

Die proportionale Vergeltung kommt durch eine Diagonalverbindung zustande. So sei A ein Baumeister, B ein Schuster, C ein Haus und D Schuhe. Der Baumeister muß nun die Arbeit des Schusters erhalten und diesem dafür von der seinigen geben. Wenn nun als erstes die proportionale Gleichheit hergestellt wird und sodann die Wiedervergeltung eintritt, so geschieht das, was wir meinen. Wenn nicht, so haben wir keine Gleichheit und keinen Zusammenhang. Dabei hindert nichts, daß die Leistung des einen derjenigen des andern überlegen sei. Doch eben dies muß ausgeglichen werden.

Das gilt auch bei den andern Künsten. Sie könnten nicht existieren, wenn der Künstler nicht etwas von bestimmter Quantität und Qualität hervorbrächte und dafür eine entsprechende Quantität und Qualität erhielte. Denn die Gemeinschaft besteht ja nicht aus zwei Ärzten, sondern aus Arzt und Bauern und überhaupt aus verschiedenen und ungleichen. Aber dies muß eben ausgeglichen werden.

Darum muß auch alles, wovon es Tausch gibt, vergleichbar sein. Dazu ist das Geld bestimmt und ist sozusagen eine Mitte. 20 Denn es mißt alles, also auch das Übermaß und den Mangel und auch, wie viele Schuhe einem Haus oder Nahrungsmittel äquivalent sind. Wie also der Baumeister zum Schuster, in demselben Maße verhalten sich die Schuhe zum Haus oder zum Nahrungsmittel; wäre das nicht möglich, so gäbe es weder Tausch noch Gemeinschaft. Und dies kann wiederum nicht sein, wenn die Dinge nicht in gewisser Weise gleich wären. 25

Man muß also alles an einem einzigen Maßstab messen, wie vorhin gesagt. Dieser ist in Wahrheit das Bedürfnis, das alles zusammenhält. Wenn sie nämlich keine Bedürfnisse hätten oder nicht in derselben Weise, so käme kein Tausch zustande, oder doch nicht in derselben Weise. So ist auf Grund einer Abmachung das Geld der Vertreter des Bedürfnisses geworden. Darum trägt es auch den Namen Geld (Nomisma), weil es nicht von Natur, sondern durch das Herkommen gilt, und 30 weil es bei uns steht, es zu verändern und wertlos zu machen.

Es besteht also eine Wiedervergeltung, wenn die Gleichheit so vorhanden ist, daß sich das Produkt des Schusters zu demjenigen des Bauern so verhält wie der Bauer zum Schuster. Man darf aber das Schema der Proportionalität nicht beim Aus- b1 tausch berücksichtigen, weil sonst auf das eine der Extreme ein doppelter Überschuß käme; sondern es ist nur zu beachten, daß jeder das Seinige erhält. So werden sie gleich und bilden eine Gemeinschaft, wenn diese Gleichheit in ihnen zustande kommen kann, also: Bauer A, Nahrungsmittel C, Schuster B und sein der Gleichheit nach abgemessenes Produkt D. Wenn 5 es keine Wiedervergeltung in dieser Art gäbe, gäbe es auch keine Gemeinschaft.

Daß aber das Bedürfnis sozusagen eine Einheit herstellt, wird klar daran, daß, wenn beim einen oder bei beiden gegenseitig kein Bedürfnis besteht, dann auch kein Austausch statt-

findet, wie etwa dann, wenn der eine etwas braucht, beispielsweise Wein, und dafür die Getreideausfuhr gestattet. Es muß
10 also da eine Gleichheit hergestellt werden.

Für einen spätern Austausch ist, falls jetzt kein Bedürfnis
vorliegt, das Geld uns gewissermaßen ein Bürge, daß er möglich sein wird, wenn das Bedürfnis eingetreten sein wird. Denn
wenn man dieses anbietet, muß man bekommen können. Freilich geht es da wie mit anderem: sein Wert ist nicht immer derselbe. Dennoch ist er verhältnismäßig stabil.

15 Darum muß alles seinen Preis haben. So wird stets ein Austausch möglich sein, und wenn dies, dann auch die Gemeinschaft. Das Geld macht also wie ein Maß die Dinge meßbar
und stellt eine Gleichheit her. Denn ohne Tausch wäre keine
Gemeinschaft möglich, und kein Tausch ohne Gleichheit und
keine Gleichheit ohne Kommensurabilität. In Wahrheit allerdings können Dinge, die so weit voneinander verschieden sind,
nicht kommensurabel werden, aber soweit es das Bedürfnis
20 verlangt, ist es möglich.

Es muß also ein einheitliches Maß geben, und zwar auf
Grund einer Voraussetzung. Darum heißt es auch Nomisma.
Dieses macht alles kommensurabel, denn alles wird am Geld
gemessen, etwa: A sei ein Haus, B zehn Minen, C ein Bett. A
ist nun die Hälfte von B, wenn das Haus fünf Minen wert oder
ihnen gleich ist. Das Bett sei ein Zehntel von B. Daraus ergibt
25 sich, wie viele Betten auf ein Haus gehen, nämlich fünf. Daß
auf diese Weise der Tausch vor sich ging, ehe es das Geld gab,
ist klar. Denn es macht keinen Unterschied, ob man fünf Betten für ein Haus gibt, oder den Wert von fünf Betten.

9. So ist denn gesagt, was das Gerechte und das Ungerechte ist.
30 Es ergibt sich daraus, daß das gerechte Handeln die Mitte ist
zwischen dem Unrechttun und dem Unrechtleiden. Denn das
eine ist ein Zuviel, das andere ein Zuwenig. Die Gerechtig-

keit ist also eine Mitte, freilich nicht auf dieselbe Art wie die übrigen Tugenden, sondern weil sie die Mitte schafft. Die Ungerechtigkeit dagegen schafft die Extreme.

Die Gerechtigkeit ist also jene Tugend, durch die der Gerechte sich für das Gerechte entscheidet und danach handelt und sich im Verhältnis zu anderen oder anderen im Verhältnis zueinander nicht so zuteilt, daß er sich selbst vom Wünschbaren mehr, dem andern weniger gibt, und vom Schädlichen umgekehrt, sondern daß er nach der proportionalen Gleichheit verfährt, und dies auch bei anderen untereinander. Die Ungerechtigkeit macht umgekehrt ungerecht handeln, also in einem Übermaß oder Mangel des Nützlichen oder Schädlichen gegen die Proportion. Darum ist auch die Ungerechtigkeit Übermaß und Mangel, weil sie Übermaß und Mangel erzeugt, für sich selbst ein Übermaß des schlechthin Nützlichen und einen Mangel des Schädlichen. Bei den anderen verfährt sie im ganzen gleich und verletzt die Proportionen, nur bleibt es zufällig, wie sie es tut.

Bei der ungerechten Tat ist das geringere das Unrechtleiden, das größere das Unrechttun.

Was nun die Natur von Gerechtigkeit und Ungerechtigkeit sei, sei auf diese Weise festgestellt, ebenso was das Gerechte und Ungerechte im allgemeinen sind.

10. Man kann nun aber Unrecht tun, ohne ungerecht zu sein; so ist zu fragen, durch was für ungerechte Taten man in den einzelnen Arten der Ungerechtigkeit ungerecht wird, etwa ein Dieb, ein Ehebrecher, ein Räuber. Oder sollte der Unterschied nicht darin liegen? Man kann ja mit einer Frau verkehren und wohl wissen, wer sie ist, aber dazu nicht durch einen Vorsatz, sondern durch die Leidenschaft getrieben sein. Da tut man Unrecht, ist aber doch nicht ungerecht, so wie auch einer noch kein Dieb ist, der gestohlen hat, oder ein Ehebrecher, der einmal einen Ehebruch begangen hat usw.

Wie sich nun die Wiedervergeltung zum Recht verhält, ist
25 vorhin gesagt worden. Man darf aber nicht übersehen, daß
wir nach dem Gerechten schlechthin und auch nach dem Gerechten im Staate fragen. Dieses besteht bei Menschen, die zur
Erreichung der Autarkie zu gemeinsamem Leben sich zusam-
mengeschlossen haben und frei und gleich sind, und zwar entweder nach der Proportionalität oder nach der Zahl. Wo dies
nicht zutrifft, unter solchen gibt es kein politisches Recht,
sondern nur eines, das diesem ähnlich ist.

30 Das eigentlich Gerechte ist unter Menschen, die unter sich
ein Gesetz haben. Und ein Gesetz ist da, wo es Ungerechtigkeit gibt. Denn das Recht ist die Scheidung von Gerechtem
und Ungerechtem. Wo nun Ungerechtigkeit ist, da ist auch
das Unrechttun, aber wo das Unrechttun ist, ist nicht immer
die Ungerechtigkeit.

Das Unrechttun besteht darin, sich selbst zuviel vom
schlechthin Guten zuzuteilen und zuwenig vom schlechthin
Üblen.

35 Darum lassen wir auch keinen Menschen regieren, sondern
das Prinzip, weil der Mensch für sich handelt und Tyrann wird.
b1 Der Regierende ist Wächter über das Gerechte, und wenn
über das Gerechte, so auch über die Gleichheit. Da er für sich
selbst keinen Überschuß beansprucht, wenn er gerecht ist (denn
er teilt sich nicht mehr vom schlechthin Guten zu, wenn es ihm
nicht proportional ist; er arbeitet insofern für einen andern;
5 und darum nennt man die Gerechtigkeit ein fremdes Gut,
wie schon vorhin bemerkt), so muß er also einen Lohn haben.
Dieser besteht in Ehre und Auszeichnung. Wem dies nicht
genügt, der wird ein Tyrann.

Das Recht des Herrn und dasjenige des Vaters sind diesem
politischen Rechte nicht gleich, sondern ähnlich. Denn man
10 kann nicht ungerecht sein gegen das, was schlechthin eigener
Besitz ist; der Besitz aber und das Kind, solange es noch klein

und nicht selbständig ist, ist wie ein Teil der eigenen Person.
Niemand aber hat die Absicht, sich selbst zu schädigen. Darum gibt es auch kein Unrecht sich selbst gegenüber, also auch
nicht das politisch Ungerechte oder Gerechte. Denn dieses beruhte ja auf dem Gesetze unter solchen, unter denen es der
Natur nach ein Gesetz geben kann, also dort, wo eine Gleichheit des Regierens und Regiertwerdens besteht.                15

Darum gibt es eher ein Gerechtes der Frau gegenüber als den
Kindern oder dem Besitz gegenüber. Dieses ist das Recht der
Hausverwaltung, und auch es ist vom staatlichen verschieden.

Von dem politischen Rechte ist das eine natürlich, das andere gesetzlich. Das natürliche hat überall dieselbe Autorität
und hängt nicht von der Meinung der Menschen ab; beim gesetzlichen kommt es ursprünglich nicht darauf an, ob es so ist    20
oder anders; wenn es aber einmal gesetzt ist, kommt es darauf
an, etwa daß das Lösegeld für einen Gefangenen eine Mine
betragen soll, oder daß man eine Ziege und nicht zwei Schafe
opfern soll, oder gar, was für einzelne Fälle bestimmt wird,
etwa, daß dem Brasidas geopfert werden soll, und was durch
Abstimmungen beschlossen wird.

Einige meinen, alles sei von dieser Art, weil nämlich das Natürliche unveränderlich ist und überall dieselbe Kraft hat, so   25
wie das Feuer hier und in Persien brennt. Vom Gerechten dagegen sehen wir, daß es sich verändert. Es verhält sich aber
nicht geradezu so, sondern nur gewissermaßen. Bei den Göttern mag es allerdings wohl überhaupt nicht so sein, bei uns
dagegen gibt es etwas zwar Naturgemäßes, aber als durchaus
Veränderliches. Doch auch so ist das eine naturgemäß und das
andere naturwidrig.                                           30

Was nun von dem, was sich so und anders verhalten kann,
naturgemäß ist und was nicht, sondern nur auf Grund von
Gesetz und Abmachung, das ist in jedem Falle klar, mag auch
beides veränderlich sein. Denn diese Unterscheidung paßt

auch sonst. So ist etwa von Natur die rechte Hand stärker,
35 obschon es möglich wäre, daß alle Menschen beidseitig gewandt wären. Was aber vom Gerechten nur auf Vertrag beruht
a 1 und dem Zuträglichen dient, verhält sich ähnlich wie die Maße.
Die Maße für Wein und Getreide sind nicht immer dieselben,
sondern wo man kauft, sind sie größer, und wo man verkauft,
kleiner. Ebenso ist das bloß menschliche und nicht naturgegebene Gerechte nicht überall dasselbe, da es auch nicht die
Staatsverfassungen sind; und trotzdem ist jedesmal eine ein-
5 zige von Natur die beste.

Jedes einzelne Gerechte und Gesetzliche verhält sich wie das
Allgemeine zum Besonderen. Denn es gibt viele Handlungen,
von den Bestimmungen gibt es aber nur je eine einzelne. Denn
sie gilt allgemein.

Es unterscheiden sich die ungerechte Tat und das Ungerechte ebenso wie die gerechte Tat und das Gerechte. Denn
10 das Ungerechte ergibt sich aus Natur oder Ordnung; und
wenn es ins Werk gesetzt wird, ist es eine ungerechte Tat. Vor
der Handlung ist es dies noch nicht, sondern bloß ungerecht.
Ebenso die gerechte Tat (allgemein nennt man sie eher Dikaio-
pragema, während Dikaioma nur die Korrektur des ungerechten Tuns darstellt). Welche und wie viele Arten es davon gibt
15 und auf was sie sich beziehen, das muß später geprüft werden.

Da nun Recht und Ungerechtigkeit so zu verstehen sind, so
tut einer Unrecht oder Recht, wenn er es freiwillig tut. Tut er
es unfreiwillig, so handelt er nur zufällig gerecht oder ungerecht, indem er zufällig das tut, was eben gerecht und ungerecht ist.

20 Also wird die gerechte und die ungerechte Handlung durch
Freiwilligkeit und Unfreiwilligkeit abgegrenzt. Geschieht ein
Unrecht freiwillig, so wird es getadelt, und es ist eine ungerechte Tat. Es wird also etwas ungerecht sein, aber keine ungerechte Tat, wenn die Freiwilligkeit nicht dabei ist.

Freiwillig nenne ich, wie schon früher gesagt, ein Handeln, das man in seiner Macht hat, das man mit Wissen verrichtet, ohne über die Person, der es gilt, das Werkzeug und das Mo- 25 tiv, also etwa wen man schlägt, womit und wozu, im Irrtum zu sein. Auch darf man dies alles nicht bloß zufällig wissen und muß ohne Zwang handeln; wenn etwa einer die Hand eines andern faßt und damit einen Dritten schlägt, so handelt der Schlagende nicht freiwillig. Denn es war nicht in seiner Macht. Es kann auch sein, daß der Geschlagene der Vater des Schlagen- den ist und dieser zwar weiß, daß es sich um einen Menschen oder einen der Anwesenden handelt, nicht aber, daß es sein 30 Vater ist. Dasselbe gilt für das Motiv und überhaupt für die ganze Handlung.

Unfreiwillig ist also, was man unwissend tut, und wenn nicht unwissend, doch so, daß es nicht in der Macht des Han- delnden stand und daß es unter Zwang geschieht. Denn man- ches, was in der Natur begründet ist, tun und leiden wir wis- b1 send, und doch ist es weder freiwillig noch unfreiwillig, wie etwa das Altern oder Sterben.

Ebenso gibt es das Zufällige auch beim Ungerechten und Gerechten. Jemand kann ein Depositum unfreiwillig und aus Furcht zurückgeben und wird dann nicht gerecht und gerecht handelnd genannt werden können, außer eben zufälligerweise. 5 Entsprechend ist von dem, der gezwungen und unfreiwillig das Depositum nicht zurückgibt, zu sagen, daß er nur zufällig ungerecht ist und handelt.

Das Freiwillige tun wir teils vorsätzlich, teils unvor- sätzlich: vorsätzlich, was wir vorher geplant haben, unvor- 10 sätzlich, was wir nicht geplant haben. Von den drei Arten von Schädigungen, die es im Verkehre gibt, sind die unwissentli- chen Verfehlungen jene, wo weder die Person noch der Gegen- stand noch das Werkzeug noch das Motiv der Handlung das- jenige sind, das man meinte; man mag etwa gemeint haben, man

stoße überhaupt nicht oder nicht mit diesem Werkzeug oder
nicht diesen Menschen oder nicht zu diesem Zwecke. So trifft
15 dann etwas ein, was man gar nicht beabsichtigt hatte, man verwundet, anstatt zu ritzen, trifft einen anderen oder mit einem
andern Werkzeug, als man wollte. Ist es nun ganz ohne Absicht geschehen, so ist der Schaden ein Unglück, ist es zwar
nicht ohne Absicht, aber ohne bösen Willen, so ist es eine Verfehlung (denn eine Verfehlung haben wir dann, wenn die erste Ursache im Handelnden selbst liegt, ein Unglück, wenn
sie außerhalb ist). Wenn man mit Absicht handelte, aber ohne
20 vorherige Planung, ist es eine unrechte Tat, etwa was im Zorn
und in andern zwingenden oder natürlichen Affekten den
Menschen zu tun begegnen kann. Denn wenn man dann schädigt und sich verfehlt, so tut man zwar Unrecht, und es sind
unrechte Taten, aber der Mensch ist darum noch nicht ungerecht oder schlecht. Denn der Schaden wird nicht aus Schlechtigkeit zugefügt. Wenn man aber aus Willensentscheidung so
25 handelt, ist man ungerecht und schlecht.

Darum werden mit Recht die Affekthandlungen nicht als
vorsätzliche Handlungen beurteilt. Denn nicht wer im Zorne
handelt, ist Ursprung der Handlung, sondern wer den Zorn
verursacht hat. Außerdem streitet man in solchen Fällen nicht
darüber, was geschehen ist, sondern ob es gerecht war. Denn
der Zorn wird durch eine sichtbar gewordene Ungerechtigkeit hervorgerufen. Also streitet man da nicht wie bei Verträ-
30 gen, ob etwas geschehen ist, wo der eine der Beteiligten notwendig ein schlechter Mensch sein muß, außer er habe aus
Vergeßlichkeit gehandelt. Hier herrscht Übereinstimmung
über die Tatsachen, und es wird nur darüber diskutiert, ob
gerecht gehandelt worden ist. Der Betrüger freilich weiß es,
und so meint der eine Unrecht zu leiden, der andere nicht.
a 1    Schädigt man absichtlich, so tut man Unrecht, und durch
solche ungerechte Taten wird der Unrechttuende zu einem

Ungerechten, mag er sich gegen die Proportionalität vergehen oder gegen die Gleichheit. Ebenso ist man gerecht, wenn man mit Absicht gerecht handelt, und dies tut man, wenn man nur freiwillig handelt.

Von den unfreiwilligen Handlungen erfahren die einen Ver- 5 zeihung, die andern nicht. Was man nämlich nicht nur in Unwissenheit, sondern auch aus Unwissenheit tut, ist entschuldbar; unentschuldbar sind dagegen jene Handlungen, die nicht aus Unwissenheit geschehen, aber in einer durch eine weder natürliche noch menschliche Leidenschaft begründeten Unwissenheit.

11. Man kann sich nun fragen, ob damit das Unrechtleiden und 10 Unrechttun hinreichend charakterisiert sind. Erstens gibt es vielleicht den Fall, den Euripides in den unsinnigen Versen meint: «Getötet hab' ich meine Mutter, kurz gesagt – wolltest du und wollte sie, aber wolltest du nicht und sie auch nicht?» Ist es nämlich in Wahrheit möglich, mit Willen Unrecht zu leiden, 15 oder ist nicht jedes Unrechtleiden unfreiwillig wie jedes Unrechttun freiwillig? Und ist nicht jedes Unrechtleiden entweder ausnahmslos freiwillig oder ausnahmslos unfreiwillig, so wie alles Unrechttun freiwillig ist, oder ist es bald freiwillig, bald unfreiwillig?

Dieselbe Frage besteht beim Rechtleiden. Alles Rechttun ist freiwillig, und so darf man annehmen, daß zum Tun des Rechts und Unrechts das Erfahren des Rechts und Unrechts sich gleichmäßig umgekehrt verhält, was die Freiwilligkeit 20 und Unfreiwilligkeit betrifft. Es erschiene auch beim Erfahren des Rechts unsinnig, wenn es immer freiwillig sein sollte. Denn einige erfahren Recht ohne ihren Willen. Auch darnach könnte man fragen, ob jeder, der Unrecht erfährt, auch Unrecht erleidet, oder ob es sich mit dem Erfahren gleich verhält wie mit dem Tun. Man kann zufällig an beiden Weisen 25 des Rechts Anteil haben, ebenso wie offensichtlich auch an beiden Weisen des Unrechts. Denn etwas Unrechtes tun ist nicht dasselbe wie Unrecht tun, und etwas Unrechtes erfahren ist nicht dasselbe wie Unrecht leiden; ebenso beim Rechttun und Rechterfahren. Denn es ist unmöglich, Unrecht zu leiden, wo

30 keiner Unrecht tut, und Recht zu erfahren, wo keiner Recht tut.

Wenn nun das Unrechttun schlechthin darin besteht, jemandem mit Willen Schaden anzutun, und mit Willen bedeutet: zu wissen, wem, womit und wie, und wenn etwa der Unbeherrschte sich freiwillig selbst schädigt, so wird er offenbar freiwillig Unrecht leiden, und es bestünde die Möglichkeit, sich selbst Unrecht zu tun (das ist auch eine der Fragen, ob

b1 man sich selbst Unrecht tun kann).

Ferner kann man sich freiwillig von einem andern, der ebenfalls freiwillig handelt, aus Unbeherrschtheit Unrecht antun lassen; also kann man, wie es scheint, freiwillig Unrecht leiden.

Oder ist die Bestimmung nicht richtig, und muß man der Formel: Schädigen mit Wissen, wen, womit und wie, noch beifügen: gegen den Willen des Geschädigten? Man kann also frei-

5 willig geschädigt werden und Unrechtes erfahren, aber Unrecht leiden tut keiner freiwillig. Denn keiner will dies, auch nicht der Unbeherrschte, sondern er handelt gegen seinen Willen. Denn keiner will, was er nicht für anständig hält, und der Unbeherrschte tut nicht, was er meint, tun zu sollen.

Wer aber das Seinige gibt, so wie Homer den Glaukos dem Diomedes geben läßt: «das Goldene um Ehernes, den Wert von

10 hundert Ochsen um den Wert von neun Ochsen», der leidet kein Unrecht. Denn es ist in seiner Macht, zu geben; Unrecht zu leiden ist aber nicht in der Macht des Leidenden, sondern es muß einer da sein, der Unrecht tut.

So ergibt sich denn, daß das Unrechtleiden nicht freiwillig ist.

12. Von den Fragen, die wir uns vorgenommen haben, sind noch

15 zwei zu besprechen, einmal, ob Unrecht tut, wer mehr als bil-

lig zuteilt oder wer mehr als billig empfängt; die andere, ob man sich selbst ein Unrecht antun kann.

Wenn nun das vorhin Gesagte möglich ist und der Zuteilende Unrecht tut, nicht aber derjenige, der zuviel erhält, so wird jener, der einem andern mit Wissen und freiwillig mehr zuteilt als sich selbst, sich selbst Unrecht tun. Aber so scheinen nun gerade die Bescheidenen zu handeln; denn der Anständige ist zu verzichten geneigt. Oder ist dies zu einfach ge- 20 sagt? Er gewinnt nämlich ein Mehr an einem andern Gute, etwa an Ansehen oder am schlechthin Edlen.

Eine weitere Lösung ergibt sich aus der Bestimmung des Unrechttuns. Jener, von dem wir sprechen, erleidet nichts gegen seinen Willen, so daß er also auch kein Unrecht leidet, sondern, wenn überhaupt, nur Schaden.                               25

Es ist auch sonst klar, daß der Zuteilende Unrecht tut und nicht jener, der zuviel empfangen hat. Nicht der, bei dem sich Ungerechtes findet, tut Unrecht, sondern der, der freiwillig die Veranlassung dazu war. Denn von da geht die Handlung aus, vom Zuteilenden und nicht vom Empfangenden.

Da ferner das Tun viele Bedeutungen besitzt – so kann ein 30 unbeseelter Gegenstand töten und die Hand und ein beauftragter Diener –, so tut also dergleichen kein Unrecht, sondern nur, was unrecht ist.

Wer endlich in Unwissenheit ein Urteil fällt, der tut nicht Unrecht im Sinne des gesetzlichen Rechtes, und sein Urteil ist nicht ungerecht, wenn es auch gewissermaßen ungerecht ist – denn das gesetzliche Recht ist ein anderes als das primäre –; hat er aber mit Wissen ungerecht geurteilt, so hat er sich ein Zuviel zugeteilt an Gunst oder an Rache. Ebenso wie wenn a1 einer an unrechtem Gut einen Anteil bekäme, so hat auch der, der aus solchen Motiven ungerecht urteilte, ein Zuviel. Denn auch wer aus solchen Motiven über einen Acker entschieden hat, bekommt zwar nicht den Acker, aber Geld.

13. Die Menschen meinen nun, es stehe in ihrer Macht, Unrecht zu tun, und darum sei es auch leicht, gerecht zu sein. Dies
stimmt aber nicht. Der Frau des Nachbarn beiwohnen, den
Nächsten schlagen und mit der Hand Geld geben ist leicht
und steht in der Gewalt des Einzelnen, aber aus einer festen
Haltung so zu handeln ist nicht leicht und steht nicht in der
Macht des Menschen.

Ebenso meint man, zu wissen, was gerecht und ungerecht
10 sei, sei nicht besonders weise, da es nicht schwer sei, zu verstehen, was die Gesetze meinen. Aber dies ist nur zufällig das
Recht. Gerecht ist, was in bestimmter Weise getan und zugeteilt wird. Dies macht eine größere Mühe, als zu wissen, was
gesund ist; denn es ist leicht, die Wirkung von Honig, Wein
15 und Nieswurz, von Brennen und Schneiden zu kennen; aber
auch da zu wissen, wie, bei wem und wann man dies anwenden muß, damit es der Gesundheit diene, ist ebenso schwer
wie Arzt zu sein.

Aus demselben Grunde meint man auch, der Gerechte sei
ebensogut imstande, ungerecht zu handeln, weil der Gerechte
nicht nur ebensogut, sondern noch besser jede einzelne dieser Handlungen vollbringen kann: also einer Frau beiwohnen
20 und schlagen kann er ebensogut wie der Tapfere den Schild
fahren lassen, umkehren und irgendwohin davonlaufen. Aber
feige sein und Unrecht tun bedeutet nicht, Handlungen dieser
Art begehen, außer zufällig, sondern vielmehr, sie in der entsprechenden Haltung begehen; so bedeutet auch Arzt sein
und heilen nicht einfach schneiden oder nicht schneiden, Arz
25 neien geben oder nicht, sondern es in bestimmtem Sinne tun.

Das Gerechte gibt es bei Wesen, die am schlechthin Guten
teilhaben und hierin ein Zuviel und Zuwenig haben können.
Einige können kein Zuviel haben, wie vielleicht die Götter,
bei andern wiederum, den unheilbar Schlechten, nützt überhaupt kein Teil davon, sondern alles schadet, bei andern end-

lich geschieht dies bis zu einem gewissen Grade. Darum ist das Gerechte etwas Menschliches.

14. Sodann ist von der Billigkeit und dem Billigen zu reden, wie sich die Billigkeit zur Gerechtigkeit und das Billige zum Gerechten verhält. Denn bei der Prüfung erweist sich dies weder als schlechthin dasselbe noch auch als gattungsmäßig verschieden. Bald loben wir das Billige und den entsprechenden Menschen derart, daß wir diesen Begriff an Stelle des Guten auch b1 auf anderes übertragen und das Billigere das Bessere nennen, bald scheint es, wenn man sich an die Vernunft hält, widersinnig, daß das Billige Lob verdienen und doch neben dem Gerechten bestehen soll. Denn entweder ist dann das Gerechte nicht gut oder das Billige nicht gerecht, wenn es von ihm verschieden ist; wenn sie aber beide gut sind, sind sie identisch. 5

Ungefähr aus diesem Grunde ergibt sich eine Schwierigkeit hinsichtlich des Billigen. In gewisser Weise ist indessen all das Gesagte zutreffend und widerspruchsfrei. Denn das Billige ist, verglichen mit einem gewissen Rechte, ein besseres Recht, doch nicht so, als wäre es eine andere Gattung und etwas Besseres als das Gerechte. Das Gerechte und das Billige sind also identisch; beide sind gut, doch ist das Billige das Bessere.      10

Die Schwierigkeit kommt daher, daß das Billige zwar ein Recht ist, aber nicht dem Gesetze nach, sondern als eine Korrektur des gesetzlich Gerechten. Die Ursache ist, daß jedes Gesetz allgemein ist, in einigen Dingen aber in allgemeiner Weise nicht korrekt gesprochen werden kann. Wo man allgemein reden muß, dies aber nicht angemessen tun kann, da 15 berücksichtigt das Gesetz die Mehrzahl der Fälle, ohne über diesen Mangel im unklaren zu sein. Dennoch geht es richtig vor. Denn der Fehler liegt weder im Gesetz noch beim Gesetzgeber, sondern in der Natur der Sache. Die Materie des Handelns ist nämlich von vornherein von dieser Art.

Wenn also nun das Gesetz allgemein spricht, aber dabei ein
Fall eintritt, der dem Allgemeinen widerspricht, so ist es, soweit der Gesetzgeber allgemein formulierend eine Lücke läßt,
richtig, dies zu verbessern, wie es ja auch der Gesetzgeber
selbst getan hätte, wenn er dabei gewesen wäre; und wenn er
diesen Fall gewußt hätte, hätte er ihn ins Gesetz aufgenommen. Daher ist das Billige ein Recht und besser als ein gewisses
Recht, nicht als das Recht im allgemeinen, sondern als der
25 Mangel, der entsteht, weil das Gesetz allgemein spricht.

Dies ist also die Natur des Billigen, eine Korrektur des Gesetzes, soweit es auf Grund seiner Allgemeinheit mangelhaft ist.

Dies ist auch die Ursache davon, daß nicht alles gesetzlich
geregelt wird, da man über einige Dinge unmöglich Gesetze
geben kann; da bedarf es denn besonderer Beschlüsse. Denn
beim Unbestimmten bleibt auch die Regel unbestimmt, so
30 wie das bleierne Richtmaß bei der lesbischen Bauart. Da bewegt sich das Richtmaß je nach der Gestalt des Steines und
bleibt nicht fest. Ebenso verhält sich der Beschluß zu den Gegenständen.

Was also das Billige ist, nämlich daß es gerecht ist und besser
als ein bestimmtes Gerechtes, ist klar. Daraus ergibt sich auch,
wer der Billige ist. Denn wer sich für solches entscheidet und
35 darnach handelt, und wer es nicht zum Schaden anderer mit dem
a1 Recht übermäßig genau nimmt, sondern zum Nachgeben bereit
ist, auch wo er das Gesetz auf seiner Seite hätte, der ist billig.
Das entsprechende Verhalten ist die Billigkeit, eine Art von Gerechtigkeit also, und als Verhalten von ihr nicht verschieden.

15. Aus dem Gesagten ergibt sich auch, ob man sich selbst Unrecht tun kann oder nicht.

5    Gerecht in dem einen Sinne ist, was das Gesetz hinsichtlich
jeder einzelnen Tugend anordnet. So gebietet das Gesetz nicht,
sich selbst zu töten; was es aber nicht gebietet, das verbietet es.

Ferner wenn man jemanden gegen das Gesetz schädigt, freiwillig und ohne damit Schaden zu vergelten, so tut man Unrecht. Freiwillig ist ein Handeln, das weiß, gegen wen und womit. Wer sich nun im Zorn selbst umbringt, tut freiwillig 10 gegen die rechte Einsicht, was das Gesetz nicht gestattet. Er begeht also ein Unrecht. Aber gegen wen? Etwa gegen den Staat und nicht gegen sich selbst? Denn er leidet ja freiwillig, und niemand leidet freiwillig ein Unrecht. Darum straft ihn auch der Staat, und es hängt über dem, der sich selbst tötet, eine Ehrlosigkeit als auf einem Menschen, der sich gegen den Staat vergangen hat.

Ferner kann einer, sofern er nur ungerecht ist in dem Unrecht, das er begeht, aber nicht vollkommen schlecht, sich nicht selbst ein Unrecht zufügen (denn dies ist von jenem ver- 15 schieden: in gewisser Weise ist der Ungerechte in demselben Sinne schlecht wie der Feige, also nicht so, daß er die ganze Schlechtigkeit besäße; er ist also auch nicht in diesem Sinne ungerecht).

Andernfalls könnte einem Menschen gleichzeitig dieselbe Sache weggenommen und gegeben werden. Dies ist unmöglich. Das Gerechte und das Ungerechte setzen immer mehrere Beteiligte voraus.

Ferner ist das Unrechttun freiwillig, aus einer Willensent- 20 scheidung, und früher als das Unrechtleiden. Wer nämlich ein Unrecht tut, weil er eines erlitten hat, und so mit demselben vergilt, scheint nicht ungerecht zu handeln. Wenn man aber sich selbst Unrecht täte, so würde man gleichzeitig dasselbe erleiden und tun.

Außerdem könnte man dann freiwillig Unrecht erleiden.

Weiterhin tut niemand Unrecht, ohne eine einzelne ungerechte Tat zu begehen. Keiner treibt Ehebruch mit der eige- 25 nen Frau, überfällt sein eigenes Haus und stiehlt seinen eigenen Besitz.

Im allgemeinen löst sich die Frage, ob man sich selbst Unrecht antun könne, mit jener Bestimmung, daß niemand freiwillig Unrecht erleidet.

Deutlich ist, daß beides schlecht ist, das Unrechtleiden und das Unrechttun. Denn das eine bedeutet, weniger zu haben als
30 die Mitte, und das andere mehr; die Mitte ist wie das Gesunde in der Medizin und das Kräftigende in der Gymnastik.

Immerhin ist das Unrechttun schlechter. Denn es wird von Schlechtigkeit begleitet und ist tadelnswert, und zwar ist jene Schlechtigkeit vollkommen und schlechthin oder steht dem doch nahe (denn nicht alles Freiwillige ist schlecht), das Unrechtleiden aber geschieht ohne Schlechtigkeit und Ungerech-
35 tigkeit. Also ist das Unrechtleiden an sich weniger schlecht,
b1 zufälligerweise kann es aber sehr wohl das größere Übel sein. Doch darum kümmert sich die Wissenschaft nicht, sondern für sie ist eine Lungenentzündung schlimmer als eine Verstauchung, obschon es zufällig auch einmal umgekehrt sein kann, wenn man nämlich durch seine Verstauchung hinfällt, von den
5 Feinden ergriffen wird oder stirbt.

Metaphorisch und auf Grund von Ähnlichkeit gibt es zwar nicht ein Recht des Einzelnen gegen sich selbst, aber doch einzelner Teile von ihm gegen andere; doch dies nicht im Sinne jedes Rechtes, sondern nur des Herrenrechtes und des Rechts des Hausverwalters. Denn in dieser Weise verhält sich der vernunftbegabte Teil der Seele zum vernunftlosen. Wenn man
10 darauf schaut, scheint es auch eine Ungerechtigkeit des Einzelnen gegen sich selbst zu geben, da man da etwas gegen seine eigenen Strebungen erleiden kann. Wie es ein Recht zwischen Regierendem und Regiertem gibt, so auch unter diesen Teilen.

Auf diese Weise mag denn von der Gerechtigkeit und den
15 andern ethischen Tugenden gesprochen sein.

# SECHSTES BUCH

1. Da wir früher gesagt haben, man müsse die Mitte wählen und nicht das Übermaß und den Mangel, und da die Mitte durch die rechte Einsicht bestimmt ist, so wollen wir dies nun untersuchen.

Bei allen bisher genannten Eigenschaften, wie auch bei den 20 andern, gibt es einen Zielpunkt, auf den der Vernunftbegabte hinblickt, seine Kräfte anspannt und lockert; und es gibt eine Umgrenzung jener Mitten, die, wie wir behaupten, gemäß der rechten Einsicht zwischen Übermaß und Mangel liegen.

Dies ist nun soweit richtig, aber noch nicht klar. Denn auch 25 bei den anderen Unternehmungen, bei denen eine Wissenschaft vorhanden ist, sagt man mit Recht, man müsse sich nicht zu sehr und nicht zu wenig bemühen oder lässig sein, sondern eben im Mittelmaß und gemäß der rechten Einsicht. Aber wenn man nur dies weiß, weiß man noch nichts Besonderes. Man weiß beispielsweise noch nicht, welche Nahrungs- 30 mittel man dem Körper zuführen muß, wenn man einfach hört: alles, was die Medizin und der in ihr Erfahrene vorschreiben.

Darum ist es auch hinsichtlich der seelischen Eigenschaften nicht genug, wenn der genannte Grundsatz richtig ist. Es muß auch bestimmt werden, welches die rechte Einsicht ist und wie sie zu charakterisieren ist.

2. Als wir die Tugenden der Seele einteilten, sagten wir, die 35 einen seien ethische Tugenden, die anderen solche des Verstandes.

Die ethischen Tugenden sind nun besprochen; es bleiben a1 uns also die übrigen, und zwar sei zuerst von der Seele gesprochen.

Es wurde früher gesagt, es gebe zwei Teile der Seele, den vernunftbegabten und den vernunftlosen. Nun soll der vernunftbegabte auf dieselbe Weise eingeteilt werden. Und zwar setzen wir voraus, daß es zwei vernunftbegabte Teile gebe, einen, mit dem wir jene Wesen betrachten, deren Ursprünge nicht so oder anders sein können, und einen andern, mit dem wir jene betrachten, die sich so oder anders verhalten können. Denn wenn die Gegenstände der Gattung nach verschieden sind, so ist auch der dem einen oder andern Gegenstand zugeordnete Seelenteil der Gattung nach verschieden, wenn nämlich das Erkennende auf Grund einer gewissen Ähnlichkeit und Verwandtschaft mit dem Gegenstande erkennt. Der eine Teil heiße nun der forschende, der andere der berechnende. Überlegen und Berechnen ist nämlich dasselbe, und keiner überlegt sich Dinge, die sich nicht anders verhalten können, als sie tun. Also ist das Berechnende ein Teil des Vernunftbegabten.

Nun ist zu fragen, welches die beste Verfassung jedes dieser Teile ist. Denn das ist seine jeweilige Tugend. Die Tugend wiederum bezieht sich auf die eigentümliche Leistung.

Drei Dinge in der Seele beherrschen das Handeln und die Wahrheitserkenntnis: Wahrnehmung, Vernunft, Streben. Von ihnen ist die Wahrnehmung niemals Prinzip des Handelns. Das zeigt sich daran, daß die Tiere zwar Wahrnehmung besitzen, aber kein Handeln. Was ferner beim Denken Bejahung und Verneinung ist, das ist beim Streben das Suchen und Meiden. Wenn nun die ethische Tugend ein Verhalten des Willens ist und der Wille ein überlegendes Streben, so muß also die Einsicht wahr und das Streben richtig sein, wenn die Willensentscheidung gut werden soll, und es muß eines und dasselbe vom Denken bejaht und vom Streben gesucht werden.

Dies ist also die praktische Vernunft und Wahrheit. Das Gute und Schlechte im Bereiche der theoretischen Vernunft, die nicht handelt und nicht hervorbringt, ist das Wahre und

Falsche. Denn dies ist die Leistung jeder Vernunft. Der praktischen Vernunft dagegen kommt im besonderen die Wahrheit
zu, die mit dem rechten Streben übereinstimmt.                    30

Prinzip des Handelns als Ursprung der Bewegung (nicht als
Zweck) ist der Wille; Prinzip der Willensentscheidung ist das
Streben und der Begriff des Zweckes. Darum ist eine Willensentscheidung weder ohne Vernunft und Denken noch ohne
ethisches Verhalten möglich. Denn ein rechtes Verhalten und
das Gegenteil davon existiert nicht ohne Denken und Charakter. 35

Das Denken für sich allein bewegt nichts, sondern nur das
auf einen Zweck gerichtete und praktische Denken. Dieses ist
auch der Ursprung des hervorbringenden Denkens. Denn je-  b1
der Hervorbringende tut dies zu einem bestimmten Zwecke,
und sein Werk ist nicht Zweck an sich, sondern für etwas und
von etwas. Das Handeln ist dagegen Zweck an sich. Denn das
rechte Verhalten ist ein Ziel, und das Streben geht darauf.

So ist denn die Willensentscheidung entweder strebende
Vernunft oder vernünftiges Streben, und das entsprechende
Prinzip ist der Mensch.                                           5

Gegenstand der Willensentscheidung kann kein Vergangenes sein; denn niemand beschließt, Ilion zerstört zu haben.
Man berät sich auch nicht über Vergangenes, sondern über
Zukünftiges und Mögliches. Vergangenes kann aber unmöglich nicht geschehen sein. Darum sagt Agathon mit Recht:
«Denn dies allein bleibt auch Gott versagt: ungeschehen zu    10
machen, was geschehen ist.»

Die Wahrheitserkenntnis ist also die Leistung beider Teile
der Vernunft, und in den Eigenschaften, durch die ein jeder am
ehesten die Wahrheit erkennen kann, liegt die Tugend eines
jeden von ihnen.

3. Nun sei die Untersuchung darüber von einem neuen Aus-
gangspunkte begonnen.

Die Mittel, mit denen die Seele bejahend oder verneinend die Wahrheit trifft, seien fünf an der Zahl: Kunst, Wissenschaft, Klugheit, Weisheit, Geist. Vermutung und Meinung können auch Falsches aussagen.

Was nun die Wissenschaft sei, wird aus folgendem klar, wenn wir die Sache genau nehmen und uns nicht durch Ähnlichkeiten verführen lassen. Wir nehmen alle an, daß das, was

20 wir wissen, sich nicht anders verhalten kann, als es tut. Was sich aber auch anders verhalten kann, von dem weiß man nicht, ob es ist oder nicht, wenn es unserer Aufmerksamkeit entschwunden ist. Der Gegenstand des Wissens besteht also auf Grund von Notwendigkeit. Er ist also ewig. Denn alles, was schlechthin aus Notwendigkeit ist, ist ewig, und was ewig ist, ist unentstanden und unvergänglich.

25 Ferner scheint jede Wissenschaft lehrbar zu sein und der Gegenstand des Wissens lernbar. Jede Belehrung geht von vorher Bekanntem aus, wie wir es auch in der Analytik zu sagen pflegen. Denn entweder erfolgt sie durch Induktion oder durch Schlußfolgerung. Die Induktion ist auch Prinzip des Allgemeinen, die Schlußfolgerung dagegen geht vom Allgemeinen aus. Es gibt Prinzipien, auf denen die Schlußfolgerung beruht und

30 die nicht wieder durch eine Schlußfolgerung gewonnen sind. Also tritt da die Induktion ein.

Die Wissenschaft ist demnach ein beweisendes Verhalten; dazu kommt noch alles andere, was wir in der Analytik anzugeben pflegen. Wo nämlich eine bestimmte Überzeugung vorliegt und man die Prinzipien kennt, da ist Wissenschaft. Wüßte man diese nicht gewisser als den Schlußsatz, so hätte man die

35 Wissenschaft nur zufällig.

4. Dies sei also über die Wissenschaft gesagt. Was sich so und

a1 anders verhalten kann, ist teils Gegenstand des Hervorbringens, teils Gegenstand des Handelns. Handeln und Hervorbringen sind voneinander verschieden, wie wir das auch auf

Grund der exoterischen Erwägungen annehmen werden. Demnach ist auch das mit Vernunft verbundene handelnde Verhalten von dem mit Vernunft verbundenen hervorbringenden Verhalten verschieden. Darum ist auch keines im anderen ent- 5 halten. Denn weder ist ein Handeln Hervorbringen, noch ein Hervorbringen Handeln.

Da nun das Bauen eine Kunst ist und wesenhaft ein mit Vernunft verbundenes hervorbringendes Verhalten, und da es keine Kunst gibt, die nicht ein mit Vernunft verbundenes hervorbringendes Verhalten wäre, noch ein solches, das nicht Kunst wäre, so werden also die Kunst und ein mit richtiger Vernunft verbundenes hervorbringendes Verhalten dasselbe 10 sein.

Jede Kunst betrifft ein Entstehen und ist das Erproben und Betrachten, wie etwas Bestimmtes im Bereich dessen, was sein oder nicht sein kann, zu entstehen vermag; und zwar ist der Ursprung im Hervorbringenden und nicht im Hervorgebrachten. Denn es gibt weder eine Kunst bei dem, was aus Notwendigkeit ist oder wird, noch bei dem, was sich von Natur 15 bildet. Denn dieses beides hat seinen Ursprung in sich selbst.

Da nun Hervorbringen und Handeln verschieden sind, so muß die Kunst zum Hervorbringen und nicht zum Handeln gehören. Und in einer gewissen Weise betreffen der Zufall und die Kunst dasselbe, wie auch Agathon sagt: «Die Kunst liebt den Zufall und der Zufall die Kunst.» 20

Die Kunst ist also, wie gesagt, ein mit richtiger Vernunft verbundenes hervorbringendes Verhalten, die Kunstwidrigkeit ein mit falscher Vernunft verbundenes hervorbringendes Verhalten, beides bei Gegenständen, die sich so oder anders verhalten können.

5. Was die Klugheit ist, können wir fassen, wenn wir betrachten, wen wir klug nennen. Der Kluge scheint das für ihn Gute 25 und Zuträgliche recht überlegen zu können, nicht das Gute im

einzelnen, etwa was für die Gesundheit oder die Kraft gut ist,
sondern was das gute Leben im ganzen angeht. Ein Beweis ist,
daß wir auch solche klug nennen, die es im Bezug auf ein
Einzelnes sind und deren Berechnungen gut sind im Hinblick
30 auf ein ernsthaftes Ziel, das aber nicht Gegenstand einer Kunst
ist. So wäre der Kluge allgemein der gut Überlegende. Niemand
überlegt sich Dinge, die sich unmöglich anders verhalten können, als sie tun, oder solche, in denen er selbst nicht handeln
kann. Wenn also die Wissenschaft auf Beweisen beruht, Dinge
aber, deren Prinzipien sich so oder anders verhalten können,
35 nicht beweisbar sind (denn da wird sich alles auch anders
verhalten können), und wenn man nicht Dinge überlegen
b1 kann, die aus Notwendigkeit sind, so wird also die Klugheit
weder Wissenschaft noch Kunst sein; nicht Wissenschaft, weil
der Gegenstand des Handelns sich auch anders verhalten kann,
und nicht Kunst, weil Handeln und Hervorbringen verschiedene Gattungen sind. Es bleibt also nur, daß sie ein mit richti-
5 ger Vernunft verbundenes handelndes Verhalten sei im Bezug
auf das, was für den Menschen gut oder schlecht ist. Das Hervorbringen hat ein Ziel außerhalb seiner selbst, das Handeln
nicht. Denn das gute Handeln ist selbst ein Ziel.

So halten wir auch einen Perikles und ähnliche für klug, weil
sie das, was für sie selbst und für die Menschen gut ist, zu erkennen vermögen. Von solcher Art scheinen auch diejenigen
10 zu sein, die sich in der Verwaltung eines Hauses oder eines
Staates bewähren.

Darum verwenden wir auch den Namen Sophrosyne (Besonnenheit), weil sie die Klugheit (Phronesis) bewahrt (sozei).
Sie bewahrt nämlich das entsprechende Urteilen. Denn nicht
jedes Urteilen wird durch Lust oder Schmerz verdorben oder
verdreht, etwa nicht das Urteil darüber, ob die Winkelsumme
15 des Dreiecks zwei Rechten gleich sei oder nicht; dagegen das
Urteil im Handeln. Denn die Prinzipien des Handelns liegen

in seinem Zwecke. Ist man aber durch Lust oder Schmerz verdorben, so sieht man sofort das Prinzip nicht mehr, und man
weiß nicht mehr, daß man um seinetwillen und wegen ihm
alles wählen und tun soll. Denn die Schlechtigkeit verdirbt das
Prinzip. Also ist die Klugheit notwendigerweise ein mit rich-   20
tiger Vernunft verbundenes handelndes Verhalten im Bezug
auf die menschlichen Güter.

Bei der Kunst kann es eine Vollkommenheit geben, bei der
Klugheit nicht. In der Kunst ist der, der freiwillig einen Fehler macht, der vorzüglichere, bei der Klugheit umgekehrt,
wie auch bei den Tugenden. Also ist sie offensichtlich eine
Tugend und nicht eine Kunst. Da es zwei Teile der vernunft-   25
begabten Seele gibt, so wird die Klugheit die Tugend des
einen Teiles sein, des meinenden. Denn das Meinen geht auf
Dinge, die sich so und anders verhalten können, und so auch
die Klugheit. Doch ist sie nicht nur ein vernunftgemäßes Verhalten; ein Zeichen ist, daß man ein solches Verhalten vergessen kann, die Klugheit dagegen nicht.   30

6. Da nun die Wissenschaft ein Erfassen des Allgemeinen ist
und dessen, was aus Notwendigkeit ist, und da es Prinzipien
des Beweisbaren und aller Wissenschaft gibt (denn die Wissenschaft verlangt Gründe), so wird es vom Prinzip des Wiß-
baren keine Wissenschaft geben und keine Kunst oder Klugheit. Denn das Wißbare ist beweisbar, und Kunst und Klug-   35
heit betreffen Gegenstände, die sich so und anders verhalten
können.   a 1

Auch die Weisheit kann sich nicht darauf beziehen. Denn
zum Weisen gehört es, jedenfalls für Einiges Beweise zu haben.
Wenn es nun die folgenden Mittel gibt, durch die wir die Wahrheit finden und niemals getäuscht werden, teils im Bereich
dessen, was sich nie anders verhalten kann, teils auch im Bereich dessen, was sich so und anders verhalten kann, nämlich
Wissenschaft, Klugheit, Weisheit und Geist, und wenn von   5

den dreien (ich meine Klugheit, Wissenschaft und Weisheit)
keines in Frage kommt, so bleibt nur, daß der Geist sich auf
die Prinzipien bezieht.

7. Die Weisheit schreiben wir in den Künsten denjenigen zu,
10 die sie am vollkommensten beherrschen, also dem Pheidias als
Steinmetzen und dem Polyklet als Bildhauer; hier meinen wir
mit Weisheit nichts anderes, als daß sie die Vollkommenheit
der Kunst sei.

Einige halten wir für Weise im Allgemeinen und nicht in
einem bestimmten Gebiete oder in sonst einer Hinsicht, so wie
Homer im Margites sagt: «Ihn hatten die Götter nicht zum
15 Gräber gemacht und nicht zum Pflüger, noch sonstwie weise.»
So wird denn die Weisheit die genaueste der Wissenschaften
sein, und der Weise soll nicht bloß wissen, was sich aus den
Prinzipien ergibt, sondern er soll auch hinsichtlich der Prinzipien selbst die Wahrheit kennen. So wird also die Weisheit
Geist und Wissenschaft sein und als Haupt der Wissenschaften
20 die ehrwürdigsten Gegenstände haben.

Es ist nämlich unsinnig, wenn einer meint, die politische
Wissenschaft oder die Klugheit sei die beste Wissenschaft.
Denn der Mensch ist nicht das Beste, was es im Kosmos gibt.

Wenn nun das Gesunde und Gute für die Menschen etwas
anderes ist als für die Fische, das Weiße und Gerade aber immer dasselbe ist, so werden alle auch immer die Weisheit für
25 dasselbe erklären, nicht aber die Klugheit. Denn wer in den
einzelnen Dingen, die ihn angehen, das Richtige erkennt, den
nennt man wohl klug und dem vertraut man derartige Dinge an.
Darum werden auch einige Tiere als klug bezeichnet, jene nämlich, die in ihrem Bereich ein voraussehendes Vermögen zeigen.

Klar ist auch, daß die Weisheit und die politische Wissenschaft nicht dasselbe sind. Denn wenn man die Wissenschaft,
30 die für den Einzelnen das ihm Nützliche findet, Weisheit nennen wollte, so ergäben sich viele Weisheiten. Denn es gibt

nicht nur eine Wissenschaft von dem Guten, das für alle Lebewesen gilt, sondern für jedes gibt es eine andere; andernfalls
müßte es auch eine einzige Medizin für alle Wesen geben. Dabei macht es nichts aus, ob der Mensch das beste unter allen
Lebewesen ist. Denn es gibt andere Lebewesen, die ihrer Natur
nach noch viel göttlicher sind als der Mensch, etwa am sicht-  b1
barsten jene, aus denen der Kosmos gebildet ist.

Aus dem Gesagten ergibt sich klar, daß Weisheit die
Wissenschaft und das geistige Erfassen dessen ist, was seiner
Natur nach am ehrwürdigsten ist.

Darum nennt man auch Anaxagoras, Thales usw. weise,
aber nicht klug, da man sieht, wie sie das für sie selbst Zuträg-  5
liche nicht erkannt, dagegen Außerordentliches, Erstaunli-
ches, Schwieriges und Göttliches gewußt haben, freilich Un-
nützes, da sie nicht das menschliche Gute gesucht haben.

8. Die Klugheit aber betrifft das Menschliche und jene Dinge,
die man überlegen kann. Denn dies nennen wir vor allem
die Aufgabe des Klugen, richtig zu überlegen. Aber keiner  10
überlegt Dinge, die sich unmöglich anders verhalten können,
als sie tun, oder Dinge, die kein Ziel in einem zu verwirklichenden Guten haben. Der schlechthin Wohlberatene ist der,
der durch Nachdenken das höchste dem Menschen durch Handeln erreichbare Gut zu treffen weiß.

Auch betrifft die Klugheit nicht nur das Allgemeine, sondern muß auch das Einzelne kennen. Denn sie ist handelnd,  15
und das Handeln betrifft das Einzelne. So gibt es auch Einzelne, die ohne wissenschaftliches Wissen zum praktischen
Handeln in verschiedenen Dingen geeigneter sind als die Wissenden, nämlich die Erfahrenen. Wenn man nämlich weiß, daß
leichtes Fleisch gut verdaulich und gesund ist, nicht aber weiß,
welches Fleisch leicht ist, so wird er nicht die Gesundheit
schaffen können; das wird eher jener können, der weiß, daß
das Geflügelfleisch leicht ist.                              20

Die Klugheit aber ist handelnd. Also muß sie beides umfassen und noch mehr das zweite.

Es wird wohl auch da ein leitendes Vermögen geben. Die politische Wissenschaft und die Klugheit sind als Verhalten dasselbe, doch ihr Begriff ist nicht derselbe. Von der Staatskunst
25 ist der leitende Teil der Klugheit die Gesetzgebung; jene, die das Einzelne behandelt, hat den gemeinsamen Namen der politischen Wissenschaft. Sie ist handelnd und überlegend. Denn die Abstimmung ist das letzte und ein Handeln. Darum nennt man auch nur diese Politiker. Denn nur sie handeln wie die Handwerker.

30 Die Klugheit scheint sich vorzugsweise auf den Einzelnen und auf die eigene Person zu beziehen. Sie hat denn auch den gemeinsamen Namen der Klugheit. Von ihren sonstigen Arten ist die eine die Hausverwaltung, die andere die Gesetzgebung, dann die Staatsverwaltung, und von dieser ist ein Teil die beratende Staatskunst, der andere die richterliche.

9. Also ist die Erkenntnis dessen, was der eigenen Person dient, eine Art der Klugheit, doch hat sie mancherlei Nuancen.
a1 So scheint der, der das Seinige gut überlegt und betreibt, klug zu sein, der Politiker aber gilt als vielgeschäftig. So sagt Euripides: «Wie wäre ich klug, dem es möglich war, ohne Sorgen als einer aus der Zahl der Vielen ebensoviel zu erlangen wie
5 das ganze Heer? Denn wer Ungewöhnliches wagt und allzu viel unternimmt...» Man sucht nämlich, was für einen selbst gut ist, und meint, daß man dies betreiben müsse. Aus dieser Überzeugung kommt, daß solche Menschen für klug gehalten werden.

Und dennoch kann man wohl sein Eigenes nicht gut verwalten ohne die Verwaltung des Hauses und des Staates. Au-
10 ßerdem ist es unklar und muß geprüft werden, wie man sein Eigenes verwalten soll. Ein Beweis für das Gesagte ist, daß man zwar in der Jugend schon ein Geometer, Mathematiker und überhaupt in solchen Dingen weise sein kann, nicht

aber klug. Die Ursache ist, daß die Klugheit sich auf das Einzelne bezieht und dieses erst durch die Erfahrung bekannt 15
wird. Ein junger Mensch kann aber diese Erfahrung nicht haben, denn sie entsteht nur in langer Zeitdauer.

Allerdings könnte man fragen, weshalb ein Kind schon ein
Mathematiker werden kann, nicht aber ein Weiser oder Naturphilosoph. Wohl weil das eine durch Abstraktion zustande
kommt, die Prinzipien der Naturphilosophie aber aus der Erfahrung stammen. Und hier können die jungen Leute keine
Überzeugungen haben, sondern nur reden, bei der Mathematik ist das Wesen dagegen nicht unbekannt.                        20

Ferner betrifft ein Irrtum beim Überlegen entweder das
Allgemeine oder das Einzelne. Man weiß entweder nicht, daß
alles schwerwiegende Wasser schlecht ist, oder daß dieses bestimmte Wasser so beschaffen ist.

Daß die Klugheit keine Wissenschaft ist, ist klar. Denn sie
betrifft, wie gesagt, das letzte Konkrete; so ist der Gegenstand
des Handelns. Sie ist also das Gegenstück zum Geist. Denn der 25
Geist betrifft die Begriffe, die keine weitere Definition haben,
jene dagegen das Letzte, für das es keine Wissenschaft, sondern
nur die Wahrnehmung gibt, nicht die partikulare, sondern die
allgemeine, mit der wir etwa wahrnehmen, daß das letzte
Mathematische das Dreieck ist. Denn hier hält man ein. Die
partikulare Wahrnehmung ihrerseits ist mehr Wahrnehmung
als Klugheit, hier ist aber eine andere Art gemeint.             30

10. Das Forschen und das Überlegen unterscheiden sich voneinander; denn das Überlegen ist eine Art von Forschen. Man
muß nun auch fragen, was die Wohlberatenheit sei, ob sie eine
Wissenschaft sei oder ein Meinen oder ein richtiges Treffen
oder sonst etwas anderes.

Eine Wissenschaft ist sie nicht (denn was man weiß, danach
forscht man nicht, die Wohlberatenheit ist aber eine Art von b1

Planen, und wer plant, der forscht und berechnet). Sie ist auch kein richtiges Treffen. Denn dieses vollzieht sich ohne Denken und rasch; überlegen tut man dagegen lange Zeit, und es heißt, man solle langsam überlegen, aber rasch ausführen, was man überlegt habe.

5 Auch die Geistesgegenwart ist von der Wohlberatenheit verschieden. Denn die Geistesgegenwart ist eine Art von richtigem Treffen. Ebenso ist die Wohlberatenheit kein Meinen.

Da nun wer sich schlecht überlegt, sich verfehlt, und wer gut handelt, sich auch richtig überlegt, so ist offenbar die Wohlberatenheit eine Richtigkeit, doch weder des Wissens noch des 10 Meinens. Bei der Wissenschaft gibt es keine Richtigkeit, weil es auch keine Fehlerhaftigkeit gibt, und die Richtigkeit des Meinens ist die Wahrheit. Außerdem steht schon alles fest, wovon es ein Meinen gibt. Anderseits ist die Wohlberatenheit nicht ohne Gründe. Also gehört sie zum Nachdenken. Dieses ist ja noch kein Behaupten, wogegen die Meinung kein Forschen mehr ist, sondern schon ein Behaupten; der Überlegende 15 aber, mag er dies gut oder schlecht tun, forscht und berechnet. Also ist die Wohlberatenheit eine Richtigkeit des Planens.

Doch muß man nun zuerst fragen, was das Planen sei und worauf es sich bezieht. Die Richtigkeit hat viele Bedeutungen, und offensichtlich kann nicht jede von ihnen hier gemeint sein. So wird der Unbeherrschte und der Schlechte, was er sich vorgenommen hat, durch sein Berechnen auch erreichen, so daß er also richtig geplant und dabei ein großes Übel erreicht haben 20 wird. Dabei scheint das richtige Planen etwas Gutes zu sein. Und nur eine Richtigkeit des Planens, die auf etwas Gutes zielt, ist Wohlberatenheit.

Aber auch dies kann man durch einen falschen Schluß erlangen; man kann auf diese Weise treffen, was man tun soll, aber nicht auf dem richtigen Wege, sondern der Mittelbegriff der Schlußfolgerung kann falsch sein. Auch das ist also noch

nicht die Wohlberatenheit, durch die man zwar erreicht, was
man soll, aber nicht auf dem Wege, den man gehen soll.

Ferner kann man lange Zeit überlegen, was man tun soll,
oder auch rasch. Auch jenes ist noch nicht die Wohlberatenheit, sondern eben eine Richtigkeit auf das Nützliche hin, mit
dem richtigen Gegenstand, dem richtigen Wege und zur richtigen Zeit.

Endlich kann man teils schlechthin wohlberaten sein, teils
im Bezug auf ein bestimmtes Ziel. Der eine macht es richtig im
Hinblick auf das schlechthin gültige Ziel, der andere im Hin-   30
blick auf ein einzelnes Ziel.

Wenn also der Kluge gut beraten ist, so dürfte wohl die
Wohlberatenheit eine Richtigkeit im Zuträglichen sein, auf
ein bestimmtes Ziel hin, von dem die Klugheit eine wahre
Vorstellung hat.

11. Auch die Verständigkeit und Unverständigkeit, auf Grund
deren wir von Verständigen und Unverständigen reden, ist
weder vollständig mit der Wissenschaft oder dem Meinen iden-   a 1
tisch (denn sonst wären alle Leute verständig), noch ist sie
eine einzelne Wissenschaft, wie die Medizin vom Gesunden
und die Geometrie von den Größen. Denn die Verständigkeit
befaßt sich weder mit dem Ewigen und Unbewegten noch mit
irgendeinem Entstehenden, sondern mit den Dingen, worin   5
man zweifelt und sich überlegt. Also hat sie dieselben Gegenstände wie die Klugheit, aber ist trotzdem nicht mit dieser
identisch. Denn die Klugheit gibt Anweisungen (ihr Ziel ist,
zu sagen, was man tun soll und was nicht), die Verständigkeit
dagegen beurteilt nur (Verständigkeit und Wohlverständig-
keit, verständig und wohlverständig sind dasselbe).   10

Verständigkeit ist weder das Besitzen noch das Erlangen der
Klugheit. Sondern wie man beim Lernen vom Verstehen
spricht, wenn man die Wissenschaft anwendet, ebenso ist es,
wenn man das Meinen anwendet zur Beurteilung der Gegen-

stände, mit denen sich die Klugheit befaßt, und zwar fremder
15 Meinung gegenüber, und zur richtigen Beurteilung. Denn das
Gute und das Richtige sind dasselbe. Der Name der Verständigkeit, durch die man verständig ist, kommt aus dem Verstehen beim Lernen. Denn wir sagen oft Verstehen für Lernen.

Der sogenannte Takt, mit dem wir die Taktvollen bezeichnen und sagen, jemand habe Takt, ist das richtige Urteil des
20 Anständigen. Ein Beweis: der Anständige ist am ehesten zur
Nachsicht geneigt, und anständig nennen wir es, in einigen
Dingen Nachsicht zu üben. Die Nachsicht ist aber ein Takt,
mit dem der Anständige richtig zu beurteilen versteht. Und
richtig bedeutet wahr.

25 12. Alle diese Weisen des Verhaltens zielen verständlicher-
weise auf dasselbe. Wir sprechen von Takt, Verständigkeit,
Klugheit und Geist, indem wir von denselben Menschen sagen,
sie hätten Takt und Geist und seien klug und verständig. Denn
alle diese Fähigkeiten beziehen sich auf das Letzte und Einzelne.
Die Gegenstände der Klugheit vermag der Verständige und
30 Taktvolle und Nachsichtige zu beurteilen. Die Anständigkeit
ist die gemeinsame Eigenschaft aller Guten im Verhältnis zu
andern Menschen.

Alle Gegenstände des Handelns gehören zum Einzelnen und
Letzten. Der Kluge muß sie kennen, und die Verständigkeit
und der Takt betreffen eben die Gegenstände des Handelns,
35 als das Letzte. Der Geist endlich betrifft das Letzte nach beiden Seiten. Denn auf die ersten Begriffe wie auch auf das Letzte
b1 geht der Geist und nicht der Verstand; im ersten Falle geht
er auf die Beweise der ersten und unbewegten Begriffe, im
zweiten auf das Letzte, das Mögliche, den Untersatz im Bereich des Handelns. Dies sind die Prinzipien des Zwecks. Denn
aus dem Einzelnen entspringt das Allgemeine. Dieses Einzelne
muß durch Wahrnehmung erfaßt werden, und dies ist eben
5 der Geist.

Darum scheinen diese Dinge auch naturgegeben zu sein: weise ist von Natur keiner, wohl aber hat er Takt, Verständigkeit und Geist. Ein Zeichen dafür ist, daß wir meinen, diese Eigenschaften folgten den verschiedenen Lebensaltern, und daß ein bestimmtes Alter Geist und Takt besitze, als sei die Natur die Ursache davon. (Darum ist auch der Geist Anfang und Ende. Denn die Schlußfolgerungen gehen vom Ein- 10 zelnen aus und betreffen dieses.)

Darum muß man die ohne Beweise vorgetragenen Behauptungen und Meinungen der Erfahrenen, Älteren und Klugen nicht weniger beachten als das Bewiesene. Denn weil sie das Auge der Erfahrung haben, sehen sie richtig.

Was also die Klugheit und die Weisheit sind, was ihre 15 Gegenstände sind und daß jede die Tugend eines andern Seelenteiles ist, haben wir nun gesagt.

13. Man könnte jetzt fragen, zu was sie beide nützlich seien. Denn die Weisheit betrachtet keines der Dinge, durch die der Mensch glückselig wird (denn sie hat es mit keinem Werden zu tun), und die Klugheit tut dies zwar, aber wozu ist sie not- 20 wendig, wenn sie sich zwar mit dem für den Menschen Gerechten, Schönen und Guten befaßt und dies das ist, was der tugendhafte Mensch tun muß, wenn wir aber dadurch, daß wir darüber Bescheid wissen, noch keineswegs eher imstande sind, auch dementsprechend zu handeln? Die Tugenden sind doch Verhaltensweisen, und dasselbe gilt auch vom Gesunden 25 und Stärkenden, wo es sich auch nicht nur um ein Tun, sondern um ein Verhalten handelt. Denn wir sind dadurch, daß wir die Medizin und die Gymnastik kennen, noch in keiner Weise zum Handeln geeigneter.

Wenn man aber annimmt, die Klugheit sei nicht dazu da, die Tugenden kennenzulernen, sondern um tugendhaft zu werden, so wird sie für jene, die schon tugendhaft sind, gar

nicht nützlich werden, und ebensowenig jenen, die die Tugenden nicht besitzen. Denn es wird keinen Unterschied machen,
ob man die Tugenden selbst besitzt, oder ob man denen folgt,
die sie besitzen. Dies könnte uns ja genügen, wie bei der Gesundheit. Denn wir wollen zwar gesund sein, lernen aber darum doch nicht die Medizin.

Außerdem erscheint es unsinnig, wenn die Klugheit, die
doch geringer ist als die Weisheit, dieser trotzdem überlegen
35 sein soll: denn das hervorbringende Wissen herrscht und befiehlt im Einzelnen.

Hierüber muß gesprochen werden. Denn bis jetzt haben wir
nur die Schwierigkeiten genannt.

a1 Erstens sagen wir, daß diese beiden Tugenden an sich notwendigerweise wünschbar sind, da jede die Tugend eines besonderen Seelenteiles ist; und zwar sind sie wünschbar, auch
wenn sie nichts weiter hervorbringen.

Zweitens aber bringen sie tatsächlich etwas hervor, nicht
wie die Medizin die Gesundheit hervorbringt, sondern wie die
Gesundheit selbst dies tut; ebenso bringt die Weisheit die
5 Glückseligkeit hervor. Denn obwohl sie ein Teil der gesamten
Tugend ist, macht sie schon dadurch, daß man sie hat und
betätigt, glückselig.

Ferner kommt das Handeln durch die Klugheit und die
ethische Tugend zustande. Denn die Tugend macht, daß das
Ziel richtig wird, und die Klugheit, daß der Weg dazu richtig
wird. Der vierte Seelenteil freilich hat keine derartige Tugend,
10 der vegetative Teil. Denn es steht nicht in seiner Macht, zu
handeln oder nicht zu handeln.

Wenn aber gesagt wird, daß man durch die Klugheit in keiner Weise fähiger würde, schön und gerecht zu handeln, so
müssen wir etwas weiter zurückgreifen und bei folgendem
Punkte beginnen:

Wie wir sagen, daß Menschen, die gerecht handeln, darum

noch nicht Gerechte sind, etwa solche, die das von den Gesetzen Vorgeschriebene nicht aus sich tun, sondern widerwillig
oder aus Unwissenheit oder aus irgendeiner andern Ursache
(dennoch tun sie aber, was man soll und was der Tugendhafte
tun soll), so scheint es auch eine bestimmte Verfassung zu
geben, in der man erst handelt, so daß es wirklich gut ist, ich
meine durch Willensentscheidung und um der Tat selbst
willen.

Die Willensentscheidung wird nun durch die Tugend rich- 20
tig; daß aber alles geschieht, was seiner Natur nach um dieses
Zieles willen geschehen muß, das ist nicht das Werk der Tugend, sondern einer andern Fähigkeit.

Darüber sei noch etwas ausführlicher und klarer gesprochen. Es gibt eine Fähigkeit, die man Gewandtheit nennt. Ihr
ist es eigentümlich, das zu tun und erreichen zu können, was
zum vorgenommenen Ziele führt. Ist das Ziel gut, so ist sie 25
lobenswert, ist es schlecht, so ist sie Gerissenheit. Darum nennen wir sowohl die Klugen wie auch die Gerissenen gewandt.
Die Klugheit ist nun nicht diese Fähigkeit selbst, aber sie besteht nicht ohne sie. Eine solche Haltung aber wird diesem
Auge der Seele nicht ohne Tugend zuteil, wie wir schon ge- 30
sagt haben und es auch klar ist. Denn die Schlußfolgerungen,
die das Prinzip des Handelns sind, lauten: «Weil das und das
das Ziel und das Beste ist – es mag sein, was es will; man kann
irgend etwas Beliebiges nehmen – ...» Dies wird aber nur dem
Tugendhaften klar. Denn die Schlechtigkeit verführt und
macht, daß man sich in den Prinzipien des Handelns vergreift. 35
Also ist klar, daß man nicht klug sein kann, wenn man nicht
tugendhaft ist.

Fragen wir nun noch einmal nach der Tugend. Denn sie b1
verhält sich ähnlich; und so wie sich die Klugheit zur Gewandtheit verhält (sie ist nicht dasselbe, aber doch ähnlich),
so verhält sich die natürliche Tugend zu der eigentlichen.

Alle scheinen ja die einzelnen Charaktereigenschaften in ge-
5 wisser Weise von Natur zu besitzen (wir sind gerecht, mäßig
und tapfer und haben die übrigen Eigenschaften gleich von
Geburt an). Dennoch suchen wir das eigentliche Gute als etwas anderes und meinen, daß diese Dinge noch auf eine andere
Weise vorhanden sind. Denn die natürlichen Verhaltensweisen
finden sich auch bei den Kindern und Tieren; doch ohne den
Geist erweisen sie sich als schädlich. Soviel scheint sichtbar zu
10 sein: wie ein kräftiger Körper, der sich ohne Sehvermögen bewegt, gewaltig ausrutschen kann, weil er nichts sieht, ebenso
ist es auch hier; kommt aber der Geist dazu, so wird das Handeln hervorragend. Das Verhalten, das bisher der Tugend ähnlich war, wird nun zur eigentlichen Tugend.

Wie es also beim meinenden Seelenteil zwei Arten gibt, die
15 Gewandtheit und die Klugheit, so auch beim ethischen, die
natürliche Tugend und die eigentliche, und diese eigentliche
ist nicht ohne Klugheit möglich.

Darum sagen auch einige, daß alle Tugenden Klugheiten
seien, und das Forschen des Sokrates war in dieser Hinsicht teils
richtig, teils falsch. Denn daß er alle Tugenden für Klugheiten
20 hielt, war falsch, richtig dagegen, daß sie nicht ohne Klugheit
bestehen. Ein Beweis: Wenn heute die Tugend definiert wird,
unterläßt niemand, das Verhalten dazuzunennen und zu sagen,
worauf es sich richtet, nämlich auf die rechte Einsicht. Recht
heißt hier: der Klugheit gemäß. So scheinen alle irgendwie zu
25 ahnen, daß ein derartiges Verhalten eine der Klugheit gemäße
Tugend ist. Man muß aber noch einen kleinen Schritt weitergehen: nicht nur die Haltung gemäß der rechten Einsicht, sondern auch diejenige mit der rechten Einsicht ist Tugend. Die
rechte Einsicht in diesen Dingen ist aber die Klugheit. Sokrates meinte nun, die Tugenden seien Begriffe (denn er meinte,
sie seien alle Wissenschaften), wir dagegen sagen, daß sie mit
30 Einsicht sind.

Es ergibt sich also aus dem Gesagten, daß man nicht in einem wesentlichen Sinne gut sein kann ohne die Klugheit, noch klug ohne die ethische Tugend.

Auf diese Weise werden auch die Argumente widerlegt, mit denen man vielleicht beweisen möchte, daß die Tugenden voneinander getrennt sind; es könne nämlich nicht derselbe gleich begabt zu allen Tugenden sein, und so werde er die eine bereits erworben haben, die andere dagegen noch nicht. 35

Dies ist bei den natürlichen Tugenden möglich, nicht aber bei den anderen, auf Grund deren man schlechthin tugendhaft a 1 heißt. Denn wenn man die Eine Klugheit besitzt, wird man zugleich alle Tugenden besitzen.

Aber auch wenn die Klugheit nicht zum Handeln führte, so wäre sie offenbar trotzdem notwendig, weil sie die Tugend eines Teiles des Geistes ist und weil eine rechte Willensentscheidung nicht möglich ist ohne Klugheit und ohne Tugend. Denn diese macht, daß man das Ziel erreicht, jene, daß man 5 tut, was zum Ziele führt.

Dennoch ist die Klugheit nicht über die Weisheit und über den besseren Seelenteil überlegen, wie auch die Medizin nicht über der Gesundheit steht. Denn sie gebraucht sie nicht, sondern sieht zu, sie herzustellen. Sie befiehlt also nicht ihr, sondern ihretwegen. Es wäre dies endlich gleich, wie wenn man sagen wollte, die Politik herrsche über die Götter, weil 10 sie alles im Staate anordnet.

## SIEBENTES BUCH

1. Wir haben nun einen neuen Ausgangspunkt zu nehmen und festzustellen, daß es im Ethischen drei Arten von Dingen gibt, die man zu fliehen hat: die Schlechtigkeit, die Unbeherrschtheit und die Roheit. Die Gegensätze davon sind für die zwei ersten klar (wir nennen sie Tugend und Selbstbeherrschung), als Gegensatz zur Roheit würde am ehesten die den Menschen übersteigende Tugend passen, eine heroische und göttliche, 20 wie bei Homer Priamos über Hektor sagt, er sei überaus tüchtig «und er schien nicht der Sohn eines sterblichen Mannes zu sein, sondern eines Gottes». Wenn also, wie man sagt, aus Menschen Götter werden durch ein Übermaß an Tugend, so wäre dies wohl ungefähr das Verhalten, das der tierischen Roheit entgegengesetzt wäre.

Wie nämlich das Tier keine Tugend oder Schlechtigkeit 25 kennt, so auch nicht ein Gott, sondern die göttliche Vollkommenheit ist ehrwürdiger als die Tugend, und die tierische Schlechtigkeit ist eine besondere Art von Schlechtigkeit. Wie es aber selten ist, daß «ein göttlicher Mann» existiert, wie es die Spartaner auszudrücken pflegen, wenn sie einen besonders bewundern (sie nennen ihn «seios aner»), so ist auch die Roheit unter den Menschen selten. Am ehesten kommt sie unter 30 den Barbaren vor, und gelegentlich infolge von Krankheiten und Verstümmelungen; oder wir geben auch Menschen, die sich durch übermäßige Schlechtigkeit auszeichnen, diesen Schimpfnamen.

Aber ein solches Verhalten soll später behandelt werden; auf der andern Seite haben wir über die Schlechtigkeit schon vorhin gesprochen. So ist denn jetzt über die Unbeherrschtheit zu 35

reden und über die Weichlichkeit und Schlemmerei sowie
über Selbstbeherrschung und Abgehärtetheit. Denn diese bei-
b 1 den Gruppen sind weder mit der Tugend und der Schlechtigkeit identisch, noch eine von ihnen verschiedene Gattung.

Man muß nun, wie in den anderen Fällen, zuerst die Phänomene nennen und die Schwierigkeiten zeigen und dann alles
nachweisen, was hinsichtlich jener Affekte anerkannte Mei-
5 nung ist, oder doch das meiste und Wichtigste. Denn wenn die
Schwierigkeiten gelöst sind und das Anerkannte übrigbleibt,
so ist der Nachweis wohl hinreichend geleistet.

2. Die Selbstbeherrschung und die Abgehärtetheit scheinen
zu den tugendhaften und lobenswerten Dingen zu gehören, die
Unbeherrschtheit dagegen und die Weichlichkeit zu den
10 schlechten und tadelnswerten. Ferner ist der Beherrschte derjenige, der bei seiner Überlegung bleibt, der Unbeherrschte
jener, der von ihr abspringt.

Der Unbeherrschte weiß, daß es schlecht ist, was er tut,
und tut es doch aus Leidenschaft; der Beherrschte weiß, daß
die Begierden schlecht sind, und folgt ihnen nicht durch seine
Vernunft.

Den Besonnenen nennen wir beherrscht und abgehärtet;
wer dagegen nur diese Eigenschaften hat, den nennen die einen
15 auch schlechthin besonnen, die anderen nicht. Ebenso nennen
die einen den Zügellosen ohne weiteres unbeherrscht und umgekehrt, während die anderen sie unterscheiden.

Außerdem sagt man bald, daß der Kluge nicht unbeherrscht
sein könne, bald, daß es Menschen gebe, die klug und gewandt seien, aber unbeherrscht.

Endlich redet man von Unbeherrschtheit auch im Bezug auf
20 Zorn, Ehre und Gewinn.

3. Dies sind die üblichen Ansichten. Man kann sich nun fragen, wie einer zwar richtige Überzeugungen haben, aber doch
unbeherrscht sein könne. Einige sagen, dies sei unmöglich,

wenn man ein Wissen habe. Denn es wäre, wie Sokrates meinte, schlimm, wenn man zwar Wissenschaft besäße, aber ein anderes über sie herrschen und sie hin und her ziehen könnte wie einen Sklaven. Sokrates kämpfte nämlich überhaupt gegen den Begriff der Unbeherrschtheit und erklärte, es gebe sie gar nicht; denn keiner, der richtige Überzeugungen habe, würde gegen das Beste handeln, sondern nur aus Unwissenheit. Diese Behauptung widerspricht offensichtlich den Phänomenen; man müßte vielmehr nach dem Affekt fragen, und welche Art von Unwissenheit es sein soll, wenn er aus Unwissenheit entsteht. Es ist klar, daß der Unbeherrschte erst dann seine falsche Meinung erhält, wenn er schon im Affekte ist.

Einige nun stimmen dem teilweise bei, teilweise nicht. Denn daß es nichts Stärkeres gibt als die Wissenschaft, geben sie zu, daß aber keiner gegen das handelt, was seiner Meinung nach das Bessere ist, geben sie nicht zu, und so sagen sie, daß der Unbeherrschte nicht in seinem Wissen von den Lüsten überwältigt werde, sondern in seinen Meinungen.

Aber wenn es sich um Meinen und nicht um Wissen handelt und wenn nicht eine starke Überzeugung Widerstand leistet, sondern nur eine mäßige, wie wenn man zweifelt, so wird man denjenigen mit Nachsicht behandeln müssen, der kräftigen Begierden gegenüber nicht bei solchen Meinungen bleibt. Für die Schlechtigkeit dagegen gibt es keine Nachsicht und für nichts anderes, was tadelnswert ist. Also ist es hier die Klugheit, die Widerstand leistet, denn sie ist das Stärkste. Doch dies ist unsinnig. Denn dann wird derselbe Mensch gleichzeitig klug und unbeherrscht sein, und doch wird niemand je behaupten wollen, ein Kluger könne freiwillig die schlechtesten Dinge tun.

Außerdem ist vorhin gezeigt worden, daß der Kluge zum Handeln fähig ist (denn er befaßt sich mit dem Einzelnen) und auch die anderen Tugenden besitzt.

Wenn ferner der Beherrschte im Besitze starker und schlechter Begierden sein soll, so wird weder der Besonnene beherrscht sein noch der Beherrschte besonnen. Denn der Besonnene hat weder heftige Begierden noch schlechte. Aber er müßte es. Denn sind die Begierden ehrbar, so ist die Haltung, die uns hindert, ihnen zu folgen, schlecht, so daß also nicht jede Selbst-
15 beherrschung tugendhaft wäre. Sind sie aber schwach und nicht schlecht, ist es nichts Großartiges, ihnen zu widerstehen, und sind sie schlecht und schwach, so ist es nichts Bedeutendes.

Wenn ferner die Selbstbeherrschung bewirkt, daß man bei jeder Meinung beharrt, so ist sie schlecht, falls man dann auch bei der falschen Meinung beharrt. Und wenn die Unbeherrschtheit aus jeder Meinung vertreibt, so wird es auch eine tugendhafte Unbeherrschtheit geben, wie die des sophokle-
20 ischen Neoptolemos im Philoktetes. Denn er ist zu loben, daß er nicht bei der Meinung blieb, zu der ihn Odysseus überredet hatte, und zwar weil ihn das Lügen schmerzte.

Ferner macht auch der sophistische Trugschluß Schwierigkeiten. Weil man nämlich etwas Paradoxes zu beweisen sucht, damit man als gewandt erscheint, wenn es gelingt, bringt die Schlußfolgerung in Schwierigkeiten. Das Denken ist gebun-
25 den, wenn es nicht beharren will, weil ihm der Schluß nicht paßt, aber nicht weiterschreiten kann, weil es den Beweis nicht aufzulösen vermag. So kann etwa bewiesen werden, daß Unverstand mit Unbeherrschtheit zusammen Tugend wäre; man tut nämlich aus Unbeherrschtheit das Gegenteil von seiner Überzeugung, und überzeugt ist man davon, daß das Gute
30 schlecht sei und nicht getan werden dürfe: und so tut man schließlich das Gute und nicht das Schlechte.

Wer ferner aus Überzeugung handelt und das Angenehme sucht und wählt, scheint doch wohl besser zu sein als der, der dasselbe nicht aus Überzeugung, sondern aus Unbeherrschtheit tut. Denn weil er sich überreden läßt, ist er leichter zu heilen. Der Unbeherrschte dagegen fällt unter das Sprichwort: «Wenn das Wasser würgt, was soll man darauf trinken?» Wenn 35 er nämlich bloß überzeugt gewesen wäre von dem, was er tut, so hätte er sich überreden lassen und hätte aufgehört; jetzt b1 aber ist er zwar vom Richtigen überzeugt und handelt doch falsch.

Wenn es ferner auf jedem Gebiete Unbeherrschtheit und Beherrschtheit gibt, wer ist dann der schlechthin Unbeherrschte? Denn keiner hat alle Arten von Unbeherrschtheit, aber von einigen sagen wir, daß sie schlechthin unbeherrscht seien.    5

4. Dies sind also ungefähr die Schwierigkeiten; von ihnen kann man die einen lösen, die andern auf sich beruhen lassen. Das Lösen der Schwierigkeiten ist ja zugleich das Finden des Richtigen.

Erstens muß man untersuchen, ob der Unbeherrschte wissend handelt oder nicht, und wenn ja, auf welche Weise; ferner auf was sich Beherrschtheit und Unbeherrschtheit beziehen, ich meine: ob auf jede Art von Lust und Schmerz oder nur auf 10 bestimmte einzelne Arten. Weiterhin, ob der Beherrschte und der Abgehärtete derselbe sind, und was sonst mit diesem Problem zusammenhängt.

Ausgangspunkt der Untersuchung ist, ob sich der Beherrschte und der Unbeherrschte durch ihren Gegenstand oder durch 15 ihr Verhalten unterscheiden, ich meine: ist der Unbeherrschte es nur darum, weil er sich mit einem bestimmten Gegenstande befaßt, oder vielmehr darum, weil er es in bestimmter Weise tut, oder auch dies nicht, sondern aus beiden Gründen; ferner, ob sich Beherrschtheit und Unbeherrschtheit auf alles beziehen oder nicht. Denn der schlechthin Unbeherrschte hat es nicht mit allem zu tun, sondern nur mit dem, worauf sich auch die Zügellosigkeit bezieht, und auch nicht, indem er sich 20 schlechthin dazu verhält (denn sonst wäre die Unbeherrschtheit dasselbe wie die Zügellosigkeit), sondern indem er sich in bestimmter Weise verhält. Denn der eine läßt sich mit freiem Willen führen, weil er meint, man müsse immer der gegenwärtigen Lust nachgehen; der andere meint dies nicht, tut es aber trotzdem.

5. Wenn man nun sagt, es sei nicht das Wissen, sondern die
25 wahre Meinung, gegen die man unbeherrscht ist, so macht dies für die Beweisführung keinen Unterschied. Einige nämlich haben nur Meinungen, schwanken aber nicht, sondern glauben ganz genau zu wissen. Und wenn die Meinenden nur darum mehr als die Wissenden gegen ihre Überzeugung handeln, weil ihre Überzeugung schwach ist, so schafft dies keinen Unterschied zwischen Wissen und Meinen. Denn einige glau-
30 ben an das, was sie meinen, genau so sehr wie andere an das, was sie wissen; das beweist Heraklit.

Da aber das Wissen eine doppelte Bedeutung hat (denn wissend wird der genannt, der die Wissenschaft hat, aber nicht anwendet, und ebenso jener, der sie anwendet), so macht es einen Unterschied, ob einer tut, was er nicht soll, während er das Wissen hat, aber nicht betätigt, oder während er es hat und auch betätigt. Das zweite scheint schlimm zu sein, nicht
35 aber das erste, wenn er das Wissen nicht anwendet.

a1      Da es ferner zwei Arten von Vordersätzen gibt, so hindert nichts, daß man zwar beide besitzen kann und doch gegen sein Wissen handelt, indem man zwar den allgemeinen Satz anwendet, nicht aber den partikulären. Gegenstand des Handelns ist aber das Einzelne. Aber auch beim Allgemeinen gibt es Unterschiede. Es betrifft entweder die Person oder den Ge-
5 genstand. Im ersten Sinne steht etwa: «Jedem Menschen ist das Trockene zuträglich», im zweiten: «dies ist ein Mensch» oder: «dies ist trocken». Daß aber dieses bestimmte Ding diese bestimmte Eigenschaft hat, das weiß man nicht, oder man aktualisiert es nicht. Diesen Arten gemäß gibt es einen ungeheuren Unterschied, so daß es in dem einen Sinne nicht merkwürdig

erscheint, daß man Wissen besitzt, während es in einem andern
Sinne erstaunlich wäre.

Außerdem können die Menschen das Wissen auf eine noch- 10
mals andere Art als bisher angegeben besitzen. Beim Besitzen
und Nichtanwenden gibt es Unterschiede des Verhaltens, so
daß man in gewisser Weise besitzt und auch wieder nicht besitzt, etwa im Schlaf, im Wahnsinn und in der Trunkenheit.
Genau in solcher Verfassung befinden sich auch die von den
Leidenschaften Ergriffenen. Denn Zorn, Liebesbegierde und 15
dergleichen verändern offensichtlich auch den Körper und
führen gelegentlich sogar zum Wahnsinn. Man kann also zweifellos behaupten, daß die Unbeherrschten sich in einer ähnlichen Verfassung befinden. Daß sie dabei im Sinne des Wissens
reden, ist kein Beweis. Denn auch wer in jenen Leidenschafts-
zuständen ist, trägt Beweise und Verse des Empedokles vor, 20
und auch wer zu lernen beginnt, reiht Sätze aneinander und
weiß noch nicht, was sie bedeuten. Denn die Sache muß in
ihn hineinwachsen, und dazu braucht es Zeit. Man muß also
annehmen, daß die Unbeherrschten so reden wie die Schauspieler.

Auch folgendermaßen kann man sich auf eine naturwissenschaftliche Weise die Ursache klarmachen. Die eine Meinung
geht auf das Allgemeine, die andere auf das Einzelne, das selbst 25
bereits der Sinneswahrnehmung untersteht. Wird nun aus beiden eines, so wird die Schlußfolgerung von der Seele bejaht
und, wo es sich um ein Hervorbringen handelt, sogleich ausgeführt werden müssen, etwa: wenn man alles Süße kosten
soll und dieses da als Einzelnes süß ist, so wird der, der dazu in
der Lage ist und nicht gehindert wird, dies gleichzeitig auch 30
notwendigerweise tun. Wenn nun eine allgemeine Meinung
vorhanden ist, die das Kosten verbietet, und daneben eine andere, daß alles Süße angenehm ist und daß dieses Bestimmte
süß ist (und diese Meinung wirkt) und wenn außerdem gerade

auch eine Begierde da ist, so wird die erste Meinung raten, daß
man dies meiden solle, die Begierde aber führt darauf hin (denn
35 sie kann jeden einzelnen Seelenteil in Bewegung setzen). Und
b1 so kann man in gewisser Weise durch den Verstand und das
Meinen unbeherrscht sein, eine Meinung, die zwar nicht an
sich, aber doch beiläufig (denn eigentlich ist die Begierde entgegengesetzt und nicht die Meinung) der wahren Einsicht
entgegengesetzt ist. Aus diesem Grunde sind auch die Tiere
nicht unbeherrscht, weil sie keinen Begriff vom Allgemeinen
haben, sondern nur eine Vorstellung und Erinnerung an das
5 Einzelne.

Hinsichtlich der Frage, wie diese Unwissenheit sich löst und
der Unbeherrschte wieder wissend wird, gilt dasselbe wie beim
Trunkenen und Schlafenden; es gibt da nichts dieser Leidenschaft Eigentümliches, und man muß darüber die Naturforscher
hören.

Da aber der zweite Vordersatz der Schlußfolgerung eine
10 Meinung über etwas Wahrnehmbares ist und das Handeln bestimmt, so besitzt der von der Leidenschaft Ergriffene sie entweder gar nicht, oder wenn er sie hat, nicht so, wie man ein
Wissen besitzt, sondern wie der Betrunkene die Verse des Empedokles rezitiert. Und weil der letzte Begriff nicht allgemein ist und nicht im selben Sinne wissenschaftlich zu sein
scheint wie der allgemeine, so sieht es aus, als ob Sokrates recht
hätte. Denn nicht wenn das vorhanden ist, was im eigentli-
15 chen Sinne als Wissenschaft gilt, entsteht die Leidenschaft, und
nicht diese wird durch die Leidenschaft hin und her gerissen,
sondern die wahrnehmende Wissenschaft.

Soviel sei gesagt über die Frage, ob man wissend unbeherrscht sein kann oder nicht, und wie man es wissend sein kann.

6. Ob einer aber schlechthin unbeherrscht ist oder ob alle es
20 nur teilweise sind, und wenn schlechthin, worauf sich dann
dies bezieht, dies ist nun zu besprechen.

Daß der Beherrschte und der Abgehärtete, der Unbeherrschte und der Weichliche es mit Lust und Schmerz zu tun haben, ist klar. Nun ist von dem, was Lust erzeugt, das eine notwendig, das andere an sich wünschbar, aber des Übermaßes fähig; notwendig ist, was sich auf den Körper bezieht, also was sich 25 auf die Nahrung und die Aphrodisia bezieht, und jenes Körperliche, bei dem es, wie wir sagten, Zügellosigkeit und Besonnenheit gibt. Nicht notwendig, aber an sich wünschbar sind Dinge wie Sieg, Ehre, Reichtum und ähnliche gute und angenehme Dinge. Jene, die hierin über die in ihnen vorhandene 30 rechte Einsicht hinausgehen, nennen wir nicht schlechthin unbeherrscht, sondern fügen bei, ein solcher sei unbeherrscht in Geldsachen, gegenüber Gewinn, Ehre und Zorn, aber nicht schlechthin, sondern als einer, der nur der Ähnlichkeit wegen so genannt wird, im übrigen jedoch ein anderer ist, wie jener Anthropos, der in Olympia gesiegt hat; auch bei ihm unter- 35 schied sich der allgemeine Begriff vom individuellen nur wenig, a 1 aber dennoch war er ein anderer. Ein Beweis ist: die eigentliche Unbeherrschtheit wird nicht nur als ein Fehler, sondern auch als eine Schlechtigkeit getadelt, sei es nun schlechthin oder zu einem Teile, während das für jene Arten nicht gilt.

Wer aber in den körperlichen Genüssen, bei denen wir vom 5 Besonnenen und Zügellosen sprechen, unbeherrscht ist, und wer ohne Willensentschluß das Übermaß des Angenehmen sucht und das Übermaß des Schmerzlichen meidet, und zwar in Hunger, Durst, Hitze, Kälte und in allem, was das Schmekken und das Tasten angeht, und dies gegen seinen Willensentschluß und seine Vernunft tut, der heißt unbeherrscht, und 10 zwar ohne Zusatz, also nicht wie beim Zorne, sondern schlechthin. Ein Beweis ist: man redet in diesen Dingen auch von Weichlingen, keinesfalls aber in jenen. Und darum stellen wir den Unbeherrschten und den Zügellosen zusammen und den Beherrschten und den Besonnenen, doch keinen von den an-

dern Arten, weil nur sie es sozusagen mit denselben Formen
von Lust und Schmerz zu tun haben. Sie beziehen sich auf dasselbe, allerdings nicht auf dieselbe Weise, sondern die einen
wählen es, die anderen nicht. Darum würden wir eher denjenigen zügellos nennen, der ohne Begierde oder mit nur geringer
Begierde dem Übermaß nachgeht und auch schon mäßige
Schmerzen meidet, als den, der dies aus heftiger Begierde tut.
20 Denn was täte jener erst, wenn eine stürmische Begierde dazukäme und heftiger Schmerz über den Mangel in notwendigen
Dingen?

Da nun von den Begierden und Freuden die einen ihrer Art
nach schön und edel sind (denn einiges Angenehme ist von
Natur wünschenswert, anderes das Gegenteil davon, anderes
25 wiederum in der Mitte, wie wir vorhin unterschieden haben,
nämlich Geld, Gewinn, Sieg, Ehre; bei allem Derartigen und
dem Mittleren tadeln wir nicht das Empfinden, Begehren und
Lieben als solches, sondern das Wie und das Übermaß), so sind
nun jene, die gegen ihre Einsicht etwas von Natur Schönes und
Gutes suchen und von ihm überwältigt werden, wie etwa jene,
30 die mehr als sich gehört sich um die Ehre bemühen oder um
Kinder und Eltern (denn auch dies ist gut, und wer sich darum
bemüht, wird gelobt; dennoch gibt es auch da ein Übermaß,
wenn etwa jemand wie Niobe sogar gegen die Götter kämpft
oder sich wie Satyros, der Philopator hieß, gegenüber seinem
b1 Vater benimmt; er schien nämlich gar zu einfältig zu sein) –
also in diesen Dingen gibt es keine Schlechtigkeit, und zwar
aus der genannten Ursache, weil jedes Einzelne davon an sich
und von Natur wünschenswert ist; verwerflich und zu meiden
ist in ihnen nur das Übermaß.

5 Ebenso gibt es hier auch keine Unbeherrschtheit; denn diese ist nicht nur zu meiden, sondern tadelnswert. Doch wegen
der Ähnlichkeit der Leidenschaft gebrauchen wir in jedem der
genannten Fälle den Begriff der Unbeherrschtheit, so wie wir

von einem schlechten Arzt und einem schlechten Schauspieler sprechen, ohne damit zu meinen, daß er schlechthin schlecht sei. Wie wir also da von Schlechtigkeit nur auf Grund einer gewissen Entsprechung reden, und nicht weil das Einzelne wirklich schlecht wäre, so ist es auch dort klar, daß nur dies eine echte Unbeherrschtheit und Beherrschtheit ist, wo es sich um dieselben Gegenstände wie bei der Besonnenheit und Zügellosigkeit handelt. Beim Zorn aber reden wir so nur wegen der Ähnlichkeit; und so fügen wir auch bei: unbeherrscht im Zorn oder im Bezug auf Ehre und Gewinn.

Da nun einiges von Natur angenehm ist, und zwar teils schlechthin, teils verschieden je nach den Arten der Tiere und Menschen, anderes aber nicht von Natur, sondern durch Defekte, Gewohnheiten oder schlechte Naturanlage dazu wird, so kann man auch da in jedem einzelnen Falle entsprechende Verhaltensweisen erkennen. Ich meine etwa die tierische Roheit, wie bei jener Frau, die die Schwangeren aufgeschlitzt und die Kinder verzehrt haben soll, oder wie bei gewissen verwilderten Völkern am Pontos, von denen es heißt, sie hätten Geschmack an rohem Fleisch oder auch an Menschenfleisch, oder die einander ihre Kinder zum Verspeisen verkaufen, oder was von Phalaris erzählt wird. Dies sind tierische Verhaltensweisen; anderes entsteht gelegentlich durch Krankheiten oder durch Wahnsinn, wie bei jenem, der seine Mutter als Opfer schlachtete und aß, oder bei dem Sklaven, der die Leber seines Mitsklaven verspeiste. Die krankhaften Zustände ergeben sich entweder von Natur oder durch Gewöhnung, wie das Ausreißen der Haare, das Abbeißen der Nägel, das Essen von Kohle und Erde und dazu auch die Knabenliebe; sie entsteht bei den einen von Natur, bei den andern aus Gewohnheit, wie bei denen, die schon als Kinder geschändet worden sind. Wo nun die Natur die Ursache ist, wird niemand von Unbeherrschtheit sprechen, wie auch nicht bei den Frauen deswegen, weil sie

nicht beschlafen, sondern beschlafen werden. Ebenso wird man
es nicht tun, wo durch Gewohnheit ein krankhafter Zustand
eingetreten ist. Und was diese Zustände selbst angeht, so stehen sie jenseits der Grenzen der Schlechtigkeit, wie die tierische
Roheit. Wenn der, der sie hat, sie überwältigt oder von ihnen
überwältigt wird, so ist dies nicht die Unbeherrschtheit
schlechthin, sondern nur ihr ähnlich, so wie man auch den im
Zorn Unbeherrschten nur eben in dieser Richtung der Leidenschaft unbeherrscht nennen darf und nicht unbeherrscht
schlechthin. Denn jedes Übermaß von Torheit, Feigheit, Zügellosigkeit und Bösartigkeit ist teils tierisch, teils krankhaft.
Der eine ist von Natur so, daß er alles fürchtet, auch wenn eine
Maus raschelt, und leidet insofern an einer tierischen Feigheit.
Ein anderer fürchtet Katzen auf Grund einer Krankheit. Und
von den Einfältigen sind die einen von Natur schwachsinnig
und leben wie die Tiere nur auf Grund ihrer Wahrnehmungen
(so tun es einige ferne Barbarenstämme), andere sind es durch
Krankheiten, wie die Epilepsie, oder durch krankhaften Wahnsinn.

Es kann vorkommen, daß man dergleichen nur zeitweilig
hat und es überwältigen kann, wie wenn etwa Phalaris sich beherrschte, wenn ihn die Begierde ankam, Kinder zu essen oder
widernatürlichem Geschlechtsgenuß nachzugeben. Man kann
aber solche Zustände nicht bloß haben, sondern auch von ihnen
überwältigt werden. Wie nun bei der Schlechtigkeit die allgemein menschliche als Schlechtigkeit schlechthin bezeichnet
wird, die andere mir einem Zusatz tierisch oder krankhaft
heißt und nicht schlechthin gilt, auf dieselbe Weise gibt es
offenbar auch eine tierische und eine krankhafte Unbeherrschtheit; schlechthin besteht aber nur jene, die der allgemein
menschlichen Zügellosigkeit entspricht.

7. Daß nun Unbeherrschtheit und Beherrschtheit nur jene
Dinge betreffen, bei denen es auch Zügellosigkeit und Beson-

nenheit gibt, und daß wir in den übrigen Fällen eine andere
Art von Unbeherrschtheit haben, die nicht schlechthin, sondern nur metaphorisch so heißt, ist klar. Daß aber die Unbeherrschtheit im Zorn auch weniger schimpflich ist als diejenige
in den Begierden, sei nun gezeigt.                                        25

Der Zorn scheint nämlich teilweise auf die Vernunft zu hören, aber verkehrt zu hören, wie ein eifriger Diener, der hin-
ausläuft, ehe er den ganzen Befehl vernommen hat, und ihn
dann auch falsch ausführt, und wie die Hunde, die bellen,
wenn sie nur einen Ton hören, ehe sie sich vergewissert haben,
ob es sich um einen Freund handelt. So hört auch der Zorn in
der Hitze und Raschheit seiner Natur zwar hin, aber nicht auf 30
das, was befohlen wird, und stürmt gleich zur Rache. Der Verstand oder die Vorstellung haben ihm mitgeteilt, daß eine Beleidigung oder Verachtung vorliege, und er entrüstet sich sofort, wie wenn er den Schluß zöge, daß man etwas Derartiges
bekämpfen müsse. Die Begierde wiederum stürmt zum Genuß,
kaum daß der Verstand und die Wahrnehmung gesagt haben, 35
daß etwas angenehm ist.

So folgt der Zorn bis zu einem gewissen Grade dem Ver- b1
stand, die Begierde dagegen nicht. Sie ist also schimpflicher.
Denn der im Zorne Unbeherrschte unterliegt in gewisser
Weise dem Verstand, der andere aber bloß der Begierde und
nicht dem Verstande.

Ferner ist es verzeihlicher, wenn man den natürlichen Strebungen folgt und so auch eher denjenigen unter den Begier- 5
den, die allen gemeinsam sind und sofern sie allen gemeinsam
sind; und der Zorn und die Entrüstung sind natürlicher als
jene Begierden, die nach dem Übermaß und dem nicht Notwendigen verlangen, so wie jener sich verteidigte, der seinen
Vater schlug: «Er hat auch seinen Vater geschlagen und dieser den seinigen, und (indem er auf seinen Sohn zeigte) dieser 10
da wird mich schlagen, wenn er erwachsen sein wird; denn das

ist bei uns Tradition.» Und der andere, der von seinem Sohne
geschleift wurde, sagte ihm, er solle ihn nicht weiter als bis zur
Türe schleifen; denn auch er habe seinen Vater nur bis dorthin
geschleift.

Ferner sind die Hinterlistigen die ungerechteren. Der Zornige ist aber nicht hinterlistig und der Zorn auch nicht, son-
15 dern offen. Die Begierde ist aber, wie man von Aphrodite sagt:
«Die listenspinnende Tochter von Kypros», und Homer sagt
von ihrem gestickten Gürtel, es sei in ihm «die Verführung,
die auch den Sinn des Verständigen betrügt». Wenn also diese
Art von Unbeherrschtheit ungerechter ist, so ist sie auch
schimpflicher als diejenige im Zorne. Sie ist eben Unbeherrschtheit schlechthin und in gewisser Weise Schlechtigkeit.

20    Ferner verübt keiner im Schmerze Unverschämtheiten, wer
aber im Zorn handelt, handelt immer im Schmerz; doch wer
unverschämt ist, ist es mit Lust. Wenn nun die Dinge, über die
wir mit besonderem Recht zürnen, auch die ungerechteren
sind, so ist es auch die aus Begierde entspringende Unbeherrschtheit. Denn der Zorn kennt keine Unverschämtheit.

Daß also die Unbeherrschtheit der Begierde schimpflicher ist
als die des Zornes, und daß Beherrschtheit und Unbeherrscht-
25 heit sich auf die körperlichen Begierden und Lüste beziehen,
ist klar. Nun muß man ihre Unterschiede feststellen.

Wie am Anfang gesagt wurde, sind die Begierden teils
menschlich und natürlich, und zwar der Art wie der Größe
nach, die andern sind tierisch, andere wiederum durch Defekte
und Krankheiten entstanden.

30    Von diesen Arten steht nur die erste mit der Besonnenheit
und Zügellosigkeit in Beziehung. Darum nennen wir auch die
Tiere weder besonnen noch zügellos, außer metaphorisch und
wenn eine Gattung der Tiere vor einer andern durchweg auf-
fällt an Frechheit, Zuchtlosigkeit und Gefräßigkeit. Denn sie
haben ja nicht Willensentscheidung und Überlegung, sondern

sie treten in einem solchen Falle aus ihrer Natur hinaus, wie etwa ein wahnsinniger Mensch.

Die tierische Roheit ist weniger schlimm als die Schlechtig- 21 keit, aber gefährlicher. Denn da ist das Beste nicht zerstört wie beim normalen Menschen, sondern es ist gar nicht vorhanden. Man könnte also ebensogut Unbeseeltes und Beseeltes vergleichen und fragen, was schlechter sei. Die Schlechtigkeit dessen, was kein Prinzip des Handelns hat, ist immer harmloser; und Prinzip ist der Geist. Es ist also ähnlich, wie wenn 5 man die Ungerechtigkeit mit dem ungerechten Menschen vergleicht. Jedes von beidem kann in gewissem Sinne das Schlechtere sein. Der schlechte Mensch kann sicherlich tausendmal mehr Schlechtes tun als ein Tier.

8. Was nun Lust und Schmerz, Begehren und Meiden im Bereich des Berührens und Schmeckens betrifft und worauf sich, 10 wie gesagt, Zügellosigkeit und Besonnenheit beziehen, so kann man sich so verhalten, daß man dem unterliegt, was sonst die meisten beherrschen, oder man kann beherrschen, wem die meisten unterliegen. Im Hinblick auf die Lust heißt man unbeherrscht und beherrscht, im Hinblick auf den Schmerz weichlich oder abgehärtet. Dazwischen steht das Verhalten der mei- 15 sten, auch wenn sie eher zum Schlechteren hinneigen.

Da nun einige der Lustempfindungen notwendig sind, andere nicht und diese bis zu einem gewissen Grade wünschenswert, dagegen nicht das Übermaß oder der Mangel, so verhält es sich gleich bei Begierde und Schmerz. Wer das Übermaß des Angenehmen sucht oder in übermäßiger Weise und nach freiem Entschluß, und zwar um dessen selbst willen und nicht, 20 um etwas anderes damit zu erreichen, ist zügellos. Notwendigerweise kennt dieser keine Reue und ist also unheilbar. Denn wer keine Reue besitzt, ist unheilbar. Das Gegenteil ist, wer zuwenig tut, der Mittlere ist der Besonnene. Dasselbe gilt von dem, der die körperlichen Schmerzen nicht aus Feigheit,

sondern aus Entschluß meidet. Von denen, die nicht auf Grund
eines Entschlusses handeln, wird der eine durch Lust angetrie-
ben, der andere, weil er den aus dem Begehren entstehenden
Schmerz meiden will. So unterscheiden sie sich voneinander.

Jedem scheint wohl derjenige, der ohne oder nur mit geringem Begehren etwas Schimpfliches tut, schlechter zu sein als
der heftig Begehrende; ebenso wenn einer ohne Zorn schlägt,
als wenn er es im Zorne tut. Denn was täte er, wenn er erst noch
30 die Leidenschaft hätte? Darum ist der Zügellose schlimmer
als der Unbeherrschte.

Vom Genannten ist das eine eher eine Form der Weichlichkeit, das andere dagegen ist Zügellosigkeit. Dem Unbeherrschten steht der Beherrschte gegenüber, dem Weichlichen der
Abgehärtete. Die Abhärtung liegt im Widerstehen, die Beherrschtheit im Herrschen, und Widerstehen und Herrschen
35 sind voneinander verschieden, ebenso wie das Nichtbesiegt-
werden vom Siegen. Insofern ist auch die Beherrschung wünschbarer als die Abhärtung.

b1 Wer nun versagt, wo die meisten widerstehen und es auch
können, ist weichlich und verwöhnt (denn die Verwöhntheit
ist eine Art von Weichlichkeit); er schleppt das Kleid nach,
um sich nicht mit dem Aufheben bemühen zu müssen, und
stellt sich krank und hält sich nicht für einen Elenden, obschon
er einem solchen ähnlich ist.

5 Ähnlich steht es mit Beherrschtheit und Unbeherrschtheit.
Denn das ist nicht erstaunlich, wenn einer durch starke und
übermäßige Empfindungen der Lust und des Schmerzes überwältigt wird, sondern man wird da Nachsicht üben, wenn er nur
Widerstand geleistet hat, wie der von der Natter gebissene
Philoktetes des Theodektes oder Kerkyon in der Alope des
10 Karkinos, oder wenn einer das Lachen zurückhalten will und
dann plötzlich herausplatzt, wie es dem Xenophantes pas-
sierte; merkwürdig ist dagegen, wenn einer überwältigt wird

und nicht widerstehen kann dort, wo es die meisten vermögen,
und dies nicht durch angeborene Art oder durch Krankheit, so
wie bei den skythischen Königen die Weichlichkeit angeboren
ist oder wie sich das Weibliche vom Männlichen unterscheidet. 15

Auch der Ausgelassene scheint zügellos zu sein, ist aber in
Wirklichkeit weichlich. Denn der Scherz ist eine Lockerung, da
er ja eine Erholung ist. Der darin Übermäßige ist der Ausgelassene.

Die Unbeherrschtheit ist teils Voreiligkeit, teils Schwäche.
Die einen überlegen sich etwas, aber bleiben nicht bei ihrer 20
Überlegung wegen der Leidenschaft, die andern überlegen
sich nichts und werden durch die Leidenschaft geführt. Einige
allerdings machen es wie jene, die sich zuvor selbst kitzeln,
um nicht gekitzelt zu werden: im voraus empfinden sie und
sehen und rufen sich selbst und ihren Verstand wach und werden so nicht von der Leidenschaft überwältigt, mag sie angenehm oder schmerzlich sein.　　　　　　　　　　　　　　25

Unbeherrscht aus Übereilung sind meist die heftigen und
melancholischen Naturen. Die einen warten nicht auf den Verstand aus Raschheit, die andern aus Heftigkeit und weil sie
sich von ihren Vorstellungen leiten lassen.

9. Der Zügellose kennt, wie gesagt, keine Reue; denn er bleibt
bei seiner Willensentscheidung. Der Unbeherrschte ist aber 30
immer der Reue fähig. Es verhält sich also nicht so, wie wir vorhin in den Aporien meinten, sondern der eine ist unheilbar und
der andere heilbar. Die Schlechtigkeit gleicht Krankheiten wie
der Wassersucht und Schwindsucht, die Unbeherrschtheit der
Epilepsie. Jene ist eine chronische, diese eine intermittieren-
de Schlechtigkeit. Und überhaupt gehören die Unbeherrscht- 35
heit und die Schlechtigkeit verschiedenen Gattungen an. Die
Schlechtigkeit fällt nicht auf, die Unbeherrschtheit aber wohl.

Unter den Unbeherrschten selbst sind nun wieder die Über- a1
schwenglichen besser als diejenigen, die Vernunft haben und

an ihr nicht festhalten. Diese lassen sich nämlich von einer gerin-
gern Leidenschaft überwältigen und sind nicht unüberlegt
wie jene. Denn der Unbeherrschte ist wie einer, der rasch be-
trunken wird und durch wenig Wein, durch weniger, als es die
Mehrzahl verträgt.

5    Daß also die Unbeherrschtheit keine Schlechtigkeit ist, ist
klar; aber vielleicht ist sie es gewissermaßen. Sie geht gegen
den Willensentschluß, wogegen diese aus einem Entschluß
kommt. Aber die Handlungen sind dieselben, wie Demodokos
über die Milesier sagt: «Die Milesier sind nicht dumm, aber
sie handeln, wie wenn sie dumm wären.» So sind auch die Un-
10 beherrschten nicht ungerecht, tun aber Unrecht.

Wenn nun der eine so ist, daß er nicht aus Überzeugung die
übermäßigen und der rechten Einsicht zuwiderlaufenden körperlichen Vergnügen aufsucht, der andere dagegen überzeugt
ist, weil er so ist, daß er der Lust nachgeht, so ist jener leicht
umzustimmen, dieser dagegen nicht. Denn Tugend und
15 Schlechtigkeit bewahren, beziehungsweise zerstören das Prinzip des Handelns, und beim Handeln ist der Zweck das Prinzip, wie bei der Mathematik die ersten Hypothesen. Nun
sind aber weder hier noch dort die Prinzipien lehrbar, sondern der Besitz rechter Ansichten über das Prinzip ist
eine naturgegebene oder durch Gewöhnung erworbene Tugend. Besonnen ist also der Entsprechende, zügellos der
Entgegengesetzte.

20    Durch die Leidenschaft kann einer aus der rechten Einsicht
ausbrechen; einen solchen beherrscht die Leidenschaft so weit,
daß er nicht nach der rechten Einsicht handelt, aber nicht so
weit, daß er überzeugt würde, man müsse hemmungslos solche
Vergnügen aufsuchen. Dies ist der Unbeherrschte, der besser
ist als der Zügellose und nicht einfach schlecht. Denn hier ist
25 das Beste bewahrt, das Prinzip des Handelns. Ein anderer ist
das Gegenteil und bleibt bei der rechten Einsicht und bricht

nicht durch die Leidenschaft aus ihr aus. Es ist klar aus dem
Gesagten, daß dies ein tugendhaftes Verhalten ist, jenes ein
schlechtes.

10. Ist nun, wie vorhin in den Aporien gefragt wurde, beherrscht derjenige, der bei jeder beliebigen Überzeugung und
Willensentscheidung bleibt, oder nur der, der bei der richtigen 30
bleibt, und ebenso unbeherrscht derjenige, der jede beliebige
Entscheidung und Überzeugung aufgibt, oder nur wer eine richtige Überzeugung und Entscheidung aufgibt? Oder ist beiläufig jede beliebige gemeint, an sich aber nur der Fall, in dem
der eine bei der wahren Überzeugung und richtigen Entscheidung bleibt und der andere nicht? Wenn nämlich einer eine 35
bestimmte Sache um einer bestimmten andern willen wählt
oder sucht, so wählt und sucht er an sich die zweite, beiläufig b1
aber auch die erste. Das an sich nennen wir nun schlechthin,
und so bleibt der eine bei jeder Meinung, der andere gibt jede
beliebige Meinung auf, schlechthin aber die wahre Meinung.

Es gibt nun solche, die bei ihrer Meinung beharren und die 5
man starrköpfig nennt, da sie schwer zu überzeugen und
schwer umzustimmen sind. Diese sind dem Beherrschten ähnlich, wie der Verschwender dem Freigebigen und der Tollkühne dem Tapferen. Sie sind aber in vielem verschieden. Der
Beherrschte wird sich durch Leidenschaft und Begierde nicht
umstimmen lassen, dabei aber doch, je nachdem, leicht zu
überreden sein. Der andere ist durch Gründe nicht zu beein- 10
flussen, wohl aber durch Begierden, und viele von diesen werden durch die Lust gelenkt. Starrköpfig sind die Eigensinnigen,
Unwissenden und Ungebildeten; die Eigensinnigen aus Lust
und Schmerz: sie freuen sich über ihren Sieg, wenn sie sich
nicht umstimmen lassen, und ärgern sich, wenn ihre Meinung
nicht durchdringt, wie bei Abstimmungen. So gleichen sie 15
eher dem Unbeherrschten als dem Beherrschten. Andere gibt
es, die nicht aus Unbeherrschtheit ihre Meinungen aufgeben,

wie Neoptolemos im Philoktetes des Sophokles. Es war zwar
eine Lust, die ihn umstimmte, aber eine edle. Denn schön fand
20 er es, die Wahrheit zu sagen, Odysseus hatte ihn aber zur Lüge
überredet. Es ist nämlich nicht jeder, der aus Lust etwas tut,
zügellos, schlecht oder unbeherrscht, sondern nur wer aus
schimpflicher Lust handelt.

11. Es gibt auch solche, die sich weniger, als sie sollen, am
Körperlichen freuen und als solche nicht bei ihrer Überzeugung bleiben. Zwischen ihnen und dem Unbeherrschten steht
25 der Beherrschte in der Mitte. Der Unbeherrschte bleibt nicht
bei seiner Überzeugung wegen eines Zuviel, der andere wegen
eines Zuwenig. Der Beherrschte bleibt dabei und läßt sich
durch keines von beiden bewegen. Da nun die Beherrschtheit
etwas Tugendhaftes ist, müssen beide entgegengesetzte Verhaltensweisen schlecht sein, wie dies auch den Tatsachen ent-
30 spricht. Da aber die eine selten und bei wenigen auftritt, so
scheint es, als stünde die Beherrschtheit nur der Unbeherrschtheit gegenüber, wie der Zügellosigkeit die Besonnenheit.

Da weiterhin vieles auf Grund von Ähnlichkeiten benannt
wird, so führt auch die Ähnlichkeit dazu, daß man von einer
Beherrschtheit des Besonnenen spricht. Denn der Beherrschte
35 ist wie der Besonnene dazu fähig, sich nicht durch die körperliche Lust gegen die Einsicht verführen zu lassen; doch der
a 1 eine hat schlechte Begierden, der andere hat sie nicht; der
eine wird nie gegen seine Einsicht Lust empfinden, der andere wird es wohl, aber dem nicht nachgeben. Ähnlich sind
auch der Unbeherrschte und der Zügellose: sie sind verschie-
5 den, verfolgen aber beide das körperlich Angenehme; doch der
eine meint, daß er das tun solle, der andere meint dies nicht.

Man kann auch nicht gleichzeitig klug und unbeherrscht
sein. Denn wir zeigten, daß der Kluge und der Tugendhafte
der Art nach zusammengehen. Außerdem ist man nicht nur
klug, wenn man weiß, sondern wenn man auch zu handeln

fähig ist. Der Unbeherrschte ist aber nicht zu handeln fähig.
Der Gewandte kann dagegen sehr wohl auch unbeherrscht
sein. Darum scheinen manche klug und unbeherrscht zu sein,
weil die Gewandtheit sich auf die im Anfang der Untersuchung
angegebene Weise von der Klugheit unterscheidet und beide
einander zwar begrifflich nahestehen, sich aber ihrem Willen
nach unterscheiden.

Der Unbeherrschte ist auch nicht wie einer, der weiß und 15
erkennt, sondern wie ein Schlafender und Betrunkener; und
zwar freiwillig (denn in gewisser Weise weiß er, was er tut und
wozu), aber dabei nicht einfach schlecht, da sein Wille gut ist.
Er ist also halbwegs schlecht. Auch ungerecht ist er nicht, da
er nicht hinterhältig ist. Teils bleibt er nicht bei dem, was er
sich überlegt hat, ein anderer, der Melancholische, überlegt
überhaupt nicht. So gleicht der Unbeherrschte einem Staate, 20
in welchem alles Notwendige beschlossen wird und die vor-
trefflichsten Gesetze bestehen, aber keiner sie anwendet, wie
Anaxandrides spottete: «Die Stadt wollte es, die um Gesetze
sich nicht kümmert.» Der Schlechte dagegen wendet die Gesetze an, aber es sind schlechte Gesetze.

In der Unbeherrschtheit und Beherrschtheit liegt ein Hin- 25
ausgehen über das Verhalten der Mehrzahl. Denn der eine beharrt mehr, der andere weniger, als es in der Macht der meisten liegt.

Leichter heilbar ist die Unbeherrschtheit der Melancholiker
als diejenige anderer, die sich überlegen und nicht dabei bleiben, ebenso wie jene, die aus Gewohnheit kommt, heilbarer ist
als eine andere, die von Natur ist. Denn es ist leichter, die Gewohnheit zu ändern als die Natur. Nur darum ist es auch bei
der Gewohnheit schwer, weil sie der Natur gleicht, wie auch 30
Euenos sagt: «Ich glaube, daß eine lange dauernde Übung da
sein muß, mein Lieber, und dann wird sie den Menschen zum
Schlusse zur Natur.»

Was also Beherrschtheit und Unbeherrschtheit sind, was
35 Abgehärtetheit und Weichlichkeit, und wie sich diese Eigenschaften zueinander verhalten, ist damit festgestellt.

12. Es ist nun die Aufgabe dessen, der über den Staat philoso-
b1 phiert, Lust und Schmerz zu untersuchen. Denn er ist der Architekt, der das Ziel angibt, auf das hinblickend wir jedes Einzelne schlechthin gut oder schlecht nennen. Überdies ist es
notwendig, darnach zu fragen. Denn die ethische Tugend
5 und Schlechtigkeit haben wir auf Schmerz und Lust bezogen,
und die meisten erklären, daß die Glückseligkeit mit Lust verbunden sei; darum werde auch der Glückselige von der Freude
her so benannt.

Die einen nun sind der Ansicht, daß keine Lust ein Gut sei,
weder an sich noch beiläufig (denn die Lust und das Gute seien
10 nicht dasselbe). Andere sagen, einige Arten der Lust seien gut,
die Mehrzahl aber schlecht; eine dritte Meinung ist, sie seien
alle gut, aber trotzdem könne die Lust nicht das Beste sein.

Daß sie überhaupt nicht gut sei, wird daraus geschlossen,
daß jede Lust ein wahrnehmbares Werden auf einen naturgemäßen Zustand hin sei; doch kein Werden stehe in derselben
Gattung wie das Ziel, wie auch das Bauen eines Hauses nicht
in dieselbe Gattung wie das Haus gehört. Außerdem fliehe der
15 Besonnene die Lüste, und der Kluge sucht die Schmerzlosigkeit, aber nicht die Lust. Ferner hindere die Lust das Denken,
und zwar je stärker sie sei, desto mehr, wie etwa bei den Aphrodisia; denn bei dieser Lust könne keiner irgend etwas denken.
Außerdem gebe es keine Wissenschaft von der Lust; und doch
sei alles Gute das Werk einer Wissenschaft. Endlich würden
auch Kinder und Tiere der Lust nachgehen.

20 Dafür, daß nicht alle Lust tugendhaft ist, wird angeführt, daß
einige Arten schändlich und verwerflich sind und auch schädlich. Denn einiges, was süß schmeckt, gefährdet die Gesundheit.

Daß die Lust nicht das Beste sei, wird endlich damit bewiesen, daß sie nicht ein Ziel sei, sondern ein Werden.

13. Dies sind ungefähr die bestehenden Ansichten. Daß man daraus aber weder schließen darf, daß sie kein Gut ist, noch daß 25 sie nicht das Beste ist, ergibt sich aus Folgendem.

Erstens wird das Gute doppelt verstanden (schlechthin und relativ), und danach werden sich auch die Naturen, Verhaltensweisen und ebenso die Bewegungen und Arten des Werdens richten: von denen, die schlecht zu sein scheinen, sind es die einen schlechthin, die andern relativ zum einen, aber zum andern nicht, sondern für diesen werden sie wünschbar 30 sein. Einige werden auch nicht einfach für diesen Bestimmten wünschbar sein, sondern nur zuweilen und für kurze Zeit, aber nicht immer; andere endlich sind überhaupt keine Lust, sondern scheinen dies nur zu sein, jene nämlich, die mit Schmerz verbunden sind und der Heilung dienen, wie bei Kranken.

Wenn ferner beim Guten das eine die Tätigkeit ist und das andere das Verhalten, so sind die Bewegungen, die in das naturgemäße Verhalten versetzen, beiläufig angenehm. Die Tätigkeit besteht in diesem Falle als Begehren nach Wiederher- 35 stellung der Verfassung und Natur; indessen gibt es auch Arten der Lust, die ohne Schmerz und Begehren bestehen, etwa in der Tätigkeit des Denkens, wobei die Natur keinen Mangel a1 leidet. Ein Hinweis darauf ist, daß man sich nicht an demselben Angenehmen erfreut, wenn die Natur sich erst erfüllt und wenn sie schon wiederhergestellt ist: ist sie wiederhergestellt, so freut man sich am schlechthin Angenehmen, doch während sie sich erfüllt, auch am Gegenteil. Denn da genießt man auch scharfe und bittere Speisen, von denen keine von Natur oder 5 schlechthin angenehm ist; und so sind es auch die Lustempfindungen nicht. Denn wie sich die angenehmen Dinge zueinander verhalten, so auch die aus ihnen entspringenden Lustempfindungen.

Ferner ist es nicht notwendig, daß etwas anderes besser sei
als die Lust, wie einige meinen, das Ziel sei besser als das Werden. Denn nicht jede Lust ist ein Werden oder von Werden begleitet, sondern einige sind selbst Tätigkeit und Ziel. Sie
entstehen nicht, wenn ein Zustand entsteht, sondern wenn wir
in ihm handeln. Außerdem haben nicht alle Lustarten ein von
ihnen selbst verschiedenes Ziel, sondern nur jene, die sich während der Vollendung der Natur einstellen. Darum ist es auch
nicht richtig, die Lust ein wahrnehmbares Werden zu nennen,
sondern vielmehr die Tätigkeit des naturgemäßen Verhaltens;
und an Stelle von «wahrnehmbar» muß man sagen «ungehindert». Einigen freilich scheint sie ein Werden zu sein, gerade
weil sie im eigentlichen Sinne ein Gutes ist. Denn sie meinen,
die Tätigkeit sei ein Werden; sie ist aber etwas anderes.

Daß die Lust schlecht sein soll, weil einiges Angenehme die
Gesundheit gefährdet, bedeutet ebensoviel, wie wenn man
sagen wollte, einiges Gesundheitsfördernde sei schlecht, weil
es das Vermögen angreift. In dieser Hinsicht sind beide schlecht,
aber nicht, sofern sie erfreuen; denn sogar das Denken schadet
zuweilen der Gesundheit.

Weiterhin wird weder das Denken noch sonst irgendein
Verhalten durch die aus ihm selbst entspringende Lust gehin-
dert, sondern nur durch fremdartige, während die Lust am
Forschen und Lernen dieses gerade fördert.

Daß keinerlei Lust das Werk einer Wissenschaft sei, ist wohl
verständlich. Denn es gibt auch für keine andere Tätigkeit
eine Wissenschaft, sondern nur für die Fähigkeit. Immerhin
scheinen die Kunst der Parfümerie und die Kochkunst auf die
Lust zu gehen.

Daß endlich der Besonnene die Lust flieht und der Kluge
lediglich das schmerzlose Leben sucht und daß Kinder und
Tiere die Lust suchen, das läßt sich alles auf demselben Wege
widerlegen. Da wir erklärt haben, wie die Lust schlechthin gut

ist, aber nicht jede einzelne Lust gut, so suchen eben Tiere
und Kinder jene, die nicht gut sind, und der Kluge will die
Schmerzlosigkeit in eben dieser Hinsicht, nämlich im Hinblick
auf die Lustempfindungen, die mit Begehren und Schmerz
verbunden sind, und die körperlichen Lustempfindungen (das
sind eben jene) und deren Übermaß, das den Zügellosen zum
Zügellosen macht. Der Besonnene flieht dies; aber es gibt Lust
auch für ihn.                                      35

   14. Übereinstimmung herrscht darüber, daß der Schmerz ein b1
Übel und zu meiden sei. Teils ist er schlechthin ein Übel, teils
nur darin, daß er in gewisser Weise hindert. Das Gegenteil
dessen, was zu meiden ist, insofern es ein zu Meidendes und
ein Übel ist, ist ein Gutes. Es muß also notwendigerweise die
Lust etwas Gutes sein. Die Art, wie Speusippos diese Folge-
rung zu widerlegen suchte, ist nicht richtig. Er sagte, das 5
Größere sei sowohl dem Kleineren wie auch dem Gleichen
entgegengesetzt, und so sei es auch hier; aber er wird
doch wohl nicht behaupten, die Lust sei ein Übel schlechthin.

   Nichts hindert, daß eine bestimmte Lust das Beste sei, auch
wenn einige Arten von Lust verwerflich sind; so kann auch
eine bestimmte Wissenschaft die beste sein, auch wenn einige
Wissenschaften verwerflich sind. Vielleicht ist es sogar notwendig, daß, wenn es ungehinderte Tätigkeiten für jedes ein- 10
zelne Verhalten gibt und wenn die Glückseligkeit in der Tätigkeit aller besteht oder nur eines einzigen unter ihnen, eben
diese Tätigkeit die wünschbarste unter allen sei, wenn sie ungehindert ist. Und dies ist eben Lust. Und so wird denn eine
bestimmte Lust das Beste sein, mag auch die Mehrzahl der
Lustempfindungen verwerflich und, wenn man so will,
schlechthin verwerflich sein.

   Darum glauben auch alle, daß das glückselige Leben angenehm sei, und verflechten die Lust mit der Glückseligkeit, 15

was wohl verständlich ist. Denn keine Tätigkeit ist vollkommen, wenn sie gehindert wird, und die Glückseligkeit gehört
zum Vollkommenen. Darum bedarf der Glückselige der körperlichen Güter sowie der äußeren und des Glückes, damit jenes nicht gehindert werde.

   Diejenigen aber, die behaupten, ein Mensch, der aufs Rad
geflochten werde und der in großes Unglück gerate, sei glück-
20 selig, wenn er nur tugendhaft sei, behaupten absichtlich oder
unabsichtlich Nichtiges. Weil es aber auch des Glückes bedarf,
so meinen andere, das Glück und die Glückseligkeit seien dasselbe, was nicht stimmt. Denn das Glück selbst, wenn es im
Übermaß vorhanden ist, hindert, und dann ist es vielleicht gar
nicht mehr richtig, es Glück zu nennen; denn seine Bestimmung hängt von der Glückseligkeit ab.

25   Daß aber Tiere und Menschen gleichmäßig die Lust aufsuchen, ist ein Zeichen, daß sie in gewisser Weise das Beste ist:
«Niemals geht völlig der Ruhm zugrunde, den viele Völker ...»
Da aber nicht immer dieselbe Natur und dasselbe Verhalten
das Beste ist und dafür gehalten wird, so suchen auch nicht
30 alle dieselbe Lust, aber Lust suchen sie alle. Vielleicht suchen sie überhaupt nicht jene, die sie meinen und die sie als
solche bezeichnen würden, sondern in Wirklichkeit alle
dieselbe. Denn alles hat seiner Natur nach etwas Göttliches.
Aber die körperlichen Lustempfindungen haben den Namen in Pacht genommen, weil man am meisten in sie
hineingerät und alle an ihnen teilhaben. Und da sie als
35 einzige allbekannt sind, meint man, sie seien die einzigen, die
existieren.

a1   Wenn ferner die Lust und die entsprechende Tätigkeit kein
Gut wären, so könnte offensichtlich der Glückselige gar nicht
lustvoll leben. Denn wozu bedürfte er ihrer, wenn sie kein Gut
ist, sondern man auch in Schmerzen leben kann? Denn der
Schmerz wäre weder schlecht noch gut, wenn es auch die Lust

nicht ist. Warum sollte er ihn also fliehen? Es wird denn auch
das Leben des Tugendhaften nicht lustvoller sein, wenn es
nicht auch seine Tätigkeiten sind.

Was nun die körperlichen Lustempfindungen betrifft, so
muß man die Behauptung prüfen, daß einige von ihnen äußerst
begehrenswert sind, nämlich die edlen, aber nicht die körperlichen, auf die sich der Zügellose richtet. Warum sind dann die 10
diesen entgegengesetzten Schmerzempfindungen schlecht?
Dem Schlechten ist doch das Gute entgegengesetzt. Oder sind
die notwendigen Lustempfindungen in demselben Sinne gut,
wie auch das Nichtschlechte gut ist? Oder gut bis zu einem
gewissen Grade? Bei welchen Verhaltensweisen und Bewegungen nämlich kein Übermaß im Guten möglich ist, da ist es dies
auch nicht bei der Lust; und bei welchen es möglich ist, da ist
es auch bei der Lust möglich. Nun gibt es aber bei den körper- 15
lichen Gütern ein Übermaß, und der Schlechte ist gerade darum schlecht, weil er das Übermaß sucht und nicht das Notwendige. Denn alle freuen sich irgendwie an Speisen, Wein
und Aphrodisia, aber nicht alle, wie sie sollen. Mit dem Schmerz
verhält es sich entgegengesetzt. Der Zügellose meidet nicht
sein Übermaß, sondern meidet ihn überhaupt. Denn der
Schmerz ist nicht dem Übermaß entgegengesetzt, außer für 20
den, der das Übermaß sucht.

15. Da man nun aber nicht nur die Wahrheit feststellen muß,
sondern auch die Ursache des Irrtums (dies stärkt nämlich die
Überzeugung; denn wenn man begriffen hat, weshalb etwas als
wahr erscheinen kann, ohne wahr zu sein, wird man sich um so
eher auf die Wahrheit selbst verlassen), so müssen wir erklären, 25
weshalb die körperlichen Lustempfindungen als besonders begehrenswert erscheinen.

Erstens vertreiben sie den Schmerz, und angesichts eines
Übermaßes an Schmerz sucht man, wie ein Heilmittel, das
Übermaß der Lust und überhaupt die körperliche Lust. Der-

gleichen Heilmittel wirken heftig, und weil sie neben ihrem Gegenteil erscheinen, darum sucht man sie.

Aus diesen beiden Gründen scheint auch die Lust nichts Tugendhaftes zu sein, wie schon gesagt: die einen auf sie gerichteten Handlungen stammen aus schlechter Natur, sei es von Geburt an wie beim Tier, sei es durch Gewohnheit wie bei schlechten Menschen; die anderen sind Heilmittel, setzen also einen Mangel voraus, und gesund zu sein ist besser als gesund b1 zu werden. Wieder andere Lustempfindungen begleiten nur das Werden zur Vollendung, sind also nur zufällig gut.

Da ferner diese Lustempfindungen heftig sind, werden sie von denjenigen gesucht, die sich nicht an anderen erfreuen können. Solche Leute erregen künstlich ihren Durst danach. Wenn sie nun unschädlich sind, ist nichts zu tadeln, sind sie 5 dagegen schädlich, so ist es schlecht. Denn die Leute haben nichts anderes, woran sie sich erfreuen, und der neutrale Zustand ist für viele von Natur aus schmerzlich. Denn das Lebewesen müht sich stets, wie es auch die Theorien der Naturphilosophen bezeugen, die behaupten, das Sehen und Hören sei schmerzhaft; aber wir sind schon daran gewöhnt, sagen sie.

Ebenso befinden sich die Menschen in der Jugend wegen des 10 Wachstums in einem Zustand ähnlich der Trunkenheit, und die Jugend ist angenehm.

Die melancholischen Naturen bedürfen freilich stets eines Heilmittels. Denn ihr Körper ist wegen der Säftemischung stets gereizt, und sie befinden sich stets in heftiger Begierde.

Den Schmerz aber vertreibt die entgegengesetzte Lust und auch jede beliebige, wenn sie stark ist. So werden die Menschen zügellos und schlecht.

15 Die Lustempfindungen, bei denen kein Schmerz dabei ist, haben kein Übermaß. Sie sind verbunden mit dem von Natur und nicht bloß zufällig Angenehmen. Zufällig lustvoll nenne ich das als Heilmittel Wirkende; weil nämlich die Heilung so

zustande kommt, daß das übrigbleibende Gesunde etwas bewirkt, so scheint das Heilmittel angenehm zu sein. Von Natur
lustvoll ist, was das Handeln der betreffenden Natur hervor-
bringt.                                                                              20

Es ist aber nicht immer dasselbe für uns lustvoll, weil unsere
Natur nicht einfach ist, sondern noch etwas anderes in sich hat,
sofern wir vergänglich sind; was nun der eine Teil tut, ist der
andern Natur widernatürlich, wenn aber ein Gleichgewicht
besteht, so scheint das Handeln weder schmerzlich noch angenehm zu sein. Für ein Wesen jedoch, das seiner Natur nach
einfach wäre, wird auch stets dasselbe Handeln das lustvollste 25
sein. Darum freut sich die Gottheit stets an einer, und einer
einfachen Lust. Denn es gibt nicht nur eine Tätigkeit in der
Bewegung, sondern auch in der Unbewegtheit, und die Lust
ist mehr in der Ruhe als in der Bewegung. Wenn aber, wie der
Dichter sagt, «In allem die Veränderung süß ist», so geschieht
dies durch eine Art von Schlechtigkeit. Wie nämlich der
schlechte Mensch leicht veränderbar ist, so auch die Natur, 30
die nach Veränderung verlangt. Denn sie ist weder einfach
noch gut.

Über Beherrschtheit und Unbeherrschtheit, über Lust und
Schmerz ist also gesprochen worden und was ein jedes ist und
wie einiges an ihnen gut ist, anderes schlecht. Es bleibt nun,
von der Freundschaft zu sprechen.

## ACHTES BUCH

1.Darnach werden wir wohl von der Freundschaft reden müssen. Denn sie ist eine Tugend oder doch mit der Tugend verbunden; außerdem gehört sie zum Notwendigsten im Leben. Denn keiner möchte ohne Freunde leben, auch wenn er alle 5 übrigen Güter besäße. Auch der Reiche, der Regierende und der Fürst scheinen der Freunde ganz besonders zu bedürfen. Denn was nützt ihnen ein solcher Segen, wenn ihnen das Wohltun unmöglich ist, das am ehesten und am lobenswertesten Freunden gegenüber ausgeübt wird? Oder wie ließe sich ein solcher Segen ohne Freunde bewahren und verteidigen? Je 10 größer er ist, desto gefährdeter ist er. In der Armut wiederum und im sonstigen Unglück hält man die Freunde für seine einzige Zuflucht.

Dem jungen Menschen ist die Freundschaft eine Hilfe, damit er keine Fehler begeht, dem Greis verhilft sie zur Pflege und ergänzt, wo er aus Schwäche nicht zu handeln vermag, den Erwachsenen unterstützt sie zu edlen Taten; denn «zwei mit- 15 einander» sind tauglicher zu denken und zu handeln.

Außerdem scheint sie dem Erzeuger gegenüber dem Erzeugten von Natur innezuwohnen und umgekehrt, und zwar nicht nur bei den Menschen, sondern auch bei den Vögeln und den meisten sonstigen Tieren, und gegenseitig unter den Wesen von gleicher Art und vor allem bei den Menschen; darum loben wir besonders die Menschenfreundlichen. Man kann ja 20 auch auf Reisen sehen, wie jeder Mensch dem anderen verwandt und freund ist.

Außerdem scheint die Freundschaft die Staaten beisammenzuhalten, und die Gesetzgeber scheinen sich mehr um sie zu

bemühen als um die Gerechtigkeit. Denn die Eintracht scheint
25 der Freundschaft ähnlich zu sein; nach ihr streben sie vor
allem, und die Zwietracht, die eine Feindschaft ist, vertreiben
sie vor allem. Und wo Freunde sind, da bedarf es keiner Gerechtigkeit, aber die Gerechten brauchen die Freundschaft
dazu, und beim Gerechten ist das Gerechteste dasjenige unter
Freunden.

Die Freundschaft ist aber nicht nur notwendig, sondern
auch schön. Wir loben jene, die die Freundschaft schätzen,
30 Reichtum an Freunden scheint zum Schönen zu gehören, und
man meint auch, tugendhaft sein und Freund sein sei dasselbe.

2. Es gibt aber über sie nicht wenige Meinungsverschiedenheiten. Die einen behaupten, sie sei eine Art von Gleichheit
und die Gleichen seien Freunde, woher es auch heiße, der Gleiche geselle sich zum Gleichen und die Dohle zur Dohle und
35 dergleichen. Andere wiederum sagen umgekehrt, daß diese
alle sich verhielten wie die Töpfer untereinander.

b1     Und über eben diese Dinge wird noch grundsätzlicher und
naturphilosophischer diskutiert. Euripides sagt, die ausge-
dörrte Erde liebe den Regen und der erhabene Himmel liebe
es, erfüllt von Regen zur Erde niederzustürzen, und Heraklit
spricht vom Widerstrebenden, das sich zusammenfüge, und
5 daß aus dem Gegensätzlichen die schönste Harmonie entstünde
und daß alles im Streite werde. Ihnen gegenüber steht unter
anderen Empedokles: das Gleiche strebe zum Gleichen.

Doch lassen wir die naturphilosophischen Probleme, denn
sie gehören nicht zur gegenwärtigen Untersuchung. Wir beschränken uns auf das, was den Menschen angeht und was auf
10 Charaktere und Leidenschaften zurückzuführen ist. Also etwa:
ob unter allen Menschen Freundschaft bestehe, oder ob
Schlechte nicht Freunde sein könnten, und ob es nur eine Art
von Freundschaft gebe oder mehrere; einige meinen, es exi-
stiere nur eine, weil sie ein Mehr oder Weniger zulasse, was

aber kein hinreichender Beweis ist. Denn ein Mehr und Weniger gibt es auch unter Artverschiedenem. Darüber ist früher 15
gesprochen worden.

Klarheit erhalten wir vielleicht über diese Dinge, wenn wir
wissen, was das Liebenswerte sei. Denn offenbar wird nicht alles geliebt, sondern nur das Liebenswerte, und dieses scheint
gut oder angenehm oder nützlich zu sein. Da aber nützlich
dasjenige heißen wird, wodurch etwas Gutes oder Angenehmes zustande kommt, so wird also das Liebenswerte als Ziel 20
nur das Gute oder das Angenehme an sich haben.

Liebt man aber das Gute schlechthin oder das für einen
selbst Gute? Das ist zuweilen nicht dasselbe. Dieselbe Frage
stellt sich auch beim Angenehmen. Es scheint nun jeder das
für ihn Gute zu lieben, so daß also liebenswert schlechthin das
Gute wäre und für den Einzelnen das für ihn Gute. Freilich
liebt der Einzelne nicht, was für ihn gut ist, sondern was ihm 25
so erscheint. Doch macht dies keinen Unterschied. Liebenswert wird eben sein, was als gut erscheint.

Da es nun drei Gründe gibt, aus denen man liebt, so kann
die Zuneigung zu leblosen Dingen nicht als Freundschaft bezeichnet werden. Denn bei ihnen gibt es keine Gegenliebe und
kein Wohlwollen (es wäre wohl lächerlich, für den Wein Gutes zu wollen, man will ihn höchstens erhalten, damit man ihn 30
selbst genießen kann). Dagegen soll man, wie man sagt, dem
Freunde das Gute wünschen um des Freundes willen. Wer auf
diese Weise Gutes wünscht, den nennt man wohlgesinnt, wenn
man nicht dasselbe vom andern erfährt. Wo aber gegenseitige
Wohlgesinntheit vorhanden ist, da spricht man von Freundschaft. Oder muß man beifügen, daß die Gesinnung nicht verborgen bleiben darf? Denn viele sind solchen wohlgesinnt, die
sie nie gesehen haben, von denen sie aber annehmen, daß sie 35
anständig oder ihnen nützlich seien. Und ebenso kann es wieder anderen im Bezug auf diese gehen. Diese sind einander also a 1

offensichtlich wohlgesinnt. Aber wie will man sie Freunde
nennen, da jedem die Gesinnung des andern unbekannt bleibt?
Man muß also einander wohlgesinnt sein und das Gute wünschen, und so, daß man dies voneinander weiß, und zwar aus
5 einer der angeführten Ursachen.

3. Doch hier gibt es Artunterschiede; also gibt es auch Unterschiede in der Zuneigung und in der Freundschaft. Es gibt
also drei Arten der Freundschaft, entsprechend den Arten des
Liebenswerten. Und in jedem Falle gibt es eine Gegenseitig-
keit, die nicht verborgen bleibt. Wer einander liebt, will also
einander das Gute in dem Sinne, in dem sie einander lieben.

10 Die einen lieben einander also wegen des Nutzens und nicht
als solche, sondern sofern sie einander Gutes verschaffen. Dasselbe gilt für jene, die einander der Lust wegen lieben. Denn
sie lieben die Gewandten nicht um ihrer Qualitäten willen,
sondern weil sie ihnen angenehm sind.

Wer also um des Nutzens willen liebt, tut es um seines eigenen Gewinns willen, und wer um der Lust willen, tut es um
15 seiner eigenen Lust willen, und nicht sofern der Freund ist,
was er ist, sondern nur soweit er nützlich oder angenehm ist.
Dies sind also zufällige Freundschaften. Denn der Freund wird
da nicht geliebt in dem, was er ist, sondern nur soweit der eine
einen Gewinn, der andere Lust verschafft.

Dergleichen Freundschaften lösen sich bald auf, da die Part-
20 ner nicht dieselben bleiben. Wenn sie nämlich nicht mehr angenehm oder nützlich sind, hört die Freundschaft zu ihnen
auf. Der Nutzen bleibt aber nicht, sondern ist bald dieser,
bald jener. Wenn sich nun aber entfernt hat, um dessentwillen
sie Freunde waren, so löst sich auch die Freundschaft auf, da
sie ja durch jenes bedingt war.

Eine derartige Freundschaft scheint zumeist unter alten
25 Leuten vorzukommen. Denn in diesem Alter suchen sie nicht
die Lust, sondern den Nutzen; und bei den Erwachsenen und

Jungen gibt es sie dort, wo man das Zuträgliche sucht. Solche Menschen leben kaum miteinander; denn zuweilen sind sie einander nicht einmal angenehm. Und sie brauchen auch keinen solchen Umgang, wenn sie einander damit nicht nützlich sind. Sie sind einander ja nur soweit angenehm, als sie auf einen Gewinn hoffen. Zu diesen Arten von Freundschaft rechnet man auch die Gastfreundschaft. 30

Die Freundschaft der jungen Leute scheint auf Lust begründet zu sein. Denn sie leben in der Leidenschaft und suchen vor allem, was ihnen im Augenblick angenehm ist. Wenn sie aber in ein anderes Alter kommen, wird auch das Angenehme ein anderes. Darum werden sie rasch Freunde und hören ebenso rasch auf. Denn mit dem Angenehmen verändert sich 35 auch die Freundschaft, und die Veränderung von dergleichen Lust geschieht schnell. Die jungen Leute sind auch auf Liebe b1 aus. Denn die Hauptsache in der Liebe beruht auf Leidenschaft und Lust. So lieben sie rasch und hören rasch auf und wechseln oft an einem und demselben Tage. Was sie wollen, ist zusammen sein und leben. So steht es also bei ihnen mit der 5 Freundschaft.

4. Vollkommen ist die Freundschaft der Tugendhaften und an Tugend Ähnlichen. Diese wünschen einander gleichmäßig das Gute, sofern sie gut sind, und sie sind gut an sich selbst. Jene aber, die den Freunden das Gute wünschen um der Freunde willen, sind im eigentlichen Sinne Freunde; denn sie verhalten 10 sich an sich so, und nicht zufällig. Ihre Freundschaft dauert, solange sie tugendhaft sind. Die Tugend ist aber beständig, und jeder von beiden ist an sich gut und gut für den Freund. Denn die Tugendhaften sind schlechthin gut und einander gegenseitig nützlich, und ebenso auch angenehm. Denn auch schlechthin angenehm sind die Tugendhaften, wie auch füreinander gegenseitig. Denn jedem machen die ihm eigentümli- 15 chen Handlungen Freude und die damit verwandten; die Hand-

lungen der Guten sind aber die entsprechenden oder doch ähnliche. So ist anzunehmen, daß eine derartige Freundschaft dauerhaft sei. Sie verknüpft in sich alles, was bei Freunden vorhanden sein muß. Denn jede Freundschaft existiert wegen des
20 Guten oder wegen der Lust, entweder schlechthin oder für den Liebenden, und beruht auf einer gewissen Ähnlichkeit. In dieser Freundschaft nun findet sich alles Genannte an sich (denn darin sind sie einander ähnlich usw.) und das schlechthin Gute ist auch schlechthin angenehm. Dies ist auch das Liebenswerteste, und so findet sich denn bei diesen am meisten Freundsein und Freundschaft, und auf die beste Art.

Es ist freilich anzunehmen, daß solche Freundschaften sel-
25 ten sind. Denn wenige Menschen sind derart. Außerdem bedarf es langer Zeit und Gewöhnung. Denn wie das Sprichwort sagt, kann man einander nicht kennen, bevor man nicht jenes bekannte Salz miteinander gegessen hat. So kann man auch nicht einander näherkommen und Freund werden, bevor nicht jeder dem andern sich zuverlässig als liebenswert erwiesen hat.
30 Wer rasch miteinander Freundschaft schließt, diese wollen zwar Freunde sein, sind es aber nicht, wenn sie nicht auch liebenswert sind und dies voneinander wissen. Denn Wille zur Freundschaft kann rasch entstehen, Freundschaft aber nicht.

5. Diese Freundschaft ist also im Hinblick auf die Zeit und auf die übrigen Bedingungen vollkommen: jeder erhält vom an-
35 deren dasselbe und Ähnliches, was es eben bei Freunden geben muß. Die auf der Lust beruhende Freundschaft hat mit
a 1 dieser eine gewisse Ähnlichkeit (denn auch die Tugendhaften sind einander angenehm), ebenso auch die auf dem Nutzen beruhende (denn auch nützlich sind die Tugendhaften einander).

Aber auch unter solchen dauern die Freundschaften am längsten, wo sie einander gegenseitig dasselbe geben, etwa die
5 Lust, und nicht bloß dies, sondern auch aus dem gleichen Grunde, wie unter den Gewandten; also nicht so wie bei Lieb-

haber und Geliebtem. Denn diese freuen sich nicht an demselben, sondern der eine daran, daß er den andern sieht, und dieser daran, daß ihm von jenem gehuldigt wird. Wenn aber die Schönheit aufhört, hört zuweilen auch die Freundschaft auf (dem einen ist dann der Anblick des andern nicht mehr angenehm, und der andere erfährt von jenem keine Huldigung 10 mehr). Viele freilich dauern, wenn sie durch die Gewöhnung die Charaktere liebgewonnen haben und an Charakter ähnlich sind. Wer aber in der Liebe nicht das Angenehme austauscht, sondern den Nutzen, da ist die Freundschaft geringer und kürzer. Die ausschließlich auf dem Nutzen beruhende Freund- 15 schaft endet mit dem Nutzen selbst. Denn sie waren nicht miteinander befreundet, sondern mit dem Vorteil.

Aus Lust und wegen des Nutzens können auch Schlechte untereinander Freunde sein, und Anständige mit Schlechten, und solche, die keins von beiden sind, mit jedem beliebigen; wegen sich selbst können es aber nur die Tugendhaften. Denn die Schlechten haben keine Freude aneinander, wenn kein Nutzen dabei ist.                                                    20

Auch vor Verleumdung ist nur die Freundschaft der Guten sicher. Denn man wird nicht leicht einem Dritten glauben über einen Mann, den man selbst während langer Zeit bewährt gefunden hat. Auch herrscht unter diesen Vertrauen und daß man einander niemals Unrecht tut und was sonst als zur wahren Freundschaft gehörig gilt. In den andern Freundschaften können aber derartige Schwierigkeiten wohl vorkommen.

Da nun die Leute auch solche als Freunde bezeichnen, die 25 es wegen des Nutzens sind, und ebenso die Staaten (denn diese schließen die Bündnisse offenbar um des Vorteils willen), und da auch jene, die einander wegen der Lust lieben, so genannt werden, wie es bei Kindern der Fall ist, so werden vielleicht auch wir solche Menschen Freunde nennen müssen; dann gibt es mehrere Arten der Freundschaft, als erste und 30 wichtigste die der Guten als gute, dann die übrigen gemäß der Ähnlichkeit. Denn sofern ein Gut und eine gewisse Ähnlichkeit vorliegt, sind sie Freunde; das Angenehme ist für die Liebhaber des Angenehmen ein Gut. Die verschiedenen Arten verbinden sich freilich nicht miteinander, und es sind auch nicht dieselben, die wegen des Nutzens und wegen der Lust Freunde

35 werden. Denn was nur zufällig beisammen ist, läßt sich nicht wirklich verknüpfen.

b1 6. Da nun die Freundschaft in diese Arten aufgeteilt ist, so werden die Schlechten Freunde sein wegen der Lust oder des Nutzens und sind einander darin gleich; die Tugendhaften sind aber einander wegen sich selbst Freunde; denn sie sind es, sofern sie tugendhaft sind. Diese sind also Freunde schlechthin,

5 jene aber nur zufällig und dadurch, daß sie jenen ähnlich werden.

Wie nun im Falle der Tugenden die einen nach ihren Eigenschaften, die andern in ihrem Tun gut genannt werden, so ist es auch mit der Freundschaft. Die einen leben beisammen und freuen sich aneinander und verschaffen einander Gutes, die andern schlafen oder sind räumlich getrennt und betätigen die Freundschaft nicht, bewahren aber die entsprechende Ver-

10 fassung. Denn die räumliche Distanz hebt nicht die Freundschaft schlechthin auf, sondern nur ihre Betätigung. Dauert freilich die Trennung lange, so kann sie wohl auch die Freundschaft selbst vergessen machen. Darum sagt man: «Viele Freundschaften hat der Mangel an Gespräch aufgelöst.»

Weder die Greise noch die mürrischen Leute scheinen zur

15 Freundschaft geeignet zu sein. Denn es gibt bei ihnen wenig Angenehmes, und keiner kann mit einem unangenehmen Menschen zusammenleben, nicht einmal bei einem solchen, der bloß nicht angenehm ist. Denn die Natur scheint am allermeisten das Unangenehme zu meiden und das Angenehme zu suchen.

Jene, die einander mögen, aber nicht miteinander leben, scheinen eher einander wohlgesinnt als befreundet zu sein.

Denn nichts charakterisiert so sehr die Freundschaft wie das Zusammenleben. Nach dem Nutzen verlangen die Bedürftigen, aber zusammenleben wollen auch die Glückseligen; gerade 20 ihnen kommt es am allerwenigsten zu, allein zu leben. Man kann aber nicht zusammensein, wenn man nicht angenehm ist und an denselben Dingen Freude hat, wie dies bei der Kameradschaft zu sein scheint.

7. Im höchsten Sinne Freundschaft ist also diejenige der Tu- 25 gendhaften, wie wir schon öfters gesagt haben. Denn als liebens- und wünschenswert gilt das schlechthin Gute und Angenehme, für den Einzelnen aber, was für ihn so ist. Der Tugendhafte ist dies für den Tugendhaften aus beiden Gründen. Die Zuneigung scheint eine Art von Leidenschaft zu sein, die Freundschaft ein Verhalten. Denn Zuneigung gibt es nicht weniger dem Unbeseelten gegenüber, gegenseitige Freund- 30 schaft aber beruht auf einer Willensentscheidung, und die Willensentscheidung kommt von einem Verhalten; auch wünscht man den Freunden das Gute um ihretwillen, nicht aus Leidenschaft, sondern auf Grund eines Verhaltens. Und indem man den Freund liebt, liebt man, was einem selbst gut ist. Denn der Tugendhafte, der zum Freund geworden ist, wird zu einem Gute für den, dessen Freund er geworden ist. Also liebt jeder von beiden das, was für ihn gut ist, und gibt das gleiche zurück 35 durch die Gesinnung und indem er dem andern angenehm ist. Denn Freundschaft gilt als Gleichheit. Dies gilt am meisten von der Freundschaft der Tugendhaften.      a 1

Unter Mürrischen und alten Leuten gibt es weniger Freundschaft in dem Maße, als sie schlechterer Laune sind und sich weniger am Umgang freuen. Denn dies scheint am meisten zur Freundschaft zu gehören und sie zu begründen. Darum werden junge Leute rasch Freunde, alte nicht; denn man be- 5 freundet sich nicht mit solchen, die einem keine Freude machen. Dasselbe gilt von den Mürrischen. Doch werden derartige

einander wohlgesinnt sein (da sie einander das Gute wünschen
und in der Not einander beistehen), aber Freunde sind sie
nicht, weil sie nicht zusammenleben und aneinander keinen Gefallen haben, was doch am meisten zur Freundschaft ge-
10 hört.

Mit vielen befreundet zu sein ist in der Weise der vollkommenen Freundschaft nicht möglich, wie man auch nicht viele
zugleich lieben kann. Das gleicht nämlich dem Übermaß, und
seiner Natur nach bezieht sich ein solches Verhältnis immer
nur auf einen einzigen. Es ist auch nicht leicht möglich, daß
viele gleichzeitig demselben Menschen gefallen, und wohl auch
nicht, daß viele tugendhaft sind. Außerdem muß man Erfah-
15 rung erwerben und sich aneinander gewöhnen, was außerordentlich schwierig ist. Auf Grund des Nutzens und der Lust
vielen zu gefallen ist dagegen wohl möglich; denn viele sind
von solcher Art, und solche Dienste sind in kurzer Zeit erwiesen.

Von diesen zwei Arten ist die Beziehung auf Grund der Lust
der Freundschaft ähnlicher, wenn beide dasselbe gewähren
und sie sich aneinander freuen oder an denselben Dingen, wie
20 es bei Freundschaften unter jungen Leuten der Fall ist. Denn
in solchen Freundschaften ist mehr Vornehmheit. Die Freundschaft auf Grund des Nutzens ist dagegen ordinär. Außerdem
bedürfen die Glückseligen in keiner Weise des Nützlichen,
wohl aber des Angenehmen; denn sie wollen mit andern zusammenleben, das Unangenehme halten sie für kurze Zeit aus,
dauernd aber wird es keiner überstehen können, nicht einmal
25 das Gute selbst, wenn es einem unangenehm wäre. Also suchen
sie Freunde, die ihnen angenehm sind. Freilich müssen diese
wohl auch gut sein, und zudem gut für jene. Denn so wird bei
ihnen alles vorhanden sein, was es für Freunde braucht.

Die Mächtigen scheinen zwei verschiedene Arten von Freunden zu brauchen. Die einen sind ihnen nützlich, die anderen

angenehm; beides an einer Person findet sich nie. Denn sie suchen weder angenehme Menschen, die tugendhaft sind, noch solche, die zum Edlen brauchbar sind, sondern auf der einen Seite solche, die im Angenehmen gewandt sind, auf der andern solche, die tüchtig sind, Befohlenes auszuführen. Dies beides findet sich niemals in einer Person. Allerdings ist, wie gesagt, der Tugendhafte gleichzeitig angenehm und nützlich. Aber dieser befreundet sich nicht mit einem, der ihn überragt, wenn dieser ihn nicht auch an Tugend überragt. Andernfalls 35 gäbe es keine Gleichheit, wenn der Hochstehende ihn nicht im entsprechenden Verhältnis überragte. Solche pflegt es kaum zu geben.

8. Die genannten Arten der Freundschaft beruhen also auf b1 Gleichheit. Denn beide Teile tun und wünschen einander dasselbe oder tauschen eines gegen das andere, wie etwa Lust um Nutzen. Daß aber dies Freundschaften geringeren Grades und weniger dauerhaft sind, haben wir gesagt.

Sie scheinen wegen der Ähnlichkeit und Unähnlichkeit in 5 demselben Punkte Freundschaften zu sein und doch auch nicht zu sein. Nach der Ähnlichkeit mit der auf Tugend beruhenden Freundschaft erscheinen sie als Freundschaften (die eine hat das Angenehme, die andere das Nützliche, und diese besitzt beides), anderseits sind sie ihr unähnlich und wirken nicht als Freundschaften, weil jene vor Verleumdung sicher und dauerhaft ist, diese aber rasch wechseln und sich auch in vielen an- 10 dern Dingen unterscheiden.

Es gibt nun auch eine andere Art der Freundschaft, die auf Überlegenheit beruht, wie die des Vaters zum Sohne und überhaupt des Älteren zum Jüngeren, des Mannes zur Frau und jedes Regierenden zum Regierten. Doch unterscheiden sich auch diese untereinander. Denn die Freundschaft der Eltern zu den Kindern und der Regierenden zu den Regierten ist 15 nicht dieselbe, auch nicht die des Vaters zum Sohne und die

des Sohnes zum Vater oder die des Mannes zur Frau und die
der Frau zum Manne. Denn jeder von diesen hat seine besondere Tüchtigkeit und Aufgabe, und es sind andere Dinge, um
derentwillen sie lieben. Also werden auch Zuneigung und
Freundschaft da verschieden sein.

20    Hier leistet nun der eine dem andern nicht dasselbe, und
man darf es auch nicht erwarten. Wenn aber die Kinder den
Eltern gewähren, was diesen zukommt, und die Eltern den Kindern, was sie ihnen schuldig sind, so ergibt dies eine dauerhafte
und tugendhafte Freundschaft. In allen auf Überlegenheit
beruhenden Freundschaften muß die Zuneigung eine propor-
25 tionierte sein, so daß der Bessere mehr geliebt wird, als er selbst
liebt, und ebenso der Nützlichere usw. Denn wenn die Zuneigung der Würdigkeit entspricht, so ergibt sich eine gewisse
Gleichheit, was eben der Freundschaft eigentümlich zu sein
scheint.

   9. Die Gleichheit scheint aber in der Gerechtigkeit und in der
30 Freundschaft nicht dieselbe zu sein. In der Gerechtigkeit besteht die Gleichheit erstens in der Würdigkeit, zweitens in der
Quantität; in der Freundschaft steht das Quantitative voran
und die Würdigkeit kommt in zweiter Linie. Das wird klar,
wenn in Tugend, Schlechtigkeit, Wohlhabenheit usw. eine
große Differenz besteht. Dann sind sie nicht mehr Freunde
35 und beanspruchen dies nicht einmal. Am deutlichsten ist dies
den Göttern gegenüber; denn diese sind an allen Gütern am
a1 meisten überlegen. Klar ist es auch bei den Königen. Auch da
beanspruchen die sehr viel tiefer Stehenden gar nicht, ihre
Freunde zu sein; ebenso nicht die Beliebigen den Besten oder
Weisesten gegenüber. Eine genaue Grenze, bis wohin es
Freundschaft geben kann, gibt es in diesen Dingen nicht. Sie
kann bestehenbleiben, wenn der eine auch viel verliert; wird
5 aber der Abstand sehr groß, wie bei der Gottheit, so ist sie
nicht mehr möglich.

Darum wird auch die Frage erhoben, ob nicht die Freunde den Freunden die größten Güter mißgönnen, wie etwa zu den Göttern erhoben zu werden. Denn dann wären sie nicht mehr ihre Freunde, also auch kein Gut mehr; denn Freunde sind Güter. Wenn wir allerdings richtig festgestellt haben, daß der Freund dem Freunde Gutes um des Freundes willen wünscht, so muß dieser auf alle Fälle bleiben, was er war. Und man wird ihm die größten Güter wünschen, die es für einen Menschen gibt; vielleicht nicht alle, denn jeder wünscht sich selbst am meisten das Gute.

Die Leute nun wollen, wie es scheint, aus Ehrgeiz eher geliebt werden als lieben (darum schätzen sie auch die Schmeichelei; denn der Schmeichler ist ein Freund, dem man überlegen ist, oder der doch dergleichen tut, als ob man es wäre und als ob er mehr liebte als geliebt würde). Das Geliebtwerden scheint dem Geehrtwerden nahezustehen, und dies erstreben die Leute. Doch scheinen sie die Ehre nicht an sich, sondern nur zufällig zu begehren. So freuen sie sich, wenn sie von den Mächtigen geehrt werden, in der Hoffnung, sie würden, wenn sie etwas bedürften, es von ihnen erlangen. Also freuen sie sich an der Ehre als einem Zeichen späterer Gunst. Wer aber durch die Tugendhaften und Weisen geehrt zu werden begehrt, wünscht seine eigene Meinung von sich auf diese Weise zu bestärken. Sie freuen sich also darüber, daß sie tugendhaft sind, und vertrauen auf das Urteil derer, die das sagen.

Am Geliebtwerden freut man sich aber an sich. Darum scheint es besser zu sein als das Geehrtwerden, und darum scheint die Freundschaft an sich wünschbar zu sein. Sie scheint aber mehr im Lieben als im Geliebtwerden zu beruhen. Ein Beweis sind die Mütter, die sich daran freuen, zu lieben. Einige geben ihre Kinder anderen zu ernähren und lieben sie und kennen sie, verlangen aber keine Gegenliebe, wenn beides zusammen nicht sein kann, sondern es scheint ihnen genug zu sein, wenn sie sehen, daß es jenen gut geht, und sie lieben sie auch dann, wenn jene ihnen nichts von dem zuliebe tun, was einer Mutter gebührt, weil sie sie nicht kennen.

10. Da nun die Freundschaft mehr im Lieben beruht und man jene lobt, die ihre Freunde lieben, so scheint die Tugend der Freunde eben das Lieben zu sein. So sind jene, bei denen dies
35 der Würdigkeit entsprechend geschieht, dauerhafte Freunde und ihre Freundschaft desgleichen.

b1 So können auch Ungleiche am ehesten wohl Freunde werden. Denn dies würde sie gleichmachen. Gleichheit und Übereinstimmung ist Freundschaft und vor allem die Übereinstimmung in der Tugend. Denn so sind sie in sich selbst beständig und also auch zueinander und bedürfen des Schlechten nicht
5 und helfen auch nicht dazu, sondern werden es geradezu verhindern. Denn die Tugendhaften verfehlen sich weder selbst, noch gestatten sie es ihren Freunden.

Die Schlechten aber haben keine Beständigkeit; sie sind ja nicht einmal sich selbst gleich und beständig. So werden sie für kurze Zeit miteinander befreundet und freuen sich gegensei-
10 tig an ihrer Schlechtigkeit. Die Nützlichen und Angenehmen beharren mehr, nämlich solange sie einander Lust oder Nutzen verschaffen.

Bei Menschen von entgegengesetzter Stellung scheint am meisten die Freundschaft auf Grund des Nutzens zu herrschen, so zwischen Armem und Reichem, Unwissendem und Wissendem. Denn woran einer mangelt, danach strebt er und gibt et-
15 was anderes zur Vergeltung. Hieher wird man wohl auch den Liebhaber und den Geliebten ziehen und den Schönen und den Häßlichen. Darum scheinen die Liebhaber zuweilen auch lächerlich, weil sie beanspruchen, in demselben Maße geliebt zu werden, wie sie lieben. Dies kann man vielleicht verlangen, wenn man gleich liebenswert ist; ist dies nicht der Fall, so ist es lächerlich.

Vielleicht strebt überhaupt das Entgegengesetzte nicht an sich nach dem Entgegengesetzten, sondern nur zufällig, und 20 das Streben geht vielmehr auf das Mittlere. Denn dieses ist das Gute. So ist es für das Trockene nicht gut, naß zu werden, sondern zur Mitte zu gelangen, und ebenso dem Warmen usw.

11. Davon sei nun nicht weiter die Rede, denn das gehört nicht hieher. Es scheint aber, wie wir am Anfang sagten, daß Freund- 25 schaft und Gerechtigkeit dieselben Gegenstände haben und sich in demselben Bereich bewegen. In jeder Gemeinschaft scheint es ein Gerechtes zu geben und ebenso Freundschaft. Man behandelt ja als Freunde die Fahrgenossen und Kriegskameraden, und ebenso in den andern Arten von Gemeinschaft. So weit also Gemeinschaft besteht, so weit besteht Freund- 30 schaft; und ebenso das Recht. Darum ist das Sprichwort: «Besitz der Freunde ist gemeinsam», richtig. Denn in der Gemeinschaft besteht die Freundschaft. Unter Brüdern und Kameraden ist nun alles gemeinsam, bei andern ist es abgetrennt, teils mehr, teils weniger. Denn auch unter den Freundschaften sind die einen enger, die andern weniger eng. So unterscheidet sich 35 auch das Recht. Es ist nicht dasselbe für Eltern gegenüber den Kindern, für Brüder untereinander, unter Kameraden und a 1 Mitbürgern und bei den andern Arten von Freundschaft. Auch das Ungerechte ist in jedem dieser Fälle ein anderes; es mehrt sich, indem es Freunden gegenüber größer wird: es ist schlimmer, einem Kameraden Geld zu stehlen als einem Mitbürger, 5 einem Bruder die Hilfe zu verweigern als einem Fremden, und seinen Vater zu schlagen als irgendeinen anderen. Das Recht wächst also seiner Natur nach gleichzeitig mit der Freundschaft, da es in demselben Bereich steht und sich gleich weit erstreckt.

Alle Gemeinschaften sind gewissermaßen Teile der staatlichen Gemeinschaft. Denn sie vereinigen sich um eines be-

stimmten Nutzens willen und um sich etwas zu beschaffen, was zum Leben notwendig ist. Ebenso scheint die politische Gemeinschaft von vornherein um des Nutzens willen entstanden zu sein und zu bestehen. Denn darnach streben die Gesetzgeber und erklären als gerecht, was allen nützt. Die andern
15 Gemeinschaften suchen je einen partiellen Nutzen, so wie Fahrgenossen den Gewinn aus der Seefahrt in Geld oder dergleichen, die Kriegsgenossen den Nutzen im Kriege: Geld, Sieg oder Landerwerb, ebenso die Stammes- und Bezirksgenossen.

Einige Gemeinschaften scheinen um des Vergnügens willen
20 zu bestehen, so die Kultgenossenschaften und Vereine, die des Opfers und der Geselligkeit wegen da sind. (Sie alle scheinen der staatlichen Gemeinschaft untergeordnet zu sein. Denn diese sucht nicht bloß den augenblicklichen Nutzen, sondern denjenigen für das gesamte Leben.) Jene veranstalten Opfer und dazugehörige Zusammenkünfte, erweisen den Göttern die Ehre und verschaffen sich selbst Erholung und Vergnügen.
25 Denn die alten Opfer und Zusammenkünfte scheinen nach dem Einbringen der Feldfrucht stattgefunden zu haben, sozusagen als Erstlingsfeier; zu jenem Zeitpunkt hatten die Menschen am meisten Muße.

Alle Gemeinschaften scheinen also Teile der staatlichen Gemeinschaft zu sein, und den jeweiligen Gemeinschaften ent-
30 sprechen die jeweiligen Freundschaften.

12. Der Staat hat nun drei Formen und ebensoviele Ausartungen, sozusagen Zerstörungen jener Formen. Die Formen sind Monarchie, Aristokratie und als dritte die auf der Vermögenseinschätzung beruhende, die man eigentlich die timokratische
35 nennen muß; die meisten aber nennen sie Politie. Unter diesen ist nun die beste die Monarchie, die schlechteste die Timokratie. Ausartung der Monarchie ist die Tyrannis; beide sind
b1 nämlich Alleinherrschaften, aber sie unterscheiden sich aufs stärkste. Denn der Tyrann schaut auf seinen eigenen Nutzen,

der König auf denjenigen der Untertanen. König ist nur,
wer unabhängig ist und an Besitz von Gütern alle überragt.
Ein solcher braucht nichts weiter; er wird also nicht auf seinen 5
eigenen Nutzen schauen, sondern auf den der Untertanen.
Sind diese Bedingungen nicht erfüllt, so wäre einer nur ein
durchs Los gewählter König. Die Tyrannis ist dem entgegengesetzt. Sie sucht das Gute für sich selbst. So ist es bei ihr besonders deutlich, daß sie die schlechteste Form ist. Denn dem
Besten ist das Schlechteste entgegengesetzt.

Der Übergang geschieht vom Königtum in die Tyrannis. 10
Denn die Tyrannis ist die schlechte Form der Monarchie, und
der schlechte König wird zum Tyrannen. Aus der Aristokratie
geht der Übergang zur Oligarchie durch die Schlechtigkeit der
Regenten, die die staatlichen Angelegenheiten gegen die Würdigkeit verwalten, alle oder doch die meisten Güter für sich
beanspruchen, die Ämter immer denselben anvertrauen und
den Reichtum als das Höchste ansehen. So regieren denn We- 15
nige und Schlechte an Stelle der Anständigen. Aus der Timokratie geht es über in die Demokratie; denn diese sind einander benachbart. Auch die Timokratie will eine Herrschaft der
Menge sein, und alle, die derselben Vermögensklasse angehören, sind gleich. Am wenigsten schlecht ist die Demokratie,
weil da die Entartung der Staatsform die geringste ist.        20

Auf diese Weise also verändern sich die Staatsformen am
meisten, weil so der Übergang am kürzesten ist und sich am
leichtesten vollzieht. Gegenstück und sozusagen Vorbilder
dieser Formen lassen sich beim Familienleben finden. Die Gemeinschaft des Vaters mit den Söhnen hat die Form des Königs-
tums (der Vater hat die Fürsorge für die Kinder, und darum 25
nennt auch Homer den Zeus «Vater»; denn die Monarchie
strebt danach, eine väterliche Herrschaft zu sein); bei den Persern freilich ist die Herrschaft des Vaters tyrannisch, da sie mit
den Söhnen wie mit Sklaven umgehen. Tyrannisch ist auch

die Herrschaft des Herrn über den Sklaven; denn hier wird
30 der Nutzen des Herrn gesucht, und dies scheint richtig; wie
es aber in Persien ist, ist es falsch; denn die Herrschaft über
Verschiedene ist verschieden. Die Gemeinschaft von Mann und
Frau ist eine aristokratische, denn der Mann herrscht gemäß
der Würdigkeit und in den Dingen, in denen er herrschen soll.
35 Was aber zur Frau paßt, übergibt er ihr. Wenn aber der Mann
über alles befiehlt, so schlägt es um zur Oligarchie (denn dies
vollzieht sich gegen die Würdigkeit und nicht, insofern der
a1 Mann besser ist); zuweilen herrschen aber auch die Frauen,
wenn sie Erbtöchter sind. Da ist die Herrschaft nicht von der
Tüchtigkeit, sondern von Reichtum und Macht abgeleitet,
wie in den Oligarchien. Timokratisch scheint die Gemeinschaft
unter Brüdern zu sein (sie sind nämlich gleich, abgesehen von
5 ihrem Altersunterschied; wo dieser Unterschied sehr groß ist,
ist die Freundschaft auch nicht mehr eine brüderliche). Die
Demokratie besteht vor allem in den Häusern, wo kein Herr
ist (denn da stehen alle gleich) und wo der Regierende schwach
ist und jeder machen kann, was er will.

10   13. In jeder der Staatsverfassungen gibt es eine Freundschaft,
wie es auch ein Recht gibt: Beim König dem Untertanen gegenüber auf Grund von überwiegendem Wohltun. Denn er tut
den Untertanen Gutes, wenn er als ein Guter für sie sorgt, damit es ihnen gut ergeht, wie ein Hirt der Herde gegenüber.
Darum hat Homer den Agamemnon einen Hirten der Völker
15 genannt. Derart ist auch die väterliche Herrschaft; sie unterscheidet sich nur durch die Größe der Wohltaten. Denn der
Vater ist Ursache des Daseins, was das Größte zu sein scheint,
der Nahrung und der Erziehung; auch den Vorfahren schreibt
man dasselbe zu. Von Natur regiert der Vater über die Söhne
und die Vorfahren über die Nachkommen und der König über
die Untertanen. Diese Freundschaften beruhen auf Überlegen-
20 heit, und darum werden auch die Eltern geehrt. Und das Ge-

rechte ist da auch nicht dasselbe, sondern es richtet sich nach der Würdigkeit; und so auch die Freundschaft.

Die Freundschaft des Mannes zur Frau ist dieselbe wie die in der Aristokratie. Sie beruht auf der Tüchtigkeit; dem Besseren kommt das größere Gut zu, und jedem das, was zu ihm paßt. Und so auch das Recht.

Die Freundschaft unter Brüdern gleicht derjenigen unter 25 Kameraden. Denn sie sind gleich und Altersgenossen, und diese haben dasselbe erfahren und haben zumeist dieselbe Art. Dem entspricht auch die Freundschaft in der Timokratie. Denn hier streben die Bürger danach, gleich und tugendhaft zu sein. Sie regieren abwechslungsweise und auf der Basis der Gleichheit. Und so ist auch die Freundschaft.

Bei den Ausartungen ist die Freundschaft ebenso reduziert 30 wie die Gerechtigkeit und findet sich am wenigsten in der schlechtesten Form. Denn in der Tyrannis gibt es wenig oder gar keine Freundschaft. Wo es nämlich zwischen Regierendem und Regiertem nichts Gemeinsames gibt, da gibt es keine Freundschaft und auch keine Gerechtigkeit. Sondern da verhalten sie sich wie der Handwerker zum Werkzeug, die Seele zum Leib und der Herr zum Sklaven. Denn dieses alles erfährt 35 zwar Fürsorge durch den, der es benutzt; aber dem Leblosen b1 gegenüber gibt es keine Freundschaft und keine Gerechtigkeit; und so auch nicht dem Pferd, Rind oder Sklaven gegenüber, sofern er Sklave ist. Denn da gibt es nichts Gemeinsames: der Sklave ist ein beseeltes Werkzeug und das Werkzeug ein unbeseelter Sklave. Sofern er also Sklave ist, gibt es keine Freund- 5 schaft zu ihm, sondern nur sofern er Mensch ist. Denn es scheint eine Gerechtigkeit zu geben für jeden Menschen gegenüber jedem, der fähig ist, an Gesetz und Vertrag teilzunehmen, und so auch eine Freundschaft, sofern er ein Mensch ist. In der Tyrannenherrschaft ist freilich die Freundschaft und die Gerechtigkeit minim, in der Demokratie aber bedeutend größer. Denn wo sie gleichstehen, gibt es viel Gemeinsames.

14. Auf der Gemeinschaft also beruht jede Freundschaft, wie schon gesagt. Man wird aber wohl die Verwandtenfreundschaft und die kameradschaftliche Freundschaft für sich absondern. Die Freundschaft unter Mitbürgern dagegen, unter Stammesgenossen, Fahrtgenossen und dergleichen gleicht eher einer Vereinigung. Denn sie scheint sozusagen auf einer Ab-
15 machung zu beruhen. Dahin wird man wohl auch die Gastfreundschaft rechnen können. Die Verwandtenfreundschaft wiederum scheint vielgestaltig zu sein und ausnahmslos von der väterlichen Freundschaft abzuhängen. Denn die Eltern lieben die Kinder als einen Teil ihrer selbst und die Kinder die Eltern als von ihnen herkommend. Die Eltern freilich kennen
20 eher, was von ihnen abstammt, als die Kinder, daß sie von diesen sind, und so ist der Erzeuger dem Erzeugten näher als das Erzeugte dem Erzeuger. Denn was von einem herkommt, ist dem verwandt, wozu es gehört, so wie der Zahn, das Haar dem gehört, der es hat, während das Umgekehrte nicht oder weniger gilt. Auch die Länge der Zeit macht einen Unterschied.
25 Denn die Eltern lieben die Kinder von ihrer Geburt an, diese aber erst bei fortschreitender Zeit die Eltern, wenn sie es begreifen oder wahrnehmen. Hieraus ist auch klar, weshalb die Mütter mehr lieben.

Die Eltern lieben also die Kinder wie sich selbst (denn was von ihnen stammt, ist wie ein anderes sie selbst durch die Trennung), die Kinder die Eltern, weil sie von ihnen stammen,
30 und Brüder untereinander, weil sie von denselben Eltern stammen. Denn die Gleichheit jenen gegenüber macht sie auch untereinander gleich. Und so spricht man von «demselben Blut», «derselben Wurzel» und dergleichen. Sie sind auch gewissermaßen dasselbe, nur in getrennten Wesen. Viel bedeutet für die Freundschaft auch, daß sie zusammen aufgewachsen

und gleich alt sind. Denn «Altersgenossen streben zueinander», und gleiche Sitten machen zu Kameraden. Und so gleicht die Freundschaft unter Brüdern auch derjenigen unter Kameraden.

Vettern und sonstige Verwandte sind von den Brüdern her a1 miteinander verbunden, nämlich dadurch, daß sie von denselben herstammen. Die einen stehen sich näher, die andern ferner, je nachdem der gemeinsame Stammvater nahe oder fern ist.

Das Verhältnis der Kinder zu den Eltern ist, wie das der Menschen zu den Göttern, als zu etwas Gutem und Überra- 5 gendem. Denn sie haben am meisten Gutes getan: sie sind Ursache des Daseins und der Ernährung und später der Erziehung. Eine solche Freundschaft hat auch Angenehmes und Nützliches, mehr als diejenige zu den Fremden, da auch ihr Leben ein gemeinschaftlicheres ist.

Bei der Freundschaft unter Brüdern findet sich alles, was auch die Freundschaft unter Kameraden enthält, und in beson- 10 derm Maße, sofern sie einander näherstehen und einander von Geburt an lieben, und sofern solche, die dieselben Eltern haben, miteinander ernährt und erzogen worden sind, in ihrem Charakter verwandter werden. Und die Bewährung in der Zeit ist die größte und zuverlässigste.

Entsprechend ist die Freundschaft bei den sonstigen Ver- 15 wandten.

Die Freundschaft zwischen Mann und Frau scheint auf der Natur zu beruhen. Denn der Mensch ist von Natur noch mehr zum Beisammensein zu zweien angelegt als zur staatlichen Gemeinschaft, sofern die Familie ursprünglicher und notwendiger ist als der Staat und das Kinderzeugen allen Lebewesen gemeinsam ist. Die andern freilich beschränken ihre Gemeinschaft gerade darauf, bei den Menschen besteht sie aber nicht 20 nur um der Kinderzeugung willen, sondern wegen der Lebensgemeinschaft. Denn die Aufgaben sind von vornherein differenziert und verschieden bei Mann und Frau. Also helfen sie

einander, indem jedes das Seinige zum Gemeinsamen beiträgt.
Darum scheint sowohl das Nützliche wie auch das Angenehme
25 in dieser Freundschaft vorhanden zu sein. Sie wird auch auf
Tugend begründet sein, wenn sie beide tugendhaft sind. Denn
jedes von beiden hat seine Tugend, und sie werden sich dann
daran freuen. Die Kinder scheinen das Band zu sein, darum
lösen sich die kinderlosen Ehen rascher wieder auf. Denn die
Kinder sind das gemeinsame Gut beider, und das Gemeinsame
hält zusammen. Zu fragen, wie Mann und Frau und überhaupt
30 Freund und Freund zusammenleben sollen, bedeutet nichts
anderes, als zu fragen, wie das Gerechte sei. Denn dieses scheint
nicht dasselbe zu sein zwischen Freunden, zwischen Fremden,
Kameraden und Mitschülern.

15. Da es nun, wie wir am Anfang gesagt haben, drei Arten von
35 Freundschaft gibt und es bei jeder eine Gleichheit der Freunde
geben kann oder eine Überlegenheit (denn es können in gleicher Weise die Guten Freunde werden, oder ein Besserer mit
b1 einem Schlechteren, ebenso auch die Angenehmen, und endlich auf Grund des Nutzens sowohl jene, die einander gleich
viel nützen, wie jene, die darin unterschieden sind), so muß
man bei den Gleichen eben diese Gleichheit in der Freundschaft
und im übrigen herstellen, die Ungleichen aber im Verhältnis
des Übermaßes behandeln.
5     Vorwürfe und Klagen gibt es ausschließlich oder doch meistens in der auf dem Nutzen beruhenden Freundschaft, und
dies begreiflicherweise. Denn jene, die einander wegen der
Tugend lieben, nehmen sich vor, einander Gutes zu tun (denn
dies gehört zur Tugend und zur Freundschaft) und wenn man
darin wetteifert, kann es keine Vorwürfe oder Streit geben
(denn über den Liebenden, der einem Gutes tut, ärgert sich
10 keiner, sondern wenn er gutgesinnt ist, wehrt er sich, indem
er seinerseits Gutes tut; wer aber Überwiegendes leistet und

dann erhält, was er erstrebt hat, wird dem Freund keinen Vorwurf machen, denn beide streben ja nach dem Guten). Auch
dort, wo die Lust der Grund ist, kommt dies kaum vor (denn
beide erreichen, wonach sie streben, und freuen sich, beisammen zu sein; wer jenem Vorwürfe machen wollte, der ihm
nicht gefällt, wäre lächerlich, da es ihm ja freisteht, sich zu 15
entfernen). Die Freundschaft auf Grund des Nutzens aber
neigt zu Vorwürfen. Denn da sie wegen des Gewinnes miteinander umgehen, verlangen sie immer mehr und glauben weniger zu erhalten, als ihnen zukommt, und schimpfen, daß sie
nicht soviel erhalten, wie sie sollten und wessen sie wert wären. Wer umgekehrt Gutes tut, kann niemals so viel leisten, 20
als die Empfänger haben möchten.

Wie es nun ein doppeltes Recht gibt, das ungeschriebene
und das gesetzliche, so scheint auch bei der Freundschaft aus
Nutzen die eine auf dem Charakter, die andere auf dem Gesetz
zu beruhen. Die Vorwürfe entstehen dann am meisten, wenn
sie sich nicht in demselben Sinne auseinandersetzen. Die ge- 25
setzliche Freundschaft beruht auf Abmachungen, die ganz
ordinäre «aus der Hand in die Hand», die etwas großzügi-
gere auf Sicht und mit einem Vertrag über Leistung und Gegenleistung (da ist dann die Verpflichtung klar und unbestreit-
bar, und nur der Aufschub enthält ein Element der Freundschaft; darum gibt es bei einigen kein Rechtsverfahren in solchen Dingen, sondern man meint, daß jene sich als Freunde 30
benehmen müssen, die etwas auf Treu und Glauben hin abge-
macht haben).

Die Freundschaft auf Grund des Charakters beruht nicht
auf Abmachungen, sondern man schenkt oder leistet etwas auf
Grund der Freundschaft. Man erwartet aber gleich viel oder
mehr wieder zu erhalten, wie wenn man nicht gegeben, sondern ausgeliehen hätte; und erfolgt die Gegenleistung nicht
entsprechend der Leistung, so klagt man. Dies kommt da-

her, daß alle oder die meisten zwar das Edle wollen, aber das
Nützliche vorziehen. Schön ist es nun, Gutes zu tun ohne
die Absicht, Gutes zu erfahren, nützlich aber, Gutes zu erfahren.

Wer also kann, soll den Gegenwert dessen, was er erhalten
hat, geben, und zwar freiwillig. Tut er es unfreiwillig, so soll
man ihn nicht als Freund ansehen, da er sich von Anfang an
verfehlt und Gutes empfing, wo er es nicht hätte tun sollen,
nämlich nicht von einem Freunde und nicht von einem, der
es aus eben diesem Grund tat. Und dann muß man die Wohltat zurückerstatten, wie wenn es sich um eine Abmachung
handelte. Und wer es kann, wird auch zugestehen, daß er vergelten möchte. Kann man das nicht, so wird auch der, der
gegeben hat, es nicht verlangen. Also, wenn man kann, so soll
man zurückgeben. Aber man soll von vornherein prüfen, von
wem man Wohltaten angeboten bekommt und unter welcher
Bedingung, damit man sie annehme oder nicht.

Die Frage besteht, ob man die Gegenleistung nach dem
Nutzen, den die Leistung für den Empfänger hatte, bemessen
soll, oder nach der Leistung, die es für den Gebenden war.
Denn die Empfänger werden sagen, sie hätten etwas erhalten,
was für den Gebenden eine Kleinigkeit war und was man auch
von anderen hätte bekommen können, und verkleinern damit
die Gabe. Jene umgekehrt erklären, sie hätten das Größte da-
hingegeben und was man nirgendwo sonst bekommen hätte
und was sie unter Gefahren und Entbehrungen gegeben hätten. Da nun die Freundschaft auf dem Nutzen beruht, ist da
wohl der Nutzen für den Empfänger der richtige Maßstab?
Denn er hat darum gebeten, und der andere hilft ihm in der
Erwartung, gleiches dafür zu erhalten. Die Hilfe ist so groß,
als der Nutzen für den Empfänger war, und so muß zurück-
gegeben werden, soviel es genützt hat, oder noch mehr. Denn
so ist es schöner.

Bei den Freundschaften auf Grund der Tugend gibt es keine Vorwürfe, und als Maß gilt die Absicht des Gebenden. Denn das Gewicht der Tugend und des Charakters liegt in der Absicht.

16. Auch in den Freundschaften auf Grund der Überlegenheit gibt es Meinungsverschiedenheiten. Denn jeder beansprucht, mehr zu bekommen, und wenn dies geschieht, löst sich die 25 Freundschaft auf. Der Bessere meint, ihm komme es zu, mehr zu erhalten (denn dem Guten werde mehr zugeteilt); dasselbe meint der Nützlichere. Wer nichts nütze, so sagt man, dürfe auch nicht Gleiches erhalten; es sei eine Pflichtleistung und keine Freundschaft, wenn die Taten der Freundschaft sich nicht nach dem Wert der Leistungen richten. Man meint, es 30 sei wie bei einer Geschäftsgemeinschaft, wo der, der mehr beigetragen hat, auch mehr gewinnt. Der Bedürftige und der Geringere argumentieren umgekehrt: es sei die Aufgabe eines guten Freundes, den Bedürftigen zu helfen. Denn, sagen sie, was nützt es, mit einem Tugendhaften oder einem Herrscher be- 35 freundet zu sein, wenn man keinen Gewinn davon hat? Jeder scheint recht zu haben, und jedem muß man auf Grund der b1 Freundschaft mehr geben, aber nicht von demselben, sondern dem Überlegenen an Ehre, dem Bedürftigen an Gewinn. Denn der Lohn der Tugend und der Wohltat ist die Ehre, die Hilfe bei Bedürftigkeit ist der Gewinn.

So scheint es auch im Staate zu gehen. Wer zum Gemeinsa- 5 men kein Gut beisteuert, erhält keine Ehre. Denn die Gemeinschaft gibt dem, der der Gemeinschaft Gutes getan hat, und was sie gibt, ist die Ehre. Man kann nämlich nicht gleichzeitig von der Gemeinschaft profitieren und Ehre bekommen. Keiner hält es anderseits aus, in allem zu kurz zu kommen. Wer also finanziell zu kurz kommt, erhält die Ehre, und wer Geschenke 10 annimmt, erhält Geld. Denn die Würdigkeit gleicht aus und erhält die Freundschaft, wie wir schon gesagt haben.

So muß man auch mit Ungleichen umgehen, und wer an
Vermögen oder an Tugend einen Nutzen erfährt, muß es mit
Ehre vergelten, und zwar soviel er kann. Denn die Freund-
15 schaft sucht das Mögliche und nicht das der Würde Entsprechende. Dies wäre auch nicht in allen Fällen möglich, wie etwa
in den Ehren, die man den Göttern gibt oder den Eltern. Keiner kann da nach Würdigkeit vergelten, wenn er es aber nach
seinen Kräften tut, so wird man ihn für anständig halten.
Darum scheint es auch nicht richtig zu sein, daß ein Sohn sich
von seinem Vater lossagt, wohl aber umgekehrt. Denn wer
20 schuldet, muß zurückgeben, kein Sohn aber hat mit dem, was
er tut, die Wohltaten vergolten, so daß er also immer schulden
wird. Wer aber Gläubiger ist, darf entlassen, und so auch der
Vater.

Allerdings wird sich wohl keiner von seinem Sohn trennen,
wenn dieser nicht über alles Maß hinaus schlecht ist (denn abgesehen von der natürlichen Liebe ist es menschlich, eine Hilfe
nicht von sich zu stoßen). Wenn der Sohn schlecht ist, wird
25 er freilich dieses Helfen meiden oder sich doch nicht dafür an-
strengen. Denn die Leute wollen gern Gutes erfahren, aber
Gutes zu tun meiden sie, weil es keinen Gewinn bringt.

## NEUNTES BUCH

1. Hierüber sei nun soviel gesagt. In allen ungleichartigen Freundschaften schafft die Proportion einen Ausgleich und bewahrt die Freundschaft, wie wir gesagt haben, ungefähr wie im Staate der Schuster für seine Schuhe eine angemessene Gegenleistung erhält, ebenso der Weber usw. Daher hat man sich 35 als gemeinsames Maß das Geld verschafft; auf es wird alles be- a1 zogen und mit ihm alles gemessen. In der Liebe wiederum macht zuweilen der Liebhaber Vorwürfe, daß er übermäßig liebe und nicht wieder geliebt werde, etwa weil er nichts Liebenswertes an sich hat; häufig beklagt sich der Geliebte, daß jener vorher alles versprochen habe und jetzt nichts halte. Dies ergibt sich, 5 wenn der eine den Geliebten wegen der Lust liebt, dieser aber den Liebhaber wegen des Nutzens und beide nun das Ihrige nicht erreichen. Wenn die Freundschaft so begründet ist, so löst sie sich auf, da der Zweck nicht erreicht wird, um dessentwillen sie sich liebten. Denn sie liebten nicht einander selbst, 10 sondern was an ihnen war, und was nicht dauerhaft war; dem entsprechen dann auch die Freundschaften. Die Freundschaft der Charaktere als solcher beharrt, wie wir sagten.

Meinungsverschiedenheiten gibt es, wenn die Freunde anderes erhalten und nicht das, wonach sie strebten. Denn wenn einer nicht erlangt, was er wünschte, so ist es, wie wenn er gar nichts erhielte, so wie es jenem Kitharaspieler ging, dem ver- 15 sprochen worden war, je besser er singe, desto höher werde seine Belohnung sein. Als er am nächsten Morgen das Versprochene verlangte, antwortete jener, er habe Lust für Lust bezahlt. Wenn nun beide eben dies gewünscht hätten, so wäre es in Ordnung gewesen. Wenn aber der eine Vergnügen suchte

und der andere Gewinn und der eine das Seine bekam, der an-
20 dere aber nicht, so stimmt es mit der Übereinkunft nicht. Denn
man zielt auf das, was man gerade notwendig braucht, und gibt
das Seinige im Hinblick auf jenes.

Aber wer soll den Lohn festsetzen, derjenige, der zuerst
gibt, oder derjenige, der zuerst empfängt? Wer zuerst gibt,
scheint den Entgelt dem anderen anheimzustellen. Das soll
auch Protagoras getan haben. Wenn er etwas gelehrt hatte,
25 ließ er den Schüler den Wert des erworbenen Wissens abschät-
zen, und dies nahm er dann entgegen. In diesen Dingen gefällt aber einigen eher das Prinzip: «Dem Manne sein Lohn.»
Jene aber, die sich zum voraus bezahlen lassen und dann nicht
leisten, was sie zugesagt haben, weil sie übermäßig viel angekündigt haben, werden mit Recht getadelt. Denn sie leisten
30 nicht, was sie vereinbart hatten. So zu handeln sind vielleicht
die Sophisten gezwungen, weil ihnen sonst niemand für das,
was sie wissen, Geld geben würde. Diese also, die nicht tun,
wofür sie das Geld empfangen haben, unterliegen mit Recht
dem Tadel.

Wo aber keine Verständigung über die Dienstleistung statt-
findet, da gibt es dort keinen Tadel, wo, wie bemerkt, der eine
35 um des andern willen diesem hilft (denn dies ist die auf der
b1 Tugend beruhende Freundschaft). Hier muß sich die Vergeltung nach der Absicht des andern richten, denn dies entspricht
dem Freunde und der Tugend. Dies gilt wohl auch für eine Gemeinschaft des Philosophierens. Denn da läßt sich der Wert
nicht in Geld berechnen, und eine angemessene Ehre ist auch
5 nicht zu denken, sondern es muß wohl da, wie bei den Göttern
und den Eltern, genügen, was man eben vermag.

Wo aber die Gabe nicht so ist, sondern auf Gegenleistungen
rechnet, da muß wohl die Gegenleistung am ehesten so sein,
wie sie beiden Teilen entspricht. Geschieht das nicht, so ist es
nicht nur notwendig, daß der Empfangende den Wert fest-

setzt, sondern auch gerecht. Denn soweit dieser Nutzen er-
fuhr oder wieviel dieser um die Lust gegeben hätte, die er empfing, soviel muß er zurückerstatten, damit jener den angemessenen Lohn erhält. Denn auch bei den Geschäften scheint es so
zuzugehen; gelegentlich gibt es sogar Gesetze, daß über freie
Übereinkünfte keine Prozesse geführt werden dürfen; denn
mit dem, dem man vertraut hat, muß man in derselben Weise
abschließen, wie man die Abmachung eingegangen war. Es er- 15
scheint nämlich gerechter, daß der die Sache abschätzt, dem
sie überlassen wurde, als der, der sie überließ. Meist schätzen
ja die Besitzer und jene, die die Sache haben möchten, sie nicht
gleich ein. Denn jedem scheint das, was ihm gehört und was
er gibt, außerordentlich viel wert zu sein. Trotzdem findet der
Tausch statt zu dem Preis, den der Empfänger festsetzt. Man
muß wohl den Wert einer Sache nicht danach abmessen, wie 20
er dem scheint, der sie besitzt, sondern wie er schien, bevor
man sie hatte.

2. Fragen sind auch die folgenden: Soll man seinem Vater alles
gewähren und ihm in allem gehorchen, oder soll man in Krankheit dem Arzt sich anvertrauen und zum Feldherrn den Krie-
gerischen wählen? Soll man eher dem Freunde als dem Tugendhaften Dienste erweisen und eher dem Wohltäter Gutes ver- 25
gelten als dem Kameraden Gutes tun, wenn man nicht gleichzeitig beides vermag?

Alle diese Dinge genau zu entscheiden ist nicht leicht, denn
es gibt vielerlei Unterschiede der Größe und Kleinheit, im Edlen und im Notwendigen. Daß man aber nicht alles demselben 30
gewähren soll, ist klar. Und im allgemeinen ist es besser, Wohltaten zu vergelten als den Kameraden Gutes zu tun, wie man
auch eher ein geschuldetes Darlehen zurückerstatten als einem
Kameraden ein Geschenk machen soll. Aber auch dies gilt nicht
immer: muß einer, der von Räubern losgekauft worden ist,
seinerseits seinen Befreier, wer er auch sei, loskaufen oder ihm 35

das Lösegeld zurückerstatten, auch wenn dieser zwar nicht gefangengenommen war, aber das Geld verlangt, oder soll man zuerst seinen Vater loskaufen? Es scheint wohl, man solle den Vater noch eher loskaufen als sich selbst.

Wie gesagt, muß man im allgemeinen das Geschuldete zurückgeben, wenn aber ein freies Geschenk an Schönheit oder Notwendigkeit überwiegt, so muß man in diesem Sinne von der Regel abweichen. Denn zuweilen entspricht es nicht ein-
5 mal der Gleichheit, einen empfangenen Dienst zu erwidern, wenn einer nämlich einem Manne, den er als tüchtig kennt, etwas Gutes erwiesen hat und ihm der andere vergilt, obwohl er ihn für schlecht hält.

Man darf auch zuweilen jemandem, der einem geliehen hat, nicht wieder leihen. Denn der eine hat geliehen in der Meinung, er werde es von dem anderen, den er für anständig hält, wieder erhalten, der andere aber hat keine Hoffnung, das Sei-
10 nige vom ersten, der ein schlechter Mensch ist, wieder zu erhalten. Verhält es sich nun in Wahrheit so, so ist die Würdigkeit beider Teile nicht dieselbe. Ist es aber nicht so, sondern hat man es bloß gemeint, so hat man wenigstens nichts Unvernünftiges getan. Wie nun oft gesagt wurde: die Untersuchungen über die Affekte und Handlungen sind nur so weit bestimmbar, als es ihr Gegenstand ist.

Daß man nicht allen dasselbe schuldet und auch seinem Va-
15 ter nicht alles zu leisten braucht, wie man auch dem Zeus nicht alles opfert, ist klar. Da Eltern, Brüdern, Kameraden und Wohltätern verschiedenes zukommt, so muß man jedem das ihm Zugehörige und für ihn Passende geben. So scheint es auch faktisch zu sein. Denn zur Hochzeit ruft man die Verwandten (denn mit ihnen hat man das Geschlecht gemeinsam und die
20 damit zusammenhängenden Handlungen), und aus demselben Grund erwartet man zu Trauerfeiern auch in erster Linie die Verwandten. Den Eltern soll man vor allem den Lebensunter-

halt gewähren, da man es ihnen schuldet und es schöner ist,
den Urhebern seines Daseins darin zu helfen als sich selbst.
Ferner gehört den Eltern die Ehre wie den Göttern, aber nicht
jegliche. Denn es gebührt auch nicht dieselbe Ehre dem Vater 25
und der Mutter oder etwa die dem Weisen und dem Feldherrn zukommende, sondern dem Vater die seinige und der
Mutter die ihrige; und·jedem Greise die Ehre, die seinem Alter zukommt, das Aufstehen vor ihm und Ihm-Platz-Machen
bei Tisch und dergleichen, Kameraden und Brüdern gegenüber aber die Freimütigkeit und die Gemeinschaft in allem.
Ebenso muß man versuchen, den Verwandten, Stammesgenos- 30
sen, Mitbürgern usw. ihr Zukommendes zu erweisen, und berücksichtigen, was jedem gebührt nach Vertrautheit und Tugend oder Nützlichkeit. Bei Personen von gleicher Abstam-
mung ist das Urteil darüber leichter, bei verschiedener müh-
samer. Doch darf man deswegen nicht darauf verzichten, sondern muß abgrenzen, so gut es möglich ist.                    35

3. Man kann auch fragen, ob man die Freundschaft mit Menschen, die sich verändern, aufheben soll oder nicht. Daß man b1
dort abbricht, wo die Freundschaft auf Nutzen oder Lust beruhte und dies nun nicht mehr vorhanden ist, ist nicht verwunderlich. Denn man war ja Freund von jenem, und da jenes
den Menschen verlassen hat, so ist es begreiflich, daß man
nicht mehr liebt. Aber Vorwürfe kann man wohl machen,
wenn jemand wegen des Nutzens oder der Lust liebte und sich 5
stellte, als täte er es wegen des Charakters. Denn wie wir am
Anfang sagten: die größten Differenzen entstehen unter Freunden, wo die Freundschaft bei den beiden nicht denselben Sinn
hat. Wenn nun jemand sich selbst täuscht und meinte, er werde
wegen seines Charakters geliebt, während der andere nichts
dergleichen tat, so wird er sich selbst anklagen müssen. Wenn
er aber durch den andern absichtlich getäuscht wurde, kann 10
er mit Recht den Betrüger anklagen, und noch mehr als einen

Falschmünzer, da das Verbrechen an Kostbarerem verübt
wurde.

Wenn man sich indessen mit jemandem als einem Tugendhaften verbunden hat und dieser dann schlecht wird und sich
auch so zeigt, muß man ihn dann noch lieben? Oder ist das
nicht möglich, da nicht alles liebenswert ist, sondern nur das
15 Gute, und man das Schlechte weder lieben kann noch darf?
Denn man darf nicht Liebhaber des Schlechten sein noch einem schlechten Menschen ähnlich werden. Es wurde ja gesagt,
daß das Ähnliche dem Ähnlichen lieb ist.

Soll man aber gleich abbrechen? Oder nicht mit allen, sondern nur mit den unheilbar Schlechten? Den Besserungsfähi-
gen muß man eher zu ihrem frühern Charakter als zu ihrem
Vermögen verhelfen, da dies auch besser und der Freund-
20 schaft angemessener ist. Allerdings tut der, der abbricht, offenbar auch nichts Unvernünftiges. Denn mit einem solchen
Menschen war man nicht befreundet; und wenn man den, der
sich verändert hat, nicht zurückholen kann, so verzichtet man.

Wenn aber der eine Freund bleibt, was er war, der andere
aber tugendhafter wurde und hierin den ersten weit überträfe,
kann man da noch mit ihm als Freund umgehen, oder ist das
25 nicht mehr möglich? Wo der Abstand groß ist, ist das Problem
am deutlichsten, wie bei Freundschaften aus der Knabenzeit.
Wenn einer in seinem Denken ein Kind bliebe, der andere aber
ein hervorragender Mann, wie sollen sie da noch Freunde sein,
wo ihnen nicht mehr dasselbe gefiele und sie nicht mehr über
dasselbe Freude und Schmerz empfänden? Auch aneinander gegenseitig würde ihnen nicht mehr dasselbe gefallen, und ohne
30 dies können sie nicht mehr Freunde sein; denn da kann man nicht
mehr zusammen leben. Darüber haben wir schon gesprochen.

Muß man sich nun zu einem solchen nicht anders verhalten,
als wenn er niemals ein Freund gewesen wäre? Oder soll man
sich an die frühere Vertrautheit erinnern, und wie man meint

gegen Freunde gefälliger sein zu sollen als gegen Fremde, so soll man auch die gewesenen Freunde berücksichtigen wegen 35 der ehemaligen Freundschaft, es sei denn, daß der Bruch wegen eines Übermaßes an Schlechtigkeit erfolgte?

4. Das freundschaftliche Verhalten zu Freunden und die Um- a1 grenzung der Freundschaft scheint aus dem Verhalten zu uns selbst abgeleitet zu werden.

Man bezeichnet als Freund den, der das Gute oder gut Erscheinende um des andern selbst willen wünscht oder tut, oder den, der das Dasein und das Leben des Freundes wünscht um seinetwillen, so wie sich die Mütter zu den Kindern verhalten, 5 oder von Freunden jene, die sich wegen eines Zwischenfalls getrennt haben. Andere verstehen als Freund den, der mit uns zusammen lebt und dasselbe wünscht wie wir oder den, der mit dem Freunde Lust und Schmerz teilt; auch dieses gilt am allermeisten von den Müttern. Entsprechend diesen Auffassungen wird die Freundschaft bestimmt.

Jedes davon gilt auch für den Tugendhaften im Verhältnis 10 zu sich selbst, und bei den anderen, soweit sie glauben, solche zu sein. Es scheint nun, wie gesagt, das Maß für alles die Tugend und der Tugendhafte zu sein; denn dieser befindet sich mit sich selbst in Übereinstimmung und begehrt mit seiner ganzen Seele eines und dasselbe. Er wünscht sich selbst das Gute, und was als solches erscheint, und tut es (denn es ist 15 Sache des Guten, das Gute durchzuführen) und um seiner selbst willen; und zwar um des denkenden Teiles willen, der am meisten er selbst zu sein scheint. Und er wünscht selbst zu leben und bewahrt zu bleiben, und vor allem für den Teil von sich, mit dem er denkt. Denn für den Tugendhaften ist das Sein etwas Gutes. Jeder wünscht aber sich selbst das Gute, und keiner wünscht ein anderer zu werden und daß dann das andere 20 alles Gute hätte. Denn so hat auch die Gottheit das Gute, und zwar weil sie ist, was sie immer war.

Und nun scheint der Einzelne das Denkende in ihm zu sein,
oder doch dies vorzugsweise. Und ein solcher wünscht mit
sich selbst zusammenzuleben. Denn dies macht ihm Lust:
25 die Erinnerung an das Getane ist erfreulich und die Hoffnung
auf das Kommende gut und als solche angenehm. Und in seinem Denken ist er reich an Betrachtenswertem. Er teilt auch
am meisten Schmerz und Lust mit sich selbst. Denn stetsfort
ist ihm dasselbe freudig und schmerzlich und nicht immer wieder ein anderes; darum kennt er sozusagen auch keine Reue.
30 Da sich nun jedes einzelne davon beim Tugendhaften im Verhältnis zu sich selbst findet und er sich zum Freund verhält
wie zu sich selbst (denn der Freund ist ein anderer er selbst),
so scheint auch die Freundschaft darin zu bestehen und
Freunde solche, die dies besitzen.

Ob es nun eine Freundschaft zu sich selbst gibt oder nicht,
sei für jetzt beiseite gelassen. Es scheint eine solche Freund-
35 schaft insofern zu bestehen, als zwei oder mehr der genannten
Stücke vorhanden sind; und das Übermaß der Freundschaft
b1 ist der Freundschaft zu sich selbst ähnlich.

Das Genannte scheint es auch bei den Leuten zu geben, obschon sie schlecht sind. Haben sie nun insofern daran Anteil, als
sie sich selbst gefallen und annehmen, daß sie tugendhaft seien?
5 Bei den durchaus Schlechten und den Verbrechern gibt es nichts
dergleichen, es scheint nicht einmal so. Eigentlich auch nicht
bei den Schlechten. Denn sie sind in sich gespalten, begehren das
eine und wollen das andere, wie die Unbeherrschten. Denn sie
ziehen dem, was ihnen gut zu sein scheint, das Angenehme vor,
10 das schädlich ist. Andere wiederum geben es aus Feigheit oder
Trägheit auf, das zu tun, was, wie sie meinen, für sie das beste
ist. Wer aber vieles Schlimme getan hat, wird wegen seiner
Schlechtigkeit gehaßt, meidet das Leben und tötet sich selbst.

Die Schlechten suchen Menschen, mit denen sie zusammenleben können, sich selbst aber fliehen sie. Denn sie erin-

nern sich an vieles Schreckliche und erwarten entsprechendes, wenn sie allein sind; wenn sie aber mit anderen sind, vergessen sie es. Sie haben nichts Liebenswertes, und so empfinden sie auch keine Freundschaft zu sich selbst. Sie teilen mit sich selbst weder Freude noch Schmerz, denn ihre Seele ist in Aufruhr: der eine Teil empfindet aus Schlechtigkeit Schmerz über Dinge, die ihm fehlen, der andere freut sich, und so wird 20 sie hin und her gezogen und wie auseinandergerissen. Und wenn es nicht möglich ist, gleichzeitig Freude und Schmerz zu empfinden, so schmerzt es doch nach kurzer Zeit, daß man sich gefreut hatte und man wünschte, daß man dieses Angenehme nicht erfahren hätte. Denn die schlechten Menschen sind übervoll von Reue. So scheint denn der Schlechte auch 25 nicht sich selbst gegenüber freundschaftlich gestimmt zu sein, weil er nichts Liebenswertes hat. Wenn nun ein solcher Zustand überaus jammervoll ist, so muß man die Schlechtigkeit mit aller Kraft fliehen und versuchen, anständig zu sein. Denn so wird man sich zu sich selbst als Freund verhalten und einem andern Freund werden.

5. Die Wohlgesinntheit ähnelt der Freundschaft, ist aber 30 nicht dasselbe. Denn sie entsteht auch Unbekannten gegenüber und kann unerkannt bleiben, die Freundschaft dagegen nicht. Das wurde schon früher gesagt. Sie ist aber auch keine Zuneigung. Denn sie hat keine Spannung und kein Begehren, was doch die Zuneigung begleitet. Die Zuneigung erwächst außerdem aus der Gewöhnung, die Wohlgesinntheit kann aber auch plötzlich entstehen, wie etwa Wettkämpfern gegenüber. 35 Da wird man ihnen wohlgesinnt und hofft mit ihnen, wird aber a 1 nicht mit ihnen zusammen kämpfen; denn wie wir sagten: man kann plötzlich wohlgesinnt werden, und die Liebe bleibt dann oberflächlich.

So scheint dies ein Anfang der Freundschaft zu sein, wie etwa die Freude am Sehen der Anfang der Liebe ist. Denn kei-

ner liebt, wenn er sich nicht zuvor an der Gestalt gefreut hat; wer sich aber nur an der Gestalt freut, liebt darum noch nicht eher, sondern erst, wenn er den andern herbeisehnt, wenn dieser abwesend ist, und seine Gegenwart wünscht. So kann man auch nicht Freunde werden, wenn man nicht zuvor wohlgesinnt geworden ist, die Wohlgesinnten lieben aber darum noch nicht. Denn sie wünschen bloß denen das Gute, denen sie wohlgesinnt sind, aber mit ihnen zusammen handeln werden
10 sie nicht, noch auch durch sie bemüht werden.

So könnte man metaphorisch die Wohlgesinntheit eine untätige Freundschaft nennen; auf die Dauer und wenn die Gewöhnung dazu kommt, kann sie zur wirklichen Freundschaft werden, und dann nicht wegen des Nutzens oder wegen der Lust; denn auch die Wohlgesinntheit entsteht nicht dadurch. Wer nämlich Wohltaten empfangen hat, gibt zur Vergeltung
15 die Wohlgesinntheit und tut recht daran. Wer aber jemandem Wohlergehen wünscht und hofft, er werde dann von jenem profitieren, scheint nicht jenem wohlgesinnt zu sein, sondern eher sich selbst, wie er auch kein Freund ist, wenn er jenem wegen irgendeines Nutzens dient.

Im allgemeinen entsteht die Wohlgesinntheit auf Grund von Tugend und Anständigkeit, wenn einer einem andern schön
20 oder tapfer erscheint und dergleichen, wie wir es bei den Wettkämpfern gesagt haben.

6. Auch die Eintracht scheint eine Art von Freundschaft zu sein. Darum ist sie nicht bloß die Gleichheit der Ansichten. Denn dies kann es auch unter Menschen geben, die einander gar nicht kennen. Auch nennen wir nicht jene einträchtig, deren Ansichten über irgend etwas Beliebiges übereinstimmen,
25 wie etwa über die Himmelserscheinungen (denn hierüber einer Meinung zu sein hat mit Freundschaft nichts zu tun), sondern man bezeichnet etwa eine Stadt als einträchtig, wenn die Bürger über das Zuträgliche einer Meinung sind und dasselbe

wünschen und das tun, was gemeinsam beschlossen wurde. Man ist also einträchtig im Handeln, und zwar in Dingen, die bedeutend sind und beiden Teilen oder allen zukommen kön- 30 nen: so in einem Staate, wenn alle beschließen, daß die Ämter durch Wahl zu besetzen seien, oder daß man sich mit den Spartanern verbünden solle, oder daß Pittakos die Regentschaft übernehmen solle, als er auch selbst dazu bereit war. Wenn aber von zweien jeder regieren will, wie die Brüder in den Phoinissen, so herrscht Zwietracht. Denn nicht das bedeutet Eintracht, wenn beide dasselbe meinen, was immer es sei, sondern wenn sie dabei auch dieselbe Person meinen, wie etwa, 35 wenn das Volk und die Vornehmen wollen, daß die Besten regieren. Denn da erhalten dann alle, wonach sie strebten. So b1 scheint denn die Eintracht eine politische Freundschaft zu sein, wie sie auch genannt wird. Denn sie betrifft das Zuträgliche und dasjenige, was das Leben betrifft.

Eine solche Eintracht gibt es unter den Tugendhaften. Denn diese sind mit sich selbst einträchtig und untereinander, da 5 sie sich sozusagen immer gleichbleiben. Ihre Entschlüsse bleiben bestehen und strömen nicht hin und her wie der Euripos; sie wollen das Gerechte und Zuträgliche, und darnach streben sie auch gemeinsam. Die Schlechten freilich können nicht einträchtig bleiben, außer in geringem Maße, wie sie auch nicht 10 Freunde sein können, da sie im Nützlichen immer zuviel haben wollen und in den Mühen und Leistungen zu wenig. Da für sich jeder dies will, so schikaniert er den Nächsten und hindert ihn; und da sie nicht das Gemeinsame pflegen, geht es zugrunde. Also werden sie im Aufruhr sein, einander gegenseitig bedrängen, aber selbst nicht das Gerechte tun 15 wollen.

7. Die Wohltäter scheinen die Empfänger mehr zu lieben als umgekehrt, und man fragt nach dem Grunde dieser unerwarteten Erscheinung. Die meisten meinen nun, daß eben der

eine Schuldner und der andere der Gläubiger sei, und wie nun
bei Darlehensgeschäften die Schuldner wünschten, daß ihre
Gläubiger nicht existierten, die Gläubiger dagegen sogar um
das Wohl ihrer Schuldner besorgt sind, so wünschten eben
auch die Wohltäter, daß die Empfänger am Leben bleiben, damit sie den Dank abstatten können, während sich diese um die
25 Erstattung des Dankes·nicht weiter kümmerten. Epicharmos
würde vielleicht sagen, diese Meinung stamme aus einer allzu
schlechten Einschätzung der Menschen, aber sie scheint doch
menschlich zu sein. Denn die Leute haben kein Gedächtnis
und wollen lieber Gutes erfahren als Gutes tun.

Die Ursache scheint aber tiefer in der Natur begründet zu
sein und nicht dieselbe wie bei den Gläubigern. Denn bei die-
30 sen gibt es ja keine Zuneigung, sondern der Gläubiger sorgt
sich um jenen nur um der Vergeltung willen. Wohltäter dagegen lieben und schätzen die Empfänger, auch wenn sie in
keiner Weise nützlich sind, noch es je werden. Dasselbe gibt
es auch bei den Künstlern. Denn jeder liebt sein eigenes Werk
35 mehr, als dieses ihn lieben würde, wenn es eine Seele bekäme.
a1 Am meisten geschieht dies wohl bei den Dichtern. Denn diese
lieben ihre Dichtungen über alle Maßen, so wie sie ihre Kinder
lieben würden. Dem ist das Verhalten der Wohltäter ähnlich.
Denn was ihre Wohltat empfangen hat, ist ihr Werk, und die-
5 ses lieben sie mehr als das Werk den Schöpfer. Die Ursache davon ist, daß das Sein allen Wesen wünschbar und liebenswert
ist und daß wir insofern sind, als wir tätig sind, nämlich im
Leben und Handeln. Durch seine Tätigkeit ist also der Schöpfer gewissermaßen sein Werk. Er liebt also sein Werk, weil er
auch das Sein liebt. Dies ist naturgegeben: denn was er als
Möglichkeit ist, zeigt das Werk in Wirklichkeit.
10      Zugleich ist für einen Wohltäter diese seine Handlung schön,
und so freut er sich an dem, woran seine Handlung ist; für den
Empfänger ist dagegen am Geber nichts Schönes, sondern eher

etwas Nützliches. Dies ist aber weniger angenehm und liebenswert.

Angenehm ist am Gegenwärtigen die Tätigkeit, am Künftigen die Hoffnung und am Vergangenen die Erinnerung. Am angenehmsten und in gleichem Maße liebenswert ist das Tätigsein. 15

Nun aber bleibt dem, der etwas getan hat, das Werk (denn das Schöne ist dauerhaft); für den, der empfangen hat, vergeht aber der Nutzen. Außerdem ist die Erinnerung an das Schöne angenehm, an das Nützliche dagegen nicht oder doch weniger. Mit der Erwartung scheint es sich umgekehrt zu verhalten.

Die Zuneigung scheint einem Machen zu gleichen, das Geliebtwerden einem Erleiden. Daher ist bei denen, die sich im Tun überragend zeigen, auch das Lieben und die Freund- 20 schaft.

Ferner lieben auch alle mehr, was mit Mühe zustande gekommen ist, so wie jener das Geld mehr schätzt, der es erworben, als der, der es übernommen hat. So scheint auch das Empfangen des Guten mühelos zu sein, das Gutes-Tun dagegen beschwerlich. Darum lieben auch die Mütter ihre Kinder mehr. Denn das Gebären ist das mühsamere, und sie wissen mehr, 25 daß die Kinder ihnen gehören. Dies scheint auch den Wohltätern eigentümlich zu sein.

8. Man kann sich auch fragen, ob man sich selbst am meisten lieben solle oder einen anderen. Man tadelt jene, die sich selbst am meisten schätzen, und nennt sie im verächtlichen Sinne eigenliebend; es scheint auch der Schlechte alles um seiner 30 selbst willen zu tun, und je schlechter er ist, desto mehr; man wirft ihm ja vor, daß er nichts tue, was nicht in seinem Interesse sei. Der Tugendhafte aber handelt wegen des Edlen, und dies um so mehr, je besser er ist, und ferner um des Freundes willen, während er das Seinige vernachlässigt.

Diesen Erwägungen widersprechen aber die Tatsachen, und
b1 dies aus verständlichen Gründen. Man sagt nämlich, man
müsse den besten Freund am meisten lieben, und der beste
Freund ist der, der dem, dem er Gutes wünscht, dieses um des
andern willen wünscht, auch wenn es niemand erfährt. Dies
trifft aber am meisten im Verhältnis des Einzelnen zu sich
selbst zu, und so auch alles andere, wodurch der Freund be-
5 stimmt wird. Denn es wurde schon gesagt, daß aus dem Verhalten zu sich selbst die ganze Freundschaft auch zu den anderen übergeht. Alle Sprichwörter stimmen damit überein:
«eine Seele», «unter Freunden ist alles gemeinsam», «Freundschaft ist Gleichheit» und «das Knie ist näher als die Wade».
All das gilt am meisten für den Einzelnen im Verhältnis zu sich
selbst. Er ist sich selbst am meisten Freund, und so soll man
10 sich auch selbst am meisten lieben.

Man mag mit Recht fragen, welcher der beiden Ansichten
man folgen soll, da jede glaubwürdig ist.

Vielleicht muß man bei derartigen Erwägungen unterscheiden und abgrenzen, wieweit und inwiefern jede recht hat. Die
Sache wird leicht klar, wenn wir prüfen, wie jeder von beiden
den Begriff eigenliebend versteht. Die einen fassen ihn als Be-
15 schimpfung auf und nennen eigenliebend jene, die für sich zuviel beanspruchen an Geld, Ehre und körperlichen Genüssen.
Denn danach streben die Leute und bemühen sich darum, als
ob es das Beste wäre, und so ist es auch umkämpft. Wer hierin
zuviel haben will, dient seinen Begierden und überhaupt den
20 Leidenschaften und dem vernunftlosen Seelenteil. Dieser Art
ist die große Menge, und darum versteht man auch jenen Begriff im Sinne der Menge, die schlecht ist. Mit Recht tadelt
man die in diesem Sinne Eigenliebenden.

Dies ist klar, daß die Leute als eigenliebend eben jene bezeichnen, die in diesem Sinne für sich sorgen. Wenn sich näm-
25 lich einer bemühte, selbst immer das Gerechte zu tun oder das

Besonnene, und was es sonst an Tugenden gibt, und so stets überhaupt das Edle für sich in Anspruch nähme, so wird wohl niemand einen solchen eigenliebend nennen oder tadeln.

Ein solcher könnte sehr wohl im höheren Sinne eigenliebend zu sein scheinen. Er beansprucht für sich das Schönste und Beste, gibt dem Wichtigsten in sich nach und gehorcht diesem 30 in allem. Wie nun der wichtigste Teil des Staates am meisten Staat zu sein scheint, und ebenso bei jedem andern Ganzen, so ist es auch beim Menschen. Der Eigenliebende ist der, der dieses am meisten schätzt und diesem dient. Beherrscht und unbeherrscht heißt man, je nachdem der Geist herrscht oder nicht, da dieser das eigentliche Selbst ist. Und man scheint am 35 meisten selbst und freiwillig das getan zu haben, was mit Ein- a 1 sicht getan ist. Daß nun dieses ganz oder doch hauptsächlich der Einzelne ist, ist klar, und ebenso daß der Tugendhafte dieses am meisten schätzt. Darum wird er am meisten eigenliebend sein, freilich in einem andern Sinne als dem getadelten und sich von diesem so sehr unterscheidend wie das Leben nach der Einsicht vom Leben nach der Leidenschaft, und er 5 wird nach dem Schönen begehren und nach dem, was ihm zu nützen scheint.

Wer sich besonders um die schönen Handlungen bemüht, wird von allen anerkannt und gelobt; und wenn alle um das Edle wetteiferten und sich anstrengten, das Schönste zu tun, so wäre für die Gemeinschaft alles erreicht, was notwendig ist, und der Einzelne hätte für sich die größten Güter, wenn näm- 10 lich die Tugend eben das größte Gut ist.

Also soll der Tugendhafte eigenliebend sein (denn er wird selbst den Nutzen davon haben, wenn er Edles tut, und wird damit auch den anderen nützen), der Schlechte aber darf es nicht sein (denn er wird sich selbst und seinen Nächsten schaden, da er schlechten Leidenschaften folgt). Beim Schlechten widerspricht das, was er tut, dem, was er tun sollte. Der Tu- 15

gendhafte dagegen tut, was er tun soll. Jeder Geist nun
wünscht für sich selbst das Beste, und der Tugendhafte gehorcht dem Geiste.

Aber von dem Edlen ist es auch wahr, daß er für die Freunde
und für das Vaterland vieles tut und auch stirbt, wenn es sein
20 muß. Er wird das Geld und die Ehren und überhaupt die um-
kämpften Güter fahren lassen und für sich selbst nur das
Schöne beanspruchen. Er wird es vorziehen, während kurzer
Zeit sich stark zu freuen als während langer Zeit mäßig; er
wird lieber ein Jahr lang schön leben als viele Jahre beliebig,
und lieber *eine* große und schöne Tat ausführen als viele kleine.
25 Dies gilt wohl für jene, die für andere sterben. Denn sie wählen
für sich ein Großes und Edles. Auch Geld wird jener opfern,
damit seine Freunde mehr erhalten. Dann hat der Freund das
Geld, er selbst aber das Edle, und so beansprucht er für sich
das größere Gut. Dasselbe gilt für Ehren und Ämter. All das
30 wird er dem Freunde überlassen; denn dies ist für ihn selbst
schön und lobenswert. Und so wird er mit Recht tugendhaft
zu sein scheinen, da er allem andern das Edle vorzieht. Man
kann auch gewisse Handlungen dem Freunde überlassen, und
es kann schöner sein, sie den Freund ausführen zu lassen, als
sie selbst zu tun.

35    In allem Lobenswerten also scheint der Tugendhafte für sich
selbst mehr am Schönen zu beanspruchen. In diesem Sinne
b1 also muß man, wie gesagt, eigenliebend sein, nicht aber, wie
es die Leute meinen.


9. Man fragt sich auch, ob der Glückselige der Freunde bedarf
oder nicht. Man sagt nämlich, daß die Glücklichen und die
Selbstgenugsamen keiner Freunde bedürfen. Denn sie hätten
5 schon alles Gute; da sie also sich selbst genug sind, leiden sie
an nichts Mangel, der Freund aber, der ein anderer man selbst
ist, beschafft, was man aus sich selbst nicht erreichen kann.

Darum, «wenn die Gottheit es gut gibt, was bedarf es der Freunde?»

Anderseits scheint es unsinnig zu sein, wenn man dem Glückseligen alle Güter zuteilt, ihm aber keine Freunde gibt, was doch das Größte der äußeren Güter zu sein scheint. 10

Wenn es dem Freund ferner eher zukommt, Gutes zu tun als Gutes zu erfahren, und es dem Tugendhaften und der Tugend zukommt, wohlzutun, und es endlich schöner ist, Freunden wohlzutun als Fremden, so bedarf also der Tugendhafte solcher, denen er Gutes tun kann. Darum fragt man auch, ob man im Glück eher der Freunde bedarf als im Unglück; denn der Unglückliche bedarf solcher, die ihm Gutes antun, 15 und der Glückliche solcher, denen er Gutes antun kann.

Es ist vielleicht auch unsinnig, den Glückseligen zum Einsiedler zu machen. Denn keiner würde wünschen, in der Einsamkeit alle Güter zu besitzen. Der Mensch ist nämlich auf staatliche Gemeinschaft angelegt und von Natur zum Zusammenleben geschaffen. Also kommt dies auch dem Glückseligen zu. Denn er hat alle Güter, die es von Natur gibt, und es ist 20 klar, daß es besser ist, sein Leben zusammen mit Freunden und Tugendhaften zu verbringen als mit Fremden und Beliebigen. Also bedarf der Glückselige der Freunde.

Was meinen nun die Vertreter der ersten Ansicht, und inwiefern ist ihre Meinung richtig? Etwa darin, daß die Leute unter Freunden die Nützlichen verstehen? Solcher Nützlichen bedarf der Glückselige sicher nicht, da er die Güter alle be- 25 sitzt. Er bedarf auch keiner Freunde, die ihm angenehm seien, oder nur wenig (denn sein Leben ist an sich angenehm und bedarf keiner von außen herangebrachten Lust). Da er also solcher Freunde nicht bedarf, so scheint es, daß er überhaupt keiner Freunde bedürfe. Aber wahr ist dies vielleicht nicht. Wir sagten am Anfang, daß die Glückseligkeit eine Tätigkeit sei; diese Tätigkeit entsteht und ist nicht einfach da wie ein 30

Besitz. Wenn also das Glückseligsein im Leben und im Tätigsein beruht und die Tätigkeit des Tugendhaften tugendhaft
und angenehm in sich selbst ist, wie wir am Anfang sagten,
und wenn auch das Vertraute zum Angenehmen gehört und
wir eher die Nächsten betrachten können als uns selbst und
ihr Handeln eher als das unsrige, und wenn die Handlungen
35 der Tugendhaften den Tugendhaften, die ihre Freunde sind,
angenehm sind (denn beide haben das von Natur Ange-
21 nehme), so wird demnach der Glückselige solcher Freunde
bedürfen, wenn er tugendhafte und ihm vertraute Handlungen
zu betrachten wünscht und diese eben die Handlungen des
tugendhaften Menschen sind, der sein Freund ist.

Man meint auch, daß der Glückselige angenehm leben
5 müsse. Für einen Einsiedler ist das Leben mühsam. Man kann
nicht fortwährend allein tätig sein, mit andern dagegen und
für andere geht es leichter. Also wird die Tätigkeit auf diese
Weise kontinuierlicher sein und dabei an sich angenehm, wie
es beim Glückseligen sein muß (denn der Tugendhafte freut
sich als solcher an den tugendgemäßen Handlungen und ver-
10 abscheut die schlechten, so wie der Musiker sich an schönen
Gesängen freut und sich über schlechte ärgert).

Es ergibt sich auch eine Art von Übung der Tugend durch
das Zusammenleben mit den Tugendhaften, wie Theognis sagt.

Und wenn man das Problem naturphilosophischer betrachtet, so scheint der tugendhafte Freund dem Tugendhaften von
Natur wünschbar zu sein.

15    Wir sagten nämlich, daß das von Natur Gute dem Tugendhaften an sich gut und angenehm sei.

Ferner wird das Leben des Lebendigen durch die Fähigkeit
der Wahrnehmung bestimmt, bei den Menschen durch Wahrnehmung oder Denken. Die Fähigkeit wird auf die Tätigkeit
zurückgeführt, denn die Hauptsache ist die Tätigkeit. So
scheint also das Leben wesentlich auf dem Wahrnehmen oder

dem Denken zu beruhen. Das Leben gehört aber zu dem an
sich Guten und Angenehmen. Denn es ist umgrenzt, und das 20
Umgrenzte gehört zur Natur des Guten. Was aber von Natur
gut ist, ist es auch für den Tugendhaften. Also scheint es auch
für alle angenehm zu sein. Man darf dabei nicht an ein schlechtes und verdorbenes oder an ein kummervolles Leben denken.
Denn ein solches ist unumgrenzt, wie auch die Dinge, die ihm
zur Verfügung stehen. Im nachfolgenden wird klarer, was wir
mit dem Kummer meinen.                                          25

Wenn nun das Leben an sich gut und angenehm ist (das
zeigt sich wohl auch daran, daß alle nach ihm streben, und vor
allem die Tugendhaften und Glückseligen; denn für sie ist das
Leben am wünschbarsten, und ihr Leben ist auch das glückseligste), und wenn nun der wahrnimmt, der sieht, daß er
sieht, und hört, daß er hört, und als Gehender wahrnimmt, daß
er geht, und wenn es bei allem anderen ebenso eine Wahrneh-  30
mung davon gibt, daß wir tätig sind, so daß wir also wahrnehmen, daß wir wahrnehmen, und denken, daß wir denken:
und daß wir wahrnehmen und denken, ist uns ein Zeichen,
daß wir sind (denn das Sein war eben Wahrnehmen oder Denken), und wenn das Wahrnehmen, daß man lebt, zum an sich b 1
Angenehmen gehört (denn das Leben ist von Natur angenehm,
und ein in sich vorhandenes Gutes wahrzunehmen ist angenehm), so ist also das Leben vorzugsweise für die Tugendhaften wünschbar, da das Sein für sie gut und angenehm ist (denn
sie nehmen zugleich in sich das an sich Gute wahr und freuen 5
sich); und so wie sich der Tugendhafte zu sich selbst verhält,
verhält er sich auch zum Freunde (denn der Freund ist ein
anderer er selbst). Wie also jeder sein eigenes Sein wünscht,
so wünscht er auch das Sein des Freundes oder doch ähnlich.
Das Sein war aber wünschbar, weil man sich selbst als einen
Tugendhaften wahrnahm; eine solche Wahrnehmung ist angenehm in sich selbst.

So muß man also vom Freunde mit wahrnehmen, daß er ist, und dies geschieht im Zusammenleben und in der Gemeinschaft des Redens und Denkens. Denn so wird doch das Zusammenleben bei den Menschen zu verstehen sein und nicht wie beim Vieh, das auf derselben Wiese weidet. Und wenn nun für den Glückseligen das Sein an sich wünschbar ist, da es von Natur gut und angenehm ist, so ist es ähnlich auch für das Sein des Freundes, und so wird auch der Freund zum Wünschbaren gehören. Und was ihm zum Wünschbaren gehört, das muß er auch haben, oder er wird in dieser Hinsicht bedürftig sein. Also bedarf der Glückselige tugendhafter Freunde.

10. Muß man sich so viele Freunde als möglich beschaffen, oder gilt, was von der Gastfreundschaft treffend gesagt wurde, man solle «weder viele Gastfreunde haben noch gar keinen»? Paßt es also auch zur Freundschaft, daß man weder ohne Freunde sein, noch gar zu übermäßig viele Freunde besitzen solle? Denn erstens scheint im Hinblick auf den Nutzen das Gesagte durchaus zu stimmen: vielen Menschen Gefälligkeiten zu erwidern ist mühsam, und das ganze Leben würde nicht ausreichen, dies zu tun. Was über die für ein vertrautes Leben notwendige Zahl hinausgeht, ist lästig und hinderlich für das edle Leben. Man braucht sie also nicht. Und zur Lust genügen wenige, wie bei der Speise die Würze. Sollen aber die tugendhaften Freunde so zahlreich als möglich sein, oder gibt es ein Maß auch in der Menge der Freunde, wie bei einer Stadt? Denn aus zehn Menschen entsteht keine Stadt, und aus hunderttausend ist es keine Stadt mehr. Die Quantität ist aber wohl nicht eine bestimmte, sondern der gesamte Bereich zwischen bestimmten Quantitäten. Und so gibt es eine begrenzte Zahl der Freunde und ein gewisses Maximum, mit denen man zusammenleben kann (darin schien uns ja vorzugsweise die Freundschaft zu liegen). Daß es aber nicht möglich ist, mit vielen zusammenzuleben und sich unter sie zu verteilen, ist klar.

Außerdem müssen jene untereinander wieder Freunde sein, wenn sie alle miteinander leben sollen. Das ist aber bei einer 5 großen Masse beschwerlich.

Schwierig ist es auch, mit vielen vertraulich Freude und Schmerz zu teilen; denn es kann leicht zusammenfallen, daß man sich mit dem einen freut und mit dem andern leidet.

Es ist also wohl richtig, nicht auf eine Überzahl an Freunden bedacht zu sein, sondern nur auf so viele, als für das Zusammenleben hinreichen. Denn es scheint kaum möglich zu sein, 10 mit vielen stark befreundet zu sein. Darum kann man auch nicht mehrere zugleich lieben; denn dies gilt doch als eine Steigerung der Freundschaft, und dies gibt es nur Einem gegenüber. Und das starke Empfinden bezieht sich immer nur auf wenige. So scheint es sich auch faktisch zu verhalten. Denn es hat nicht viele Freunde im Sinne der Kameradschaft gegeben, und in Dichtungen besungen werden nur zwei. Wer aber viele 15 Freunde hat und mit allen vertraut umgeht, scheint Freund keines einzigen zu sein, außer in einem bürgerlichen Sinne; solche nennt man denn auch Liebediener. Politisch freilich kann man viele Freunde haben ohne liebedienerisch zu sein, sondern durchaus tugendhaft. Doch aus Tugend und um des andern selbst willen kann man nicht Freund mit vielen sein; man muß froh sein, wenn man auch nur wenige derartige fin- 20 det.

11. Bedarf es im Glück mehr der Freunde als im Unglück? In beiden Fällen sucht man sie: die Unglücklichen bedürfen der Hilfe, die Glücklichen solcher, mit denen sie zusammenleben und denen sie Gutes tun können. Denn sie wollen Gutes tun. Notwendiger sind Freunde im Unglück, und darum bedarf es da auch der Nützlichen; schöner ist es im Glück, 25 weshalb man da die Tugendhaften sucht. Denn es ist wünschenswerter, diesen Gutes zu tun und mit ihnen zusammenzuleben.

Denn die Gegenwart der Freunde allein ist schon angenehm im Glück wie im Unglück. Die Trauernden erleichtern sich,
30 wenn die Freunde ihren Schmerz teilen. Darum kann man auch fragen, ob sie sozusagen an der Last teilnehmen, oder ob dies zwar nicht der Fall ist, aber ihre Gegenwart, die angenehm ist, und das Bewußtsein ihres Mitleides den Schmerz leichter machen. Ob nun die Erleichterung durch dieses oder jenes erfolgen mag, lassen wir auf sich beruhen. Aber die Tatsachen scheinen dem Gesagten zu entsprechen. Die Gegenwart der Freunde scheint sozusagen etwas Gemischtes zu sein.
35 Denn gerade das Sehen der Freunde ist angenehm, vor allem
b1 im Unglück, und ist eine Hilfe gegen den Schmerz (denn der Freund tröstet durch seinen Anblick und durch sein Wort, wenn er gewandt ist; denn er kennt den Charakter des anderen und woran jener Schmerz und Freude empfindet). Anderseits ist es schmerzlich, jemanden zu sehen, der über das eigene Un-
5 glück trauert. Denn jeder meidet es, für die Freunde Ursache des Schmerzes zu sein. Darum scheuen sich die männlichen Naturen, den Freunden um ihretwillen Schmerz zu bereiten, und wenn der Schmerz nicht durch die Erleichterung überwogen wird, so ertragen sie es nicht, daß jene nun durch sie Schmerz erfahren; und überhaupt mögen sie Mitklagende
10 nicht, weil sie selbst keine klagenden Naturen sind. Weiber dagegen und dergleichen Männer freuen sich an den Mitseufzenden und lieben sie als Freunde und Mitleidende. Man muß aber offenbar in allen Dingen den Besseren nachahmen.

Die Gegenwart der Freunde im Glück macht das Leben angenehm; angenehm ist es auch, zu bemerken, daß jene sich über das eigene Gute freuen; darum könnte man wohl meinen,
15 man müsse die Freunde gern zu seinem Glücke einladen (denn es ist schön, ihnen wohlzutun), aber zu seinem Unglück nur mit Zögern (denn man muß sowenig als möglich an seinem Unheil teilgeben, wie es denn auch heißt: «Es ist genug, daß

ich unglücklich bin»). Am meisten soll man sie herbeirufen, wenn sie mit geringer Mühe uns einen großen Dienst erweisen können.

Dagegen ist es wohl umgekehrt passend, ungerufen und 20 gerne zu den Unglücklichen zu gehen; denn es ist Sache des Freundes, Gutes zu tun, vor allem denen, die in Not sind und nicht darum gebeten haben, was für beide Teile würdiger und angenehmer ist. Zu den Glücklichen soll man gehen, gern, wenn es sich um das Mitarbeiten handelt (denn auch das gehört zur Pflicht des Freundes), aber langsam, wenn es zum Genusse ist. Denn es ist nicht schön, sich gerne Nutzen erwei- 25 sen zu lassen. Den Schein der Unfreundlichkeit muß man aber beim Ablehnen wohl vermeiden. Zuweilen aber erweckt man ihn doch.

Die Gegenwart der Freunde erscheint also in allen Dingen als wünschbar.

12. Ist es nun, wie bei Verliebten das Sehen das Wünschenswerteste ist und wir diese Wahrnehmung allen anderen vor- 30 ziehen, da durch sie die Liebe vorzugsweise besteht und entsteht, so auch bei den Freunden das Wünschenswerteste, zusammen zu leben? Denn die Freundschaft ist eine Gemeinschaft. Und wie man sich zu sich selbst verhält, so auch zum Freunde. Nun ist uns selbst gegenüber die Wahrnehmung, daß wir sind, wünschbar, also auch beim Freunde. Die Tätigkeit aber, aus der diese Wahrnehmung kommt, besteht im Zu- 35 sammenleben, so daß man also begreiflicherweise danach strebt.

Und was immer dem Einzelnen das Sein ist und um wessent- a1 willen sie das Leben erstreben, darin wollen sie mit den Freunden zusammenleben. So trinken denn die einen miteinander, die andern würfeln zusammen, andere turnen und jagen zusammen oder philosophieren zusammen. Und jedesmal sind sie in dem beisammen, was sie im Leben am meisten schätzen. 5

Denn sie wollen mit den Freunden leben, und so tun sie ge-
meinschaftlich das, worin für sie das Zusammenleben besteht.

Die Freundschaft der Schlechten ist schlecht (denn sie treiben gemeinsam Schlechtes und sind dabei unbeständig und
10 werden schlecht, indem sie einander ähnlich werden), die
Freundschaft der Tugendhaften ist tugendhaft und wächst
durch den Umgang miteinander. Und sie scheinen auch besser
zu werden, indem sie tätig sind und einander korrigieren.
Denn jeder nimmt einen Abdruck auf von den Eigenschaften,
die ihm am anderen gefallen, und so heißt es: «Edles lernst du
von Edlen.»

# ZEHNTES BUCH

1. Über die Freundschaft sei nun dies gesagt. Nun muß anschließend von der Lust gesprochen werden.

Es ist wohl folgerichtig, darnach von der Lust zu handeln. Denn sie scheint dem Menschengeschlecht vorzugsweise vertraut zu sein, und darum erzieht man auch die jungen Menschen, indem man sie mit Lust und Schmerz lenkt. Auch für die ethische Tugend scheint es überaus wichtig zu sein, daß man sich freut, woran man soll, und haßt, was man soll. Denn dies beeinflußt das ganze Leben und hat ein Gewicht und eine Bedeutung auf die Tugend und auf das glückselige Leben hin. Denn man wählt das Angenehme und meidet das Schmerzliche. Einen solchen Gegenstand sollte man also in keiner Weise übergehen, zumal da über ihn große Meinungsverschiedenheiten herrschen.

Die einen nämlich nennen die Lust das Gute, die andern umgekehrt etwas durchaus Schlechtes; von diesen mögen die einen vielleicht überzeugt sein, daß es sich tatsächlich so verhalte, die andern meinen wohl, es sei für unser Leben besser, die Lust als etwas Schlechtes zu erklären, auch wenn sie es nicht ist; denn die meisten neigten zu ihr und dienten den Lüsten, und darum müsse man sie auf die entgegengesetzte Seite ziehen; auf diese Weise nämlich kämen sie in die rechte Mitte.

Dies wird aber kaum richtig sein. Wo es sich um Affekte und Handlungen dreht, sind Worte weniger überzeugend als Taten. Wenn die Worte nun mit dem, was man wahrnimmt, im Widerspruch stehen, so werden sie verachtet und ruinieren die Wahrheit selbst. Denn wenn man den Tadler der Lust b1 sieht, wie er doch selbst einmal nach ihr strebt, so meint man, er habe sich ihr zugewandt, weil sie überhaupt erstrebenswert sei. Denn die Leute verstehen ja nicht zu unterscheiden.

Die wahren Theorien allerdings sind wohl nicht nur nütz- lich im Hinblick auf das Wissen, sondern auch für das Leben. Wenn sie nämlich mit den Taten übereinstimmen, so glaubt man ihnen, und sie treiben jene, die sie begreifen, an, nach ihnen zu leben. Doch genug davon; jetzt wollen wir die ver- schiedenen Ansichten über die Lust prüfen.

2. Eudoxos meinte, die Lust sei das Gute, weil er sah, daß alles nach ihr strebe, Vernunftbegabtes wie Vernunftloses, und in allen Dingen sei das Begehrte gut und das am meisten Be- gehrte das Beste. Daß aber alles auf dasselbe hinsteuere, zeige an, daß dies für alles das Beste sei (denn jedes Einzelne fände das für sich Beste, wie auch die Nahrung), und was nun für alles gut sei und wonach alles strebe, das sei das Gute.

Diese Argumente fanden Vertrauen mehr wegen des Cha- rakters des Mannes als wegen ihrer eigenen Glaubwürdigkeit. Denn er schien selbst in hervorragendem Maße besonnen zu sein. So schien er denn auch nicht darum so zu reden, weil er ein Freund der Lust war, sondern weil es sich der Wahrheit nach so verhielte.

Er hielt dies auch für nicht weniger klar aus dem Gegen- satz. Denn der Schmerz werde an sich von allen gemieden, und so sei auch das Gegenteil wünschbar.

Am meisten wünschbar sei endlich, was nicht wegen eines andern und um eines andern willen erstrebt werde. Von sol- cher Art sei anerkanntermaßen die Lust. Denn keiner frage, zu welchem Zwecke man sich freue, so daß also die Lust an sich wünschbar sei.

Außerdem würde sie jedes Gut, dem sie beigefügt werde, wünschbarer machen, so das Gerecht-Handeln und das Be- sonnensein. Das Gute aber wachse nur durch sich selbst.

Dieses letzte Argument zeigt aber wohl nur, daß sie zu den Gütern gehört, und dies nicht mehr als anderes. Denn alles ist, verbunden mit einem anderen Gute, wünschbarer als für sich allein. Mit einem solchen Argument beweist auch Platon umgekehrt, daß die Lust nicht das Gute ist. Denn das angenehme Leben ist wünschbarer mit der Einsicht als ohne sie, und 30 wenn also das gemischte Leben besser ist, so ist die Lust nicht das höchste Gut. Denn das höchste Gut kann nicht wünschbarer werden, wenn ihm irgend etwas anderes beigefügt wird.

Klar ist aber, daß auf diese Weise auch nichts anderes das Gute sein kann, das zusammen mit einem an sich Guten noch wünschbarer wird. Was wäre also solch ein Gut, woran auch wir teilhaben könnten? Ein solches wird nämlich gesucht. 35

Jene aber, die bestreiten, daß das, wonach alles strebt, das Gute sei, sagen eigentlich Nichtiges. Was alle glauben, das, behaupten wir, ist richtig. Wer dieses Argument verwirft, a1 wird nichts Glaubhafteres sagen können. Wenn nämlich bloß die vernunftlosen Wesen darnach strebten, so hätte die Behauptung einen Sinn, wenn es aber auch die Vernunftbegabten tun, was wollen sie dann sagen? Vielleicht gibt es sogar bei den Schlechten ein natürliches Gutes, das besser ist, als sie selbst sind, und das nach dem ihm gemäßen Guten strebt. 5

Auch was über den Gegensatz gesagt wird, scheint nicht richtig zu sein. Sie behaupten nämlich, wenn der Schmerz etwas Schlechtes sei, so brauche darum die Lust nichts Gutes zu sein. Denn das Schlechte sei dem Schlechten entgegengesetzt und beides einem Dritten. Dies ist zwar richtig, aber doch in unserem Falle falsch. Denn wenn beides schlecht ist, muß auch beides zu fliehen sein und vom Neutralen keines oder um- 10 gekehrt; nun aber zeigt es sich, daß man den Schmerz flieht als ein Übel, die Lust sucht als ein Gutes. Derart sind diese beiden einander entgegengesetzt.

Und auch wenn die Lust nicht zu den Qualitäten gehört, ist sie nicht kein Gut. Denn auch die Tätigkeiten der Tugend 15 sind keine Qualitäten, und auch nicht die Glückseligkeit.

Außerdem behaupten sie, das Gute sei umgrenzt, die Lust aber unumgrenzt, da sie das Mehr und Weniger annehme. Aber wenn man auf Grund der Lustempfindung so urteilt, so gilt dasselbe von der Gerechtigkeit und den anderen Tugenden, wo man offensichtlich sagt, man besitze diese Tugenden mehr 20 oder weniger und handle mehr oder weniger nach ihnen (denn man kann mehr oder weniger gerecht sein und tapfer und gerecht und besonnen handeln). Meint man aber die Lust selbst, so ist damit wohl die wahre Ursache nicht getroffen, wenn nämlich die Arten der Lust teils ungemischt, teils gemischt sind. Denn warum soll nicht, so wie die Gesundheit, die etwas Umgrenztes ist, ein Mehr oder Weniger erlaubt, dies auch bei 25 der Lust der Fall sein? Es gilt nicht bei allem dieselbe Proportion, und die Gesundheit ist sogar bei Einzelnen nicht immer dieselbe, sondern kann sich bis zu einem gewissen Grade lockern und doch bestehen bleiben und sich im Mehr und Weniger unterscheiden. So kann es sich auch mit der Lust verhalten.

Ferner setzt man das Gute als das Vollkommene an, die Bewegungen und das Werden aber als das Unvollkommene, und 30 versucht dann die Lust als eine Bewegung und ein Werden zu erweisen. Doch sie formulieren falsch, und die Lust ist auch gar keine Bewegung. Denn jeder Bewegung ist offenbar Schnelligkeit und Langsamkeit eigen, und wenn auch nicht an sich, wie bei der Bewegung des Kosmos, so doch im Verhältnis zu anderem. Die Lust aber hat keines von beiden. Denn wohl kann man rasch in Freude geraten, wie man rasch in Zorn gerät, aber nicht rasch sich freuen, auch nicht im Verhältnis zu anderem, dagegen allerdings gehen, wachsen und dergleichen. Man kann also rasch oder langsam in die Lust übergehen, nicht aber in ihr tätig sein, ich meine: sich freuen.

Und wie soll sie ein Werden sein (denn es scheint nicht Beliebiges aus Beliebigem zu werden, sondern woraus etwas 5 wird, dahin vergeht es auch)? Und ist der Schmerz ein Zerstören dessen, wovon die Lust das Werden wäre?

Man sagt auch, der Schmerz sei der Mangel am Naturgemäßen, die Lust sei die Erfüllung, Aber dies sind nun körperliche Zustände. Wenn nun die Lust die naturgemäße Erfüllung ist, so muß sich das, worin sich diese Erfüllung vollzieht, freuen, 10 also der Körper. Dies scheint aber nicht zu stimmen. Also ist die Lust keine Erfüllung, sondern wenn sich die Erfüllung vollzieht, so wird man sich wohl freuen, und wenn sich ein Mangel einstellt, so empfindet man Schmerz. Jene Meinung freilich scheint entstanden zu sein aus den Lust- und Schmerzempfindungen bei der Ernährung. Denn wenn wir Hunger haben und zuerst Schmerz empfinden, so freuen wir uns dann 15 an der Sättigung. Doch dies gilt nicht für alle Arten der Lust. Denn ohne Schmerz ist die Lust am Lernen, und in der Wahrnehmung jene, die durch das Riechen vermittelt wird, ferner viele Dinge, die man hört und sieht, Erinnerungen und Hoffnungen. Von was soll dies ein Werden sein? Denn es war ja kein Mangel da, der zu erfüllen war. 20

Wenn man endlich die schändlichen Lüste anbringt, so könnte man sagen, daß es sich da gar nicht um Lust handelt. Sind sie nämlich lustvoll für Menschen in schlechter Verfassung, so muß man annehmen, daß sie es eben nur für diese sind, wie auch bestimmte Dinge nur für Kranke gesund, süß oder bitter sind und nur Augenleidenden als weiß erscheinen. 25

Man wird vielleicht sagen, daß die Lust selbst wünschbar sei, nicht aber, wenn sie daher kommt, ebenso wie das Reichsein, aber nicht, wenn es durch Verrat zustande kommt, oder die Gesundheit, wenn man alles mögliche ißt. Oder gibt es verschiedene Arten der Lust? Jene vom Edlen ist anders als jene

vom Schändlichen, und wenn man nicht gerecht ist, kann
30 man die Lust des Gerechten nicht empfinden, und wenn man
kein Musiker ist, nicht die des Musikers usw.

Es scheint auch der Freund in seinem Unterschied zum
Schmeichler zu zeigen, daß die Lust kein Gut sei oder daß es
von ihr verschiedene Arten gibt. Denn der eine scheint im Verkehr das Gute zu suchen, der andere die Lust, den einen tadelt
1174 man, den andern, der einen andern Zweck verfolgt, lobt man.
Es würde auch keiner zu leben wünschen, wenn er sein Leben
lang nur den Verstand eines Kindes hätte, sich nach Kräften
freute über das, worüber sich die Kinder freuen; noch würde er
sich freuen, wenn er dabei äußerst Schimpfliches tun müßte,
auch wenn er niemals Schmerz empfinden sollte. Auch wür-
5 den wir uns um vieles bemühen, auch wenn es uns keine Lust
brächte, wie um Sehen, Erinnerung, Wissen, Besitz der Tugenden. Wenn dem nun notwendigerweise Lust folgt, so
macht das keinen Unterschied; denn wir würden es wählen,
auch wenn keine Lust folgte.

Daß also die Lust nicht das höchste Gute ist und daß nicht
jede Lust wünschbar ist, scheint klar zu sein; ebenso, daß einige Formen der Lust wünschbar sind, die sich von den andern
10 der Art und dem Ursprung nach unterscheiden. Die über Lust
und Schmerz bestehenden Meinungen seien damit hinlänglich dargestellt.

3. Was sie aber ist und welcher Art, wird klarer, wenn wir
noch einmal von Anfang anfangen.

Das Sehen scheint in jedem Augenblick vollkommen zu sein
15 (denn es braucht nichts, was später dazukäme und sein Wesen vollendete). Derart scheint auch die Lust zu sein. Sie ist
ein Ganzes, und man wird in keinem Augenblick eine Lust finden, deren Wesen sich erst im Verlauf der Zeit vollendete.
Darum ist sie auch keine Bewegung. Denn jede Bewegung
vollzieht sich in der Zeit und hat ein Ziel, wie die Baukunst,

und vollendet ist sie, wenn sie vollbracht hat, wonach sie
strebte, entweder in der gesamten Zeit oder in diesem bestimmten Zeitpunkt. In den einzelnen Zeitteilen sind sie alle
unvollendet und der Art nach von der ganzen und voneinander verschieden: die Zusammensetzung der Steine ist verschieden von der Kannelierung der Säulen und beides von der
Vollendung des Tempelhauses. Die Herstellung des Tempels
ist das vollendende Tun (denn für den beabsichtigten Zweck 25
braucht es weiter nichts mehr), diejenige des Fundaments und
der Triglyphen ein unvollkommenes, weil beides das Werden
eines Teils ist. Wir haben also der Art nach verschiedene Bewegungen, und man kann in keinem Augenblick eine dem
Wesen nach vollendete Bewegung fassen, sondern wenn überhaupt, so nur in der gesamten Zeit. Dasselbe gilt vom Gehen
usw. Wenn nämlich die Ortsveränderung eine Bewegung von
einem Punkt zu einem anderen hin ist, so gibt es auch da Ver- 30
schiedenheiten der Art nach: Fliegen, Schreiten, Springen und
ähnliches. Außerdem gibt es Unterschiede beim Gehen selbst.
Denn der Ausgangs- und Endpunkt ist nicht derselbe bei einem Stadion und bei einem Teile davon und bei diesem und
bei jenem Teil, und ebenso nicht, wenn man diese oder wenn
man jene Linie durchläuft. Denn man durchschreitet nicht nur
eine Linie, sondern eine an diesem Orte befindliche, die von b1
derjenigen an einem andern Orte verschieden ist. Genauer ist
über die Bewegung anderswo gesprochen worden; jedenfalls
scheint sie nicht einmal in der gesamten Zeit vollkommen zu
sein, sondern die meisten sind unvollkommen und der Art
nach verschieden, da ja der Ausgangs- und Endpunkt artbil-
dend sind.                                                    5

Bei der Lust aber ist das Wesen in jedem Augenblick vollkommen. Also ist klar, daß sie von der Bewegung verschieden
ist und daß sie zum Ganzen und Vollkommenen gehört. Das
ergibt sich auch daraus, daß man nicht eine Bewegung voll-

ziehen kann, die nicht in der Zeit wäre, aber Lust empfinden
kann man so. Denn sie ist im Augenblicke ein Ganzes.

10      Daraus ergibt sich, daß die Meinung nicht richtig ist, die
Lust sei eine Bewegung oder ein Werden. Denn diese Begriffe
werden nicht auf alles angewandt, sondern nur auf das, was
teilbar und kein Ganzes ist. Es gibt auch kein Werden und
keine Bewegung des Sehens oder des Punktes oder der Monade.
So auch nicht der Lust. Denn sie ist ein Ganzes.

4. Da nun jede Wahrnehmung sich auf das Wahrnehmungs-
15 objekt hin betätigt, und vollkommen dann, wenn sie in guter
Verfassung ist und sich auf das schönste der Wahrnehmungs-
objekte hin richtet – denn dies scheint vor allem die vollkommene Tätigkeit zu sein (ob wir sagen, die Wahrnehmung selbst
sei tätig oder ihr Träger, macht hier keinen Unterschied), so
ist in jedem Falle die beste Tätigkeit diejenige, wo das Tätige
sich in der besten Verfassung auf das beste der ihm zugeordneten Objekte richtet. Dies wird dann auch die vollkommenste
20 und angenehmste sein. Lust gibt es bei jeder Wahrnehmung,
ebenso bei Überlegen und Denken; am lustvollsten ist das
Vollkommenste und am vollkommensten ist die Tätigkeit, wo
das eine sich in gutem Zustand befindet und das andere das
edelste der zugeordneten Objekte ist.

Die Lust macht die Tätigkeit vollkommen. Freilich bringt
sie die Vollendung nicht in der Weise zustande, wie es die Vor-
züglichkeit des Objektes und des Wahrnehmungsorgans tun,
25 wie ja auch die Gesundheit und der Arzt nicht in derselben
Weise Ursache des Gesundseins sind.

Daß es bei jeder Sinneswahrnehmung Lust gibt, ist klar. Wir
sagen ja, daß Gesehenes und Gehörtes Lust bereiten. Am meisten ist dies dort der Fall, wo die Wahrnehmung sich in dem
besten Zustand befindet und sich auf etwas Entsprechendes
richtet. Wenn Wahrnehmungsgegenstand und Wahrneh-
30 mungsorgan sich in solcher Weise verhalten, wird immer Lust

vorhanden sein, da ja dann etwas da ist, was sie erzeugt und was sie erfährt.

Die Lust vollendet die Tätigkeit aber nicht wie ein in ihr vorhandener Zustand, sondern als eine dazukommende Vollendung, wie die Schönheit beim Wachsenden. Solange nun das Objekt des Denkens oder Wahrnehmens so ist, wie es sein soll, und ebenso das Beurteilende und das Betrachtende, wird in der Tätigkeit die Lust vorhanden sein. Denn wenn das Erfahrende und b1 das Bewirkende gleichartig sind und sich auf dieselbe Weise zu einander verhalten, so wird naturgemäß auch dasselbe entstehen.

Warum aber kann sich keiner ununterbrochen freuen? Ermüdet man? Alles Menschliche ist eben unfähig, kontinuierlich in Tätigkeit zu sein: also auch Lust zu empfinden. Denn 5 sie folgt der Tätigkeit. Einiges erfreut, weil es neu ist, und später nicht mehr so, aus eben diesem Grunde. Denn zuerst wird die Aufmerksamkeit wachgerufen und beschäftigt sich andauernd damit, wie wenn man einen Gegenstand genau betrachtet; darnach ist die Tätigkeit keine solche mehr, sondern sie läßt nach, und da verkommt dann auch die Lust.    10

Man könnte wohl meinen, daß alle nach der Lust streben, weil auch alle zu leben begehren. Das Leben ist eine Art von Tätigkeit, und jeder bemüht sich darum und darin, was er am meisten schätzt, so der Musiker mit dem Gehör um die Lieder, der Wißbegierige mit dem Denken um die Wissenschaft usw., 15 und die Lust vollendet die Tätigkeit und also auch das Leben, nach dem sie streben. Begreiflicherweise also streben sie nach der Lust. Denn für jeden Einzelnen vollendet sie das Leben, und dieses ist wünschbar.

5. Ob wir aber um der Lust willen das Leben oder um des Lebens willen die Lust wünschen, sei für jetzt dahingestellt. Denn diese zwei Dinge scheinen verknüpft zu sein und keine Trennung zu erlauben. Denn ohne Tätigkeit gibt es keine 20 Lust, und die Lust wiederum vollendet jede Tätigkeit.

Darum scheinen die Arten der Lust sich auch zu unterscheiden. Denn was der Art nach verschieden ist, das, meinen wir,
wird auch durch Verschiedenes vollendet. Das zeigt sich an
den Dingen der Natur und der Kunst, Tieren, Bäumen, Zeich-
25 nungen, Bildern, Häusern und Hausrat. Ebenso müssen der
Art nach verschiedene Tätigkeiten durch Artverschiedenes
vollendet werden. So unterscheiden sich die Tätigkeiten des
Denkens von denen der Wahrnehmung, und diese sind wiederum untereinander artverschieden; demgemäß auch die vollendende Lust.

Dies mag auch daher sichtbar werden, daß jede Lust der Tä-
30 tigkeit, die sie vollendet, verwandt ist. Die Tätigkeit wird
durch die ihr eigentümliche Lust gemehrt. Wer mit Lust arbeitet, wird jedes Einzelne besser beurteilen und genauer erfassen können; so werden gute Geometer jene, die sich an der
Geometrie freuen, und werden jedes Einzelne besser verstehen;
ebenso die Freunde der Musik, der Architektur usw.; jeder
35 macht in seiner eigenen Arbeit Fortschritte, wenn er an ihr
Freude hat. Die Lust fördert, und das Fördernde ist verwandt;
b1 und Artverschiedenem ist Artverschiedenes verwandt.

Noch klarer wird dies daher, daß für die eine Tätigkeit die
Lust, die aus der andern entsteht, hinderlich ist. Wer Flötenspiel liebt, kann keinem Gespräch folgen, wenn er Flöte spielen hört, und freut sich mehr daran als an seiner augenblick-
5 lichen Tätigkeit. Die Freude am Flötenspiel zerstört also die
Tätigkeit des Denkens. Ähnlich geht es · überall, wo man
gleichzeitig zwei Dinge betreibt: die lustvollere verdrängt die
andere, und zwar um so mehr, je mehr sie Lust macht, und
schließlich hört die Tätigkeit bei der andern überhaupt auf.
10 Wenn uns eine Sache besonders erfreut, so tun wir überhaupt
nichts anderes, und umgekehrt treiben wir anders, wenn uns
etwas nur mäßig gefällt; im Theater ißt man dann am meisten
Süßigkeiten, wenn die Schauspieler schlecht sind.

Da nun die zugehörige Lust die Tätigkeiten schärft und sie andauernder und besser macht, fremde Lust sie dagegen schädigt, so ist offensichtlich der Unterschied sehr groß. Denn die Lust an anderem bewirkt so ziemlich dasselbe wie der zugehörige Schmerz: der dazugehörige Schmerz zerstört die Tätigkeit, wie etwa wenn einem das Schreiben unangenehm und schmerzlich ist, dem andern das Rechnen. Der eine schreibt dann nicht und der andere rechnet nicht, da die Tätigkeit Schmerz bereitet.

So wirken auf die Tätigkeiten die zugehörigen Gefühle der Lust und des Schmerzes in gegensätzlicher Weise. Zugehörig sind jene, die in der Tätigkeit an sich entstehen. Daß die fremden Lustempfindungen ähnlich wirken wie der Schmerz, haben wir gesagt; sie zerstören, wenn auch nicht in derselben Weise.

Da nun die Tätigkeiten sich nach Gut und Schlecht unterscheiden und die einen wünschbar sind, die andern zu meiden, die dritten neutral, so verhalten sich die Arten der Lust entsprechend. Denn jeder Tätigkeit ist eine eigentümliche Lust zugeordnet; die der tugendhaften zugeordnete ist tugendhaft, die der schlechten schlecht. Denn auch die Begierde nach Edlem ist lobenswert, die nach Schändlichem verwerflich. Doch sind den Tätigkeiten die Lustempfindungen, die sie begleiten, verwandter als die Strebungen. Denn diese sind nach Zeit und Natur von den Tätigkeiten abgegrenzt, jene dagegen stehen ihnen ganz nahe und so ungeschieden, daß man sich fragen kann, ob die Tätigkeit mit der Lust identisch sei. Immerhin scheint die Lust nicht Denken oder Wahrnehmen zu sein (das wäre unsinnig), aber weil sie nicht abgetrennt ist, meinen einige, sie sei dasselbe.

Wie nun also die Tätigkeiten verschieden sind, so auch die Arten der Lust. Das Sehen ist vom Tasten an Reinheit verschieden, ebenso Hören und Riechen vom Schmecken. Dementsprechend sind die Lustempfindungen verschieden, und

von diesen allen sind wieder jene des Denkens verschieden,
wie auch diese untereinander selbst.

Es scheint jedes Lebewesen eine eigene Lust zu besitzen,
wie es auch eine eigene Aufgabe hat. Denn diese richtet sich
5 nach der Tätigkeit. Dies wird klar, wenn man das Einzelne
betrachtet: die Lust des Pferdes, des Hundes und des Menschen ist verschieden, wie auch Heraklit sagt, der Esel habe
Streu lieber als Gold; denn er schätze die Nahrung höher als
Gold. Die Arten der Lust des Artverschiedenen unterscheiden
sich also, die des Artgleichen dagegen sind, wie man annehmen
darf, dieselben.

10 Beim Menschen freilich gibt es keine geringen Unterschiede.
Denn dieselben Dinge freuen den einen und schmerzen den
andern und sind dem einen schmerzlich und verhaßt, dem andern angenehm und willkommen. Dies sieht man etwa am Süßen; es ist für den Fieberkranken nicht dasselbe wie für den
Gesunden, und auch das Warme empfindet der Schwache
15 nicht gleich wie der Kräftige. Dasselbe begegnet auch anderswo.

Gelten dürfte in allen diesen Fällen das, was dem Tugendhaften so erscheint. Wenn dies richtig ist, wie es scheint, und
in jedem einzelnen Falle die Tugend und der Tugendhafte das
Maß sind, sofern er tugendhaft ist, so wird auch Lust sein, was
ihm so scheint, und angenehm das, woran dieser sich freut.
20 Wenn aber Dinge, die ihm lästig sind, andern angenehm erscheinen, so ist dies nicht merkwürdig. Denn es gibt viele
Arten von Zerstörung und Schädigung des Menschen. Aber
angenehm ist dergleichen nicht, außer für solche, die sich in
solcher Verfassung befinden.

Daß man die anerkannt schimpflichen Lüste nicht Lust nennen darf, außer für Verdorbene, ist klar. Von den Lustarten,
die dem Tugendhaften zuzukommen scheinen, was für eine
und welche soll man da als die Lust des Menschen überhaupt

bezeichnen? Soll man dies an den Tätigkeiten ablesen? Denn die Lust folgt der Tätigkeit. Mag nun der vollkommene und glückselige Mensch eine oder mehrere Tätigkeiten haben, so werden jedenfalls die diese Tätigkeiten vollendenden Lustempfindungen im eigentlichen Sinne die Lust des Menschen heißen, die übrigen in sekundärem und vielfach nachgeordnetem Sinne, wie eben auch die Tätigkeiten.

6. Unsere Erörterung über die Tugenden, die Freundschaft 30 und die Lust ist nun zu Ende, und so bleibt noch die Glückseligkeit im Umrisse zu behandeln, da wir sie als das Ziel allen menschlichen Tuns ansetzen. Wir werden uns kürzer fassen können, wenn wir uns auf das Vorausgehende zurückbeziehen.

Wir haben gesagt, die Glückseligkeit sei kein bloßes Verhalten. Sonst könnte ja auch derjenige sie besitzen, der sein Leben lang schläft und wie eine Pflanze lebt, oder auch ein Mensch, den die größten Unglücksfälle träfen. Wenn uns dies 35 nun nicht befriedigt und wir sie vielmehr, wie früher gesagt worden ist, in eine gewisse Tätigkeit setzen müssen, und wenn b1 ferner die Tätigkeiten teils notwendig und als Mittel, teils an sich begehrenswert sind, so ist die Glückseligkeit offensichtlich als eine von den Tätigkeiten aufzufassen, die an sich und nicht bloß als Mittel begehrenswert sind. Sie ist ja keines anderen Dinges bedürftig, sondern sich selbst genug. Und an 5 sich begehrenswert sind die Tätigkeiten, bei denen man nichts weiter sucht als die Tätigkeit selbst.

Diesen Charakter scheinen die tugendgemäßen Handlungen zu haben, da es an sich begehrenswert ist, schön und tugendhaft zu handeln; sodann die Unterhaltungen, die dem Genusse dienen, da man auch sie ja nicht als Mittel zu einem Zweck begehrt. Man hat freilich mehr Schaden als Nutzen von ihnen, 10 da man ihretwegen Gesundheit und Vermögen vernachlässigt. Zu solchem Zeitvertreib nimmt die Mehrheit derer, die man

glücklich preist, ihre Zuflucht. Darum stehen bei den Fürsten
diejenigen, die in solchen Unterhaltungen gewandt sind, in
hoher Gunst. Sie machen sich ihnen angenehm in dem, wo-
15 nach jene streben; und gerade solcher Leute bedürfen sie.

So gewinnt es den Anschein, als ob derartiges die Glückseligkeit ausmache, da die Machthaber ihre Muße damit zu-
bringen. Indessen dürfte das Verhalten solcher Leute nichts
beweisen. Denn Tugend und Vernunft, von denen die edlen
Tätigkeiten kommen, beruhen nicht auf dem Besitz der Macht.
20 Und wenn jene Menschen, da ihnen der Geschmack für reine
und edle Freude fehlt, ihre Zuflucht zu den sinnlichen Genüssen nehmen, so darf man nicht glauben, daß diese darum besonders begehrenswert sind. Glauben doch auch Kinder, was
bei ihnen geschätzt werde, sei das Höchste. So ist es begreiflich, daß, wie für Kinder andere Dinge Wert haben als für Erwachsene, so auch schlechte Menschen andere Dinge schätzen
als tugendhafte. Wie wir schon oft wiederholt haben, ist also
25 wertvoll und genußreich zugleich das, was dem Tugendhaften
solches ist. Nun ist jedem diejenige Tätigkeit am liebsten, die
seiner eigentümlichen Art entspricht. Dies kann für den Tugendhaften nur die der Tugend gemäße Tätigkeit sein.

Die Glückseligkeit besteht also nicht im Spiel. Es wäre ja
unsinnig, wenn unser Ziel das Spiel wäre und wenn die Mühe
und das Leid eines ganzen Lebens das bloße Spiel zum Zweck
30 hätte. Fast alles begehren wir als Mittel, ausgenommen die
Glückseligkeit. Denn sie ist das Ziel. Da erscheint es doch als
töricht und gar zu kindisch, dem Spiele zuliebe zu arbeiten und
sich anzustrengen; dagegen der Satz des Anacharsis: «Spielen,
um zu arbeiten», darf als richtig gelten. Das Spiel ist nämlich
eine Art von Erholung, und der Erholung bedürfen wir, weil
35 wir nicht ununterbrochen arbeiten können. Also ist die
Erholung nicht Zweck. Der Tätigkeit wegen wird sie ge-
a1 pflegt.

Auch scheint das glückselige Leben ein tugendhaftes Leben zu sein. Dieses ist aber ein Leben des Ernstes und nicht des Spiels. Das Ernste nennen wir ja besser als das Scherzhafte und Spielerische, und die Tätigkeit des besseren Teiles und Menschen nennen wir immer auch ernster. Nun ist aber die Tätig- 5 keit des Besseren vorzüglicher und so denn auch glückseliger.

Auch kann die sinnliche Lust jeder beliebige genießen, der Sklave nicht minder als der ausgezeichnetste Mensch. Die Glückseligkeit aber erkennt niemand einem Sklaven zu, außer es müßte auch seine Lebensform dem entsprechen. Denn die Glückseligkeit besteht nicht in solchen Vergnügungen, son- dern in den tugendgemäßen Tätigkeiten, wie wir schon frü- 10 her erklärt haben.

7. Ist aber die Glückseligkeit eine der Tugend gemäße Tä- tigkeit, so muß sie vernünftigerweise der vorzüglichsten Tu- gend gemäß sein, und diese ist wieder die Tugend des Besten in uns. Mag dies der Geist oder etwas anderes sein, was seiner Natur nach als das Herrschende und Leitende auftritt und das Schöne und Göttliche zu erkennen vermag, oder sei es selbst 15 göttlich oder das Göttlichste in uns: immer wird die seiner eigentümlichen Tugend gemäße Tätigkeit die vollendete Glückseligkeit sein.

Daß diese Tätigkeit eine betrachtende ist, haben wir bereits gesagt. Dies dürfte doch wohl mit unsern früheren Ausfüh- rungen wie mit der Wahrheit übereinstimmen.

Denn zunächst ist diese Tätigkeit die beste. Der Geist näm- lich ist das beste in uns, und die Objekte des Geistes sind wie- 20 der die besten im ganzen Bereich der Erkenntnis. Sodann ist sie die anhaltendste. Anhaltend denken können wir leichter als irgend etwas anderes anhaltend tun.

Ferner glauben wir, daß der Glückseligkeit Lust beige- mischt sein muß. Nun ist aber unter allen tugendgemäßen Tätigkeiten die der Weisheit zugewandte eingestandenerma-

ßen die genußreichste. Und in der Tat bietet die Philosophie
Genüsse von wunderbarer Reinheit und Beständigkeit; natürlich ist aber die Tätigkeit und das Leben noch genußreicher,
wenn man schon weiß, als wenn man erst sucht.

Auch was man Autarkie nennt, findet sich am meisten bei
der Betrachtung. Was zum Leben erforderlich ist, dessen bedarf der Weise wie der Gerechte und die übrigen. Sind sie aber
30 mit dergleichen ausreichend versehen, so bedarf der Gerechte
noch solcher, gegen die und mit denen er gerecht handeln
kann, und dasselbe gilt von dem Mäßigen, dem Tapferen und
jedem anderen; der Weise dagegen kann, auch wenn er für
sich ist, betrachten, und je weiser er ist, desto mehr. Vielleicht
kann er es besser, wenn er Mitarbeiter hat, aber immerhin ist
b1 er sich selbst am meisten genug.

Von der Betrachtung läßt sich behaupten, daß sie ihrer
selbst wegen geliebt wird. Sie bietet uns außer dem Betrachten
nichts; vom praktischen Handeln dagegen haben wir noch
einen größeren oder kleineren Gewinn außer der Handlung.

Die Glückseligkeit scheint weiterhin in der Muße zu beste-
5 hen. Wir opfern unsere Muße, um Muße zu haben, und wir
führen Krieg, um in Frieden zu leben. Die praktischen Tugenden äußern ihre Tätigkeit in der Politik oder im Kriege. Die
Aktionen auf diesen Gebieten aber dürften sich mit der Muße
kaum vertragen, die kriegerische Tätigkeit schon gar nicht.
Niemand will Krieg und Kriegsrüstungen des Krieges wegen.
10 Denn man müßte als ein ganz blutdürstiger Mensch erscheinen, wenn man sich seine Freunde zu Feinden machte, nur
damit es Kampf und Blutvergießen gäbe. Aber auch die Politik
verträgt sich nicht mit der Muße und verfolgt neben den öffentlichen Angelegenheiten als solchen den Besitz von Macht
und Ehren oder die Glückseligkeit für die eigene Person und
die Mitbürger als ein Ziel, das von der Politik verschieden ist
15 und das wir auch als ein von der Politik verschiedenes zu er-

reichen suchen. Wenn also nun zwar unter den tugendhaften
Handlungen diejenigen, die sich um Staat und Krieg drehen,
an Schönheit und Größe obenanstehen und sie trotzdem mit
der Muße unvereinbar und auf ein außer ihnen liegendes Ziel
gerichtet sind, also nicht ihrer selbst wegen begehrt werden,
und wenn dagegen die betrachtende Tätigkeit des Geistes an
Ernst hervorzuragen scheint, und keinen andern Zweck hat
als sich selbst, auch eine eigentümliche Lust in sich schließt, 20
die die Tätigkeit steigert, so sieht man klar, daß in dieser Tätigkeit, soweit es menschenmöglich ist, die Autarkie, die
Muße, die Freiheit von Ermüdung und alles, was man sonst
noch dem Glückseligen beilegt, sich finden wird. Somit wäre
dies die vollendete Glückseligkeit des Menschen, wenn sie
auch noch die volle Länge eines Lebens dauert. Denn nichts, 25
was zur Glückseligkeit gehört, darf unvollkommen sein.

Aber ein solches Leben ist höher als es dem Menschen als
Menschen zukommt. Denn so kann er nicht leben, sofern er
Mensch ist, sondern nur sofern er etwas Göttliches in sich hat.
So groß aber der Unterschied ist zwischen diesem Göttlichen
selbst und dem aus Leib und Seele zusammengesetzten Wesen,
so groß ist auch der Unterschied zwischen der Tätigkeit, die
von diesem Göttlichen ausgeht, und allem sonstigen tugendgemäßen Tun. Ist nun der Geist im Vergleich mit dem Men- 30
schen etwas Göttliches, so muß auch das Leben nach dem Geiste im Vergleich mit dem menschlichen Leben göttlich sein.

Man darf aber nicht auf jene Mahnung hören, die uns an-
weist, als Menschen nur an Menschliches und als Sterbliche
nur an Sterbliches zu denken, sondern wir sollen, soweit es
möglich ist, uns bemühen, unsterblich zu sein und alles zu tun,
um nach dem Besten, was in uns ist, zu leben. Denn mag es
auch klein an Umfang sein, ist es doch an Kraft und Wert das 81
bei weitem über alles Hervorragende. Ja, jeder Einzelne ist
wohl gerade dieses, wenn anders es unser vornehmster und

bester Teil ist. Also wäre es auch unsinnig, wenn einer nicht sein eigenes Leben leben wollte, sondern das eines anderen. Und was wir oben gesagt haben, paßt auch hieher. Was einem
5 Wesen von Natur eigentümlich ist, ist auch für es das beste und genußreichste. Für den Menschen ist dies das Leben gemäß dem Geiste, da ja dieses am meisten der Mensch ist. Also ist dieses Leben auch das glückseligste.

8. An zweiter Stelle ist dasjenige Leben glückselig, das der sonstigen Tugend gemäß ist.

Die dieser sonstigen Tugend entsprechenden Tätigkeiten
10 sind menschlicher Art. Gerechtigkeit, Tapferkeit und die anderen Tugenden üben wir gegeneinander im geschäftlichen Verkehr, in Notlagen, in Handlungen aller Art und in den Leidenschaften dadurch, daß wir jedem soviel zumessen, als sich gebührt. Das sind aber offenbar lauter menschliche Dinge. Einiges davon scheint auch vom Körper herzukommen und
15 die ethische Tugend in mancher Hinsicht den Affekten nahezustehen. Auch ist mit der ethischen Tugend die Klugheit verbunden und umgekehrt, da ja die Grundsätze der Klugheit auf die ethischen Tugenden zielen und diese wieder durch jene geordnet werden. Da nun beide, ethische Tugend wie Klug-
20 heit, auch auf die Affekte Bezug haben, so haben sie es ohne Zweifel mit dem Ganzen aus Leib und Seele zu tun. Die Tugenden dieses zusammengesetzten Ganzen sind aber menschliche Tugenden. Somit ist auch das ihnen gemäße Leben menschlich, und menschlich auch die Glückseligkeit, die es gewähren kann. Abgesondert von ihr ist die Glückseligkeit des Geistes. Dies sei darüber genug. Denn Genaueres darüber zu sagen ginge über die vorliegende Aufgabe hinaus.

Auch bedarf diese Glückseligkeit der äußeren Güter nur
25 wenig oder doch weniger als diejenige gemäß den ethischen Tugenden. Mögen beide das zum Unterhalt Nötige auch gleich sehr brauchen – obschon der Politiker sich um den Kör-

per und dergleichen mehr bemühen muß; doch macht dies
nicht viel aus –, so muß sich doch bei der jeweiligen Tätigkeit
ein großer Unterschied ergeben. Der Freigebige braucht Geld,
um freigebig zu handeln, und der Gerechte braucht es, um
Empfangenes zu vergelten; denn das bloße Wollen ist nicht 30
erkennbar, und auch wer nicht gerecht ist, tut so, als wolle er
gerecht handeln; der Mutige bedarf der Macht, wenn er eine
Tat des Mutes vollbringen will, und der Mäßige bedarf der
Gelegenheit. Wie könnte man sonst wissen, ob einer diese oder
eine andere Tugend wirklich hat oder nicht? Man fragt sich
freilich, welche Seite der Tugend die wichtigere ist, der Wille
oder die Tat, da sie im einen wie im anderen sein könnte. Doch 35
findet sie offenbar ihre Vollendung erst in beiden zugleich. Nun b1
bedarf sie aber, um zu handeln, vieler Dinge und bedarf ihrer
desto mehr, je größer und schöner ihre Handlungen sind. Der
Betrachtende aber hat, wenigstens für diese seine Tätigkeit,
keines dieser Dinge nötig, ja sie hindern ihn gewissermaßen an
der Betrachtung. Sofern er aber Mensch ist und mit vielen zu- 5
sammenlebt, wird er auch wünschen, die Werke der ethischen
Tugend auszuüben; so wird er denn solcher Dinge bedürfen,
um als Mensch unter Menschen zu leben.

Auch an folgendem mag man sehen, daß die vollkommene
Glückseligkeit eine betrachtende Tätigkeit ist. Von den Göttern glauben wir, daß sie die glücklichsten und seligsten Wesen sind. Aber was für Handlungen soll man ihnen beilegen? 10
Etwa Handlungen der Gerechtigkeit? Wäre es aber nicht lächerlich, sie Verträge schließen und Depositen zurückerstatten zu lassen und dergleichen mehr? Oder Handlungen des
Mutes, wobei sie vor Furchterregendem standzuhalten und
Gefahren zu bestehen hätten, weil es schön ist, solches zu tun?
Oder Handlungen der Freigebigkeit? Aber wem sollen sie geben?
ben? Es wäre ja absurd, wenn sie Geld oder dergleichen zu ver-
geben hätten. Was hieße ferner Mäßigkeit bei den Göttern? 15

Es wäre doch ein plumpes Lob, daß sie keine schlechten Begierden hätten. So mögen wir nehmen, was wir wollen, alles, was zur Tugendübung gehört, muß als klein und der Götter unwürdig erscheinen. Und doch hat man immer geglaubt, daß sie leben, also tätig sind; denn niemand denkt, daß sie schlafen 20 wie Endymion. Nimmt man aber dem Lebendigen jenes Handeln und noch viel mehr das Produzieren, was bleibt dann noch außer dem Betrachten? So muß denn die Tätigkeit Gottes, die an Seligkeit alles übertrifft, eine betrachtende sein. Ebenso wird von den menschlichen Tätigkeiten diejenige die seligste sein, die ihr am nächsten verwandt ist.

Ein Zeichen dafür ist endlich, daß die übrigen Lebewesen an der Glückseligkeit keinen Anteil haben, weil sie einer sol-25 chen Tätigkeit vollständig ermangeln. Das Leben der Götter ist seiner Totalität nach selig, das der Menschen soweit, als ihnen eine Ähnlichkeit mit dieser Tätigkeit zukommt. Von den andern Lebewesen ist aber keines glückselig, da sie an dem Betrachten in keiner Weise teilhaben. Soweit sich demnach das Betrachten erstreckt, so weit erstreckt sich auch die Glückseligkeit, und den Menschen, denen das Betrachten in höhe-30 rem Grade zukommt, kommt auch die Glückseligkeit in höherem Grade zu, nicht zufällig, sondern eben auf Grund des Betrachtens, das seinen Wert in sich selbst hat. So ist denn die Glückseligkeit ein Betrachten.

9. Der Glückselige wird als Mensch auch in guten äußeren Verhältnissen leben müssen. Denn die Natur genügt sich selbst zum Betrachten nicht; dazu bedarf es auch der leibli-35 chen Gesundheit, der Nahrung und alles anderen, was zur a1 Notdurft des Lebens gehört. Indessen darf man, wenn man ohne die äußeren Güter nicht glückselig sein kann, darum nicht meinen, daß dazu viele und große Güter erforderlich wären. Denn die Selbstgenugsamkeit und die Möglichkeit des Handelns liegt nicht am Überfluß; man kann auch ohne über

Land und Meer zu herrschen, edel handeln; auch mit mäßigen
Mitteln läßt sich der Tugend gemäß handeln. Man kann das 5
deutlich daran sehen, daß die Privatleute den Fürsten im rechten Handeln nicht nachstehen, sondern eher voraus zu sein
scheinen. Es genügt also, wenn die nötigen Mittel vorhanden
sind. Denn das Leben wird glückselig sein, wenn es in tugendgemäßer Tätigkeit verbracht wird.

Auch Solon hat die Frage, wer glückselig sei, wohl treffend 10
beantwortet, wenn er sagte, glückselig seien diejenigen, die,
mit äußeren Gütern mäßig bedacht, die nach seiner Ansicht
schönsten Taten verrichtet und besonnen gelebt hätten. Denn
auch mit bescheidenen Mitteln läßt sich pflichtgemäß handeln. Desgleichen hat sich Anaxagoras offenbar den glückseligen Menschen nicht als Reichen oder Fürsten gedacht,
wenn er sagte, ihn würde es nicht wundern, wenn derjenige,
den er selbst für glückselig hielte, der Menge als absurd erschiene. Denn die Menge urteilt nach dem Äußeren, weil sie 15
dafür allein Sinn hat. So stimmen denn die Ansichten der Weisen mit den von uns dargelegten Gründen überein, und zweifellos liegt in solchen Zeugnissen eine gewisse Beweiskraft.
Doch muß man im Gebiet des Praktischen die Wahrheit nach
den Leistungen und der Lebensart beurteilen. Denn diese sind
hier entscheidend. So muß man denn auch die bisherigen Dar- 20
legungen so prüfen, daß man sie mit den Leistungen und dem
Leben vergleicht, und sie, falls sie damit zusammenstimmen,
für wahr halten, falls sie aber damit im Widerspruch stehen,
nur als leere Worte betrachten.

Wer aber denkend tätig ist und dies in sich pflegt, mag sich
nicht nur der besten Verfassung erfreuen, sondern auch von
der Gottheit am meisten geliebt werden. Denn wenn die Götter, wie man glaubt, um unsere menschlichen Dinge irgendwelche Fürsorge haben, so darf man annehmen, daß sie an 25
dem besten und ihnen verwandtesten Freude haben – und das

ist unser Geist – und daß sie denjenigen, die dies am meisten
lieben und hochachten, mit Gutem vergelten, weil sie für das,
was ihnen lieb ist, Sorge tragen und recht und edel handeln.
Es ist aber unverkennbar, daß dies alles vorzüglich bei dem
30 Weisen zu finden ist. Also wird er von der Gottheit am meisten geliebt; wenn aber dies, so muß er auch der Glückseligste
sein. So wäre der Weise auch aus diesem Grunde der Glück-
lichste.

10. Wir haben nun hierüber und über die Tugenden, ebenso
über die Freundschaft und die Lust im Umrisse hinreichend
gesprochen. Soll man annehmen, daß damit unser Plan sein
35 Ziel erreicht hat? Oder ist (wie wir zu sagen pflegen) beim
b1 Handeln das Ziel nicht im Betrachten und Erkennen des Einzelnen, sondern eher im Ausführen? Also reicht es nicht, über
die Tugend Bescheid zu wissen, sondern man muß versuchen,
sie anzueignen und auszuüben oder wie immer sonst tugendhaft zu werden. Wenn nämlich die Worte allein den Menschen
5 tugendhaft machen könnten, so würden sie wohl mit Recht
nach Theognis vielen und großen Lohn davontragen, und man
müßte sich solche Reden beschaffen. Nun aber scheint es, daß
sie zwar die Kraft haben, die edelgearteten unter den jungen
Leuten zu ermahnen und anzuspornen und einen vornehmen
und wahrhaft das Schöne liebenden Charakter an die Tugend
10 zu fesseln; die große Menge aber vermögen sie nicht dahin zu
bringen. Denn diese gehorchen ihrer Natur nach nicht der
Ehrfurcht, sondern der Angst und lassen sich vom Schlechten
nicht durch die Schande, sondern nur durch die Strafe abhal-
ten. Denn sie leben der Leidenschaft und suchen die ihnen gemäße Lust und was ihnen diese verschafft, und fliehen den ent-
15 sprechenden Schmerz; vom Schönen und wahrhaft Lustvollen
aber haben sie nicht einmal einen Begriff, da sie nie daran ge-
schmeckt haben. Was für eine Rede soll solche Menschen um-

gestalten? Es ist kaum oder doch nicht leicht möglich, was seit langem in den Charakter aufgenommen wurde, durch das Wort wieder zu vertreiben. Wir müssen also wohl zufrieden sein, wenn wir beim Vorhandensein aller Voraussetzungen, um anständig zu werden, an der Tugend einen gewissen Anteil zu erhalten vermögen.

Die einen meinen nun, man werde tugendhaft durch Natur, 20 die andern durch Gewöhnung, die dritten durch Belehrung. Was die Natur betrifft, so ist es klar, daß dies nicht bei uns steht, sondern nur aus einer Art von göttlicher Ursache den wahrhaft Glückgesegneten zukommt. Rede und Belehrung dagegen werden wohl nicht bei allen Menschen wirken, sondern zuvor muß die Seele des Hörers durch Gewöhnung be- 25 arbeitet werden, daß sie sich in rechter Weise freut und haßt, so wie man die Erde bearbeitet, die den Samen pflegen soll. Denn wer gemäß der Leidenschaft lebt, wird nicht auf warnende Worte hören, ja sie nicht einmal verstehen. Wie will man aber den umstimmen, der sich so verhält? Ganz allgemein scheint die Leidenschaft nicht dem Wort zu weichen, sondern nur der Gewalt. Es muß also der Charakter schon in gewisser Weise zuvor der Tugend verwandt sein, das Schöne lieben 30 und das Schimpfliche verabscheuen.

Aber von Jugend auf eine rechte Erziehung zur Tugend zu erhalten ist schwer, wenn man nicht unter entsprechenden Gesetzen aufwächst. Denn besonnen und abgehärtet zu leben ist für die meisten nicht angenehm, und erst recht nicht für junge Leute. Also müssen Erziehung und Beschäftigungen durch Gesetze geregelt sein. Denn das, woran man sich ge- 35 wöhnt hat, ist nicht mehr schmerzlich.

Aber es reicht vielleicht nicht, daß die Menschen, solange a1 sie jung sind, die rechte Erziehung und Fürsorge erhalten, sondern da man auch als Männer diese Gewohnheiten weiter behalten soll, so bedürfen wir auch dazu der Gesetze und

schließlich für das ganze Leben. Denn die meisten gehorchen
eher dem Zwang als der Rede und Strafen eher als dem Edlen.

5    So meinen einige, die Gesetzgeber müßten zur Tugend auf-
rufen und mahnen, um des Edlen willen zu handeln, da jene,
die durch Gewohnheit schon zum Guten geneigt seien, gewiß
darauf hören würden; den Ungehorsamen und Unbegabten
dagegen müßten sie Züchtigungen und Strafen auferlegen
10   und die Unheilbaren völlig wegschaffen. Denn der Tugendhafte und der auf das Edle hin lebt, werde der Rede gehorchen,
der Schlechte aber, der nach der Lust verlangt, würde durch
Schmerzen gezüchtigt wie ein Zugtier. Darum sagt man auch,
daß die Schmerzen den erstrebten Lüsten möglichst entgegengesetzt sein müßten.

Wenn nun, wie gesagt, jener, der tugendhaft werden soll,
15   edel erzogen und gewöhnt werden muß und dann in anständigen Beschäftigungen leben und weder freiwillig noch unfreiwillig das Schlechte tun soll, so wird das wohl geschehen,
wenn man einem bestimmten Geist gemäß lebt und nach einer
rechten und zugleich wirksamen Ordnung. Denn die väterliche Ermahnung besitzt weder solche Kraft noch Notwendigkeit; dies besitzt überhaupt nicht die Mahnung eines einzel-
20   nen Mannes, wenn er nicht ein König oder dergleichen ist. Das
Gesetz dagegen hat zwingende Gewalt und ist eine Rede, die
von einem bestimmten Erkennen und Geist ausgeht.

Außerdem haßt man die Menschen, deren Streben dem unsern entgegengesetzt ist, auch wenn sie darin richtig handeln.
Das Gesetz aber haßt man nicht, wenn es das Anständige befiehlt.

25   Nur im Staate der Spartaner und in wenigen andern scheint
der Gesetzgeber sich um die Erziehung und Beschäftigungen
gekümmert zu haben. In den meisten Staaten vernachlässigt
man dies, und jeder lebt, wie er will, und spricht Recht wie
die Kyklopen über Weib und Kind.

Am besten wäre es, wenn eine gemeinsame und rechte Fürsorge zustande käme und auch wirksam würde. Wo aber die 30
Gemeinschaft sich nicht darum kümmert, da ist es wohl Sache
des Einzelnen, seinen Kindern und Freunden zur Tugend zu
verhelfen oder sich doch dies vorzunehmen. Nach dem Gesagten wird man am ehesten dazu fähig sein, wenn man in der
Lage ist, Gesetze zu geben. Denn die Fürsorge für die Gemeinschaft vollzieht sich bekanntlich durch Gesetze und die gute 35
Fürsorge durch gute Gesetze. Ob diese geschrieben oder un-
geschrieben sind, macht wohl keinen Unterschied, auch nicht b1
ob einer oder viele durch sie erzogen werden sollen; dies macht
ja auch in der Musik, Gymnastik und den andern Beschäftigungen keinen Unterschied. Wie nämlich in den Staaten die
Gesetze und Gebräuche herrschen, so in den Familien die Worte
und Gewohnheiten des Vaters, und diese noch mehr wegen 5
der Verwandtschaft und der Dankbarkeit. Die Kinder lieben
ihn von vornherein und sind von Natur gehorsam.

Außerdem unterscheidet sich die individuelle Erziehung
von der gemeinschaftlichen wie bei der Medizin: im allgemeinen nützt dem Fieberkranken Ruhe und Fasten, in einem einzelnen Falle aber vielleicht nicht; ebenso wird der Lehrer im
Faustkampf nicht allen dieselben Kampfgriffe beibringen. So 10
wird also wohl das Einzelne genauer behandelt werden, wenn
es eine persönliche Fürsorge erfährt. Dann erhält jeder eher,
was ihm zuträglich ist. Doch wird der Arzt, der Turnlehrer
usw. dann am besten für den Einzelnen sorgen können, wenn
er das Allgemeine kennt und weiß, was für alle schlechthin
oder für alle von einer bestimmten Art zuträglich ist. Denn das
Allgemeine gilt als Gegenstand der Wissenschaft und ist es 15
auch. Nichts mag vielleicht hindern, daß man für einen Einzelnen auch ohne Besitz der Wissenschaft gut sorgen kann,
wenn man durch Erfahrung immerhin genau darüber Bescheid
weiß, was beim Einzelnen geschehen kann; so scheinen auch

einige für sich selbst ausgezeichnete Ärzte zu sein, einem andern aber durchaus nicht helfen zu können.

20    Trotzdem wird derjenige, der ein Fachmann werden und
die Wissenschaft beherrschen will, wohl auf das Allgemeine
gehen müssen und dieses kennenlernen müssen, soweit es möglich ist. Wir sagten ja schon, daß dies der Gegenstand der Wissenschaften ist.

Und so muß wohl auch der, der durch Fürsorge die Menschen besser machen will, mögen es viele oder wenige sein,
versuchen, zur Gesetzgebung fähig zu werden, soweit wir
25  durch Gesetze tugendhaft werden können. Denn jedermann
und den, der uns gerade begegnet, in eine gute Verfassung zu
bringen ist nicht die Sache jedes beliebigen, sondern, wenn
überhaupt, des Wissenden, so wie es auch in der Medizin der
Fall ist und bei den übrigen Dingen, bei denen es Fürsorge
und Überlegung gibt.

Müssen wir nun prüfen, woher und wie man zum Fachmann in der Gesetzgebung wird? Etwa, wie in andern Fällen,
30  durch die Politiker? Denn die Gesetzgebung scheint ein Teil
der Staatskunst zu sein. Oder scheint es sich mit der Staatskunst anders zu verhalten als mit den übrigen Wissenschaften
und Fähigkeiten? Anderswo scheinen es dieselben zu sein, die
die Fähigkeit weitergeben und sie selbst ausüben (etwa bei
35  Ärzten und Malern), was aber die Politik betrifft, so beanspruchen die Sophisten, sie zu lehren, aber handeln in ihr tut kei-
a 1 ner von ihnen, sondern die Politiker, die dies jedoch eher durch
eine gewisse Begabung und Erfahrung tun zu können scheinen als auf Grund des Wissens. Denn sie schreiben und reden
offensichtlich nichts darüber (obschon dies wohl vornehmer
wäre als Reden vor Gericht und in der Volksversammlung zu
5  publizieren), noch sieht man sie ihre Söhne oder Freunde zu
Politikern machen. Dies wäre doch zu erwarten, wenn sie es
könnten. Denn weder könnten sie den Staaten etwas Besseres

hinterlassen und würden gewiß sich selbst und ihren nächsten Freunden nichts Besseres wünschen als diese Fähigkeit.

Gewiß bedeutet die Erfahrung hier nicht wenig. Denn sonst könnten jene nicht allein durch die politische Routine zu Politikern werden. So scheint auch der, der nach dem politischen Wissen verlangt, zusätzlich der Erfahrung zu bedürfen.

Was aber die Sophisten betrifft, die beanspruchen, die Staatskunst zu lehren, so sind sie offensichtlich weit davon entfernt, dies auch tun zu können. Denn sie wissen überhaupt nicht, was sie ist und mit was sie sich befaßt. Denn sonst würden sie sie nicht mit der Rhetorik gleichsetzen oder ihr unterordnen, noch auch meinen, es sei leicht, Gesetze zu geben, indem man einfach die anerkannt guten Gesetze sammle; man müsse bloß die besten auswählen, als ob nicht gerade die Auswahl Verstand erforderte und das rechte Urteil das Wichtigste wäre wie in der Musik. Denn nur die in den Einzelheiten Erfahrenen können das Geleistete richtig beurteilen und wissen, wodurch und wie es zustande kommt und was mit was zusammenstimmt. Der Unerfahrene muß damit zufrieden sein, wenn er begreift, ob ein Werk gut oder schlecht herausgekommen ist, wie etwa in der Malerei.

Die Gesetze sind aber gewissermaßen die Leistungen der Staatskunst. Wie kann man also nur durch sie ein Fachmann in der Gesetzgebung werden oder die besten Gesetze beurteilen können? Denn man wird auch kein Fachmann in der Medizin allein durch die Bücher; und dabei versuchen gerade diese Bücher, nicht nur die Heilmittel anzugeben, sondern auch zu sagen, wie jeder Einzelne gesund wird und wie man ihn pflegen soll, indem sie die verschiedenen Zustände unterscheiden. Dies wird für die Erfahrenen sicher von Nutzen sein; dem Unwissenden nützt das nichts.

Ebenso werden die Sammlungen der Gesetze und Staatsverfassungen für diejenigen, die sie verstehen können und die

beurteilen können, was richtig und falsch ist und was zueinander paßt, sehr wertvoll sein. Wer aber ohne entsprechende
10 Einstellung solche Dinge durchgeht, wird sie unmöglich richtig beurteilen können, außer einmal zufällig; nur ein besseres
Verständnis für diese Dinge werden sie vielleicht erwerben.

Da nun die Früheren die Fragen der Gesetzgebung uner-
forscht gelassen haben, so ist es wohl am besten, wenn wir sie
selbst prüfen und überhaupt die Frage nach dem Staate, damit
15 auf diese Weise die Wissenschaft vom Menschen sich nach
Kräften vollende.

Als erstes werden wir untersuchen, was etwa die Früheren
im einzelnen da und dort Richtiges gesagt haben, dann mit
Hilfe der gesammelten Staatsverfassungen prüfen, was die
Staaten und die einzelnen Staatsverfassungen bewahrt und
zerstört, und aus welchen Gründen die einen Verfassungen
20 gut, die andern schlecht sind. Wenn das untersucht ist, werden wir wohl auch eher erkennen können, welche Verfassung
die beste ist und wie jede einzelne geordnet werden und welche Gesetze und Gewohnheiten sie befolgen soll. Davon sei
nun begonnen.

ENDE DES LETZTEN BUCHES

# ANMERKUNGEN

### Erstes Buch

1094a3. Die Bestimmung des Guten als «dasjenige, wonach alles strebt» geht nach 1172b9–15 auf Eudoxos von Knidos zurück, einen Astronomen, Geographen und Mathematiker des 4. Jh. v. Chr., der eine Zeitlang in Athen mit Platon zusammengearbeitet zu haben scheint. Seltsamerweise taucht diese Bestimmung auch in Platons Philebos 20D und 22AB auf, obschon sie mit Platons eigentlichem Begriff des Guten schwer zu vereinigen ist. Nicht minder seltsam ist, daß für die ethischen Lehren des Eudoxos Aristoteles der einzige Zeuge ist; von den anderweitigen über 300 Zitaten aus dem Œuvre des Eudoxos betrifft kein einziges diese Dinge.

1094b14–16. Die Relativierung des Edlen und Gerechten ist ein Hauptproblem in der Diskussion der Sophistik und vor allem der frühen Sokratik gewesen. Das eigentümlichste Zeugnis sind die sog. Dissoi logoi (s. Diels-Kranz, Die Fragmente der Vorsokratiker 5.–7. Aufl. Nr. 90).
Derselben Diskussion gehört die Gegenüberstellung von Herkommen und Natur an. Aristoteles kommt in 1134b18–1135a5 darauf zurück. Unmittelbar wichtig ist diese Gegenüberstellung für das Problem der Sklaverei (Politik I, 5/6) und dasjenige der Wirtschaftsformen (Politik I, 8–11 und Nik. Ethik 1133a5–b28).

1094b16–19. Auch der Nachweis, daß anerkannte Werte in ihren Auswirkungen ambivalent sein können, gehört der frühen Sokratik an; vgl. Xen. Mem. 4, 2, 31–35, dann auch Plat. Euthyd. 279A ff.

1094b19–22. Man wird beachten, welche Bedeutung hier schon der statistische Aspekt («Mehrzahl der Fälle») für die Ethik besitzt.

1094b23–1095a2. Vom Gebildeten, der zwischen dem Laien und dem Spezialisten in der Mitte steht, ist bei Aristoteles mehrfach die Rede, etwa Politik 1282a3–7 und bes. Von den Teilen der Tiere 639a1–640b4. Daß der Begriff des Gebildeten im Dialog «Über Erziehung» ausführlich behandelt war, ist wahrscheinlich.

1094b26/27. Erstaunlich nahe kommt eine dem Protagoras in den Mund gelegte Bemerkung bei Platon Theait. 162E/163A. Zum Problem vgl. auch Cicero, Tusc. disp. 5, 18–20.

1095a2–11. Der hier vorausgesetzte Begriff der Leidenschaft und der Unbeherrschtheit findet in Buch VII seine Erläuterung.

1095a26. Unter den «Einigen» kann nur Platon verstanden werden, dessen Lehre vom Guten dann in Kap. 4 kritisch geprüft wird.

1095a32. In Platons eigenen Dialogen ist keine Stelle dieser Art zu finden. Möglicherweise bezieht sich Aristoteles auf eine der Gedenkschriften, die nach Platons Tod (348/7) von den Schülern – auch von ihm selbst – verfaßt wurden.

1095b10. Hesiod, Werke und Tage 293–297. Dieselben Verse sind auch in einem Werke des Stoikers Zenon, vermutlich mit Polemik gegen Aristoteles, diskutiert worden (Stoic. Vet. Frgg. ed. Arnim 1, 235).

1095b21/22. Augenscheinlich ist an Schilderungen wüster Ausschweifungen an Fürstenhöfen gedacht (vgl. 1176b16–24). Genannt wird Sardanapal, der letzte König von Ninive, aber nicht nach Herodot, sondern nach Ktesias (FGrHist 688 F 1 § 23 ff.); auch von andern orientalischen Königen wird ähnliches erzählt worden sein, desgleichen zuweilen von den Fürsten des griechischen Sizilien.

1095b31–1096a2. Die entscheidende Kritik am politischen Leben findet sich erst in 1177b4–26.

1096a3/4. Enkyklische Schriften sind solche, die nicht für Spezialisten, sondern für das allgemeine Publikum bestimmt sind. In einer solchen Schrift muß Aristoteles den Einfluß äußeren Unglücks auf die Glückseligkeit des Menschen ausführlich behandelt haben (vgl. nachher Kap. 11 und 1153b19–21, weiterhin 1169b13–16 und IX, 11). Eine sichere Identifizierung mit einem der überlieferten Titel verlorener Schriften des Aristoteles ist nicht möglich.

1096a5. Der Verweis kann sich nur auf X 6–9 beziehen, greift also über nahezu neun Bücher hinweg, was absurd ist. Er ist also stehengeblieben aus einer Fassung des Textes, in der I 1–12 und X 6–9 noch ein geschlossenes Ganzes bildeten.

1096a5–7. Das kaufmännische Leben ist darum gewaltsam, weil es gegen die Natur der Dinge ein bloßes Mittel (den Gelderwerb) zum Zweck macht. Die Probleme des Gelderwerbs diskutiert ausführlich die Politik I, Kap. 8–11, dazu auch Nik. Ethik V, Kap. 8, alles wohl im Zusammenhang mit dem verlorenen Dialoge «Über den Reichtum».

1096a9/10. Daraus folgt, daß der Rang der drei Lebensformen (Genuß, Politik, Betrachtung) vielfach diskutiert worden ist, offenbar von anderen, da Aristoteles die Argumente als unzureichend ablehnt. (An Platon selbst, Staat 581 Cff., und den Platonschüler Herakleides Pontikos Frg. 88 Wehrli zu denken, ist verführerisch.) Was allerdings

unter einer Lebensform zu verstehen ist, die noch jenseits der drei
stände, bleibt unklar.

1096a12–17. Eine berühmte und einzigartige Stelle, die einzige des erhaltenen Œuvre, an der ausdrücklich Aristoteles von seiner persönlichen Bindung an Platon spricht; an den zahlreichen sonstigen Stellen, die platonische Lehre diskutieren, wird Platon grundsätzlich nicht
anders behandelt als jeder andere Philosoph älterer Zeit. Verwandt
ist Platons eigene Äußerung über Homer im Staate 595 C. Daß hier
wie dort eine sprichwörtliche Wendung hereinspielt, ist möglich.

1096a17–1097a13. Prüfung und Ablehnung des platonischen Begriffs
des Guten, gestützt nicht auf die Dialoge, sondern auf die interne
Doktrin Platons, wie sie Aristoteles selbst in einem Buch «Über das
Gute» dargestellt hatte.

1096b5–7. Von Zahlenspekulationen der Pythagoreer spricht Aristoteles öfters; angespielt wird hier auf das in der Metaphysik 986a22–26
genannte Schema, das nach unserer Stelle vom Platonschüler Speusippos übernommen (oder gar von ihm geschaffen und auf den ehrwürdigen Namen der Pythagoreer gestellt) wurde.

1096b8. Wahrscheinlich Hinweis auf Behandlung an anderer Stelle,
wenn nur auf 1096b5–7 zu beziehen, dann im Buch «Über die Pythagoreer», wenn auf das Ganze von 1096a17 an, im Werke «Über
das Gute».

1096b30/31. Ungewiß bleibt, ob dies nur bedeutet, daß für die berührte Frage eine andere Teildisziplin der Philosophie zuständig sei,
oder ob damit auf eine ausführliche Untersuchung an anderer Stelle
(dann doch wohl im Werke «Über das Gute») hingewiesen werden
soll.

1097a10/11. Die Stelle wirkt als ironisches Zitat einer platonisch-aka-
demischen Formel.

1097a27. Mit der zunächst befremdlichen Zusammenstellung von
Reichtum und Flöten will Aristoteles Werkzeuge auf zwei verschiedenen Ebenen namhaft machen: Reichtum dient dem Lebensunter-
halt, Flöten gehören zur Ausübung einer Kunst, jenseits des bloßen
Lebensunterhaltes.

1097b9. Daß gerade der vollkommene Mensch nicht allein leben soll
und kann, wird später mehrfach hervorgehoben: 1157b21, 1169b16,
1170a5, 1177a32–b1.

1097b11. Zitat der in der Politik 1253a1 ff. vorgetragenen Bestimmung
des Menschen. Schon die absonderliche Ausweitung des zunächst auf
die Glückseligkeit des Einzelnen zu beziehenden Begriffs der Autarkie

auf Familie, Freunde und Mitbürger setzt den Autarkiebegriff der Politik 1252a27ff. voraus – natürlich nicht notwendig den uns vorliegenden Text der Politik. Auch 1169b16–19 verweist auf die Politik.
1097b14. Worauf hier hingewiesen werden soll, ist nicht feststellbar.
1169b16–22 kommt zwar im allgemeinen unserm Text nahe, berührt
aber nicht die spezielle Frage, wie weit die Autarkie gespannt werden
darf, anders gesagt: wie weit die Solidarität des Einzelnen mit den
Mitmenschen in der Glückseligkeit gehen soll und kann. Ein Parallel-
problem, die Solidarität zwischen Lebenden und Toten, wird in Kap.
11, bes. 1100a21ff., zur Sprache kommen. Der Hinweis an unserer
Stelle bleibt also entweder unerfüllt oder zielt auf einen uns nicht
mehr erhaltenen Text.
1097b14–16. Daß der an unserer Stelle ursprünglich gemeinte Begriff
der Autarkie einen theologischen Hintergrund hat, wird hier deutlich.
Denn vollkommen unbedürftig zu sein ist das Privileg der Gottheit,
vgl. Xenophon Mem. 1, 6, 10 und zahlreiche Parallelen.
1097b24–30. Diese grundlegend wichtige Argumentation ist nach rückwärts mit Platons Staat 352D–354A zu vergleichen (was freilich nicht
bedeutet, daß diese Platonstelle für Aristoteles die Quelle gewesen
sein müßte) und ist nach vorwärts eine der Voraussetzungen für die
im Hellenismus weit verbreitete Bestimmung der Ethik als «Techne
der Lebensführung».
1098a26. Verweis auf 1094b11–14. Der dortige knappe Hinweis auf
die Lage beim Handwerk findet hier seine Erklärung. Freilich kom-
pliziert sich hier das Problem, sofern die Exaktheit der Aussage nicht
nur vom Stoff, sondern auch vom Bedürfnis des Fragestellers abhängt.
1098a31. «Betrachter der Wahrheit» platonisierend, aber hier nun
nicht ironisch wie in 1097a10/11.
1098b12–18. Die Teilung der Güter in drei Klassen wird hier von Aristoteles als alte und anerkannte Anschauung bezeichnet, gilt aber in
späterer Zeit als eine für Aristoteles selbst und seine Schule charakteristische Lehre, obschon es mehrfach verwandte Stellen bei Platon
gibt. Letzten Endes wird es sich um ein älteres Schema der verbreite-
teten triadischen Form handeln (vgl. die drei Lebensformen, die drei
Staatsformen, die drei Wege zur Tugend u.a.m.), das dann von Aristoteles ausdrücklich aufgenommen wurde. Daß es in größerer Aus-
führlichkeit als hier in einem Dialoge erläutert wurde, ist anzunehmen.
1098b22–26. Eine leider extrem durchschematisierte Liste älterer Bestimmungen der Glückseligkeit. Identifizierungen der einzelnen Urheber sind nur hypothetisch möglich.

1099a7–21. Ohne es ausdrücklich zu vermerken, geht Aristoteles hier von einem ganz anderen Begriff der Lust aus als in 1095b16. Dort handelte es sich um die Hingabe an jene Genüsse, die dem Menschen mit dem Tiere gemeinsam sind, hier dagegen um jene Befriedigung und Freude, ohne die auch und gerade das sittliche Handeln unvollkommen bleibt. Eine explizite Differenzierung dieser zwei Begriffe der Lust folgt erst viel später in VII, 12–15 und X, 1–5.

1099a23/24. Die Bestimmung der Glückseligkeit wird also nicht nur theoretisch aus der besondern Leistung des Menschen abgeleitet, sondern auch konkret an die Person des vollkommenen Menschen gebunden, der sich eben diese Bestimmung zu eigen machen und verwirklichen wird. Der vollkommene Mensch, «der Edle» ist nach rückwärts Erbe der Sokratesgestalt der Sokratiker, nach vorwärts Vorläufer des «Weisen» der hellenistischen Ethik. Vgl. auch 1113a33.

1099a25–29. Vom delischen Epigramm wird in einem Paralleltext der Eudemischen Ethik (1214a1–8) mitgeteilt, es sei am Propylaion des Letotempels angeschrieben gewesen, nicht etwa als Verkündigung des Gottes, sondern als die nach Aristoteles irrige Meinung eines Menschen. Wohl möglich, daß in einem Dialog das Epigramm den Ausgangspunkt einer ausführlichen Diskussion gebildet hat; vgl. etwa Platons Protagoras 338Eff. und Aristoteles selbst Über die Philosophie Frg. 1/2 Walzer-Ross.

1099a32. Der Verweis wird weder durch 1098b13 noch durch 1098 b26 wirklich erfüllt; er indiziert vielmehr, daß Aristoteles an eine ausführlichere Beschreibung der Güterklassen in einem uns nicht mehr erhaltenen Texte denkt; vgl.Anm. zu 1098b12–18.

1099b6. Der Verweis dient lediglich zur Abrundung des Abschnittes 1099a31–b6.

1099b8. Der überlieferte Text ist zweifellos falsch; denn eine Gleichung der Tugend mit der Glückseligkeit bedarf an dieser Stelle weder der Autoritäten, noch kommt es sachlich auf sie an. Der entscheidende neue Begriff ist «das glückliche Treffen», das bald mit der Glückseligkeit, bald mit der Tugend verglichen wird. Wer gemeint ist, wissen wir nicht. Platon im Euthydemos 279Cff. ironisiert eine ihm schon gegebene Gleichung des Treffens mit dem höchsten Gute. Letztlich wird es sich um alte Lebensweisheit handeln (vgl. etwa Theognis 129/30), die dann systematisiert wurde.

1099b9–11. Das Schema der Wege zur Eudaimonie ist sehr ungenau wiedergegeben, wesentlich klarer in der Eudemischen Ethik 1214a 14–25, wo auch sichtbar wird, daß zunächst ein triadisches Schema

vorliegt (Natur, Übung, Lernen), das sich bis auf Protagoras zurück-
verfolgen läßt (Diels-Kranz, Vorsokratiker 80 B 3). Dazu treten zwei
Formen äußerer Einwirkung, deren erste in der Sokratik herausgearbeitet worden zu sein scheint; die «göttliche Zuteilung» steht mit
dem Daimonion des Sokrates in Verbindung.

1099 b 14. Die Frage nach dem Anteile Gottes an der menschlichen
Glückseligkeit gehört einer andern Disziplin an, der Theologie, die
das Einwirken Gottes nicht nur auf den physischen Kosmos, sondern
auch auf das Leben des Menschen zu verfolgen hat. Das vorliegende
Problem wird noch bei Cicero De natura deorum 3,86–88 verhandelt.

1099 b 29. Rückverweis auf 1094 b 5–7. Vgl. auch 1102 a 7–12, 1103 b
2–6, und 1113 b 21–26.

1099 b 32–1100 a 1. Aufgenommen ist der Gedanke in 1178 b 24–28,
wozu die antike Kommentartradition bemerkt, die These des Aristoteles sei nicht nur von Epikur, sondern auch von den späten Stoikern
bestritten worden, also möglicherweise von Poseidonios, der einen
Zugang zur pythagoreischen Seelenwanderungslehre freihalten wollte;
vgl. auch Politik 1280 a 32–34.

1100 a 4. Rückverweis auf 1098 a 15–20.

1100 a 8. Das schreckliche Ende des Priamos war in den epischen Fort-
setzungen der Ilias erzählt. Das Beispiel kehrt in 1101 a 8 wieder.
Nach Stoic. Vet. Frgg. 3, 585 hat die Stoa der aristotelischen Beurteilung ausdrücklich widersprochen. Vgl. auch Cicero, Tusc. disp. 1, 85.

1100 a 11. Daß hier in knappster Form der Inhalt von Herodots Erzählung 1, 32–33 zusammengefaßt wird, läßt sich nicht strikte widerlegen, obschon der Wortlaut eher auf ein Zitat aus einem Gedichte
Solons führt, aus dem dann auch Herodots Erzählung herausgesponnen
wäre. Die Frage muß offen bleiben. Vgl. 1179 a 9–13.

1100 b 6/7. Die bildhaften Wendungen werden Zitat sein (aus einer
Tragödie?).

1100 b 9. Rückverweis auf 1099 a 31–b 7, wo als äußere Güter bezeichnet
war, was hier unter anderm Gesichtspunkt Glück heißt.

1100 b 14–17. Zunächst zu verbinden mit 1177 a 21/22, dann auch mit
1154 b 21–31 und 1175 a 3–10 sowie 1176 b 33–35. Obschon später
die Stoa die Unverlierbarkeit der einmal erreichten ethischen Vollkommenheit behauptet hat, ist es doch deutlich, daß Aristoteles
hier gar nicht so sehr an die ethische Vollkommenheit als vielmehr
an die Theoria gedacht hat. Eigentümlicherweise wird der im gegebenen Zusammenhang entscheidende Gedanke, daß die vollkommene
Tätigkeit darum dauerhaft ist, weil sie am wenigsten von den äuße-

ren Umständen und dem Zufall abhängt, gar nicht herausgearbeitet.

1100b21. Ungenaues Zitat der Anfangsverse des Skolion des Simonides
(Anf. 5. Jh. v. Chr.), das in größerem Umfang von Platon Protag.
339 Aff. zitiert wird (Frg. 4 Diehl); daß Aristoteles seinerseits aus
Platon zitiert, ist um so unwahrscheinlicher, als die Funktion des Zi-
tats bei ihm eine ganz andere ist als bei Platon.

1100b29. Daß es zum Wesen der vollkommenen Tätigkeit gehört, daß
sie sich ungehindert entfalten kann und eben dies als lustvoll empfindet, betont 1153b9–25.

1100b32. «Aus vornehmer Gesinnung» ist Dichterzitat; ob auch noch
aus Simonides?

1100b34. Rückverweis auf 1100b9–11.

1101a4/5. Man darf hervorheben, daß Vergleiche mit der Tätigkeit
des Schusters in der ältesten Sokratik besonders beliebt gewesen zu
sein scheinen und darum in gewissem Umfang als «Leitfossil» für die
Nachwirkung jener Sokratik gelten dürfen. Vgl. Diog. Laert. 2, 24,
Stob. III, 1, 74, IV, 31, 128 u.a.

1101a6–8. Die spätere peripatetische Schuldoktrin, die wir bei Cicero
(Antiochos von Askalon) fassen können, hat aus Erwägungen dieser
Art die Unterscheidung zwischen Vita beata und Vita beatissima ent-
wickelt, vgl. Cicero, Tusc. disp. 5, 22, De fin. 5, 71 u.a.

1101a26–28. Offen bleibt, ob es sich um ein Abbrechen der Frage
schlechthin oder nur in diesem Zusammenhang handelt. Da wäre sie
anderswo weiter verfolgt. Das Gesamtproblem der Beziehung zwischen Lebenden und Toten wirkt hier ohnehin als ein Fremdkörper
und dürfte letzten Endes aus dem Dialog Eudemos stammen, der die
Unsterblichkeit der Seele diskutierte.

1101a32/33. Auf die Frage, weshalb Schreckliches und Qualvolles auf
der Bühne ganz anders wirkt als im Leben, scheint zuerst der Sokratiker Aristippos aufmerksam gemacht zu haben: Diog. Laert. 2, 90,
Plut. mor. 673 Cff. und 18 Aff. Vgl. noch Aristoteles Rhet. 1371b4–
10.

1101b27. Ein weiteres Argument des Eudoxos von Knidos zugunsten
der Lust neben dem zu 1094a3 erwähnten. Die zwei Argumente haben allerdings sehr verschiedenen Charakter. Hier wird die Lust nicht
nur auf Grund sprachlicher Beobachtungen als das höchste Gut erwiesen, sondern auch eng mit der Gottheit verknüpft. Möglicherweise
gehört die bedeutende Stelle 1154b20–31 in denselben Zusammenhang. In welcher Form die Lustlehre des Eudoxos publiziert war,

wissen wir nicht; die Möglichkeit, daß dies gar nicht in einem eigenen
Werke des Eudoxos geschah, sondern in einem Dialoge eines Platon-
schülers, in dem Eudoxos mit seinen Ansichten hervortrat, kann nicht
vollständig ausgeschlossen werden.

1101 b 34/35. Für die Unterscheidung zwischen Lob und Ehre wird auf
«Arbeiten über die Lobreden» verwiesen. Mit der größten Wahrscheinlichkeit meint Aristoteles damit seinen eigenen Dialog Gryllos,
von dem wir wissen, daß in ihm die Theorie der Lobreden zur Sprache
kam.

1102 a 10/11. Die Staatsverfassungen Spartas und Kretas (mit Lykurg
und Minos als mythischen Gesetzgebern) gelten schon für Platon im
Kriton 52 E als anerkanntermaßen vorbildlich; dieselbe Annahme
liegt der Szenerie der platonischen Gesetze zugrunde. Mit der scharfen Kritik, die Aristoteles in der Politik Buch II an Sparta und Kreta
übt, ist dies nicht ohne weiteres in Einklang zu bringen. Vgl. noch
1180 a 25.

1102 a 15. Zunächst auf 1101 a 20–21 zu beziehen; vgl. aber auch schon
1094 b 7. Der Nachdruck, den Aristoteles auf die Forderung legt, daß
die Glückseligkeit eine für den Menschen erreichbare sein müsse, hat
einen polemischen Unterton, zunächst gegen Platon (vgl. 1096 b 34),
vielleicht aber auch gegen einen Sokratiker wie Antisthenes.

1102 a 18–23. Platon Charmides 156 BC steht nahe. Doch ist der Vergleich des Staatsmannes (und Philosophen) mit dem Arzte weit verbreitet (bei Aristoteles etwa noch 1105 b 12–18), spielt dann in der
hellenistischen Philosophie eine große Rolle und ist, wie Demokrit
(VS 68 B 31) zeigt, schon älter als Platon.

1102 a 26/27. Hinweis auf eine ausführlichere Behandlung der hier zu-
grundeliegenden Psychologie in einem für das Publikum außerhalb
des Spezialistenkreises der Schule bestimmten Werke, also einem
Dialoge, den wir freilich nicht sicher identifizieren können. Daß unsere Stelle nur einen Auszug bietet, zeigen 1102 a 24–26, a 31/32, b 11
und b 25.

1102 b 6. Quelle des Zitates unbekannt; man könnte an eine Tragödie
des Euripides denken. Gegen Aristoteles hat Epikur (b. Diog. Laert.
10, 121) erklärt, auch im Schlafe unterscheide sich der Weise vom
Unweisen (vgl. auch Zenon Stoic. vet. frgg. 1, 234).

1102 b 26. Rückverweis auf 1102 b 13.

1102 b 31/32. Wenn das Verhältnis des Vernunftlos-Folgsamen zum
Vernünftig-Entscheidenden mit demjenigen zwischen Kind und Vater
verglichen wird, so entspricht dies der These, daß der junge Mensch

dem Affekt gemäß lebt und erst der Erwachsene der Vernunft gemäß. Vgl. 1128 b 16–18, 1156 a 31/32 u.a. und bes. 1119 b 13–15.

## Zweites Buch

1103 b 2–6. Von der Erzieheraufgabe des Gesetzgebers und damit des Staates überhaupt sprachen schon 1099 b 28–32 und 1102 a 7–12, sowie andeutend 1094 b 5–7; vgl. auch 1113 b 21–26. Was dies im einzelnen besagt, zeigen Politik Buch VII/VIII.

1103 b 20–23. Es ist charakteristisch, daß das ganze Gewicht auf dem Moment der Angewöhnung zu liegen scheint und die Frage nach der gegebenen Anlage auf der einen, nach der Freiheit der Entscheidung auf der andern Seite stark zurücktritt.

1103 b 26–30. Zu erinnern ist an 1095 a 5/6. Die zwei Hauptteile der Philosophie unterscheiden sich fundamental darin, daß Naturphilosophie und Metaphysik ausschließlich nach dem Wissen als solchem streben, während die ethischen und politischen Untersuchungen über das Wissen hinaus zum richtigen Handeln führen wollen.

1103 b 31. Verweis zunächst auf 1103 b 22–23, doch vgl. auch 1100 b 9–11.

1103 b 33. Der Begriff der rechten Einsicht kehrt, von vereinzelten Stellen abgesehen, erst in VI, 1 und 13 wieder und bleibt auch dort bemerkenswert unbestimmt, obschon unsere Stelle in ihm einen ethischen Grundbegriff sieht und ihn als solchen ankündigt. Er tritt auch bei Platon auf, doch erst vom Phaidon an; später spielt er eine nicht unerhebliche Rolle in der Stoa (von Cicero als recta ratio übersetzt). Sein Ursprung und seine Entwicklung als Terminus technicus der Ethik liegt noch weitgehend im dunkeln.

1103 b 34–1104 a 9. Rückverweis auf 1094 b 11–14 und 1098 a 26–33.

1104 a 8/9. Eine der seltenen Stellen, an denen der Begriff der Situation (Kairos), der gemäß man handeln soll, auftritt; sonst nur noch etwa 1110 a 13/14. Man hat den Eindruck, daß Aristoteles ihn bewußt meidet, obschon man die Sache in der häufig (wenn auch nicht gleichmäßig) wiederkehrenden Reihe von Formalbestimmungen finden kann, man solle handeln «wie, wann, wem gegenüber, warum und wozu man soll» (etwa 1104 b 22–26, 1106 b 21/22, 1109 a 28/29 u.a.).

1104 a 13/14. Daß vom Sichtbaren auf das Unsichtbare geschlossen werden muß, ist eine schon für Anaxagoras (VS 59 B 21 a) bezeugte methodische Regel, ursprünglich in der medizinischen Diagnostik zu Hause.

1104a18–26. Hier wird besonders deutlich, daß Tapferkeit und Selbstzucht zwei «Modelltugenden» sind. An ihnen sind die zwei wesentlichen Formalbestimmungen der Tugend am besten sichtbar: Zusammenwirken des vernünftigen Lenkens mit dem vernunftlosen Streben, und das Treffen der Mitte zwischen Zuviel und Zuwenig. Außerdem sind die zwei Tugenden insofern spezifisch menschlich, als sie unter keinen Umständen von der Gottheit ausgesagt werden können.

1104b4–8. Lust und Schmerz sind hier sozusagen die Symptome der richtigen oder falschen Gesinnung. Der Begriff des «Dabei-Entstehens» (Epigignesthai) erscheint wieder in 1174b33 und wird in der Stoa als Epigennema aufgenommen zur Bezeichnung des Ortes der Lust im System der Ethik: Diog. Laert. 7, 85.

1104b11/12. Anscheinend hat Aristoteles Platons Gesetze 653A–C im Auge, obschon der Abstand zwischen den komplizierten Darlegungen Platons und der prägnanten Formel an unserer Stelle (vgl. auch 1103b24) sehr groß ist.

1104b17/18. Der Gedanke, daß die Strafe Heilung sei, wird hier nur angedeutet, dagegen in Platons Gorgias 480A–481B bis zu den paradoxesten Konsequenzen ausgeführt.

1104b18/19. Rückverweis auf 1104a27–b3.

1104b24/25. Wem diese Definitionen der Tugenden angehören, läßt sich nicht sicher bestimmen, was um so bedauerlicher ist, als später die Leidenschaftslosigkeit zum Bilde des stoischen Weisen gehört hat. Für die ältere Zeit führt dies auf Antisthenes (Diog. Laert. 6, 2). Doch liegt es ebenso nahe, an den Platoniker Speusippos und dessen in 1153b4–7 kurz zusammengefaßte Lehre zu denken.

1104b26. Hier wie schon zuvor in 1104b22/23 besteht der Eindruck, daß Aristoteles von einem festen Katalog von Ausdifferenzierungen einer ethischen Handlung ausgeht (was, wann, wie usw. man etwas tun soll), vergleichbar der bekannten Liste der zehn Kategorien.

1105a1–3. Auffallend anspruchsvolle Formulierung, dem Dialogstile nahe. Aristoteles hat ja auch einen Dialog «Über die Lust» geschrieben. Zum Bilde des Einfärbens vgl. Ciceros Hortensius Frg. 23M.

1105a8. Aristoteles korrigiert hier einen bei Plutarch, Coriolan 22 u. a. im Wortlaut erhaltenen Spruch Heraklits (VS 22 B 85): «Gegen das Herz anzukämpfen ist schwer. Denn was es auch will, erkauft es um ein Stück Leben.» Aristoteles versteht das mit «Herz» übersetzte Wort dem Sprachgebrauch seiner eigenen Zeit gemäß als «Zorn» und

korrigiert demnach Heraklit: gegen die Lust anzukämpfen ist noch
schwerer als gegen den Zorn.

1105a10–13. Diese schon von 1105a5 7 vorbereitete Erklärung über
die Bedeutung von Lust und Schmerz ist von einer erstaunlichen Ein-
seitigkeit, die dem Gang der Nik. Ethik im ganzen kaum entspricht,
aber gewisse Perspektiven zu Epikur hin eröffnet.

1105b2–5. Zu verstehen von 1103b26–30 her.

1105b9. Ob Aristoteles hier einen fremden Gedanken zitiert oder einfach auf 1105a17–19 bestätigend zurückverweist, ist nicht sicher zu
entscheiden.

1105b12–18. Zur Parallelisierung von Philosophie und Medizin vgl.
1102a18–23 mit Anmerkung. Nahe steht Epikur Frg. 220/221 Use-
ner.

1105b21–25. Irgendeine durchgehende Ordnung und Systematik ist in
dieser Liste von 11 Affekten nicht zu erkennen. Darüber hinaus ist
im Nachfolgenden die Behandlung der einzelnen Affekte äußerst ungleich. Einige kommen vielfach und in verschiedenen Zusammenhängen vor, andere haben ihren festen Ort im System der Tugenden,
wiederum andere werden nur noch selten und beiläufig erwähnt.
Theorie und System der Affekte sind demnach in der Nik. Ethik nur
in Ansätzen vorhanden, vor allem in VII, 1–11.

1106a1. Schon hier wird, wie dann in IV, 11, festgestellt, daß der Zorn
nicht schlechthin, sondern nur unter bestimmten Voraussetzungen
verwerflich sei. Man mag dazu die Diskussion bei Cicero Tusc.
disp. 4, 43 und 48–55 vergleichen.

1106a10. Rückverweis auf 1103a18–b2.

1106a15–24. Der formale Begriff der Tugend als der bestmöglichen
Verwirklichung jeder gegebenen Anlage ist schon in 1098a7–17 vorausgesetzt. Der Begriff der Tugenden als einer Gruppe ethisch quali-
fizierter Verhaltensweisen ist davon verschieden; doch läßt Aristoteles die beiden Begriffe zuweilen ineinander übergehen oder stellt sie
unbekümmert nebeneinander, etwa in 1140b21–25.

1106a24. Der Rückverweis wird auf Kap. 2/3 im ganzen zu beziehen
sein, wo vom Prozeß der Entstehung der Tugend im Menschen die
Rede war.

1106b3. Milon von Kroton, berühmter Athlet und Pythagoreer, viel-
facher Sieger in allen vier panhellenischen Spielen, soll aber auch in
der politischen Geschichte seiner Vaterstadt wie endlich in der Le-
bensgeschichte des Pythagoras eine Rolle gespielt haben (letztes Drit-
tel des 6. Jh. v. Chr.). Nach Schol. Theocr. vet. p. 136, 7/8 Wendel

hat Aristoteles auch anderswo von ihm gesprochen; dies kann im Pythagoreerbuch, in der «Staatsverfassung Krotons» oder in den von ihm publizierten Listen der Olympioniken und Pythioniken gewesen sein; er hat ihn ausdrücklich als starken Esser charakterisiert, die Eigenschaft, die hier als bekannt vorausgesetzt wird.

1106b9/10. Wohl nicht einfach eine sprichwörtliche Redensart, sondern letztlich auf ein kunsttheoretisches Werk zurückgehend, etwa dasjenige des Bildhauers Polykleitos (VS Nr. 40).

1106b14–16. Daß die Natur exakter arbeitet als die Techne (darum ihr Vorbild ist), entspricht der allgemeinen Anschauung des Aristoteles. Von der Exaktheit der Tugend (vgl. 1094b13ff.!) läßt sich nur reden, wenn man das geforderte «Treffen der Mitte» ganz wörtlich und scharf interpretiert.

1106b30. Bezieht sich auf dasselbe Schema der Gegensätze, auf das schon 1096b5–7 angespielt hatte und das in der Metaphysik 986a22–26 vorliegt.

1106b35. Der Vers (Pentameter) nur hier zitiert; daß er aus einer Elegie stammt, die Aristoteles als bekannt voraussetzen kann, ist nicht zu bezweifeln. Man mag auf Solon raten.

1107a32/33. Einer der klarsten Belege dafür, daß Aristoteles zuweilen seine Begriffssysteme bewußt in graphischen Schemata anschaulich gemacht hat.

1107b2. Die Schematisierung arbeitet Verhaltensweisen heraus, für die der gegebene Sprachgebrauch keine Bezeichnungen liefert. Dies wird hier mehrfach konstatiert. Es ist dann nur noch ein kleiner Schritt weiter, wenn die Philosophie ihre Bezeichnungen selber schafft, sei es durch ausdrückliche Umdeutung vorhandener Begriffe, sei es durch Herstellung von Kunstworten, wozu die griechische Sprache besonders leicht die Hand hat bieten können. Schon Platon hat Termini technici dieser Art geschaffen, verwendet sie aber in den Dialogen sparsam; bei Aristoteles finden wir eine reiche Fülle und noch mehr in der Stoa und bei Epikur.

1107b5. Von einer besonderen Theorie des Schmerzes im Rahmen der Mesotes-Lehre findet sich nachher kaum eine Spur (vgl. 1117b26, 1118b29–33, 1119a23/24), während später die Stoa gerade diesem Affekt eine besondere Aufmerksamkeit gewidmet hat, wie Cicero Tusc. disp. III zeigt (vgl. auch Tusc. disp. 4,45 und 55).

1107b14–16. Hier und an späteren Stellen wird auf die ausführliche Behandlung im 4. Buch verwiesen.

1108a26–30. Von dieser Eingliederung der Freundschaft ist im spätern

ausführlichen Texte nur noch mit einer gewissen Verlegenheit die
Rede (s. 1126b19–28). Die Bücher VIII/IX sind anders orientiert und
fassen (summarisch gesagt) die Freundschaft nicht als Gesinnung des
Einzelnen, sondern als soziale Beziehung.

1108b7–8. Auffallend ist in der Tat, daß das 4. Buch mit der Behandlung der Schamhaftigkeit schließt und das 5. mit derjenigen der Gerechtigkeit beginnt. Die Dreiheit Entrüstung-Neid-Schadenfreude
hat Aristoteles aus Gründen, die wir nicht durchschauen, auf eine
«andere Gelegenheit» aufgespart. Behandelt wird sie in der Rhetorik II,9, doch unter methodisch andern Gesichtspunkten; unsere
Verweisung kann sich nicht darauf beziehen, sondern muß auf einen
uns verlorenen Text gehen.

1109a15. Der hier verwendete Begriff der «Anfälligkeit» stammt aus
der Terminologie der Medizin.

1109a25. Der Vergleich des Richtigen mit der Kreismitte ist schon in
1094a23, dem Vergleich des Handelnden mit dem Bogenschützen,
impliziert.

1109a27. Die Feststellung, daß etwas zunächst leicht zu sein scheint, in
Wirklichkeit aber äußerst schwierig ist, hat sokratisches Kolorit. Sie
kehrt bei Aristoteles öfters wieder, immer im Bereich der Tatsache,
daß allgemeine Richtlinien leicht zu merken sind, das Gelingen im
Einzelnen aber sehr schwierig ist; vgl. 1109b15, 1110b8, 1126a32,
1137a6, 1164b28.

1109a31. Der Homervers ist Odyssee 12, 219/20, wird aber da nicht
von Kalypso, sondern von Odysseus selbst gesprochen; vergleichbar
ist Od. 12, 108/9, wo aber wiederum nicht Kalypso, sondern Kirke
redet. Die Frage, ob Aristoteles aus dem Gedächtnis falsch zitiert
oder ob er Homer anders gelesen hat als wir, d. h. im 5. Gesang Rat-
schläge der Kalypso vorfand (was an sich nicht undenkbar ist), muß
hier offenbleiben. Nachher wird noch einmal Homer zitiert, ein Hinweis darauf, daß in dem ganzen Abschnitt von 1109a12 an bis zum
Ende des Buches eine andere Tonlage herrscht als zuvor. Die Vermutung, daß Aristoteles hier Stellen aus seinem Dialog «Über die
Lust» benutzt hat, hat einiges für sich.

1109a35. Zitat einer Redensart, die Aristoteles auch in der Politik
1284b19 verwendet. Am bekanntesten ist die Verwendung an berühmter Stelle Platons (Phaid. 99 C), doch erscheint sie auch mehrfach bei Menander u. a. und schließlich in den Sprichwörtersamm-
lungen.

1109b6/7. Der Vergleich mit der Holzbehandlung erscheint ähnlich, aber nicht gleich im Vortrag des Protagoras bei Platon, Prot. 325 D.

1109 b 9–12. Anspielung auf Homer Ilias 3, 156–160. In Helena den Inbegriff gefährlicher Lust zu sehen, lag nahe genug. Auffallend ist dagegen die Eindringlichkeit, mit der hier Verhaltensregeln für bedenkliche Situationen gegeben werden.

### Drittes Buch

1109 b 32/33. Das in III, 1–3 verhandelte Problem der Freiwilligkeit ist nach Ausweis von Diog. Laert. 5, 24 einmal Gegenstand einer eigenen Abhandlung gewesen; eine Abhandlung gleichen Titels «Über das Freiwillige» gab es auch von Theophrast (Diog. Laert. 5, 43). Aristoteles konzentriert sich auf die Frage nach der ethisch-juristischen Zurechenbarkeit und Verantwortlichkeit. Die Frage nach der Freiheit des Menschen angesichts einer universalen Schicksalsbestimmtheit oder des göttlichen Allwissens liegt ihm ferne.

1110 a 25. Aristoteles geht von einer grundsätzlich klar umrissenen Vorstellung dessen aus, was dem Menschen als Menschen an Leiden und Angst zumutbar ist, und desgleichen, was von ihm gefordert werden kann und soll: Es gibt eine Vollkommenheit, die eigentlich das Menschsein überschreitet, und eine Schlechtigkeit, in der der Mensch unter das Menschsein zurückfällt (vgl. 1145 a 18 ff.).

1110 a 28. Anspielung auf die euripideische Tragödie Alkmeon. Die antike Kommentartradition (CAG 20, 142, 21–30) zitiert dazu zwei Verse (Euripides Frg. 69 N.), doch sind im Laufe der Überlieferung gerade die Verse, auf die es ankommt, untergegangen bzw. durch eine dünne Paraphrase ersetzt worden. Denn nicht das ist lächerlich, daß der Vater den Muttermord befahl, sondern daß er dem Sohn bei Mißachtung des Befehls Kinderlosigkeit und Dürre des Landes androhte, Gefahren, die die Ruchlosigkeit eines Muttermordes niemals aufwiegen können.

1110 b 9. Die Argumentation des Gegners kommt derjenigen des Gorgias in seinem «Lob der Helena» nahe (VS 82 B 11).

1110 b 18–24. Der Begriff der Reue (Metameleia) erscheint bei Aristoteles selten (1111 a 20/21, 1150 a 21/22, b 29–31, 1166 b 24/25) und immer nur in dem Sinne des Sich-anders-Besinnens und Wünschens, nicht getan zu haben, was man getan hat; eine wesentliche restaurierende Kraft hat diese Reue nicht: Untaten werden nur durch Strafe und Unglück aufgehoben, nicht durch die Reue.

1111 a 10. Die angedeutete Geschichte wird in zwei Varianten überliefert. Gemeinsam ist, daß Aischylos angeklagt wurde, er habe in mehreren Dramen Bräuche und Formeln der Eleusinischen Mysterien auf die Bühne gebracht. Freigesprochen wird er nach der besseren, von Aristoteles selbst gemeinten (und anderswo genauer berichteten?) Variante, weil er nachweisen konnte, daß er gar nicht in die Mysterien eingeweiht war (Clem. Alex. Str. 2, 60, 3); wer nicht eingeweiht ist, kann aber auch nicht der Profanierung schuldig werden. Die schlechtere Variante (Herakleides Pontikos Frg. 170 W.) sentimentalisiert: da wird er seiner Heldentaten in der Schlacht bei Marathon wegen freigesprochen.

1111a11. Offensichtlich auch Anspielung auf einen berühmten Prozeß, bei dem es sich um fahrlässige Tötung durch unvorsichtiges Manipulieren einer Waffe (Wurfmaschine, in Athen erst seit der Zeit des Aristoteles bezeugt) handelte.

1111a12. Anspielung auf die euripideische Tragödie Kresphontes, in der Merope ihren eigenen Sohn Kresphontes töten will, da sie ihn nicht erkennt, sondern vielmehr für den Mörder ihres Sohnes hält; so in der Euripides nahestehenden Erzählung Hygins fab. 137. Vgl. auch Aristoteles Poet. 1454a5–7.

1111a12/15. Allem Anscheine nach handelt es sich bei diesen vier Fällen auch um Strafprozeßfälle fahrlässiger Tötung, die hier als Musterfälle gelten. Die Literatur der attischen Prozeßreden war schon zur Zeit des Aristoteles umfangreich.

1111a24/25. Wer behauptet hat, Handlungen des Zorns oder der Begierde seien unfreiwillig, wissen wir nicht. Die drei Seelenteile des platonischen Staates scheinen vorausgesetzt zu sein, aber daß Platon selbst so gelehrt hätte, ist nicht bezeugt und unwahrscheinlich.

1111a30/31. Zu der hier ganz beiläufigen Notiz, daß Zorn und Begierde in bestimmten Fällen sittlich geboten seien, wird man Cicero, Tusc. disp. 4, 43/44 und 48–55 vergleichen.

1111b10. Vier Theorien über das Wesen der Entscheidung (Prohairesis) werden angeführt und der Reihe nach bis 1112a13 geprüft. Wem sie angehören, wissen wir nicht, obschon der historische Spielraum nicht eben groß ist, da der Begriff erst im 4. Jh. auftritt, vereinzelt bei Platon, dann sehr häufig bei Aristoteles selbst und auffallenderweise bei Demosthenes. Man wird folgern, daß er entweder in der Sokratik oder in der rhetorischen Theorie des 4. Jh. geprägt worden ist. Dort wird man auch die Urheber der hier diskutierten Meinungen zu suchen haben.

1111b22/23. In Anlehnung an alte Spruchweisheit wird hier die Un-

sterblichkeit, also das Gott-gleich-Werden, als ein Ding der Un-
möglichkeit bezeichnet. Anders 1177b31–34.

1112a22. Beachtenswert ist, daß die spezifisch aristotelische Doktrin
der Ewigkeit der Welt als feste Tatsache vorausgesetzt und mit der
Unveränderlichkeit eines geometrischen Lehrsatzes in Parallele gestellt wird.

1112a32/33. Es sind die Ursachentypen, die vorzugsweise in der Naturphilosophie zur Geltung kommen; so wird nur summarisch ohne
nähere Interpretation auf sie Bezug genommen.

1112b14. Wenn hier als Ziel des Staatsmannes die gute Staatsordnung
(mit einem schon bei Homer und Hesiod vorkommenden Begriffe)
genannt wird, so entspricht dies sachlich frühern Stellen wie etwa
1102a9/10.

1112b31. Der Rückverweis scheint auf 1112b28 zu gehen, was freilich
befremdlich ist (vgl. 1110a2; a15–18; b2; b15–17; 1111a23). Eher
möchte man annehmen, daß Aristoteles auf eine nicht erhaltene ausführlichere Begründung dieses Satzes zielt, der immerhin weitrei-
chende Konsequenzen impliziert: Ist der Mensch Ursprung der Bewegung seines Handelns, so bedeutet dies ontologisch, daß er durch
den vom ersten unbewegten Beweger ausgelösten Bewegungsanstoß
nicht erfaßt wird, sondern autonom bleibt. Es mag sein, daß Aristoteles sich irgendwo ausdrücklich mit diesem Problem beschäftigt
(und damit auf Epikur eingewirkt) hat.

1113a7. Unerwartet wird die Struktur des Handelns mit der Organisation des «alten» griechischen, von Homer (vor allem in der Ilias)
dargestellten Staates verglichen. Dabei wird der Vergleich nur eben
angedeutet: der König entspricht der entscheidenden Instanz im
Menschen, das Volk den nachgeordneten Fähigkeiten, die der Entscheidung gemäß zu wirken haben. Die Vermutung liegt nahe, daß
Aristoteles den Vergleich an anderer Stelle näher ausgeführt hat
(dann wohl in einem der Dialoge) und ihn hier nur resümiert.

1113a15/16. Zwei einander grundsätzlich entgegengesetzte Auffassungen vom Ziele des Wollens werden mitgeteilt und knapp, aber sorgfältig geprüft (bis 1113a22). Die These, die das Wollen dem wahren
Guten allein zuordnet, ist diejenige des platonischen Gorgias 466Dff.
Damit wird die Orientierung an der Idee des Guten als die eigentliche
Intention des Menschen statuiert, was freilich mit der Erfahrung nicht
übereinstimmt. Die Gegenthese, daß der Mensch will, was ihm jeweils gut zu sein scheint, kann man dem Protagoras geben (vgl. Plat.,
Theait. 166Aff.); für sie partikularisiert sich das Gute in doppelter

Weise, nicht nur von der Situation (vgl. Xenophon, Mem. 3, 8, 1–3),
sondern auch vom Meinen des einzelnen Menschen her.

1113a33. Das Dilemma zwischen einer Idee des Guten, die der Erfahrung fremd ist, und der unabsehbaren Vielheit der in den konkreten
Situationen von den Einzelnen intendierten Güter wird überwunden
durch die Figur des vollkommenen Menschen, der als ein Einzelner
konkret ist, zugleich aber sein Wollen nicht auf beliebig gemeintes
Gutes, sondern auf das wahre Gute richtet und damit als Vorbild
wirkt. Im Wollen dieses Menschen findet Aristoteles eine Versöh-
nung zwischen der Abstraktheit des einen Guten und der Konkretheit
der vielen Güter. Vorbereitet ist dieser vollkommene Mensch z. T.
in dem Sokratesbild der Sokratiker; er lebt dann weiter im «Weisen»
der hellenistischen Philosophien. Vgl. schon 1099a23–24.

1113a34. Die kategorische Verwerfung der Lust scheint in die Nähe
von 1109a14ff. und 1109b7ff. zu führen, stimmt aber mit der
differenzierten Untersuchung in VII, 12–14 und X, 1–5 in keiner
Weise überein. Der Widerspruch wird wohl auf eine übermäßige
Verkürzung des Gedankens zurückzuführen sein.

1113b14/15. Zitat eines Verses, der wörtlich bei Ps.-Platon, De iusto
374A vorliegt und auch bei dem Dichter Epicharm (VS 23 B7) in
abgewandelter Form verwendet ist. Er mag auf einen der alten ionischen Iambographen zurückgehen und ist dann sprichwörtlich geworden.

1113b31. Ausdrücklich bezeugt ist dieser Strafansatz für Delikte in der
Trunkenheit für die Gesetzgebung des Pittakos (Aristot. Pol. 1274b
18–13 und Plut. mor. 155F, dazu Diog. Laert. 1, 76). Dem Wortlaut
unserer Stelle nach handelt es sich allerdings eher um zeitgenössische
(athenische) Gesetzgebung.

1113b33–1114a1. Das Prinzip, daß Unkenntnis des Gesetzes nicht
immer vor Strafe schützt, wird hier (wohl auf der Basis des attischen
Rechtes) bemerkenswert klar und scharf formuliert.

1114a31. Zu verbinden mit 1113a15ff.

1114b3–25. Die allgemeine Untersuchung über die Tugend schließt
hier bezeichnenderweise, wie sie 1103a18ff. begonnen hatte: mit
einem entschiedenen Einspruch gegen die Begründung der Tugend
auf der angeborenen Natur. In 1099b9ff. war diese Möglichkeit stillschweigend ausgeklammert worden.

1114b22. Daß die Tugend «freiwillig» ist, ist eine allgemeine Voraussetzung, für die kaum ein bestimmter Urheber genannt zu werden
braucht; das eigentliche Problem ist ja die Freiwilligkeit des Schlech-

ten. Die Freiwilligkeit der Tugend kann nur von der Frage her bedroht werden, ob die Tugend nicht, wie alles sonstige Gute, eine Gabe Gottes sei (vgl. 1099b11ff.).

1115a6. Die Abhandlung über die Tapferkeit ließe sich im einzelnen mit dem platonischen Laches vergleichen. Während aber Platon den Begriff so weit als möglich zu fassen sucht, um ihn dem «Wissen vom Guten» überhaupt anzunähern, liegt es Aristoteles daran, den Begriff philosophisch zu präzisieren, ohne ihn von der gegebenen Tradition zu lösen; so wird er Bewährung im Kampfe im Hinblick auf das (nicht weiter determinierte und determinierbare) Edle. Man darf auch beachten, daß das von Platon im Staat fixierte Schema der vier Kardinaltugenden bei Aristoteles kaum eine Rolle spielt.

1115a12–14. Man kann hierin eine polemische Spitze gegen eine in der alten Sokratik verbreitete Neigung sehen, Unehre und Beschimpfung als etwas Gleichgültiges zu betrachten (so die Kyniker, etwas anders akzentuiert aber auch die Kyrenaiker). Vgl. Cicero, Tusc. disp. 4, 46.

1115a32. Daß neben den demokratischen Staaten auch die Monarchien (das Wort nachher nur noch in 1160b1) dafür gerühmt werden, daß sie die kriegerische Tapferkeit zu ehren wissen, verdient Beachtung.

1115b27. Genaueres über dieses Verhalten der Kelten gibt die Eudemische Ethik 1229b28–30. Quelle für Aristoteles scheint Ephoros von Kyme zu sein (FGrHist 70 F132), der freilich seinerseits auch aus zweiter Hand berichtet.

1116a13. Deutliche Anspielung auf vielzitierte Verse des Theognis 175/6, die den Tod der Armut vorziehen.

1116a16ff. Die fünf abgelehnten Auffassungen der Tapferkeit werden als fremde Meinungen charakterisiert; philosophisch wird man nur die drei ersten nennen (Gesetzesvorschrift, Wissen, Leidenschaft).

1116a21. Sofern die von der Furcht vor Strafe und die von der Furcht vor Schande motivierte Tapferkeit ineinander übergehen, sind die Homerzitate Ilias 22, 100 und 8, 148/9 hier am Platze.

1116a33. Die Verse stehen in leicht abweichender Form in der Ilias 2, 391–393. Hier wie im vorausgehenden Zitat ist anzunehmen, daß Aristoteles aus dem Gedächtnis zitiert.

1116a36–b2. Zweifellos wird bei diesen zwei Fällen an historische Ereignisse gedacht. Ob die antike Kommentartradition recht hat, wenn sie für den ersten Fall auf Herodot 7, 223 und für den zweiten Fall auf ein uns nicht mehr erhaltenes Gedicht des Tyrtaios über eine Schlacht zwischen Spartanern und Messeniern verweist, muß freilich dahingestellt bleiben.

1116b4. Daß die Tapferkeit Wissen sei, ist nur eine partikulare Folge-
rung aus der allgemeinen sokratischen These, daß jede Tugend Wissen
sei. Platons Laches erwähnt sie mehrfach, doch bezieht sich Aristoteles nicht auf diese Stellen, sondern auf ein Gesamtbild der Lehre
des Sokrates.

1116b15-23. Das Paradoxon, daß Erfahrung oft gerade mit Feigheit
zusammengeht und umgekehrt, wird kaum herausgearbeitet.

1116b19. Nach gelehrter antiker Kommentartradition eine Anspielung
auf den Kampf um die Stadt Koroneia im Dritten Heiligen Kriege
(354/53 v.Chr.). Die Bürger fielen alle im Kampfe, während die
böotischen Hilfstruppen vor den Phokern des Onomarchos die Flucht
ergriffen; berichtet davon hat vor allem Ephoros FGrHist 70 F94.
Die Knappheit der Notiz setzt voraus, daß der Leser Bescheid weiß.
Bei der Schlußredaktion des Textes durch Aristoteles lag das Ereignis
ja auch erst etwa 20 Jahre zurück.

1116b27-29. Eine Reihe von Homerversen mehr oder weniger formel-
haften Charakters: Ilias 14, 151 und 16, 529, dann 5, 470 und 15, 232,
endlich Odyssee 24, 318. Nicht identifizierbar aus unserem Homertext ist das letzte dieser Zitate «es kochte das Blut». Im Homertext
des Aristoteles, der ja mit dem unsrigen nicht völlig identisch gewesen zu sein braucht, wird dies irgendwo vorgekommen sein. Die
Häufung von Homerstellen ist als solche singulär.

1116b31. Daß der Zorn zur Tapferkeit beiträgt (auch 1117a4), hebt
die peripatetische Lehre bei Cicero Tusc. disp. 4, 43 hervor.

1116b36-1117a1. Anspielung auf ein homerisches Gleichnis Ilias 11,
558-562. In der Sache verschiebt sich die Fragestellung. War bisher
von der Tapferkeit aus Wut und Schmerz und Angst die Rede, so
hier (ohne daß es ausdrücklich gesagt würde) von der Tapferkeit aus
übermäßiger Begehrlichkeit. An das Beispiel des Esels schließt sich
dasjenige des Ehebrechers an; zu diesem vgl. Xenophon Mem. 2, 1, 5
und Diog. Laert. 6, 4.

1117a9. Von den zwei letzten Typen der Tapferkeit steht der vierte
sozusagen zwischen dem zweiten und dritten in der Mitte; der fünfte
ist ein Gegenpol zum zweiten.

1117a17-22. Die Unterscheidung zwischen unerwarteter und erwarte-
ter Schrecknis kann verglichen werden mit der von Cicero Tusc.
disp. 3, 28-31 und 52-59 diskutierten Lehre der Kyrenaiker über den
Unterschied zwischen erwartetem und unerwartetem Schmerz.

1117a26-27. Die antike Kommentartradition bezieht die Andeutung
des Aristoteles auf Xenophon Hell. 4, 4, 9/10, was freilich nicht un-

bedenklich ist. Denn gewiß halten da in einer Schlacht des Jahres
392 v. Chr. die Argiver eine mit sikyonischen Schilden ausgerüstete
Gruppe von Spartanern unter dem Befehl des Pasimachos für Sikyonier und greifen sie an als solche; doch wie sie die Wahrheit erkennen, fliehen sie (nach Xenophon) keineswegs, sondern hauen die
Mehrzahl der Spartaner nieder. Erst etwas später und in anderer
Konstellation erleiden die Argiver allerdings eine schwere Nieder-
lage. Entweder hat Aristoteles den xenophontischen Bericht grob
zusammengezogen, oder es ist gar nicht Xenophon seine Quelle,
sondern vielleicht Ephoros (vgl. FGrHist 70 F 209).

1117 a 35–b 6. Unverkennbar wird hier die epikureische Interpretation
der Tapferkeit, die uns (vergröbert) bei Cicero, De finibus 1, 34–36
begegnet, vorbereitet. Das Problem liegt auf der Hand. Die Tapferkeit gehört unbestritten zu den erstrebenswerten Haltungen; doch
widersinnig wäre es, etwas zu erstreben, was nichts als Schmerzen
einträgt. So versucht unsere Stelle (mit 1117 b 15/16) zu zeigen, daß
letzten Endes auch die Tapferkeit Lust bringt. Freilich bleibt es bei
zögernden und bruchstückhaften Andeutungen.

1117 b 9–13. Der Gedanke, daß der vollkommene und glückselige
Mensch am meisten des Lebens wert sei, also vom Tode am härtesten
getroffen werde, steht in einer weitern apophthegmatisch zu fassen-
den Tradition. Nach alter Lebensweisheit ist der Tod der Glücklichen der schlimmste (Aesop bei Plutarch, Pelop. 34, Anacharsis
im Gnomol. Vatic. 21; widersprochen hat vor Plutarch schon Antisthenes b. Diog. Laert. 6, 5). Eine mehrfach überlieferte Anekdote
zeigt den Sokratiker Aristippos, der als einziger in einem Seesturme
Angst um sein Leben zeigt, weil es eben das Leben eines Weisen und
Glückseligen sei (Diog. Laert. 2, 71, Gellius n. Att. 19, 1, 10, Aelian v.
hist. 9, 20). Hier zeigt sich das Bewußtsein des eigenen Wertes, das
für den hellenistischen Weisen charakteristisch ist, aber durch
Aristoteles hier und anderswo (IV, 7–9) vorbereitet wird.

1117 b 17–20. Hier wie schon in 1116 b 15–23 finden wir die charakteristische Verachtung des Soldaten als Landsknechts, die mit der Neuen
Komödie übereinstimmt. Das Verhältnis zu Krieg und Kriegertum
hat sich eben seit der Zeit der Perserkriege stark gewandelt.

1117 b 23. Die Untersuchung über die Selbstzucht (Sophrosyne) faßt
diesen Begriff anders als Platon im engsten Sinne als rechtes Verhältnis zur Lust, vor allem unter dem biologischen Aspekt. Überschnei-
dungen mit den zwei spätern Abhandlungen über die Lust (VII, 12–15
und X, 1–5) fehlen nicht. Der platonische Begriff der Sophrosyne im

Charmides taucht freilich auch zuweilen auf, etwa 1123b5 und 1125b13.

1118a11–13. Vgl. dazu die sonderbare Stelle 1153a26/7, und zur Bedenklichkeit der Parfums Diog. Laert. 2, 75/6.

1118a22–23. Das dritte der drei systematisch auf Geruch, Gehör und Gesicht verteilten Tierbeispiele stammt aus einem Gleichnis der Ilias 3, 23–26.

1118a28/29. Offensichtlich ist hier von berufsmäßigen Weinprüfern und Speiseköchen die Rede.

1118a32–b1. Eine Parallelstelle der Eudemischen Ethik nennt den Namen: Philoxenos, Sohn des Eryxis (1231a15/17). Er ist sicherlich identisch mit dem Philoxenos, der ein gastronomisches Gedicht «Das Gastmahl» verfaßt hat, aus dem uns 5 Zitate erhalten sind (alle bei Athenaios). Vgl. außerdem Plut. Mor. 14E, 1128B. An unserer Stelle wird es sich um ein zum Apophthegma umgeformtes Zitat aus dem Gedicht handeln.

1118b4–7. Eine eigentümliche, aus Gründen der Dezenz nur angedeutete Distinktion, veranlaßt durch die der klassischen griechischen Kultur eigentümlichen Gebräuche der Gymnasia.

1118b8–27. Die hier skizzierte Aufgliederung der Begierden wäre mit Epikurs Kyriai Doxai (Katechismus), Lehrsatz Nr. 29, zu vergleichen.

1118b11. Anspielung auf die Ermahnung der Thetis an ihren Sohn Achilleus, die Freuden des Lebens nicht zu vergessen, Ilias 24, 129/130.

1118b18/19. Die hier angedeutete Bestimmung der elementaren Lust als der Empfindung, die die Wiederherstellung des physischen Normalzustands durch Speise und Trank begleitet, wird später in 1152 b33–1153a7 weiter ausgeführt.

1119a4/5. Flüchtiger Hinweis auf ein Paradoxon, das Platon Phaidon 60BC nahesteht.

1119b8. Von der Unersättlichkeit menschlichen Begehrens spricht in ähnlich erhöhtem Tone auch die Politik 1267a41–b5 und schon 1257b23–30 (vgl. 1257b16). Dazu dann Epikurs Kyriai Doxai (Katechismus), Lehrsatz Nr. 15.

*Viertes Buch*

1119b22. Die Kapitel IV, 1–6 handeln von der rechten Verwendung des mäßigen und des großen Reichtums. Daß dies im schärfsten Gegensatz zu Tapferkeit und Selbstzucht Tugenden sind, die nicht von jedermann geübt werden können, sondern nur von solchen, die über einen angemessenen äußeren Besitz verfügen, scheint Aristoteles nicht weiter zu beachten. – Daß Beziehungen zum verlorenen Dialog «Über den Reichtum» bestanden, ist anzunehmen, aber nicht beweisbar.

1119b33–1120a4. Auffallend energische Unterscheidung der gangbaren Verwendung von ἄσωτος von dem eigenen, auf die Etymologie des Wortes gestützten Sprachgebrauch. Der Verschwender ist der, der nicht zu retten ist (zu σῴζειν).

1120a26/27. Der eigentümlich akzentuierte Gedanke wird in 1120 a29/30 und b30 nochmals berührt und hängt mit 1099a17ff. und 1104b4ff. zusammen.

1120b3/4. Das Problem, ob man ohne Ansehen der Person geben solle, kehrt in Apophthegmata des Aristoteles wieder: Diog.Laert. 5, 17 und 21. Vgl. auch 1121b5–7.

1120b14. Der Vergleich des selbsterworbenen Vermögens mit Kindern und Dichtungen findet sich ähnlich bei Platon, Staat 330C. Aristoteles mag sich an Platon erinnern, obschon das Bonmot, der Schriftsteller liebe seine Werke wie andere ihre Kinder, schwerlich von Platon geprägt ist. Vgl. auch Eth.Nik. 1113b19 sowie 1168a1–3.

1120b17. Anspielung, am ehesten auf einen Vers einer Komödie.

1120b25. Aristoteles hat hier ein konventionelles Bild des Tyrannos im Auge; mehr als andere Herrscher verfügt der Tyrannos frei über unbeschränkte Geldmittel.

1121a7. Der Dichter Simonides (Anfang des 5.Jh.) war wegen seiner Geldgier und seines Geizes bekannt; schon von Xenophanes verspottet (VS21 B21), dann, wie die antike Kommentartradition zu unserer Stelle notiert, als typischer Fall des Geldgierigen von Theophrast in zwei (verlorenen) Schriften behandelt.

1121a10. Rückverweis auf 1119b27ff.

1121a25–30. Grundsätzlich ist die auffallend nachsichtige Beurteilung des Verschwenders zu beachten: er ist heilbar (1121a20), der Geldgierige nicht (1121b13). In welchem Verhältnis sie zum Urteil Epikurs (Kyr.Doxai Nr.10, Epist.Men.131 und Diog.Laert.10,8 über Aristoteles selbst) steht, wäre zu untersuchen.

1121a30–31. Ausdrücklich war dies bisher noch nirgends gesagt; es ließ sich höchstens aus 1120a31–33 und 1121a16/17 folgern.

1121b25. Der nicht ganz klare Wortlaut läßt es offen, ob von der Ablehnung von Geschenken die Rede ist, damit man sich nicht zu entehrenden Gegenleistungen verpflichtet (also etwa in der Richtung auf die bei Diog.Laert.2,123 und Gnomol.Vatic.Nr.72 erzählten Anekdoten), oder eher vom Geiz, der sich damit rechtfertigt, daß er nie zu entehrendem Gelderwerb gezwungen sein möchte (dazu kann man den Ausspruch Aristipps im Gnomol. Vatic. Nr. 29 teilweise vergleichen).

1122a4–8. Nur beiläufig wird hier ein wichtiges Problem berührt: Wie weit wirken die quantitativen Dimensionen eines Handelns auf seine ethische Qualifikation ein? In anderer Akzentuierung kehrt es bei Cicero, De rep. 3, 24 (erhalten bei Augustin, De civ. Dei 4, 4) wieder.

1122a18. Charakteristisch für das aristotelische Denken ist, daß zu Beginn von IV zwei Paare von Tugenden (das eine auf Geld, das andere auf Ehre bezogen) erscheinen, wobei das eine Glied (Freigebigkeit und rechter Ehrgeiz) das richtige Verhalten schlechthin bezeichnet, das andere Glied (Großartigkeit und Großgesinntheit) dagegen dasselbe Verhalten «in großen Dimensionen» (so bes. nachher 1125b 1–8). Zweifellos spielt da der Gegensatz zwischen «bürgerlicher» und «adeliger» Tugend mit herein, doch darf man Aristoteles nicht einfach darauf festlegen. Es ist in einem weiteren Sinne der Gegensatz zwischen den kleinen und den großen Tugenden, wie kurz vorher der Gegensatz zwischen den kleinen und den großen Verbrechen 1122a4–8.

1122a28. Zitat von Odyssee 17, 420. (Es spricht der als Bettler erscheinende Odysseus zu den Freiern.)

1122a25/26. Wer die Ausrüstung eines kriegstüchtigen Dreiruderers zu bestreiten hat, hat sehr viel größere persönliche Ausgaben als derjenige, der vom Staat zum Leiter einer offiziellen Festgesandtschaft bestimmt wird, wobei der Staat die Hauptkosten übernimmt.

1122a33–34. Vorausweis auf 1123a19–33.

1122b1. Rückverweis vermutlich auf 1103b21–23 und 1104a27–b3.

1122b6/7. Besonders prägnante Formulierung eines Gesichtspunktes, der sich durch die gesamte Behandlung der ethischen (und z. T. dianoetischen) Tugenden hindurchzieht: die Orientierung am «Edlen» oder «Schönen» als an einem Werte, der nicht weiter erläutert und begründet wird, sondern einfach gegeben ist. Er unterscheidet sich vom Guten fundamental darin, daß er in keiner Weise an die jeweilige Interessiertheit des Handelnden gebunden werden kann.

1122b23. Nach dem Wortlaut des Aristoteles scheinen Bewirtungen der ganzen Bürgerschaft üblich gewesen zu sein, mindestens in Athen, woran wohl vorzugsweise gedacht ist. Vgl., was er im Staat der Athener 27, 3 über Kimon berichtet.

1122b24. Rückverweis auf 1122a24–28.

1122b35. Rückverweis auf 1122b19–23.

1123a14–15. Man mag sich fragen, ob dergleichen kostbares Kinder-
spielzeug in der Realität oder nur in der Literatur (Lyrik, Komödie)
vorkam.

1123a20. Rückverweis auf 1122a32–34.

1123a24. Megara galt als Ursprung eines Typus von Komödie, von dem
wir so gut wie nichts Konkretes wissen, der aber von den Athenern
als grob und geschmacklos abgelehnt wurde (vgl. etwa Aristophanes
Wespen 57, Wolken 539, Frieden 739ff.).

1123a34. IV, 7–9 gelten mit Recht als der eindrucksvollste Abschnitt
in der aristotelischen Analyse und Beschreibung der ethischen Tugenden. Formal ist hier besonders bemerkenswert die Verlagerung des
Akzentes von der Eigenschaft auf ihren Repräsentanten (ausdrücklich
vermerkt 1123b1). Es wird nicht die Großgesinntheit untersucht,
sondern das Porträt des Großgesinnten entworfen. Der Sache nach
steht der aristotelische Großgesinnte in der Mitte zwischen dem Her-
renmenschen einer vordemokratischen Epoche (man wird ihn auch
den Adligen nennen dürfen, solange man sich des tiefen Unterschieds
zwischen dem altgriechischen Adel und dem mittelalterlichen Ritter-
adel bewußt bleibt) und dem seines inneren Wertes sicheren Weisen
der hellenistischen Ethik.

1124a13. Rückverweis auf 1123b15–22.

1124a15–16. Benutzung einer festen Formel, die auch bei Ps.-Isokra-
tes, Demon.42 auftritt und letzten Endes mit Archilochos Frg.67
Diehl in Verbindung gebracht werden kann.

1124b15–17. Die zwei Belege sind insofern seltsam, weil sie nicht etwa
Fälle von Großgesinntheit zeigen, sondern eine viel kompliziertere
Situation. Thetis spricht nämlich zu Zeus (ebenso die Spartaner zu
den Athenern) von den empfangenen Wohltaten, damit der andere in
die angenehme Lage kommt, sich als Großgesinnten fühlen zu können. Im einen Falle ist es eine Anspielung auf Ilias 1, 394–408 (mit
1, 503–4), im andern nach der antiken Kommentartradition auf
Kallisthenes FGrHist 124 F8 (Verhandlungen, wie es scheint, bald
nach der Schlacht bei Leuktra 372 v. Chr.).

1125a11–12. Hier begegnen sich zwei Wertungen, die für das griechische Denken überhaupt und für Aristoteles im besonderen charakteristisch sind: sowohl das Fragen nach Gewinn und Nutzen wie auch
die Abhängigkeit von anderen deklassiert den Menschen. Darum ist
die Autarkie ein Aspekt der Eudaimonie (1097b6ff.), und an einer
eindrucksvollen Stelle, vermutlich des verlorenen Protreptikos, bezeichnet Aristoteles es als unwürdig und lächerlich, immer wieder zu

fragen: «Was nützt das? Wozu ist es brauchbar?» (Protr. Frg. 12 Walzer-Ross, B42 D.).

1125a12–16. Zurückhaltende Gestik und Sprechweise hat die griechische Erziehung gewiß schon früh, und dann immer wieder, gefordert. Anweisungen dazu finden sich in den Sprüchen, die den Sieben Weisen zugeschrieben werden (Diog. Laert. 1,70; 87 u.a.). Später berücksichtigt die biographische Literatur auch diese Dinge. Aus dem späteren Peripatos vgl. Cicero, De finibus 5,46–47.

1125b1–2. Rückverweis auf 1107b24–1108a1.

1125b13. Rückverweis auf dieselbe Stelle 1107b24–1108a1.

1125b26. Die Behandlung des Zornes hat in der griechischen Ethik eine eigene Tradition, weil hier ethisch und psychologisch besondere Verhältnisse vorliegen. Es gibt gerechten und ungerechten Zorn; und das gegenseitige Verhältnis von Vernunft und Affekt ist anders und differenzierter als etwa bei der Tapferkeit oder der Besonnenheit. Haupttext ist Seneca, De ira, dann ein Dialog Plutarchs und eine Schrift des Christen Lactantius, De ira Dei. Aristoteles selbst geht verhältnismäßig summarisch vor. Diog. Laert. 5,23 bezeugt eine Sonderschrift Über den Zorn von ihm, Seneca, De ira 1,14 vielleicht eine ebensolche von Theophrast.

1126a31–b45. Eigentümlicherweise wird hier 1109b14–24 fast wörtlich wieder aufgenommen. Es handelt sich allerdings um eine grundsätzliche Bemerkung: Im Felde der Ethik ist das Allgemeine leicht festzustellen, um so schwieriger dagegen, wie man den Einzelfall zu beurteilen und wie man im Einzelfalle zu handeln hat.

1126b11. Die Kap. IV, 12–13 stellen wiederum ein System von Verhaltensweisen dar, vergleichbar IV, 1–10. Hier haben wir es mit gesellschaftlichen Tugenden zu tun, die einen auf Lust und Schmerz, die anderen auf Wahrheit und Lüge bezogen; vgl. 1127a 18–20.

1127a10. Rückverweis auf 1126b16.

1127b11–22. Aufgliederung nach den Gesichtspunkten der Ehre und des Gewinnes, die ja auch in IV, 1–10 die Grundeinteilung lieferten und in der Politik als die beiden Hauptmotive durchschnittlichen menschlichen Handelns eine entscheidende Rolle spielen.

1127b25–26. Die Ironie gehört mindestens bei Platon zu den festen und allbekannten Charakterzügen des Sokrates; bei Xenophon ist sie kaum spürbar.

1127b28. Spott über das affektierte Tragen kriegerisch-schlichter lakonischer Kleidung zitiert die antike Kommentartradition aus dem

Komiker Platon. Man mag aber auch an den bei Diog. Laert. 2, 36 und 6, 8 berichteten Spott des Sokrates über das affektierte Lumpengewand des Antisthenes denken.

1127b33. Kap. 14 hängt (trotz 1128b5–9) nur oberflächlich mit den zwei vorausgehenden Kapiteln zusammen. Hier handelt es sich um gesellschaftliche Gewandtheit, die mit ethischen Qualitäten nur noch entfernt zusammenhängt. Näher stehen die Bemerkungen über «Spiel und Scherz» in 1150b16–19 und bes. 1176b9ff. Man könnte sich fragen, ob diese Erörterungen über das liebenswürdige und zugleich gesittete Benehmen nicht in dem unter den Dialogen des Aristoteles bezeugten Symposion vorgekommen sind.

1128a4–10. Eine Sonderschrift Über das Lächerliche ist von Theophrast bezeugt (Diog. Laert. 5, 46). Wichtiger für uns sind die Anekdoten mit der Fragestellung, ob das Lachen grundsätzlich mit der Würde des Philosophen vereinbar sei: Diog. Laert. 3, 26 (Platon), 8, 20 (Pythagoras), Aelian var. hist. 3, 35 (Akademie), 8, 13 (Anaxagoras, Aristoxenos, Heraklit); vgl. Plin. nat. hist. 7, 79/80.

1128a22–25. Eine sehr wichtige Bemerkung über die innere Entwicklung der attischen Komödie. Daß aus der Komödie der Zeit des Aristoteles die unbekümmerte Unanständigkeit der aristophanischen Komödie verschwunden ist und einer mondänen Dezenz Platz gemacht hat, bestätigt sich an den erhaltenen Resten. Die Frage nach den Ursachen dieses Wandels ist allerdings bis heute noch nicht befriedigend beantwortet; auch Xenophon und Isokrates geben nur Hinweise, wo diese Ursachen vielleicht gesucht werden können.

1128a29–32. Dem äußeren Gesetz, das bestimmte Formen der Beschimpfung untersagt, steht in beachtenswerter Formulierung der Gebildete gegenüber, der in sich selbst das Gesetz hat und auf äußere Vorschriften nicht angewiesen ist; man wird an den vielzitierten Satz des Xenokrates denken, wonach der Philosoph aus eigenem Antrieb das tut, wozu die andern durch das Gesetz gezwungen werden müssen (Cicero, De rep. 1, 3 u. a.).

1128b10. Einen eigentümlich polemischen Unterton hat die Behandlung des Schamgefühls, von Aristoteles an das Ende gestellt, weil es für ihn überhaupt keine echte Tugend ist. Von den psychologischen und ethischen Gründen, die er beibringt, abgesehen, wird man zu bedenken haben, daß gerade die alte Sokratik das Schamgefühl als ein Stück gesellschaftlicher Konvention problematisiert hat (angedeutet in 1128b23/4). In der Apophthegmatik erweisen sich Kyniker und Kyrenaiker als demonstrativ «schamlos».

1128b11. Die zitierte Definition findet sich bei Platon, Gesetze 646 E–
647 B, wird aber schwerlich gerade dorther stammen.

1128b26–29. Der (allzu kurz gefaßte) entscheidende Gedanke des Kap. :
Die ethisch schlechte Tat wird dadurch nicht besser, daß man sich
ihrer hinterher schämt. Allgemein gesagt hat also das Schamgefühl
mit der ethischen Qualifikation einer Tat nichts zu tun.

1128b33–35. Diese Bemerkung soll offensichtlich zu Buch VII überlei-
ten; doch wird die hier angedeutete Bestimmung der Enthaltsamkeit
in VII weder aufgenommen noch näher erläutert.

*Fünftes Buch*

1129a6–10. Auffallend umständlich wird von einem allgemeinen Vor-
verständnis der Gerechtigkeit ausgegangen als einer das Wollen wie
das Handeln bestimmenden Haltung; daß sich Aristoteles damit von
Platons ganz anderem Begriff der Gerechtigkeit distanzieren will,
mag man vermuten. Ganz allgemein hat das Buch einen spürbar anti-
platonischen Charakter. Gleichzeitig ist zu bedenken, daß es dazu
bestimmt ist, der politischen Pragmatie den allgemeinen Begriff der
Gerechtigkeit zu liefern.

1129b1–6. Eine etwas unerwartete Anmerkung, die alte Lebensweisheit zugrunde legt, wie sie bald auf die Spartaner (Plut. mor. 239 A,
vgl. Ps.-Platon Alk. II 141 A ff.), bald auf Sokrates (Xenophon, Mem. I,
3, 2 und Val. Max. VII, 2 ext. 1), bald auf Pythagoras (Diodor 10, 9,
7/8) zurückgeführt wird.

1129b14–17. Der Hinblick auf das allgemeine Wohl im Gegensatz zum
Wohl einer Gruppe oder eines regierenden Einzelnen ist sicherlich
schon vor Platon (Staat 342 CD, 346 E u. a.) vom gerechten und vollkommenen Staate gefordert worden. Angedeutet ist diese Forderung
auch in VIII, 12 und spielt dann in der Politik eine bedeutende Rolle.
Als Forderung an die Gesetzgebung steht sie in gewisser Konkurrenz
zu der ethisch-erzieherischen Forderung, die von 1094b5/6 und
1099b29–32 an begegnet.

1129b27–30. Auffallend erhöhter Ton mit zwei Belegzitaten, aus der
Weisen Melanippe des Euripides (Frg. 486 N) und einem zum Sprichwort gewordenen Verse, der sich in unserer Sammlung der Elegien
des Theognis V. 147 wiederfindet, paraphrasiert auch in der Politik
1283a38–40.

1129b32–1130a1. Der Gedanke ist (vermutlich durch starke Verkürzung) etwas unklar geworden. Was der Gegensatz zwischen der
Anwendung der Tugend in den eigenen Angelegenheiten und der-

jenigen im Verhältnis zu den anderen eigentlich bedeutet, bleibt un-
gesagt.

1130a1/2. Zitat aus einer wohl schon zur Zeit des Aristoteles vorliegenden Sammlung von Sprüchen der Sieben Weisen, unter denen Bias
von Priene vorzugsweise als «der gerechte Richter» hervortritt.

1130a3. Die Bestimmung der Gerechtigkeit als «das Gute für den anderen» war wohl schon vor Platon Staat 343 C eine feste Prägung. Das
Bonmot des Bion von Borysthenes, die Schönheit sei «etwas Gutes
für den anderen» (Diog. Laert. 4, 48) ist eine Parodie davon. Cicero
De rep. 3, 10 hat die Bestimmung aus Aristoteles übernommen und
erläutert, nicht aus unserm Texte, sondern aus dem Dialog über die
Gerechtigkeit.

1130b28. Anspielung auf das in der Politik III, 4/5 diskutierte Problem,
wie sich der vollkommene Mensch und der loyale Bürger zueinander
verhalten. Allzu knapp wird hier der Gegensatz auf denjenigen zwischen «Erziehung zur Gemeinschaft» und «Erziehung» schlechthin
reduziert; vgl. 1180a29–b28.

1131a6–9. Zweimal sieben Vergehen werden aufgeführt, so daß man
sich fragen darf, ob die Liste ad hoc zusammengestellt oder schon
fixiert und von Aristoteles nur übernommen ist.

1131a10. Die Kap. 6/7 stellen eine geschlossene Analyse der beiden
Fundamentalformen der Gerechtigkeit, der distributiven und der
koerzitiven, dar. Daß es Aristoteles reizt, die mathematische Seite
der Vorgänge herauszuarbeiten, ist deutlich; der Geschäftsverkehr
einerseits, das Strafrecht anderseits haben natürlich seit jeher einen
mathematischen Aspekt besessen. Aristoteles hat hier alte Traditionen
nur formalisiert.

1131a26–29. Ein auch in der Politik vielfach vorausgesetztes Schema
jener Werte, die die Regierungsfähigkeit begründen. Begonnen wird
mit dem allgemeinsten und anspruchslosesten, geendet mit dem sel-
tensten. Daß drei Staatstypen vier Werten gegenüberstehen, fällt auf.

1131b12–16. Der Wortlaut zeigt, daß Aristoteles hier offenbar als erster
die beiden mathematischen Fachbegriffe (geometrische und arithmeti-
sche Analogie, vgl. 1132a1/2) in die ethische Diskussion eingeführt hat.

1132a10–14. Vgl. 1132b11–16; Aristoteles verwendet hier zwei Fachbegriffe des attischen Rechtes und sieht sich gezwungen, sie seinen
Lesern zu erläutern.

1132a22. Der prägnante Ausdruck «die beseelte Gerechtigkeit» ist
zweifellos eine Abwandlung des allgemeinern Ausdrucks, der Regent
sein ein «beseeltes Gesetz», der eine Prägung des 5./4. Jh. sein muß,

auch wenn wir ihm erst bei Cicero, De legg. 3, 2, dann Philon Vita Mosis 2, 4, Stob. 4, 7, 61 u. a. begegnen. Eine andere Abwandlung ist das Bonmot des Demades, der Tadel sei «eine beseelte Peitsche» (Gnomol. Vatic. Nr. 240).

1132a23. Die Magistratsbezeichnung Mesidios, Mittler, kehrt nur noch in der Politik 1306a28 wieder, wo der Zusammenhang nahelegen könnte, daß sie in Larisa (Thessalien) verwendet wurde.

1132a28. Die Formel, daß die Dinge dort in Ordnung sind, wo jeder «das Seinige» erhält und tut (so schon Platon im Charmides und häufig im Staate), ist eine der besonders für die Ethik des 5. Jh. v. Chr. charakteristischen Reflexivformeln.

1132a30–32. Etymologien dieses Typus finden sich bei Aristoteles nicht allzu selten, in unserm Texte etwa 1112a16/17 (Prohairesis), 1120 a1/2 (Asotos), 1128a10–12 (Eutrapelos), 1140b11/12 (Sophrosyne), 1152b7/8 (Makarios). Etymologienreihen wird schon die Sophistenzeit bereitgestellt haben.

1132b21–23. Die hier nur angedeutete pythagoreische Lehre war in der Sonderschrift Über die Pythagoreer erklärt; daraus Frg. 13 Roß (203 Rose), wonach die Gerechtigkeit «gleich mal gleich» bedeute, also entweder die Zahl 4 als 2 mal 2 oder 9 als 3 mal 3. Das kommt auf die einfachste Form des (arithmetischen) Ausgleichs hinaus. Woher Aristoteles diese auch in Metaph. 985b29, 1078b23 und Magn. Mor. 1194a28–30 gemeinte Lehre bezogen hat, wissen wir nicht.

1132b26/27. Nach der antiken Kommentartradition fand sich der Vers in den «Megala Erga» Hesiods (Frg. 174 Rz.). Da wird er auch schon als Unterweisung des Rhadamanthys dargeboten worden sein.

1132b33–1133a2. Auffälligerweise ist der Gedanke hier plötzlich auf stichwortartige Knappheit reduziert.

1133a3–5. Augenscheinlich denkt Aristoteles an einen verhältnismäßig bedeutenden Staatskult der Charites. Doch was wir vom Charites-Kult in Athen, Orchomenos oder auf der Peloponnes und den Inseln wissen, reicht nicht aus, um ihn zu identifizieren.

1133a5–b28. Eine Theorie der wirtschaftlichen Entwicklung vom Tauschverkehr zum Geldverkehr, mit der man Politik I, 8–11 zu vergleichen hat. Wichtig ist die Rolle des Bedarfs (Chreia), also des Mangels an Autarkie. Aus dem Dialog Über den Reichtum?

1134a1/2. Daß zur Gerechtigkeit nicht bloß die gerechte Tat, sondern auch die entsprechende Absicht gehört, paßt zu 1105a31/32 und wird in 1134a16–23 wenigstens andeutend erklärt.

1134a24. Rückverweis auf 1132b21–1133a5.

1134a25–30. Die Unterscheidung zwischen Gerechtigkeit überhaupt (in jeder Art von Gemeinschaft) und Gerechtigkeit im Staate ist wichtig; wie sie sich zur Distinktion in 1129a31 ff. verhält, bleibt offen.

1134a27. Autarkie ist die Formalbestimmung des vollkommenen Staates wie in der Politik 1252b27–1253a1.

1134a35–b1. Den etwas unorganisch eingeschobenen Gedanken formuliert die Politik mit Nachdruck 1287a28–32 (vgl. 1286a16–20). Die reine Objektivität des Gesetzes steht der Launenhaftigkeit und Beeinflußbarkeit des Menschen gegenüber. Vgl. 1180a22–24.

1134b5/6. Rückverweis auf 1130a3.

1134b9–17. Zur Skizze des Systems der verschiedenen Rechts- und Herrschaftsbeziehungen vgl. Politik, bes. I, 12.

1134b18–1135a5. Bemerkenswert kurz wird das Problem verhandelt, das systematisch als das Hauptproblem der Rechtsphilosophie gelten kann und bei den Griechen seit der Sophistenzeit diskutiert wurde: die Relation zwischen dem wandelbaren positiven Recht und dem Begriff des Rechts, der seiner Intention nach auf Unwandelbarkeit zielt. Auch wie sich Aristoteles seine vermittelnde Lösung vorstellt, wird nicht ganz klar. Die Annahme liegt nahe, daß hier nur resümiert wird, was anderswo, im Dialog über die Gerechtigkeit, ausführlich dargestellt war (vgl. auch Top. 173a7–18 und bes. Rhet. 1373b6–18).

1134b22. Zwei ganz konkrete partikulare Rechtsbestimmungen, die eine, gemäß der antiken Kommentartradition, auf eine kriegsrechtliche Abmachung zwischen Athenern und Spartanern aus dem Jahre 408/07 bezogen (Androtion FGrHist 324F44), während die andere, sakralrechtliche Bestimmung nicht identifizierbar ist.

1134b23. Gemeint ist offenbar der nach der Schlacht von 422 v. Chr. in Amphipolis eingerichtete Kult des im Kampf gefallenen spartanischen Feldherrn Brasidas; ob Thuk. 5, 11 die Quelle war, läßt sich nicht entscheiden.

1134b24. Auf wen Aristoteles anspielt, wissen wir nicht. Mit dem Problem haben sich Sophisten (vgl. Alkidamas bei Arist. Rhet. 1373b18) wie Sokratiker (etwa Antisthenes bei Diog. Laert. 6, 11) befaßt. Die Aufwärtsbewegung des Feuers als ein invariables Phänomen schon in 1103a22.

1134b34/35. Die Argumentation ist eigentümlich und nur verständlich, wenn man mit Aristoteles (vgl. Vom Himmel II, 2) voraussetzt, daß Rechts von vornherein dem Links gegenüber primär ist; diese Rangfolge würde auch dann nicht aufgehoben, wenn de facto alle Menschen Linkshänder wären. Magn. Mor. 1194b30–1195a7 ist ausführlicher, entspricht aber nicht der ursprünglichen Intention des Aristoteles.

1134b35–1135a3. Das Beispiel ist in seiner psychologischen Motivierung sonderbar plump, karikaturartig.

1135a6–8. Folgerungen aus der Spannung zwischen der Allgemeinheit des Gesetzes und dem Partikularen des Handelns werden in Kap. 14 gezogen werden.

1135a9–15. Terminologische Distinktionen, wohl an die attische Rechtssprache angelehnt. Der Vorausweis in a15 bleibt in der Nik. Eth. unerledigt. Ob man ihn auf die in drei Zitaten bezeugte Sonderschrift «Dikaiomata» beziehen darf, ist zweifelhaft.

1135a16–1136a9. Ein geschlossener Abschnitt von stark juristischem Charakter, eng verbunden mit III, 1–3, worauf 1135a23 ausdrücklich zurückweist. Wie weit die römische Rechtswissenschaft von griechischen Gedanken dieser Art angeregt oder beeinflußt ist, sei hier eben nur als Frage vermerkt.

1136a11–14. Zitat aus derselben Alkmeontragödie des Euripides, die schon 1110a28/29 herangezogen hatte. Die erste Zeile spricht Alkmeon, die zweite eine andere Person (Frg. 68 N.).

1136b9–12. Zitat einer berühmten und seltsamen Stelle der Ilias 6, 234–236.

1136b32–1137a4. Ein grob eingeschobener Abschnitt, in dem an die Stelle des gerecht oder ungerecht Handelnden unerwartet der gerechte oder ungerechte Richter tritt.

1137a5–26. Der Abschnitt hebt sich in Ton und Inhalt scharf vom vorangehenden Texte ab: allgemein und äußerlich erscheint das Handeln leicht, doch schwierig ist es aus einer bestimmten Haltung und in einer bestimmten Situation. Absonderlicherweise wird zunächst nicht mit dem gerechten, sondern mit dem ungerechten Handeln exemplifiziert. Vermutlich ist das Stück nicht allzu sorgfältig aus einem dialogischen Zusammenhang übernommen. Zum sokratischen Motiv, daß leicht erscheint, was in Wahrheit schwer ist, vgl. 1109a26, 1110b8, 1126b2 u.a.

1137a26–30. Ein höchst bemerkenswerter Abschnitt, in Ton und Inhalt 1129b1–6 nahestehend. Die Abfolge des übermenschlichen, menschlichen, untermenschlichen Verhaltens begegnet etwa wieder 1145a 18 ff. Ersetzt man in der obersten Stufe die Götter durch die Weisen, so kommt man in die Nähe des grundlegenden stoischen Schemas der Weisen, der Toren und der Mittleren. Vgl. auch 1141a20–22; a33; b2; und 1180a5–12.

1137b13ff. Dazu vgl. 1135a6–8.

1137b19. Dazu vgl. 1094b12 und 1098a28.

1137b30–32. Die Anspielung (und, wie das singuläre Wort οἰκοδομή zu zeigen scheint, das z.T. wörtliche Zitat) auf die lesbische Bauweise läßt sich nicht verifizieren. Ob sie mit der «kyklopischen» Bauweise, von der Aristoteles nach Plinius n.h. 7, 195 irgendwo gesprochen haben muß, identisch ist, ist fraglich.

1138a12–14. Dem Wortlaut nach zieht der Selbstmord (in Athen) nicht nur wie jeder Mord.eine religiöse Verunreinigung nach sich (dazu etwa Aisch. or. 3,44), sondern auch bürgerliche Ehrlosigkeit, natürlich eine solche besonderer Art, da ja in diesem Falle der ehrlos Erklärte nicht mehr am Leben ist.

1138a28–b5. Die Stelle ist darum befremdlich, weil zwischen drei verschiedenen Begriffen des «Schlechten» nicht klar unterschieden wird. Es gibt (1) den rein formalen Tatbestand der Abweichung von der Mitte zwischen Zuviel und Zuwenig, (2) den außermoralischen Begriff des Unglücks, wo denn, wie 1138b2–5 zeigt, ein kleines Unglück seiner Folgen wegen oft schlimmer sein kann als ein großes, (3) den Begriff der ethischen Verworfenheit. Einen Widerspruch gegen Platons Satz, daß Unrechttun unseliger sei als Unrechtleiden (Gorgias 479E; vgl. auch Demokrit VS 68 B 45), darf man darin nicht erkennen, auch wenn Aristoteles sicherlich nicht alle Folgerungen Platons gezogen hat. Anzunehmen ist, daß wir es hier mit einem sehr stark verkürzten Text zu tun haben (etwa aus dem «Korinthischen Dialog», in dem Platons Gorgias bezeugtermaßen eine Rolle spielte?).

1138b6–13. Wiederum äußerst knapp wird der Begriff der Gerechtigkeit mit jener Aufgliederung der Seele konfrontiert, die vor allem in 1102a26–1103a10 vorliegt (zu den beigezogenen Herrschaftstypen vgl. Politik I, 12). Die hier, zwischen den Seelenteilen, zu verwirklichende Gerechtigkeit ist im Prinzip diejenige des platonischen Staates. Daß Aristoteles mit 1138b10 tatsächlich an Platon denkt, ist nicht ausgeschlossen, auch wenn man beachten wird, daß nicht von drei, sondern nur von zwei Seelenteilen die Rede ist, zwischen denen die Gerechtigkeit zu walten hat.

### Sechstes Buch

1138b18. Rückverweis auf 1103b31–34, 1104a11–26 und 1106a26–b35.

1138b35. Rückverweis auf 1103a3–10.

1139a3–15. Rückverweis auf 1102a26–1103a3. Das dort aus einem

Dialog resümierte Schema der Seelenteile wird hier in entscheidender Weise ergänzt.

1139a10/11. Knapp, aber eindeutig wird hier die alte Anschauung, daß Erkenntnis als «Gleiches durch Gleiches» zustandekomme, übernommen; impliziert ist sie in 1177a13–21, im übrigen vgl. Von der Seele 418a3, 429a28, b30.

1139a15–17. Vgl. dazu 1097b30–1098a15 und 1106a15–24, die Begründung des Formalbegriffs der «Tugend» als 'der optimalen Leistung in jedem gegebenen Felde; der Materialbegriff der «Tugenden» als einer Vielzahl sittlicher Verhaltensweisen ist davon völlig verschieden.

1139a17/18. Das Schema der drei seelischen Fähigkeiten entspricht der Grunddisposition der Schrift Von der Seele: Wahrnehmung II, 5–III, 2; Geist III, 3–8; Streben III, 9–11.

1139b5–11. Ergänzung zu III 4/5, vermutlich aus einem Dialoge; das Zitat aus einer nicht identifizierbaren Tragödie Agathons (Frg. 5 N.). Von den sieben Zitaten bei Aristoteles abgesehen, lebt das Werk Agathons, trotz der zentralen Rolle des Dichters in Platons Symposion, fast nur in Sammelwerken (Athenaios 7 Zitate, Stobaios 11 Zitate) weiter.

1139b18–36. Wie Aristoteles in 1139b27 und b32/33 hervorhebt, ist die Bestimmung der Wissenschaft nur eine Zusammenfassung der ausführlichen Wissenschaftslehre der Analytik, bes. Anal.post.I, 1/2. Daß zwischen einem strengen und einem ungefähren Wortgebrauch ausdrücklich unterschieden wird, ist zu beachten.

1140a2/3. Auch für die Distinktion von Produzieren und Handeln stützt sich Aristoteles auf eine anderweitige Darlegung, und zwar, dem Zitat nach, in einem (nicht identifizierbaren) Dialog. Darum wird auch in unserem Zusammenhang die Distinktion zwar mehrfach erwähnt, aber abgesehen von der kurzen Anspielung in 1140b5/6 nirgends näher erläutert. Vgl. Politik 1254a1–5.

1140a17–20. Eine Einlage, die man, nicht nur des Agathonzitats wegen (Frg. 6 N.), demselben Dialoge zuschreiben möchte wie 1139b5–11. Zur sachlichen Einordnung vgl. Eth. Eud. 1247a5–7. Anders urteilt Metaph. 981a3–5.

1140a26. Teilweise Ergänzung der Darlegungen in III, 5.

1140b7–11. Einlage, die 1141a20ff. vorbereitet und auf die Zurücksetzung der an das jeweilige Interesse gebundenen politischen Klugheit (vgl. schon 1140a26/27, dann 1141a25, b34, 1142a7 und 9) gegenüber der interesselosen betrachtenden Weisheit zielt. Die Ge-

genüberstellung von Klugheit und Weisheit dürfte im ganzen auf den
Dialog Über die Philosophie zurückgehen. Die Anspielung auf Perikles überrascht in ihrer Flüchtigkeit; man wird sich natürlich an
Platons Kritik an den athenischen Politikern erinnern (Gorgias, Menon), aber auch beachten, daß Platons Gesichtspunkte nicht diejenigen des Aristoteles sind.

1140b11–20. Eine aus der Etymologie von Sophrosyne entwickelte Di-
gression.

1140b21–25. Extremes Beispiel des Zusammenstoßes der zwei verschiedenen Begriffe von «Tugend», des formalen und des materialen;
s. zu 1139a15–17.

1141a3–8. Erstaunlich knapp wird hier der Begriff des Geistes eingeführt, dessen Objekt die Prinzipien sind und dessen Tätigkeit den
Kern des Bios theoretikos (1177a13 ff.) wie auch das Leben der höchsten Gottheit (Metaph. 1072a26 ff. und 1074b15 ff.) ausmacht. Die
übermäßige Kürze unserer Stelle wird z.T. dadurch zu erklären sein,
daß in dem hier vorgetragenen Gesamtschema «Geist» und «Weisheit» unverkennbar Konkurrenzbegriffe sind und Aristoteles den Ak-
zent auf den Begriff der Weisheit zu legen wünscht. Zu beachten ist
allerdings auch die in VI, 12 vorgenommene Erweiterung des Begriffs
des Geistes.

1141a9–16. Eine wiederum knappe, aber höchst bemerkenswerte Skizze
der gangbaren Bedeutung von «Weisheit» mit Belegen, wobei zunächst zwei Künstler der sokratischen Sphäre genannt werden, dann
ein Zitat aus dem alten, für uns fast gänzlich verschollenen paro-
dischen Epos Margites. Beiziehen wird man einerseits die anspruchsvolle Zusammenstellung der in der Überlieferung gegebenen Bedeutungen des «Weisen» in Metaph. I, 2, anderseits ein Zitat, das mit
Recht in den Dialog Über die Philosophie gestellt wird und mitteilt,
Aristoteles habe die Sieben Weisen auch Sophistai genannt (Frg. 5
Walzer-Ross). Der ganze Zusammenhang wird auf den Dialog zurückgehen; vgl. noch Diog. Laert. 1, 12, sowie Politik 1259a6–19.

1141a16–20. Eine letztlich höchst seltsame Konstruktion, da nun die
Weisheit nicht etwa ein eigenes Sachgebiet zugeteilt erhält, sondern
lediglich zum umfassenden Oberbegriff der beiden Stufen der Theoria
wird.

1141a20ff. Eine grundsätzliche und bis in die Theologie übergreifende,
aber im einzelnen etwas sprunghafte Konfrontation von Weisheit und
Klugheit, wie schon 1140b7–11 vermutlich ein Exzerpt aus dem Dialog Über die Philosophie.

1141a24. Die Erwähnung der Fische ist so auffallend, daß man eine Anspielung auf Heraklit VS 22 B 61 vermuten möchte.

1141a27. Gedacht ist evident an die Vorräte sammelnden Tiere wie Ameisen, Bienen u.ä., die sowohl in Tierbeschreibungen wie in der Protreptik immer wieder eine Rolle gespielt haben.

1141b3-8. Höhepunkt des Gegensatzes zwischen nützlicher Klugheit und unnützer Weisheit. Wer zuerst die alten Naturphilosophen von Thales und Pythagoras bis Anaxagoras und Demokrit als Vertreter eines Lebens höherer, weil unnützer Weisheit charakterisiert hat, wissen wir nicht. Auch Platon übernimmt im Theaitetos 174A und Gr. Hippias 281 CD schon geformtes Gut. Vgl. 1179a13-16, weiterhin Metaph. 983a10/11 und Top. 118a6-15.

1141b10-14. Dazu vgl. 1112a18ff.

1141b14-16. Ein Grundsatz, den Aristoteles von 1097a11-13 an nicht müde wird, immer wieder in Erinnerung zu rufen.

1141b16-21. Die Überlegenheit der partikularen Empirie über die theoretische Wissenschaft wird an der medizinischen Diätetik exemplifiziert wie in Metaph. 981a5-24.

1141b22-1142a10. Eine etwas unübersichtliche und als Exzerpt wirkende Auseinandersetzung über den wahren und den falschen Begriff des Staatsmannes, vielleicht aus dem Dialoge Der Staatsmann.

1141b29. Zur Unterscheidung zwischen Architekt und Handlanger vgl. Metaph. 981a30-b2.

1142a2ff. Aus dem von Odysseus gesprochenen Prolog des Philoktet des Euripides; das Zitat ist unvollständig, setzt also voraus, daß der Leser aus eigener Kenntnis es ergänzen kann (Frg. 787 und 788 N.). Der Sinn ist, daß gerade nicht die Betriebsamen klug sind, sondern diejenigen, die sich zurückhalten und nicht über die Menge hinausragen begehren.

1142a11-20. Die auf reiner Rationalität beruhenden mathematischen Wissenschaften lassen sich ohne Erfahrung am konkreten Einzelnen aneignen, dagegen weder die politische Klugheit noch die «Weisheit» und das naturphilosophische Wissen. Vergleichen darf man Met. 996a 29-b1 über die Frage, wie weit die mathematischen Wissenschaften den ethisch-teleologischen Gesichtspunkt des Guten und Schlechten berücksichtigen (vgl. auch 1078a31-b6).

1142a31/32. In der übermäßigen Verkürzung des Textes ist die nähere Bestimmung des Wortes «Zetein» untergegangen, schade, weil es, wie der hellenistische Schulname «Zetetikoi» zeigt (Diog. Laert. 9, 69f., Sextus Pyrrh. Hyp. 1, 7), mindestens in einer bestimmten Tradition ein philosophischer Terminus technicus gewesen bzw. geworden ist.

1142b4/5. Zitat einer sprichwortartigen Wendung, ähnlich Ps.-Isokrates or. 1, 34; vgl. auch Theognis 329/30.

1142b19/20. Klingt wie ein Zitat; Paraphrase eines Tragikerverses?

1143a19–24. Zu verbinden mit V, 14.

1143a35–b11. Eine zunächst unerwartete Verschiebung des Begriffes «Geist»: oben 1141a3–8 war er die Einsicht in die obersten Prinzipien (und in diesem Sinne auch das Göttlichste am Menschen), hier ist er formalisiert zu jenem Typus des Begreifens, der nicht überlegend und folgernd vorgeht, sondern in der unmittelbaren Konfrontation mit der Sache; mit Vorbehalt könnte man den Begriff des intuitiven Begreifens heranziehen. Dann aber bezieht sich der Geist nicht nur auf das Erste, sondern auch auf das Letzte, und wird eine Fähigkeit, die der Mensch nicht durch Erlernen erwirbt, sondern von Natur und von vornherein hat oder nicht.

1143b14. «Das Auge der Erfahrung» ein gewählter Ausdruck (vgl. 1144a30), hier aber gerade nicht platonisch und vom Blick auf die ewigen Wahrheiten her (vgl. etwa 1098a31) zu verstehen, sondern von dem durch die Erfahrung geschärften Auge des Handwerkers. Vgl. etwa Cicero Lucullus 20.

1143b18ff. Ein anhangsweise eingefügtes Problem; die Gesamtdisposition des Kapitels ist recht klar: 1143b18–36 Exposition der Fragen, von 1144a1 an die Antwort, zuerst summarisch (1144a1–11), sodann in mehreren Etappen ausdifferenziert (Grenzpunkte 1144a11,a22, 1144b1,b17) bis zu einem ersten Abschluß 1144b30. Es folgt ein Sonderproblem 1144b32–1145a2, dann die Gesamtrekapitulation 1145a2–6 und nachgetragene Widerlegung von 1143b33–35 in 1145a6–11.

Im einzelnen fehlt es an Härten nicht, vor allem weil die Frage nach dem Nutzen der Weisheit (aufgenommen aus 1141b2–8) mit der Frage nach dem Nutzen der Klugheit (die wesentlich über Kap. 5 hinausführt) verflochten ist und weil außerdem die ganz andere Frage nach der Relation der Klugheit zur Weisheit in 1143b33–35 und 1145a6–11 eingelegt ist, als eine freilich sehr knappe Ergänzung von 1141a20ff.

1144a1–11. Erstaunlich flüchtig wird hier auf das psychologische Schema der zweimal zwei Seelenteile (I, 13 und VI, 2) zurückgegriffen.

1144a34. Der Begriff der Diastrophe (perversio), «Verdrehung», stammt eigentlich aus der Tischlerei, wie 1109b6/7 zeigt; vgl.

1140b14, Pol. 1287a31. Wichtig ist er in der hellenistischen Doxographie: Diog. Laert. 2, 89; 6, 103; 7, 89; Gnomol. Vatic. Nr. 26.

1144b1–17. Ein grundsätzlich wichtiges Schema: zwei Fähigkeiten sind auf das Ziel des Handelns, zwei andere auf die Mittel zur Erreichung des Zieles gerichtet; von diesen ist je eine außerethisch und Sache der Naturanlage, und je die zweite ethisch qualifiziert.

1144b17–30. Auseinandersetzung mit dem sokratischen Tugendbegriff. Was hier «Klugheit» heißt, ist dasselbe, was in 1116b5 für den Sonderfall der Tapferkeit «Wissen» hieß. Der hier dem Sokrates beigelegte Begriff der Klugheit ist jedenfalls nicht derjenige des platonischen Sokrates. Wer in 1144b21 gemeint ist, wissen wir nicht. Aristoteles zögert nicht, den in diesem Theorem dargebotenen Begriff der richtigen Einsicht (den er selbst von 1103b31 an sporadisch verwendet) mit seinem Begriff der Klugheit zu identifizieren.

1144b32–1145a2. Ein deutlich abgehobenes, sehr wichtiges Sonderproblem: die Bindung der Tugenden aneinander. Auf der Ebene der Tugend als Naturanlage besteht keine Bindung (vgl. 1109a12ff. und b1ff.), wohl aber auf der Ebene der ethisch qualifizierten Tugend. Aristoteles kommt hier dem stoischen Begriff der strengen Antakoluthie aller Tugenden nahe.

1145a6–11. Widerlegung von 1143b33–35. Die in diesem Kap. verstreuten, auffallend knappen Bemerkungen über Rang und Aufgabe der Weisheit wird man wie Kap. 7 auf den Dialog Über die Philosophie zurückführen dürfen.

*Siebentes Buch*

1145a20. Homer Il. 24, 258/9. Es gehört zu den charakteristischen und folgenreichen Eigentümlichkeiten des griechischen Denkens überhaupt, einen überragenden Menschen «gottähnlich» und «göttlich» nennen zu können.

1145a23. Gedacht ist offenbar (nicht ohne Zurückhaltung) an die vergöttlichten Heroen wie Herakles, Dionysos, die Tyndariden, Asklepios.

1145a25–27. Sehr wichtige grundsätzliche, von Aristoteles überall festgehaltene These. Ethische Qualifikationen hat nur der Mensch. Die Gottheit steht über ihnen (vgl. 1178b8ff.), das Tier unter ihnen (vgl. Pol. 1253a15–18); genauer: die Vollkommenheit Gottes ist etwas anderes als die ethische Tugend, die Unvollkommenheit des Tieres etwas anderes als die ethische Schlechtigkeit, doch kann die eine wie die andere dem Menschen (über die Grenzen seines Wesens hinaus) zuweilen zukommen. Allgemein der Mensch zwischen Gott und Tier: Pol. 1253a4 und 29, 1287a29/30.

1145a28/29. Nicht hinreichend erklärt ist, warum hier und schon bei Platon, Menon 99 D die Bezeichnung eines hervorragenden Menschen als «göttlich», als eine eigentümlich lakonische Sitte gilt, hier sogar durch die Beigabe der lakonischen Wortform illustriert. Dahinter wird, wenn nicht ein bestimmter Autor, so doch eine bestimmte Tendenz zu vermuten sein.

1145a30–33. Vom Ableiten des Menschen ins Tierische wird also in dreifacher Weise gesprochen: im eigentlichen Sinne generell bei den kulturlosen Völkern (wie das gemeint ist, zeigt besonders drastisch die späthellenistische Völkerbeschreibung bei Diodor 3, 15–38), individuell in pathologischen Fällen, in uneigentlichem Sinne beim radikal schlechten Menschen.

1145a34. Vorausweis auf 1148b15–1149a20.

1145a35. Der Rückverweis läßt sich auf die Gesamtbehandlung der ethischen Tugend (und Schlechtigkeit) in II–V beziehen.

1145b14–19. Doxographie über drei (vier) Begriffsrelationen: 1. Selbstzucht zu Beherrschtheit und Abgehärtetheit; 2. Zügellosigkeit zu Unbeherrschtheit; 3. Klugheit zu Unbeherrschtheit. Da uns die ethischen Werke der Sophistik ganz, der Sokratik außer Platon und Xenophon fast ganz verloren sind, wissen wir nicht, auf wen Aristoteles zielt, und erkennen nur das lebhafte Bemühen um die Fixierung der ethischen Begriffe und ihrer gegenseitigen Beziehungen.

1145b22–31. Die Stelle muß sich wohl mindestens teilweise auf Platon Protag. 352 A–C beziehen, wo der Vergleich mit dem Sklaven, nicht aber der Begriff der Unbeherrschtheit als solcher erscheint. Daß ein zweiter, uns nicht erhaltener sokratischer Text hereinwirkt, ist denkbar.

1145b31–35. Wer hier gemeint ist, wissen wir nicht, jedenfalls aber ein Sokratiker.

1146a8. Rückverweis auf 1140b20/21 und 1142a24/25.

1146a19–21. Sophokles Philoktet 54–122 und 895–916. In 1142a2ff. war der nicht minder berühmte Philoktet des Euripides zitiert.

1146a21–27. Die Charakterisierung der Sophistik entspricht ganz der platonischen, besonders im Euthydemos. Zu vergleichen sind die Sophist. Elenchoi; doch ist auch zu bedenken, daß Aristoteles einen Dialog Sophistes geschrieben hat.

1146a35. Das Sprichwort erscheint in abweichender Form und Bedeutung bei Makarios, Par. VI, 54 (App. Prov. IV, 34).

1146b30. Ironische Gegenüberstellung der Leichtfertigkeit der Behauptungen Heraklits und des feierlich dogmatischen Tones, in dem sie vorgetragen waren. Auch andere Stellen verraten eine ausgesprochene Abneigung des Aristoteles gegen Heraklit; ihr tritt dann die stoische Bewunderung Heraklits scharf gegenüber.

1147a8–10. Erstaunlich gewählte Wendung, eher in einem Dialog am Platz als in dieser nüchternen Untersuchung.

1147a20. In 1147b12 wird präzisiert, daß ein Betrunkener in der Lage ist, Verse des Empedokles zu rezitieren. Daß es sich da um eine Anspielung auf eine bestimmte Szenerie aus einem uns nicht mehr faßbaren Dialoge handelt, ist kaum zu bestreiten; die Pointe entgeht uns, weil wir nicht wissen, welche Verse rezitiert wurden.

1147b6–9. Hinweis auf naturwissenschaftliche Spezialliteratur über die Relation zwischen Trunkenheit und Nüchternheit bzw. Schlafen und Wachen; etwas auffallend, da sich Aristoteles selbst über das erste Phänomen in seinem verlorenen Werke (Dialog?) über die Trunkenheit und über das zweite in der erhaltenen Untersuchung Über Schlafen und Wachen geäußert hat. Aber offenbar will er seine philosophisch-anthropologische Behandlungsweise von der naturwissenschaftlich-physiologischen Spezialforschung unterscheiden.

1147b23–31. Mit dieser Aufteilung wird man diejenige Epikurs Kyr. Doxai 29 vergleichen, auch wenn diese anders orientiert ist. Von den lebensnotwendigen Dingen spricht Aristoteles vielfach und sicher nicht als erster; daß es auch lebensnotwendige Formen der Lust gibt, bemerkt schon Platon Staat 558Dff. und Philebos 62E, und Aristoteles selbst noch 1150a16, 1154a12 u.a. Eine Abhängigkeit des Aristoteles von Platon anzunehmen zwingt nichts.

1147b28. Rückverweis auf III, 13.

1147b35. Die antike Kommentartradition (Alex.Aphr. in Top. CAG 2,2, p.114,9 W.) präzisiert, daß es sich um einen Faustkämpfer handelt, und Pap.Ox.2 Nr.222, daß es sich um die Olympien von 456 v.Chr. handelt. Dieser Angabe (die auch in der aristotelischen Publikation der Olympioniken figuriert haben wird) zu mißtrauen haben wir keinen Grund, gerade weil der Name im höchsten Maße singulär ist und zweifellos auch als solcher empfunden wurde.

1148a22–26. Der Sache nach ist diese Aufteilung mit derjenigen in 1147b23–31 zur Deckung zu bringen; doch trotz dem Rückverweis in a25 ist nicht zu übersehen, daß die Formulierung eine andere ist.

1148a33/34. Niobe als Beispiel übertriebener Liebe zu den Kindern, als Tragödie gestaltet von Aischylos und Sophokles.

1148a34/b1. Die antike Kommentartradition (CAG 20, 426, 23–29 H.) berichtet, Satyros sei bei der Verführung eines Mädchens durch seinen Vater Sostratos unterstützt worden, worauf der Sohn den Vater so sehr liebte, daß er sich selbst tötete, als der Vater starb. Die nächstliegende Vermutung ist, daß eine Komödie zugrunde liegt. Bezeugt ist eine solche mit dem Titel «Philopator» von Antiphanes und Poseidippos.

1148b20/21. Der hier gemeinte Fall von perversem Kannibalismus ist weder zeitlich noch räumlich näher fixierbar.

1148a21–24. Von den wilden Völkern am Pontos spricht offenbar aus derselben Quelle Pol. 1338b21/22, wo die Achaioi und Heniochoi ausdrücklich genannt sind. Her. 4, 18 und 106 nennt aus derselben Gegend die Androphagoi als die wildesten aller Menschen, weiterhin Ephoros FGrHist 70F42 und 158. Quelle des Aristoteles kann Hellanikos oder Ktesias sein.

1148b24. Die Anspielung wird in der Richtung auf perversen Kannibalismus präzisiert in 1149a13. Erwähnt wird Phalaris, Tyrann von Agrigent, noch in der Politik 1310b28, und ausführlich wird über ihn Aristoteles in der Politie von Agrigent (bezeugt durch Pollux 4, 174 und 9, 80) gesprochen haben. Auf wen die Stilisierung dieses Herrschers zu einem unmenschlichen Wüterich zurückgeht, wissen wir nicht; sie wird schon von Pindar Pyth. 1, 95 vorausgesetzt. Wer die Quelle des Aristoteles war, ist auch nur zu vermuten: am ehesten wohl der auch in Pol. 1329b5ff. benutzte Antiochos von Syrakus (vgl. FGrHist 577F13), oder dann Timaios von Tauromenion; doch ist das chronologische Verhältnis zwischen Aristoteles und Timaios noch undurchsichtig.

1148b25–28. Ob dies aus einem medizinischen Abnormitätenkatalog stammt?

1148b29–33. Im Unterschied zum platonischen Sokrates ist die kritische Distanz zur Knabenliebe beachtenswert. In Pol. 1272a23–26 wird auf eine besondere Untersuchung über diesen Gegenstand hingewiesen. Man könnte an den Dialog über den Eros (Erotikos) denken.

1149a9–11. Sehr charakteristische Formulierung eines Grenzfalles von Menschen, die des vernunftbegabten Seelenteiles völlig ermangeln und insofern auf einer Ebene mit den Tieren stehen. Unter den Barbaren, fern der Kulturmitte, wird man vor allem die 1148b22 genannten Pontosvölker verstehen. Ihr anthropologischer Status entspricht demjenigen der Sklaven, wie er in der Politik 1252a32–34 und 1254b16–20 charakterisiert wird (vgl. auch 1252b6–9).

1149 b 8–13. Man wird schwanken, ob die beiden grotesk wirkenden Beispiele eher aus Gerichtsreden oder aus der Komödie stammen. Nähe zu Theophrasts Charakteren ist unverkennbar.

1149 b 15–16. Das fragmentarische Zitat über Aphrodite muß aus einem den Lesern des Aristoteles wohlbekannten Liede stammen. In der Regel wird es Sappho zugeschrieben (Frg. 156 Diehl); möglich wäre auch eine andere Zuweisung.

1149 b 16–18. Aus der Vorbereitung zur Verführung des Zeus durch Hera: Ilias 14, 214–217.

1149 b 27. Rückverweis auf 1148 b 15 ff. (?).

1149 b 31–1150 a 1. Daß die Tiere diesseits der ethischen Kategorien stehen, dennoch aber auf eine ihnen eigentümliche Weise aus ihrer Natur heraustreten können, wird hier sehr deutlich ausgesprochen. Vgl. Eudem. Ethik 1217 a 24–29.

1150 a 7/8. Vgl. Politik 1253 a 31–37, ein Paradoxon, aber in charakteristisch aristotelischer Weise nur eben beiläufig notiert.

1150 a 11. Rückverweis auf III, 13–15.

1150 a 15–16. Aristoteles hält sich hier wie anderswo an den bei Diog. Laert. 1, 88 dem Bias zugeschriebenen Spruch, daß «die meisten schlecht sind». Ein gewisser Widerspruch zu der gleichfalls aristotelischen Hochschätzung des Consensus gentium ist freilich nicht zu überhören. Es wird auch nicht gefragt, warum die meisten schlecht sind.

1150 a 27–31. Wiederaufnahme von 1148 a 17–22 mit noch stärkerer Betonung des Gegensatzes zwischen affektischem und vorbedachtem Handeln. Hier wirkt natürlich die attische Rechtspraxis ein.

1150 b 3/4. Daß das Tragen langer schleppender Gewänder als weichlich galt, wird bemerkenswerterweise vor allem im Zusammenhang mit der Figur des Alkibiades vermerkt (Plut. Alk. 1, 8 und 16, 1, dazu Ps.-Plat. Alk. I 122 C). So wird auch der weitere, von unserm Text beigesteuerte Zug, daß der Weichling sich mit dem Hochraffen des Gewandes keine Mühe machen will, aus sokratischer Literatur stammen.

1150 b 9. Theodektes: Tragiker aristotelischer Zeit, später fast verschollen. Die antike Kommentartradition (CAG 20, 436, 33–437, 1 Heylb.) berichtet, Philoktet habe in der Tragödie sehr lange die Schmerzen seiner von einer Schlange gebissenen Hand ausgehalten, dann aber schließlich doch geschrien: «Haut mir die Hand ab!»

1150 b 10. Karkinos, Tragiker der Aristoteles vorausgehenden Generation, später fast verschollen. Nach der antiken Kommentartradition

(CAG 20,437, 1–7 Heylb.) hat Kerkyon die Entehrung seiner Tochter Alope zuerst tapfer ertragen, sich dann aber doch aus Verzweiflung das Leben genommen.

1150b11/12. Sowohl die Person des Xenophantos wie auch die gemeinte Szene sind unbekannt.

1150b14/15. Vergleichbar sind Herodot 1,105 und Ps.-Hippokrates, Über Luft, Wasser, Orte c.22, wo allgemein über die feminine Konstitution der Skythen gesprochen wird. Bei Aristoteles ist allerdings nur von den Königen die Rede. Hat Hellanikos in seinen Skythika gegen Herodot diese Einschränkung vorgenommen? Daß Aristoteles über diese Dinge auch in seiner Schrift Nomima Barbarika gesprochen hat, ist anzunehmen.

1150b16–19. Zur Einordnung des Spieles als der für den Menschen unentbehrlichen Erholung vom Ernste vgl. IV,14 und 1176b9–1177a6.

1150b22. Hier dürfte ein uns anderweitig nicht belegtes Sprichwort zitiert sein.

1150b25/26. Zum Melancholiker ist an die in den Ps.-Aristotelischen Problemata Kap.30 benutzte Spezialschrift Theophrasts zu erinnern.

1150b29. Rückverweis auf 1150a21.

1150b31. Rückverweis auf 1146a31–b2.

1150b32–35. Ein besonders charakteristisches Beispiel der Parallelisierung von Ethik und Medizin. Die ethischen Fehlleistungen werden durch den Vergleich mit Krankheiten veranschaulicht; dabei fehlt bei Aristoteles noch jene generelle Auffassung der Philosophie als medicina animi, wie sie nach hellenistischen Vorbildern etwa in Ciceros Tusc.disp. vorgetragen wird.

1151a8–10. Das einzige alte Zeugnis über einen ionischen Dichter (von der Insel Leros), von dem sonst nur noch bei Diog.Laert. 1,84 ein Tetrameter erhalten ist, dazu drei Epigramme von fraglicher Echtheit. Der hier vorliegende Ausspruch muß sich auf ein bestimmtes politisches Verhalten der Milesier wohl in der zweiten Hälfte des 6. Jh. v. Chr. beziehen.

1151a33. Rückbeziehung auf 1146a16–31.

1151b5. «Starrköpfig»: das griechische Wort zuerst bei Aristoteles belegt, später seltsamerweise bei Diog.Laert. 2,24 zur Charakterisierung des Sokrates benutzt, also bei Aristoteles selbst vielleicht schon aus sokratischer Literatur notiert.

1151b17–21. Hinweis auf die schon in 1146a19–21 gemeinte Situation des sophokleischen Philoktet 54–122 und 895–916.

1152a8. Allgemeiner Rückverweis auf VI,13.

ANMERKUNGEN                                    351

1152a12/13. Rückverweis spez. auf 1144a23–b4. Die Frage, warum
jene Stelle als «Anfang der Untersuchung» bezeichnet wird, muß hier
offenbleiben.

1152a22–23. Anaxandrides, Dichter der sog. Mittleren Komödie (also
Zeitgenosse des 1150b10 genannten Karkinos), von Aristoteles mehr-
fach zitiert, später vergessen. Unser Vers aus unbekanntem Stück ist
Parodie eines berühmten Verses der «Auge» des Euripides: «Die
Natur wollte es, die um Gesetze sich nicht kümmert» (Frg.920N.).

1152a31–33. Euenos von Paros, Elegiker sokratischer Zeit, von Platon
in Apol.20B, Phaid.60D und Phaidr.267A aus Gründen, die wir
nicht durchschauen, als Sophist auffallend stark hervorgehoben. Unser
Zitat: Frg.9 Diehl.

1152b1ff. Die Untersuchung über Lust und Schmerz, konzentriert und
verhältnismäßig übersichtlich, verrät, daß umfangreiche Diskussionen
vorausgegangen sind. Zu bedenken sind nicht nur Platons Protagoras,
Gorgias und Philebos, sondern auch die Thesen der anderen Sokratiker Aristippos und Antisthenes, dann die Lehren des Eudoxos, Speusippos und Xenokrates; wie sich unser Text zu dem von Aristoteles
bezeugten Dialog Über die Lust verhält, ist nicht sicher auszumachen.
In der Nik.Eth. selbst haben wir in X,1–5 eine vom Redaktor des
Gesamtwerkes eingelegte Variante unseres Textes.

1152b1–7. Hat den Charakter einer Vorrede, in der sowohl die Bedeutung der Untersuchung an sich wie auch ihre praktische Wichtigkeit
betont werden.

1152b2. Die Wendung, daß der Philosoph «Architekt des Zieles» sei,
kehrt wieder bei Cic.De finibus 1,32, wo Epikur als Architectus
beatae vitae bezeichnet wird. Vermutlich liegt eine bewußte Anspielung zwar nicht auf unsere Stelle, aber auf eine Parallele, etwa im
Protreptikos des Aristoteles vor.

1152b5. Rückverweis auf 1104b8f. und 1105a5f., wo psychologisch
die Rolle von Lust und Schmerz als treibenden Kräften im Handeln
charakterisiert war.

1152b6. Rückverweis auf 1098b25. Damit ist auf die teleologische
Bedeutung der Lust als eines Aspektes der Eudaimonia hingewiesen.

1152b7. Etymologie von Makarios, wie die andern derartigen Versuche des Aristoteles letztlich auf die sprachwissenschaftliche Arbeit
der Sophistenzeit zurückgehend.

1152b8–24. Doxographische Übersicht von drei Möglichkeiten: 1.Kei-
ne Lust ist gut (6 Argumente); 2. Einige Lust ist gut (2 Argumente);
3. Jede Lust ist gut, aber doch nicht das beste (1 Argument, mit dem

1. Argument von Fall 1 identisch). Auffallend ist nicht nur die ungleiche Dotierung der drei Fälle mit Argumenten, sondern auch besonders, daß der interessanteste Fall, die Lust als das Beste, fehlt, offenbar von Aristoteles bewußt ausgeklammert, weil es der Fall ist, auf den er selbst zusteuert. Wem die einzelnen vorgetragenen Argumente letzten Endes angehören, ist nicht zu erörtern.

1152b12–14. Zu vergleichen ist hierzu Platons Philebos bes. 31 B–32 A, 33 DE, 54 A–D, der freilich nicht die Quelle für Aristoteles, sondern eine parallele Diskussion bietet.

1152b15–16. Die These, daß der Verständige auf die Schmerzlosigkeit zusteuern und sich mit ihr begnügen wird, ist natürlich schon vorphilosophisch möglich. Doch legen 1153b1–7 und Clem. Alex. Strom. 2, 133 nahe, daß hier Speusippos zitiert wird.

1152b16–18. Dasselbe Argument, aber nicht aus unserer Stelle, bei Cicero, Cato 41.

1152b33–1153a7. Grundlegende Unterscheidung zweier Typen der Lust: Wiederherstellung des naturgemäßen Zustandes und Tätigsein im naturgemäßen Zustande. Die epikureische These, daß die bewegte Lust von der (vollkommeneren) ruhenden Lust zu unterscheiden sei (etwa Cicero De finibus 1, 37–39), ist zwar anders orientiert, aber zweifellos von der aristotelischen mitangeregt. Die Wiederherstellung aus einem Mangelzustand wiederholt sich auf staatlicher Ebene: Politik 1256b2–7 und 1257a14–30.

1153a23–27. Die in 1152b18/19 erwähnte eigentümliche These eines Sokratikers, daß alles Gute, aber nicht die Lust das Werk einer Techne sei, wird hier weniger widerlegt als ironisch beiseite geschoben.

1153b1–7. Widerlegung eines logischen Beweises Speusipps: Das Gute kann nicht nur als Gegensatz des Übels bestimmt werden, sondern auch als Mitte zwischen zwei Übeln, d.h. als Schmerzlosigkeit zwischen Lust und Schmerz. Aristoteles lehnt dies ab, weil die Absurdität entsteht, daß Lust und Schmerz gleichermaßen zu Übeln werden; was dies bedeutet, zeigt 1154a1–7.

1153b9–25. Mit der Voraussetzung, daß unter den Arten der Lust differenziert werden müsse, wird eine bestimmte Art der Lust als Aspekt der Glückseligkeit erwiesen. Diese Lust in der ungehinderten Entfaltung der vollkommenen Tätigkeit impliziert freilich eine Glückseligkeit, die nicht nur die seelischen, sondern auch die zwei andern Gruppen von Gütern umfaßt, womit gleichzeitig das Element des äußeren Glückes hereinkommt. So wird unser Abschnitt eine Fortführung der Diskussion von I, 8–11.

1153 b 19–21. Die These ist zweifellos altsokratisch, bei Platon im Gorgias wie besonders im Staate 361 B–362 A impliziert, dann als Paradoxon sowohl von der Stoa wie von Epikur übernommen. Dagegen hat Theophrast die Ablehnung noch über Aristoteles hinaus akzentuiert, vgl. Cicero Tusc. disp. 5, 24.

1153 b 25–32. Ergänzung und Modifizierung von 1153 a 28–34. Daß trotz 1097 b 33 ff. und 1100 a 1 ff. diese These, die mit derjenigen des Eudoxos (1172 b 9 ff.) und der Kyrenaiker (später Epikurs) übereinstimmt, angenommen wird, ist höchst seltsam; die Nuancierung in b 31/32 ist freilich so knapp formuliert, daß uns ihre Tragweite nicht ganz klar wird. Die Möglichkeit, daß der ganze Abschnitt aus Eudoxos übernommen ist, ist nicht auszuschließen.

1153 b 27/28. Hesiod Erga 763/64. Das Zitat ist mit ein Indiz, daß gerade dieser Abschnitt aus größerm Zusammenhang verkürzt ist.

1154 a 1–7. Läßt sich als Ergänzung zu 1153 b 1–7 verstehen: Die Lust ist nicht nur kein Übel (so dort), sondern auch nicht indifferent; denn dann wäre ihr Gegenpol, der Schmerz, auch indifferent, was absurd ist.

1154 a 8 ff. Ergänzende Erläuterung zu 1153 b 33–1154 a 1. Das Bemühen um eine differenzierte Beurteilung ist hier besonders eindrucksvoll.

1154 a 18–21. Während es also bei der Lust ein richtiges Maß gibt und nur das Übermaß verwerflich ist, ist es beim Schmerz anders: er ist immer ein Übel. Die Stoa scheint Ähnliches gemeint zu haben, wenn sie den Schmerz als den einzigen der vier Affekte bezeichnete, zu dem es keine positive Variante gebe (Cicero, Tusc. disp. 4, 14).

1154 a 32. Der Rückverweis läßt sich auf 1152 b 26–33 beziehen; vgl. auch 1148 b 15–19.

1154 b 5–9. Der neutrale Zustand gilt als schmerzhaft; unter den Naturforschern ist, wie Theophrast, De sensu 29, zeigt, Anaxagoras zu verstehen. Die Bemerkung, wir empfänden den Schmerz nicht mehr, weil wir an ihn gewöhnt seien, erinnert an die Schrift Vom Himmel 290 b 24–29.

1154 b 21–31. Theologischer Ausblick, z. T. in Ergänzung von 1154 a 1–7. Die Einfachheit Gottes empfindet einfache und unwandelbare Lust, die Zusammengesetztheit des Menschen aus Vergänglichem und Unvergänglichem sucht den steten Wechsel. Daß hier ein Dialogtext (Eudemos?) benutzt ist, darf man vermuten. Vgl. auch 1100 b 14–17, 1175 a 3–10, 1176 b 33–35 sowie Metaphysik XII, 6 ff.

1154 b 28/29. Zitat von Euripides, Orestes 234; in verwandtem Zusammenhang auch Rhet. 1371 a 25–31.

*Achtes Buch*

1155a3ff. Der Untersuchung des Wesens und der besonderen Probleme
der Freundschaft ist in der Nik. Ethik erstaunlich viel Raum gewährt.
Historisch ist zu bedenken, daß auch Platon diese Dinge im Lysis und
Symposion verhältnismäßig ausführlich behandelt und daß daneben
vor allem die Kyrenaiker die Probleme der Freundschaft lebhaft diskutiert haben müssen; dem entspricht später die zentrale Bedeutung
der Freundschaft bei Epikur. Werke über die Freundschaft haben
auch Speusippos, Xenokrates, dann Theophrast verfaßt. Sachlich umfaßt die hier gemeinte Freundschaft alle Formen menschlicher Gemeinschaft, soweit sie nicht in der Staatsordnung institutionalisiert
sind; die besondere Nähe dieser zwei Bücher 8/9 zur aristotelischen
Politik ist denn auch unverkennbar.

1155a5. Der hier gemeinte experimentierende Gedanke der Lebenswahl ist verbreitet, so aus alter Sokratik bei Xenophon Mem. 1, 2, 16
und 1, 6, 4, ferner im Ps.-Plat. Alk. I 105 A, und bei Aristoteles selbst
Protreptikos Frg. 9 Walzer-Ross (B 98 D.), Eth. Eud. 1215 b 30 und 34,
Eth. Nik. 1174 a 1 ff., Politik 1323 a 27 ff.; später etwa Cicero, Laelius
87/88.

1155a12. Angespielt wird hier auf eine Gnome, mit der man Gnomol.
Vatic. 50 Sternb. vergleichen mag: was hier von der Freundschaft gesagt wird, wird dort von der Bildung gesagt.

1155a12–16. Zu dem hier und nachher öfter auftretenden Schema der
drei Lebensalter vgl. Rhet. II 12–14.

1155a15. Vielzitierter Vers der Ilias 10, 224.

1155a18/19. Von der Freundschaft unter Tieren spricht u.a. Cicero,
Laelius 27 und 80.

1155a21/22. Was hier als Nähe aller Menschen zueinander nur eben
angetönt wird, erscheint sozusagen systematisiert bei Cicero De legi-
bus 1, 29–32 und De officiis 1, 50 ff.

1155a26–28. Die Überlegung wirkt sententiös und ist formal nahe verwandt mit Top. 117 a 36–b 2. Generell ist zu bemerken, daß der ganze
Abschnitt 1155a5–28 durch gehobene Sprache ausgezeichnet ist.

1155a32–b9. Straff schematisierte Doxographie: Freundschaft zuerst
im ethischen Bereich aus Ähnlichkeit (dazu Anspielung auf Odyssee
17, 218 sowie auf einen unidentifizierbaren, früh zum Sprichwort gewordenen Vers, vgl. Rhet. 1371 b 17 und Magn. Mor. 1208 b 9) oder
aus Unähnlichkeit (dazu Hes. Erga 25), dann im kosmischen Bereich
aus Unähnlichkeit (dazu Euripides Frg. 898 N. und Heraklit VS 22 B 8

und 80) oder aus Ähnlichkeit (dazu Empedokles mehrfach VS 31
B 22, 62, 90, 109). Dieses Gesamtschema ist möglicherweise schon
der Sophistenzeit angehörig und wird bereits von Platons Lysis vorausgesetzt.

1155 b 8/9. Verweis auf die naturphilosophische Gegensatzlehre.

1155 b 9–13. Zwei weitere Probleme, die freilich, wie dann 1157 b 1 ff.
zeigt, innerlich solidarisch sind.

1155 b 13. Wer gemeint ist, wissen wir nicht. Über die Freundschaft
haben sowohl Speusippos wie auch Xenokrates geschrieben.

1155 b 15/16. Wo Aristoteles das logische Problem, ob durch Mehr
oder Weniger auch verschiedene Arten in Verbindung stehen können,
behandelt hat, wissen wir nicht. Über die verschiedenen Formen des
Mehr-Weniger selbst spricht die Topik mehrfach.

1155 b 20–27. Zwei Gegensatzpaare (Universales–Partikulares; Wirk-
liches–Vermeintes) sind nicht ganz klar miteinander kombiniert.

1155 b 31. Es fällt auf, daß der Fundamentalgedanke, der Freund wünsche dem Freunde Gutes um des Freundes willen, so beiläufig, als
Sentenz, ausgesprochen wird.

1155 b 32–34. Auf wen die Distinktion zwischen einseitigem Wohlwollen und gegenseitiger Freundschaft, die auch in 1157 b 18 f. und
1158 a 7 ff. eine Rolle spielt, zurückgeht, wissen wir nicht.

1156 a 12–14. Die Bemerkung über die Gewandten gehört in die Nähe
von 1176 b 13–16 (vgl. auch 1157 a 25/6 und 1158 a 28–33).

1156 a 32. Die These, daß die jungen Leute nicht dem Logos, sondern
dem Pathos gemäß leben, findet sich von 1095 a 4 und 8 an häufig.

1156 b 1. Es verdient hier Beachtung, daß Aristoteles, anders als Platon,
in den ethischen Untersuchungen sehr wenig vom Eros spricht, und
wo er es tut, distanziert bis abschätzig. Auch der Dialog Erotikos
wird dem Eros schwerlich jene Bedeutung beigelegt haben, die er in
Platons Symposion hat.

1156 b 12. Zu diesem Begriff der Dauerhaftigkeit vgl. 1100 b 12–17,
dann 1156 b 18, 1158 b 9, 1159 b 4, 1164 a 11. Während bei Aristoteles die Dauerhaftigkeit des Vollkommenen angesichts der Schwäche
des Menschen immer eine relative bleibt, ist sie in der Stoa (und
schon bei Antisthenes) verabsolutiert zur These von der Unverlierbarkeit der Tugend.

1156 b 27/28. Sprichwort (aus Dichterzitat?) auch in der Eudem. Ethik
1238 a 2, dann (aus Theophrast) bei Cicero Lael. 67 und Plut. mor.
94 A und 482 B. Vgl. auch Plut. mor. 295 C und 684 E.

1157 a 16–20. Damit ist die Frage von 1155 b 11/12 beantwortet (vgl.

1157b1–5), wesentlich nuancierter, als es später die Stoa getan hat.

1157a27/28. Daß zwischen einem quantitativ bestimmten und auf begrenzte Ziele hin ausgerichteten Staatenbund und einem geschlossenen Staatsorganismus ein grundsätzlicher Unterschied besteht, betont die Politik 1261b24ff., 1280a34ff.

1157b6. Mit dieser wichtigen Unterscheidung wird auf 1098b31ff. (vgl. 1095b32f.) zurückgegriffen.

1157b13. Zitat aus einem nicht identifizierbaren elegischen Gedichte (Euenos?).

1157b20–22. Dazu außer 1097b9 und 1099b4 vor allem IX, 9. In anderer Richtung auch 1158a22–26.

1157b26. Vgl. Kap. 4, dann 1157a31, b3.

1158a28–33. Leitend ist hier das Bild des Tyrannen, der wahre Freunde weder haben will noch haben kann; vgl. 1176b12–16.

1158a33–36. Rückverweis wohl auf 1156b13–17. Die wahre Freundschaft vereinigt also das Edle, Angenehme und das Förderliche wie nach 1099a24–29 die Glückseligkeit.

1158b4/5. Verweis auf 1156a17–24 und 1157a20–25.

1158b33–1159a5. Daß Freundschaft zwischen Mensch und Gott ebenso unmöglich ist wie zwischen Untertan und König, ist beachtenswert. Etwas anders akzentuiert 1162a5.

1159a5–12. Charakteristisches Vexierproblem eines Typs, den man sophistisch nennen möchte.

1159b19–24. Anhangsweises Ausgreifen in allgemeine und naturphilosophische Gegensatzlehre wie oben 1155b1–9, wie dort mit dem Hinweis, daß dergleichen Probleme einer andern Disziplin angehören.

1159b25. Rückverweis auf 1155a22–28.

1159b31. Vielzitiertes, von Aristoteles auch in Pol. 1263a30 angeführtes Sprichwort, das nach Timaios FGrHist 566 F13 von Pythagoras stammen soll; dies scheint auch Epikur bei Diog. Laert. 10, 11 vorauszusetzen.

1160a9–1161b10. Exkurs über die politische Gemeinschaft, der zeigt, wie nahe die Frage nach der Freundschaft derjenigen nach der Organisation des Staates grundsätzlich steht.

1160a13/14. Der gemeinsame Nutzen im Gegensatz zum Nutzen einer Gruppe oder eines Einzelnen begegnete als Maxime richtiger Staatsführung schon in 1129b15 (vgl. 1167a26–28, b8/9) und spielt naturgemäß in der Politik von 1276a13 an eine bedeutende, wenn auch nicht entscheidende Rolle. Die Formel ist älter und schon von Platon, Politeia I vorausgesetzt. Bei Cicero De republica I, 39 ergibt dies die utilitatis communio. In unserm Zusammenhang unterscheiden sich an dieser Maxime die richtigen von den verfehlten Staatsformen (1160 b 2 ff.). In einem gewissen Gegensatz zu dieser rein formalen Bestimmung des Staatszieles steht die materiale Bestimmung, den Menschen zum guten Bürger zu erziehen (vgl. 1099 b 28–32 u. a.).

1160a 19–28. Es verdient Beachtung, wie distanziert über die Kultfeste gesprochen wird; Erholung und Vergnügen scheinen an ihnen die Hauptsache zu sein.

1160a 33–35. In der Politik 1279a 37–b 4 gilt «Politeia» abgesehen von der allgemeinen Verwendung des Begriffs speziell für die richtige Form der Herrschaft der Menge; die Abweichung, die nicht das Gemeinwohl, sondern nur den Nutzen der Armen im Auge hat, heißt dann Demokratia. Auch unsere Stelle redet von einer engen terminologischen Verwendung von «Politeia», doch lassen sich weder die beiden Texte untereinander zur Deckung bringen, noch ist zu erkennen, was Aristoteles zu dieser verwirrenden Distinktion eines weiten und eines engen Begriffs von Politeia überhaupt veranlaßt hat.

1160b 3–6. Erstaunliche Begründung der ethischen Qualität des Königs, der darum sich auf den Nutzen der anderen konzentrieren kann, weil er selbst, göttergleich, alles besitzt, was er braucht, also für seinen eigenen Nutzen gar nicht zu sorgen nötig hat. Mit eben diesem Argument hat später Dante in De monarchia den Vorrang der Monarchie vor allen andern Staatsformen begründet.

1160b 22–1161a 9. Die schon durch alte Lebensweisheit vorbereitete Parallelisierung von Staatsordnung und Hausordnung wird hier so weit als möglich durchgeführt; daß sie nicht restlos durchführbar ist, zeigt der Text deutlich.

1160b 24–27. Entspricht sachlich der Politik 1252b 19–27.

1160b 27–29. Zu vergleichen ist die (allerdings anders akzentuierte und sachlich nicht ganz klare) Stelle Politik 1252b 5–9.

1161a 12–15. Die gedankliche Auswertung der homerischen Formel vom König als «Völkerhirten» (Ilias 2, 243 u. a.) beginnt zweifellos schon früh. Hier genügt es, an Platon Politeia 343 Bff. und an Xenophon Mem. 3, 2, 1 zu erinnern.

1161a 15–17. Wiederaufgenommen in 1162a 4–7. Anderer Meinung ist das bei Diog. Laert. 5, 19 (Gnomol. Vat. 87 Sternb.) mitgeteilte Apophthegma.

1161a 32–b 8. Wichtige Variante zu den Darlegungen über die Sklaverei in der Politik I, 4–7 und 13. Schärfer als dort wird hier zwischen dem Sklaven als Werkzeug und dem Sklaven als Menschen unterschieden.

1161 b 11/12. Rückverweis auf 1159 b 29–32.

1161 b 22–24. Die Parallelisierung der Zugehörigkeit des Kindes mit
    derjenigen von Zähnen und Haaren kehrt wieder in leichter Abwand-
    lung und ausdrücklich als sokratisch bezeichnet in der Eud. Ethik
    1235 a 37–b 1. Den Hintergrund liefern Aristippos bei Diog. Laert.
    2, 81 (und 91) und Xenophon, Mem. 1, 2, 54.

1161 b 32. Anspielung auf dichterische Wendungen.

1161 b 34. Das Zitat etwas vollständiger in der Eud. Ethik 1238 a 33:
    «Gleiches Alter freut sich aneinander», ebenso Rhet. 1371 b 15/16;
    Platon Phaidr. 240 C bezeichnet es als eine alte Redensart, wohl ein
    altes, zum Sprichwort gewordenes Dichterzitat.

1162 a 5. Ein gewisser Widerspruch zu 1158 b 33 ff. ist nicht zu leugnen.
    Doch lassen sich die Götter nicht bloß mit den Königen, mit denen
    kein Untertan befreundet ist, vergleichen, sondern auch mit den
    Eltern, deren Freunde in gewisser Weise die Kinder sehr wohl ge-
    nannt werden können.

1162 a 16–29. Zu vergleichen ist Politik 1252 a 26 ff.; unser Text ist
    freilich der vollständigere und nuanciertere.

1162 a 34. Rückverweis auf 1155 b 27 ff., 1156 a 7 ff.

1162 b 10/11. Ein hübsches Beispiel dieses «sich revanchieren» gibt
    Rhet. 1398 a 24–26: Sokrates und König Archelaos.

1162 b 22. Eine der seltenen Erwähnungen des ungeschriebenen Rech-
    tes. Vgl. sonst nur 1180 b 1, Politik 1319 b 40 und Rhet. I, 13/14.

1162 b 26. Formeln des Vertragswesens, ebenso 1162 b 30.

1163 a 9 ff. Sonderproblem in leicht erhöhter Stilisierung.

1163 b 3. Ehre und Geldgewinn in der Politik, die zwei entscheidenden
    Triebkräfte des politischen Lebens.

1163 b 12. Rückverweis auf 1158 b 27, 1159 a 35–b 3, 1162 b 2–4.

1163 b 15–18. Anspielung auf Hesiod Erga 336 wie in Xenophon Mem.
    1, 3, 3.

## Neuntes Buch

1163 b 33. Rückverweis auf 1159 a 35–b 3 und 1162 a 34–b 4.

1163 b 34–1164 a 2. Eine Abbreviatur des in 1133 a 5–b 28 Dargelegten.

1164 a 12. Rückverweis auf 1156 b 9–12.

1164 a 14–22. Der Gegenspieler des Musikers ist nach Eud. Eth. 1243 b
    24 ein König und nach Plut. mor. 333 F/334 A noch präziser Diony-
    sios von Syrakus; die Geschichte mag bei einem Historiker oder einem
    Sokratiker gestanden haben.

1164 a 24–26.. Eine Variante dieser Geschichte erzählt Platon im Pro-
    tagoras 328 BC. Es mag schon zu Beginn des 4. Jh. Bücher gegeben

haben, die sich mehr oder minder polemisch mit dem Bios der Sophisten befaßt haben.

1164a27. Auf ein Stichwort reduziertes Zitat von Hesiod Erga 370: «Für einen befreundeten Mann soll der abgesprochene Lohn ausreichend sein.»

1164a27–33. Die boshafte Karikatur der Sophisten als Scharlatane entspricht manchen Äußerungen Platons, wirkt aber unmittelbar nach der leidenschaftslos erzählten Geschichte von Protagoras etwas befremdlich. Der aristotelische Dialog Sophistes wird in demselben Tone gehalten gewesen sein; allerdings mag Aristoteles da weit weniger an die alten Sophisten des 5. Jh. als vielmehr an seine eigenen Zeitgenossen gedacht haben.

1164a35. Rückverweis auf 1162b6–9.

1164b2–6. So scharf zuvor die Scharlatanerie der Sophisten angegriffen war, so überschwenglich wird hier die Leistung der Philosophie gepriesen, die niemals ausreichend vergolten werden kann (vgl. 1163b 15–18). Zum Lob der Philosophie (das auch in einem Dialoge gestanden haben wird) darf man an den berühmten Satz Platons Tim. 47 AB erinnern.

1164b12–16. Ausführliche, z.T. wohl wörtliche Anspielung auf dasselbe (athenische?) Gesetz, das schon in 1162b29 gemeint war.

1164b22–27. Das Problem, in dem geschichtlich-existenzielle Autorität und Sachkompetenz einander gegenübergestellt werden, ist eminent sokratisch, wie vor allem Xenophon Mem. 1, 2, 49–55 zeigt. Zu beachten bleibt, daß der bei Cicero, Laelius wichtigste Fall eines Pflichtenkonfliktes: Freund–Staat, hier völlig fehlt.

1165a2. Der Rückverweis scheint sich sonderbarerweise auf das soeben Dargelegte 1164b27–1165a2 zu beziehen.

1165a12–14. Rückerinnerung an das fundamentale methodische Prinzip von 1094b11–14, 1098a26–33, 1103b34–1104a9.

1165a15. Daß dem Zeus (wie andern Göttern) nur bestimmte Opfer dargebracht werden durften und andere nicht, wird man auch abgesehen von dem Sonderfall in 1134b22 gerne annehmen, auch wenn im zeiträumlichen Umkreis des Aristoteles nichts Genaueres überliefert zu sein scheint.

1165b6. Der Verweis muß auf eine Diskussion über vermeintliche und wirkliche Freundschaft gehen (vgl. Platon, Staat 334B–335B), die im erhaltenen Text des Aristoteles nicht vorhanden ist.

1165b10–12. Anspielung auf berühmte Verse des Theognis 119–124.

1165 b 16/17. Scheint sich auf 1155 a 32–35 (in der Doxographie!) zu beziehen.

1165 b 31. Rückverweis wohl auf 1157 b 22–24 und 1158 b 33–35.

1166 a 2–10. Das ganze Kapitel ist gut gegliedert nach vier der Tradition entnommenen Bestimmungen der Freundschaft, die dann der Reihe nach auf die Selbstliebe bezogen werden: 1. Für den andern handeln (1166 a 2–4, wozu a 14–17); 2. Dem anderen das Beste wünschen (a 4–6, wozu a 17–23); 3. Mit dem anderen einträchtig leben wollen (a 6/7, wozu a 23–27); 4. Mit dem anderen mitfühlen (a 7–9, wozu a 27–29). Zusammen ergibt sich in 1166 a 10–31 ein eindrucksvolles Porträt des vollkommenen Menschen und seiner auf richtiger Selbsteinschätzung beruhenden Selbstliebe. Manche Züge des hellenistischen, besonders stoischen Weisen sind hier präfiguriert.

1166 a 12. Rückverweis wohl auf 1113 a 22–33. Vgl. auch 1176 a 17/18.

1166 a 13/14. Der feierlich formulierte Satz wirkt wie eine Vorstufe zum stoischen «in Übereinstimmung leben», was zunächst auch die innere Übereinstimmung des Menschen mit sich selbst meint (SVF 1, 179).

1166 a 17. Daß der Geist das eigentliche «Selbst» des Menschen sei, ist eine bedeutende, in 1166 a 22/23, 1168 b 35 und 1178 a 2 wiederholte Formel, die als solche noch nicht platonisch ist, auch wenn sie der Sache nach mit platonischen Thesen übereinstimmt. Vgl. weiterhin Protreptikos Frg. 6 Walzer-Roß (B 62 D.), Cicero De rep. 6, 26.

1166 a 19–22. Eine sachlich und textlich problematische Stelle. Gemeint scheint, daß der Mensch immer nur das ihm gemäße Gute erstreben wird, wogegen Gott die Totalität des Guten immer schon hat.

1166 a 24–26. Bemerkenswert nahe kommt dieser Formel der Gedanke Epikurs, daß zur Glückseligkeit des Weisen die erfreuliche Erinnerung und die zuversichtliche Hoffnung gehöre (vgl. Diog. Laert. 2, 89 und Cicero De finibus 1, 57).

1166 a 31/32. Das Sprichwort, der Freund sei «ein anderes Ich», kehrt in 1169 b 6/7 und 1170 b 6 wieder; für Cicero ist es als «alter ego» geläufig. Eine naheliegende These hat Pythagoras als Schöpfer bezeichnet.

1166 a 34. Verschiebung des Problems auf Kap. 8.

1166 b 2–29. Porträt des schlechten und mit sich selbst zerfallenen Menschen, in allem Wesentlichen als Gegenstück zu 1166 a 10–33 konzipiert. Das stoische Bild des Toren, der stets mit sich uneins ist, steht da schon ganz nahe. Im einen wie im andern Porträt ist der Ton erhöht und läßt vermuten, daß Aristoteles ein Stück aus einem seiner Dialoge zugrunde gelegt und benutzt hat.

1166b5. Es muß offenbleiben, ob das Wort für «Verbrecher» (Ano-
siurgos) der dichterischen Sprache oder eher der Gesetzessprache
angehört.

1166b13–17. Der Gedanke, daß nur der vollkommene Mensch mit sich
selbst allein zu sein vermag, findet sich als Apophthegma des Antisthenes bei Diog. Laert. 6, 6; vgl. auch das Catozitat bei Cicero, De rep. 1,
27 und Cicero, Cato 49, später manches bei Seneca.

1166b32. Rückverweis auf 1155b32–1156a5.

1167a2. Scheint sich auf das unmittelbar vorausgehende 1166b35 zu
beziehen.

1167a10/11. Der in Top. 139b32ff. ausgesprochenen Warnung vor
unbedachter Metaphorik entspricht es, daß hier eine metaphorische
Wendung ausdrücklich gekennzeichnet wird. Ob sie von Aristoteles
selbst geschaffen oder nur zitiert ist, läßt sich nicht entscheiden.

1167a21. Rückverweis auf 1166b35.

1167a22ff. Im Gegensatz zur Freundschaft (Philia) ist die Eintracht
(Homonoia), wie schon 1155a22–26 erkennen ließ, ein vorzugsweise politischer Begriff und bereitet zweifellos in gewissem Um-
fange den römischen Begriff der concordia vor.

1167a30–32. Die Reihe möglicher Gegenstände politischer Übereinkunft schreitet vom Allgemeinen zum Besondern·fort. Der dritte
Fall besagt, daß Pittakos sich offenbar ausbedungen hatte, nur so
lange Archon bleiben zu müssen, als er selbst wollte. Dies wird, wie
die meisten Angaben über Pittakos, aus den Gedichten des Alkaios
entnommen worden sein (vgl. Politik 1285a33–b1.). Ausführlicher
zur Sprache wird die Sache gekommen sein in der Politie von Lesbos,
die zwar nicht bezeugt ist, aber unbedenklich angenommen werden
darf.

1167a33. Gemeint ist der Konflikt zwischen Eteokles und Polyneikes
in Euripides Phoinissen 588–637.

1167b4–16. Wieder wird wie in 1166a10–33 und 1166b2–29 der
Gegensatz zwischen dem Tugendhaften und dem Toren scharf und
z. T. in erhöhtem Tone herausgearbeitet.

1167b7. Gedacht ist an den Euripos bei Chalkis mit seiner ununter-
brochen wechselnden Strömung; als Bild der Unberechenbarkeit und
Wankelmütigkeit in der Antike unzählige Male verwendet, bei
Aristoteles immerhin noch recht anspruchsvoll.

1167b25. Anspielung auf eine uns nicht mehr faßbare Stelle einer
Komödie Epicharms, die betont haben muß, die Menschen seien doch
nicht so schlecht, wie man zuweilen behaupte.

1168a1–3. Vgl. 1120b14. Im Dialog Über die Dichter mag dieser Punkt auch verhandelt worden sein.

1168a5–9. Diese «naturwissenschaftliche» Beweisführung (angekündigt 1167b28/29) ist mit 1170a13–b18 zu vergleichen; die hier wie dort wichtige «Liebe zum eigenen Sein» darf als Vorstufe zur stoischen (und schon theophrastischen) Oikeiosis gelten.

1168a22/23. Dieselbe naheliegende und zweifellos alte Feststellung schon in 1120b11/12 und Platon Staat 330C..

1168a33. Scheint wie nachher 1168b5/6 eine feste Formel zu sein, Andeutung des Gegensatzes zwischen einer nur auf sich selbst gerichteten und einer von sich auf die andern ausgehenden Freundschaft.

1168b1–10. Teilweise Aufnahme der Gedanken von Kap. 4.

1168b6–8. Stichwortartig werden vier Sprichwörter berührt. Das erste: Euripides Orestes 1045, das zweite: 1159b31, das dritte: 1157b36, das vierte: ältester Beleg eines von Cicero Ep. fam. 16, 23 als bekannt vorausgesetzten Sprichwortes. Nur dieses letzte Sprichwort paßt unmittelbar in den Zusammenhang. Möglicherweise ist der Text durch übergroße Verkürzung gestört.

1168b15–1169a6. Wiederum zwei aufeinander abgestimmte Gegenporträts. Die rechte und die falsche Selbstliebe unterscheiden sich daran, daß im einen Falle das «Selbst» in den äußeren und untergeordneten Gütern gesehen wird, im anderen Falle im Regierenden.

1168b31–33. Der Vergleich ist nicht sonderlich klar formuliert; er führt wie die verwandte Stelle 1113a5–9 in die Nähe des stoischen Begriffs des Hegemonikon.

1168b35. Vgl. 1166a17.

1169a15–b1. Abermals in erhöhtem Tone eine Gegenüberstellung des tugendhaften und des schlechten Menschen, mit 1166a10–33 und 1166b2–29 (1167b4–16 und 1168b15–1169a6) zusammenzurükken, wohl aus demselben Zusammenhang herübergenommen; eindrucksvoll vor allem die singuläre Stelle a22–25, mit der man Cicero Tusc. disp. 5, 5 und Poseidonios bei Seneca ep. 78, 28 vergleichen wird.

1169b1. Hier kein Rückverweis, sondern das Ergebnis der Untersuchung.

1169b3. IX, 9 darf als das wichtigste Kapitel in der Untersuchung über die Freundschaft gelten, sofern es grundsätzlich zwischen der Autarkie des reinen Geistes und dem Werte menschlicher Gemeinschaft zu vermitteln sucht.

1169b4–8. Der Ausgangspunkt des Problems, der den vollkommenen Menschen in seiner Unbedürftigkeit implicite der Gottheit gleichstellt; die hellenistische Philosophie hat die Gleichung dann auch explicite vollzogen.

1169b6/7. Vgl. 1166a31/32.

1169b7/8. Zitat von Euripides Orestes 667.

1169b13–16. Eingeschaltete Anmerkung aus dem Komplex der Untersuchungen über die Tyche (vgl. I, 10/11).

1169b16–19. Vgl. 1157b20–22. Hier wird die Ablehnung des Alleinseins ausdrücklich mit der berühmten These der Politik 1253a1ff. (die schon 1097b11 in demselben Sinne eingesetzt war) begründet.

1169b29. Rückverweis auf 1098b31–1099a7.

1169b32/33. Rückverweis auf 1099a7–21.

1169b33–35. Der entscheidende Gedanke, der nicht nur auf alter Lebensweisheit beruht (Sich selbst zu erkennen ist das schwierigste u. dgl.), sondern auch einen theologischen Hintergrund besitzt: die vollkommene Reflexion auf sich selbst zu vollziehen ist nur Gott imstande. Auch der vollkommene Mensch ist nicht unbedürftig, weil er eben ein Mensch ist und bleibt; allerdings ist es eine Bedürftigkeit auf höchster Ebene.

1170a5–8. Die Ablehnung des Alleinseins ist hier evident anders akzentuiert als kurz zuvor in 1169b16–19. Unsere Stelle hängt vielmehr mit 1177a32–b1 zusammen. Vgl. auch 1157b20–22 und (in anderer Richtung) 1100b16/17.

1170a12. Anspielung auf Theognis 35.

1170a13–b18. Ein ungewöhnlich kompakter und umfassender Beweisgang: 1. Wesensbestimmung des Lebens (a16–19); 2. Wert des Lebens (a19–25); 3. Lust an der Erfahrung des eigenen Lebens als eines Wertes (a25–b5); 4. Lust an der Wahrnehmung des Lebens des Freundes als eines Wertes (b5–18). Zu beachten ist freilich, daß damit nicht (wie in 1169b33–35) die aus der Unvollkommenheit des Menschen resultierende Notwendigkeit der Freundschaft, sondern nur die inmitten der Vollkommenheit bestehende Sinnhaftigkeit der Freundschaft bewiesen wird.

1170a13. Naturphilosophisch heißt die nachfolgende Untersuchung wie schon in 1147a24, 1155b2 und (besonders nahe)1167b28–1168 a9. In jedem Falle wird darauf aufmerksam gemacht, daß über die Grenzen der vorliegenden Disziplin hinausgegriffen wird.

1170a15. Rückverweis auf 1099a11–15.

1170a20/21. Daß Umgrenztheit und Gutheit zusammengehören, ist ein von Platons Lehre vom Guten ererbter Grundgedanke des Aristoteles; vgl. etwa bes. Protreptikos Frg. 5 Walzer-Ross (B 33 D.) und in anderem Zusammenhang 1173 a 15–17 (mit Epikur Frg. 202/3 Us.).

1170 a 22–24. Zu diesem Vorbehalt vgl. Politik 1254 a 36–b 2 (und 1173 b 22–25). Daß dabei eine Vorentscheidung darüber, was eine normale und was eine verdorbene Natur sei, schon vorausliegt, ist evident.

1170 b 6. Vgl. 1166 a 31/32.

1170 b 21/22. Anspielung auf Hesiod Erga 715.

1170 b 22/23. Das Problem ist von Plutarch aus peripatetischer Tradition in einer eigenen Abhandlung erörtert worden. In unserm Zusammenhang ist zu beachten, daß die Diskussion von Kap. 10 letztlich auf anderer Ebene steht als die von Kap. 9. In jenem Kap. muß angesichts der grundsätzlichen Bedeutung des Freundes für den vollkommenen Menschen gefolgert werden, daß es für ihn besser sei, je mehr Freunde er habe. Hier in Kap. 10 wird von der faktischen Erfahrung ausgegangen, daß der Mensch allzu zahlreiche Freundschaften gar nicht zu bewältigen vermöge.

1170 b 31/32. Eminent aristotelisch ist die These, daß es für den Staat wie für einen lebendigen Organismus eine optimale Größe gebe; vgl. Politik 1326 a 35–b 25.

1171 a 11–13. Dieselbe Bemerkung über den Eros in 1158 a 11–13. Daß der Eros grundsätzlich als ein Übermaß an Freundschaft charakterisiert wird, ist bezeichnend.

1171 a 13–15. Gedacht wird natürlich an die paradigmatischen Freundespaare Achilleus–Patroklos, Orestes–Pylades, Theseus–Peirithoos; Plutarch mor. 93 E fügt (aus Aristoxenos? s. Frg. 31 und 18 W.) Damon–Phintias und Epameinondas–Pelopidas bei.

1171 a 15–20. Beachtlich ist nicht nur der Rückgriff auf IV, 12, sondern auch die scharfe Unterscheidung zwischen politischer Beziehung und ethisch gegründeter Freundschaft.

1171 a 21 ff. Kap. 11 ist mit 1169 b 13–16 und mit dem Gesamtkomplex der Untersuchung über die Tyche (vgl. I, 10/11) zu verbinden. Die Frage liegt nahe, ob Aristoteles einen seiner Dialoge ausdrücklich dieser Frage gewidmet hat (vgl. 1096 a 3/4). Für einzelne Abschnitte des Kapitels ließe sich an den Dialog Eudemos denken (in 1171 a 33 wird ein Problem abrupt abgeschnitten). Mehrere hier verwendete Begriffe (Κουφίζεσθαι, παραμυθητικός) werden in der hellenistischen Trostliteratur feste Termini technici.

1171 b 15–17. Augenscheinlich wird hier eine sententiöse alte Lebens-
regel paraphrasiert.

1171 b 18. Die Frage bleibt offen, ob hier ein sonst unbekanntes Tra-
gikerzitat vorliegt oder eher die Ergänzung zu einer in demselben
Zusammenhang in der Eudem. Ethik 1245 b 31–36 erzählten Geschichte darstellt. Ein Spartaner lehnt es in einem Seesturme ab, die
Dioskuren zu Hilfe zu rufen, offenbar mit dem Worte: «Es genügt,
daß ich in Bedrängnis bin.»

1171 b 33–1172 a 1. Zusammenfassung von 1170 a 13–b 18.

1172 a 1–8. Realistisch und elegant formulierte Klimax der Lebensformen. Man möchte Anregung durch ein Gedicht vermuten ähnlichen
Typs wie das griechische Vorbild zu Horaz carm. I, 1.

1172 a 8–14. Noch einmal in leicht erhöhtem Tone eine Gegenüberstellung des schlechten und des tugendhaften Menschen, vgl. 1166 a
10–33 und 1166 b 2–29, ferner 1167 b 4–16, 1168 b 15–1169 a 6 und
1169 a 15–b 1.

1172 a 13 f. Stichwortartiges Zitat berühmter Verse des Theognis 35/36.

### Zehntes Buch

1172 a 16. Es ist eine alte Streitfrage, wie sich die zwei Lustabhandlun-
gen (VII, 12–15 und X, 1–5) zueinander verhalten. Anzuerkennen ist
1., daß jede der Abhandlungen an ihrem Orte sinnvoll ist, die erste
als Nachtrag zur Untersuchung über Beherrschtheit und Unbeherrschtheit, die zweite als Vorbau zur abschließenden Darstellung
der Eudaimonie; immerhin wären auch andere Orte, etwa im Zusammenhang von II, 2 und II, 9 oder hinter III, 15 denkbar gewesen.
Anzuerkennen ist 2., daß die spätere Abhandlung in gewisser Weise
«reifer» wirkt als die erste, also in der Tat später geschrieben sein
mag. Umgekehrt gilt wiederum 3., daß die spätere Abhandlung sich
in keiner Weise auf die frühere zurückbezieht; X, 1 beginnt neu, als
ob VII, 12–15 gar nicht existierte. Endlich ist auch 4. festzustellen,
daß sachlich X, 1–5 und VII, 12–15 weitgehend parallel laufen; trotz
«reiferer» Formulierung bringt X, 1–5 gegenüber VII, 12–15 keinen
wesentlichen und eindeutig greifbaren Gedankenfortschritt. Zu
folgern ist, daß die beiden Abhandlungen zwei Varianten einer und
derselben Untersuchung darstellen und nicht ursprünglich als zwei
Teile eines einheitlich konzipierten Ganzen zusammengehören. Die
Frage, wer sie in der uns überlieferten Weise zusammengestellt hat,
weil er keine Variante opfern wollte, darf hier unbeantwortet bleiben.

1172 a 29–b 7. Eigentümlicherweise beschränkt sich die Doxographie hier nicht nur auf die zwei radikalen Thesen (Lust als verwerflich, Lust als das Höchste), sondern berücksichtigt ausdrücklich auch ein psychologisches Moment: Wer die Lust verwirft, tut es vielleicht nicht aus Überzeugung, sondern aus pädagogischen Gründen (vgl. dazu II, 8/9), was freilich in a 33–b 7 von Aristoteles mißbilligt wird. Umgekehrt hören wir in 1172b 15–18, daß der Verteidiger der Lust gerade darum glaubwürdig wirkte, weil er in seinem persönlichen Leben keineswegs den Lüsten frönte. Die zwei Bemerkungen sind bei Aristoteles singulär; die zweite erinnert unverkennbar nicht nur an das stoische Urteil über Aristippos (SVF 1, 242 und 348), sondern auch vor allem an die Charakterisierung Epikurs, dessen Lustlehre mit dessen asketischem Lebenswandel kontrastiert wurde. Man möchte vermuten, daß beide Bemerkungen im Dialog des Aristoteles Über die Lust vorkamen und von dort her weitergewirkt haben.

1172a 34–b 3. Grundsätzlich wird damit das Problem des Widerspruchs zwischen Lehre und Leben (der Philosophen) aufgeworfen. Dazu vgl. 1179a 17–22 sowie etwa Cicero Hortensius Frg. 41 und 44M., Tusc. disp. 2, 11/12 u. a.

1172b 9 ff. Eudoxos von Knidos war schon in 1094a 2/3 gemeint und in 1101b 27 ff. ausdrücklich zitiert. Hier werden drei Gründe für die Identifizierung des höchsten Zieles mit der Lust angeführt: 1. Alle Wesen streben nach ihr (vgl. 1094a 2/3 und 1153b 25–32). 2. Der Schmerz wird ebenso um seiner selbst willen gemieden, wie die Lust um ihrer selbst willen gesucht. 3. Das Dazutreten der Lust macht jedes andere Gut begehrenswerter.

1172b 28–34. Gegen das 3. Argument des Eudoxos wird Platon angeführt, wie es scheint, mit einer Zusammenfassung von Philebos 20 E– 22 E und 60 B–61 B.

1172b 36–1173b 28. Die Gegenposition verbindet Einwände gegen Eudoxos mit andern Argumenten. Auffallend ist, daß Aristoteles von vornherein gegen sämtliche Argumente Stellung bezieht und sie als nichtig abweist. 1. 1172b 36–1173a 5 gegen 1172b 9–15; 2. 1173b 6– 13 gegen 1172b 18–23, nach 1153b 4–7 ein Argument Speusipps; 3. 1173a 13–15; 4. 1173a 15–28 (zur Umgrenztheit des Guten vgl. 1170a 20/21); 5. 1173a 29–b 7, z. T. vergleichbar mit 1152b 12–15; eine umfassende Widerlegung liefert Aristoteles in X, 3; 6. 1173b 7– 20, vgl. 1152b 33–1153a 7; dort wurde auch auf die Nähe dieses Gesichtspunktes zu Epikur aufmerksam gemacht; 7. 1173b 20–28 vgl. 1152b 20/21, 1153a 17–20, 1153b 7–9.

1173b 28–1174a 8. Der für Aristoteles entscheidende Gesichtspunkt, daß es mehrere Arten der Lust gebe, was mit drei Argumenten (1173b28ff., 1173b31ff., 1174a1ff.) belegt wird.

1174a1. Zum Motiv der Lebenswahl vgl. 1155a5. Eine breitere Ausführung in der Eudem. Eth. 1215b22–1216a9.

1174a4–8. Der Widerspruch dieses singulären Abschnittes zu der allgemeinen These des Aristoteles, daß gerade die höchsten, die Eudaimonia ausmachenden Tätigkeiten lustvoll sind, ist nicht zu bestreiten. Vielleicht darf man vermuten, daß es sich um die übermäßig verkürzte Wiedergabe der Polemik gegen die Behauptung handelt, der Mensch erstrebe die vollkommene Theoria und das tugendgemäße Handeln nur um der Lust willen.

1174a8–10. Auch dieser Abschluß ist schief, einmal, weil gar nicht einfach über ältere Thesen referiert, sondern von vornherein mit aller Deutlichkeit Stellung bezogen wurde; sodann, weil auch diese Stellung unkorrekt wiedergegeben ist: daß die Lust (bzw. eine bestimmte Art von ihr) nicht der höchste Wert sei, ist keineswegs bewiesen, da ja von den drei Argumenten des Eudoxos für diese These nur eines widerlegt, die zwei andern dagegen ausdrücklich anerkannt wurden.

1174a14–19. Daß die Lust als ein jeweilig Ganzes mit dem Sehen als der sinnlichen Präfiguration der Theoria parallelisiert wird, ist charakteristisch und zeigt für sich schon, wie nahe sie der Eudaimonia steht.

1174b2/3. Allgemeiner Verweis auf Phys. V–VIII. Unser Kap. X, 3 greift erstaunlich weit über die Grenzen der gegebenen Disziplin hinaus.

1174b14–1175a3. Die abschließende, klar entwickelte Theorie der Lust, die formal bestimmt wird als dasjenige, was sich bei der vollkommenen Tätigkeit am vollkommenen Objekt einstellt.

1174b33. Unverkennbar steht hier Chrysipps Bestimmung der Lust als eines «Dazukommenden» nahe (schon 1104b4); auch seine Exemplifizierung mit dem Gedeihen von Tier und Pflanze paßt zu unserer Stelle (Diog. Laert. 7, 85).

1175a3–10. Eingeschobenes Sonderproblem, zunächst mit 1154b21–31 zu vergleichen, dann auch mit den zusammengehörenden Stellen 1100b14–17 und 1177a21/22, endlich mit der Metaphysik 1072b 16–30.

1175a18/19. Die Frage muß offenbleiben, ob und wo Aristoteles auf das Problem der Relation zwischen dem Verlangen nach Leben und dem Verlangen nach Lust näher eingegangen ist. Von der hellenistischen Philosophie her ist damit eine grundlegende Alternative angebahnt: Für Epikur ist das Verlangen nach Lust primär, wogegen die Stoa gerade umgekehrt das Verlangen nach Leben und eigener Lebenserhaltung als primär, dasjenige nach Lust als sekundär ansetzt. Schon diese Perspektive legt nahe, daß Aristoteles das Problem auch anderswo und ausführlich erörtert hat. Es kommt dazu, daß der ganze Abschnitt bis 1176a29 ungewöhnlich sorgfältig und lebendig gestaltet ist.

1175a31–b1. Vgl. 1099a7–11, 1104b4–8.

1175b1–23. Was in 1153a20–23 knapp festgestellt war, wird hier anschaulich ausgeführt.

1175b35. Wer die Lust mit dem Denken und Wahrnehmen geradezu identifiziert hat, wissen wir nicht; in der Sokratik und schon in der Sophistik dürfte es an den verschiedensten Theorien gerade über diesen Gegenstand nicht gefehlt haben.

1176a3–8. Der Ausgangsgedanke entspricht dem fundamentalen Texte 1097b30–1098a5.

1176a6–8. Das Heraklitzitat: VS 22 B 9.

1176a17–19. Vgl. 1166a12 und schon 1113a32/33. Im Dilemma zwischen einer Fixierung des Guten, die der Realität nicht gerecht wird, und einem uferlosen Relativismus sucht Aristoteles das Wesen und Handeln des vollkommenen Menschen zum Maßstab zu machen.

1176a26/27. Zu der Offenheit Eines–Vieles vgl. 1097a22/23 und 28–30.

1176a32/33. Unmißverständlich wird damit über die Bücher II–X, 5 hinweg auf das erste Buch und die dort unternommene, aber nicht zu Ende geführte (vgl. bes. 1096a4/5) Bestimmung der Eudaimonia zurückgegriffen. So sinnvoll es ist, das ganze Werk mit dem wichtigsten aller ethischen Probleme, demjenigen der menschlichen Vollkommenheit, zu beginnen und am Schluß zu diesem wieder zurückzukehren, so evident ist es, daß in einem älteren Entwurf des Aristoteles Buch I und X, 6–9 eine zusammenhängende Abhandlung Über die Eudaimonia gebildet haben. Ihr gehörten wohl auch noch einige kleinere Abschnitte (bes. aus VII, 12–15 und IX, 9) an. In unserm Text ist das Ganze auseinandergenommen und z.T. umakzentuiert. Von Theophrast ist eine Schrift Über die Eudaimonia ausdrücklich und mehrfach bezeugt.

1176a33. Rückverweis auf 1098b31–1099a7, vgl. 1095b31–1096a2.

1176b1/2. Rückverweis wohl besonders auf 1098a5–7.

1176b9–1177a11. Eine polemische Abgrenzung, die dadurch etwas unübersichtlich geworden ist, daß bald vom (an sich harmlosen) Spiel, bald von den körperlichen Lüsten die Rede ist, als ob es sich da um

eine und dieselbe Sache handelte. Vom Spiel spricht zunächst nur
1176b9–10 und 27–1177a6. 1176b10–11 soll den Übergang zu den
groben Ausschweifungen an Fürstenhöfen schaffen (vgl. dazu 1095b
19–22).

1176b9/10. Zur Aufgabe und den Grenzen des Spieles vgl. bes. IV, 14,
dann beiläufig 1150b17–19, ferner Politik VIII 3 und 5. Im aristotelischen Symposion könnte davon die Rede gewesen sein.

1176b11. Daß man durch das Genußleben, besonders im Eros, sein
Vermögen ruiniert, ist ein Stück recht banaler Lebensweisheit, besonders bei Xenophon anzutreffen (Mem. 1, 2, 22; 3, 11).

1176b12–16. Nicht sehr klarer, vermutlich verkürzter Abschnitt. Gemeint ist: Da die Fürsten nichts als den Genuß suchen, so werden
die, die ihr Glück in der Fürstengunst erblicken, sich darin bewähren
wollen, in diesem Genußleben nach Wunsch mitzutun (vgl. 1156
a12–14). Daß hier (karikierend) vor allem auf die Verhältnisse am
Hofe von Syrakus angespielt wird, ist deutlich.

1176b16–24. Sachlich kaum mehr als eine Variante zu b12–16, doch
in hohem und eindringlichem Stile gehalten. Die Hypothese, daß hier
der Dialog Über das Königtum benutzt ist, ist verführerisch; denn da
wird vom guten König wie vom verworfenen Dynasten die Rede gewesen sein.

1176b25. Rückverweis auf 1176a17–19, 1166a12, 1113a32/33, dann
schon 1107a1, 1105b5–9: der vollkommene Mensch als Maßstab des
Handelns.

1176b33–35. Die Anacharsisgeschichte auch im Gnomol. Vatic. 17
Sternb., beides vielleicht aus dem durch einen Papyrus (Aegyptus 2,
1921 p. 19) bezeugten Anacharsis-Dialog wohl des frühen 4. Jh.v.Chr.
Zum philosophischen Hintergrund: Spiel notwendig, weil dem Menschen eine dauernde Anstrengung unmöglich ist, vgl. 1154b21–31
und 1100b14–17 mit Anm.

1177a6–9. Der Ton hier entspricht 1095b19–22.

1177a9/10. Rückverweis auf 1100b10.

1177a13–17. Die Formulierung liefert zunächst das, was schon in
1097b33ff. zu erwarten war, dort aber künstlich abgebogen wurde:
Eudaimonia ist die vollkommene Aktivität des höchsten und eigentümlichsten Teiles des Menschen (dazu gerichtet auf das höchste mögliche Objekt, vgl. 1174b20–23). Gegenüber dem knapp-eindeutigen
Satze 1177a20/21 bleibt Aristoteles hier freilich etwas unbestimmt,
weniger hinsichtlich der Aktivität selbst, die teils als lenkende, teils
als erkennende charakterisiert wird, als hinsichtlich des Wesens die-

ses Teiles. Zur Auswahl gestellt wird zunächst «Geist» (im Sinne von
VI, 6) und «etwas anderes», dann «göttlich an sich selbst» und «das
Göttlichste in uns». Die erste Alternative will wohl nicht mehr be-
sagen, als daß es auf den Begriff des Geistes als solchen nicht so sehr
ankommt; man kann das Höchste im Menschen auch anders benennen
(angesichts der Bedeutung gerade des Geistes etwa in Metaph. XII,
6–10 immerhin verwunderlich). Die zweite Alternative scheint anzudeuten, daß die Beziehung des Geistes zur Gottheit enger oder
weniger eng gefaßt werden kann. Man mag sich fragen, ob Aristoteles mit der ersten Möglichkeit auf die dem Pythagoras zugeschrie-
bene These, die menschliche Seele sei eine Absplitterung des göttlichen Geistes, anspielen will; die These erscheint allerdings erst bei
Cicero, De senect. 78, Tusc. disp. 5, 38, Nat. deor. 1, 27 und später,
kann aber schon der alten Akademie angehören.

1177a17/18. Verweisen kann man auf 1095b19, 1096a4–5, 1141a17–
b8, 1143b33–35 und 1145a6–11, doch streng genommen entspricht
keine dieser Stellen unserem Verweis. Daß die Aktivität des höchsten
Teiles am Menschen die Theoria sei und was darunter verstanden
werden müsse, ist nirgends expressis verbis dargelegt worden, sondern ließ sich bloß aus den Andeutungen erschließen. Dabei wäre ein
Beweis dieser die Ethik krönenden These vor allem anderen zu erwarten gewesen.

1177a19. Der Wortlaut gestattet keine endgültige Entscheidung darüber, ob Aristoteles sich auf die eigenen früheren Ausführungen oder
vielmehr auf die Meinungen der früheren Philosophen bezieht. Die
Übersetzung entscheidet sich für die sprachlich um eine Nuance
näher liegende erste Möglichkeit, doch entsteht dabei ein Rückverweis, der sachlich von dem soeben gegebenen kaum zu unterscheiden
ist.

1177a21/22. Vgl. 1100b11–17, auch 1154b21–31 und 1175a3–10.

1177a22–27. Vgl. 1099a7–21, auch 1153b9–21 und 1154a1–7.

1177a24. Nun tritt wie schon in VI, 6–9 und 13 die «Weisheit» zum
«Geist» in Konkurrenz.

1177a26/27. Eine singuläre Bemerkung, als ob hier schon gegen die
besonders aus Cicero bekannte These der Neuen Akademie polemisiert würde, wonach dem Menschen kein Wissen, sondern nur ein
stetes Forschen nach der Wahrheit möglich sei. Die Neue Akademie
hat sich allerdings ihrerseits schon auf Platons Apologie bes. 20 D ff.
stützen können.

1177a27–b1. Vgl. 1097b6–21, wo freilich die Autarkie sekundär nicht dem Einzelnen, sondern der politischen Gemeinschaft zugesprochen wird; weiterhin IX, 9.

1177a30–32. Der Gedanke, daß die praktischen Tugenden auf das Vorhandensein von Partnern angewiesen sind, fand sich schon in 1169 b11–16 und kehrt in anderen Formulierungen in 1178a10–14 und in 1178a28–b3 wieder; das Gegenbild ist 1178b10–23.

1177b1–4. Auf diese Distinktion hatte, wenn auch unter anderem Gesichtspunkt, schon 1094a3–6 hingewiesen.

1177b4–26. Erst hier liefert Aristoteles die Argumente zu einer Überwindung der politischen Lebensform, die in 1095b22–1096a4 gefehlt hatten; entscheidend ist der Gegensatz von Muße und Geschäftigkeit, Schole–Ascholia (lat. otium–negotium). Es verdient Beachtung, daß von der Muße als Element der Eudaimonia in der Eth. Nik. sehr wenig, in der Politik dagegen um so mehr gesprochen wird.

1177b21. Vgl. 1174b23 und 1175a15/16.

1177b22. Ob der Begriff Scholastikos von Aristoteles selbst (wenn auch sicher nicht für diese Stelle) geprägt worden ist, läßt sich nicht entscheiden. Der danebenstehende Begriff «frei von Ermüdung» (Atrytos) gehört dem hohen Stile an und ist (hier wie in der Schrift Vom Himmel 284a35) ein Hinweis darauf, daß Ausführungen eines Dialogs benutzt sind.

1177b25. Vgl. 1098a18–20 und 1101a16; impliziert ist offensichtlich, daß ein vorzeitiger Tod die Vollkommenheit beeinträchtigt. Man möchte wissen, ob und in welchem Sinne der Dialog Eudemos, dessen Titelheld jedenfalls noch als jüngerer Mann im Kampfe fiel, diese Frage diskutiert hat. Ciceros Consolatio und Ps.-Plutarchs Trostschrift an Apollonios haben es gerade mit einem vorzeitigen Tode zu tun.

1177b26–1178a8. Ein erster Höhepunkt der Beschreibung der Eudaimonia. Nun wird expliziert, was in 1177a13–17 erst angedeutet war. In etwas anderer Richtung war von einer über das Wesen des Menschen hinausgehenden Vollkommenheit schon 1145a19–29 die Rede gewesen. Der Stil ist anspruchsvoll und mag wohl vom Protreptikos angeregt sein; vgl. Frg. 10 Walzer-Ross (B108–110 D.), weiterhin Metaph. 982b28–983a5.

1177b28/29. Über die Zusammengesetztheit der menschlichen Natur vgl. 1154b21–31, später 1178a20.

1177b31. Der Weisheitsspruch ist in vielen Fassungen bezeugt; Aristoteles denkt wohl besonders an die von ihm selbst Rhet. 1394b26 zitierte Fassung des Epicharm VS 23, B20 (sonst etwa Sophokles Frg.

531 N.). Sachlich gelangen wir damit zum Gegenpol etwa von 1101 a 19/20, 1102 a 13–15; freilich wird auch die göttliche Eudaimonia unserer Stelle nur «so weit als möglich» (vgl. Platon Theait. 176 B) zu erreichen sein.

1177 b 34–1178 a 2. Einer der seltenen Fälle, in denen Aristoteles ein Paradoxon für sich in Anspruch genommen hat: Das Wichtigste von allem ist äußerlich das Unscheinbarste.

1178 a 2. Vgl. 1166 a 17, 22/23, 1168 b 35, 1169 a 2.

1178 a 4–6. Beziehbar auf 1174 b 14–23 und 1176 b 24–27.

1178 a 14–16. Kurze Anspielung auf das Problem der Interdependenz zwischen physischen und psychischen Reaktionen vgl. 1128 b 14/15 und De anima 403 a 5 ff.

1178 a 16–19. Zu verbinden mit der Behandlung der Klugheit in VI von 1140 b 7 ff. an.

1178 a 22/23. Daß Aristoteles die Frage nach der Eudaimonia des für sich bestehenden Geistes hier abbricht, kann dem Wortlaut nach nur darauf beruhen, daß sie wesentlich der Theologie, also einer umfassenderen Disziplin angehört. Es ist die Frage nach der Unsterblichkeit des Geistes (vgl. De anima 408 b 17–29 und III, 4) und seiner Relation zum höchsten sich selbst denkenden Geiste (Metaph. XII, 6–10). Daß von ihr auch im Dialoge Eudemos die Rede war, darf vermutet werden.

1178 a 24. Vgl. 1099 a 31 ff., 1101 a 15.

1178 a 28–b 7. Eine grundsätzlich sehr wichtige Feststellung. Wenn in 1105 a 26–b 5 betont war, daß es nicht nur auf das Tun, sondern auch und besonders auf die das Tun veranlassende Gesinnung ankomme, so hören wir hier, daß es mit der Gesinnung allein nicht genüge, sondern daß die Gesinnung sich auch in der Tat zu bewähren habe; die ethische Tat vollzieht sich aber im Raume des äußeren sozialen Lebens.

1178 b 7–22. Ein von Aristoteles auch in der Politik 1334 a 28–34 und besonders im Protreptikos Frg. 12 Walzer-Ross (B 43 D.) abgewandelter experimentierender Gedanke. Aus der Stelle des Protreptikos ist er in Ciceros Hortensius Frg. 50 M. und De finibus 5, 53 übernommen.

1178 b 24/25. Vgl. 1099 b 32–1100 a 1.

1178 b 25–27. Vgl. Metaph. 1072 b 14–30. Der Gedanke: was wir nur so weit als möglich (vgl. wieder Platon Theait. 176 B, oben zu 1177 b 31 zitiert) und für kurze Zeit erlangen, das besitzen die Götter dauernd, ist sowohl hinsichtlich der Abgrenzung Gott–Mensch wie auch hinsichtlich der gemeinsamen Partizipation an derselben Vollkommenheit lehrreich.

1178 b 33–35. Trotz scheinbar gleichem Einsatz wie 1178 a 24/25 anders orientiert: nicht auf den Spielraum ethischer Bewährung, sondern auf das elementare biologische Faktum, daß ohne physisches Wohlergehen auch die Theoria gefährdet ist.

1179a1–9. Der Gegensatz zwischen dem Fürsten und dem Privatmanne erinnert an 1176b12–24. Während aber dort die falsche Eudaimonie des schwelgerischen Tyrannen angeprangert wurde, wird hier festgestellt, daß die wahre Eudaimonia auf äußere Machtmittel in keiner Weise angewiesen ist. Der Stil ist freilich auch da anspruchsvoll, besonders in a4, eine Anspielung auf die Macht des Großkönigs, die doch keine Eudaimonia verbürgt (vgl. Platon Gorg. 470E).

1179a9–13. Die Erzählung Solons bei Herodot 1, 30 (Tellos von Athen) steht nahe, doch stammt unser Text zweifellos nicht dorther, sondern ist Paraphrase von Versen aus einem uns nicht mehr faßbaren Gedichte Solons selbst. Vgl. 1100 a11.

1179a13–16. Dasselbe kürzer und als reines Apophthegma Eudem. Ethik 1215b6–14. Eine Art Ergänzung ist das im Protreptikos Frg. 11 Walzer-Ross (B19 D.) berichtete und auch später viel zitierte Apophthegma (vgl. bes. Gnomol. Vatic. Nr. 114 Sternb.). Als Paradeigma eines der Erkenntnis allein hingegebenen Lebens wird Anaxagoras schon in Platons Gr. Hippias 281 C und 283 A vorausgesetzt. Auf wen letztlich dies Porträt und die Apophthegmata zurückgehen, wissen wir nicht. Vgl. 1141 b3–8.

1179a17–22. Ein unerwarteter Abschnitt, der den Zweck hat, das nachfolgende Kap. 10 vorzubereiten; er bezieht sich keineswegs, wie es scheinen könnte, auf die zuvor genannten Solon und Anaxagoras, sondern ganz allgemein auf die Gesamtheit der bisherigen Untersuchung.

1179a22–32. Kompositorisch als Finale des ganzen Werkes zu verstehen, in der Tonhöhe besonders mit 1177b30–1178a8 zu vergleichen. Daß in der Sache Aristoteles hier behutsam spricht, ist nicht verwunderlich. Er greift über die Ethik hinaus in die Theologie, und zwar in einen Fragenkomplex, in dem sich philosophische Aussage (Verwandtschaft des menschlichen Geistes mit dem göttlichen, vgl. 1178b23) und religiöse Tradition verflechten. Man wird am ehesten etwa 1101a21–b9 vergleichen.

1179a33–35. In Stichworten soll hier der wesentliche Inhalt des Werkes bezeichnet werden, wozu mit bemerkenswertem Nachdruck erklärt wird, die Probleme seien nur in großen Zügen behandelt worden. Ist dies nur ein formelhafter Vorbehalt oder mehr?

1179a35. Ein von 1095a5/6 und 1103b26–30 an mehrfach ausgesprochener Grundgedanke, der freilich in diesem Kap. eine eigentümliche

Wendung erhält. Es gilt nicht nur grundsätzlich den Blick auf die Verwirklichung der Tugenden zu richten, sondern darüber hinaus festzustellen, daß bei den meisten Menschen diese Verwirklichung nur durch staatlichen, gesetzlichen Zwang erreicht werden kann – womit ein Übergang zur Politik geschaffen werden soll.

1179b6. Anspielung auf Theognis 429–438, auch von Platon im Menon 95C–96A zitiert.

1179b10–13. Der entscheidende Gedanke von Kap. 10: die meisten können nur durch Furcht, also durch Zwang (vgl. 1179b29, 1180a4/5, a21 u.a.), also durch gesetzliche Maßnahmen zur Sittlichkeit gebracht werden. Zu beachten bleibt, daß in II, 1–III, 8 von diesem Gesichtspunkt überhaupt nicht die Rede war.

1179b13. Was 1095a8 von den jungen Leuten gesagt war, gilt hier von der großen Menge.

1179b15/16. Auffallend erhöhter Ton, vergleichbar mit 1176b19/20.

1179b18–20. Das Überspringen von der 3. in die 1.Pers.Mehrzahl ist verwunderlich und nicht leicht zu erklären.

1179b20–23. Hier ist auf das Schema der drei plus zwei Wege zur Vollkommenheit Bezug genommen, das schon in 1099b9–25 vorausgesetzt und am klarsten in der Eudem. Ethik 1214a14–25 vorgetragen ist.

1179b31. Vgl. 1095b4 und 1104b11. Darzustellen, wie ein junger Fürst erzieherisch gelenkt wird, ist das Thema von Xenophons Kyrupädie und war das Thema einer nach diesem Muster gestalteten Schrift des Onesikritos über die Erziehung Alexanders (FGrHist 134F1).

1179b32. Hier erscheint zuerst das grundlegende Stichwort: Zur Verwirklichung der Tugend bedarf es gesetzgeberischer Maßnahmen.

1180a5–12. Auch wenn sich platonische Texte (besonders der Gesetze) vergleichen lassen, stammt das Schema im ganzen sicher nicht aus Platon. Es fehlt ihm die Trias als solche (vgl. dazu z.T. 1137a26–30) wie auch etwa die harte Wendung, der Lustgierige sei zu züchtigen «wie ein Zugtier». Auf wen sich Aristoteles bezieht, wissen wir nicht.

1180a12–14. Anscheinend aus einem andern Autor als das Vorangehende. Zur Sache vgl. 1104b16–18.

1180a14. Rückbeziehung offenbar auf 1179b31–1180a1.

1180a18. Hier und nachher a22 ist auffallenderweise der Begriff «Geist» ganz anders verwendet als in 1177a13ff., 1178a7. Die Verwendung in VI, 12 ist wieder eine andere.

1180a22–24. Ein wichtiges Prinzip, vgl. 1134a35–b1, dann besonders Politik 1286a16–20 und 1287a28–32.

1180a25. Sparta als Vorbild in der Ethik nur noch in 1102a11, hier wie dort in Übernahme kulturpolitischer Thesen des späten 5. und frühen 4. Jh., in empfindlichem Gegensatz zur scharfen Kritik an Sparta Politik II, 9.

1180a27/28. «Leben wie man will», ein Schlagwort der athenischen Demokratie, auch Politik 1310a32, 1317b10–13, 1318b39/40, 1319b30; vgl. aber schon Platon Laches 179A, Staat 557B, weiterhin Plut. Lykurg 24,1, Cicero Hortensius Frg. 39 M., De officiis 1,70.

1180a28/29. Zitat von Od. 9,114. Der Vers wird auch in der Politik 1252b22, aber mit anderer Akzentsetzung angeführt.

1180a35–b1. Der älterer staatstheoretischer Diskussion entnommene Gegensatz von geschriebenem und ungeschriebenem Gesetz spielt bei Aristoteles kaum eine Rolle, vgl. 1162b22 und Politik 1319b40/ 1320a1.

1180b7–13. Der Vergleich von Ethik und Medizin ist hier wie anderswo (etwa 1097a11–13, Metaph. 981a7–24) wichtig, weil an ihm die Spannung zwischen der allgemeinen Vorschrift und dem besonderen Falle besonders deutlich gemacht werden kann.

1180b16–20. Mit auffallendem Nachdruck wird hier eine Ausnahme statuiert und einmal mehr am Beispiel des Arztes belegt; die Apophthegmatik spricht in der Regel von der entgegengesetzten Ausnahme dessen, der zwar den anderen helfen kann, aber nicht sich selbst, vgl. Gnomol. Vatic. Nr. 157 und 356 Sternb. und Kleanthes SVF 1,606.

1180b22. Anscheinend Rückverweis auf 1180b15. Darüber hinaus ist allerdings der Satz, daß die Wissenschaft auf das Allgemeine gehe, eine Fundamentalthese des Aristoteles (und schon Platons).

1180b32–1181a9. Das prägnante Schema: Wer Politik lehrt, versteht praktisch nichts von ihr, und wer sie praktisch ausübt, vermag sie nicht zu lehren, hat deutlich die platonische Porträtierung des Sophisten und des reinen Politikers im Hintergrund. Wie Aristoteles dieses Dilemma zu überwinden gedenkt, wird allerdings nicht recht deutlich.

1181a4/5. Direkte Polemik gegen einen zeitgenössischen athenischen Politiker, den wir freilich nicht identifizieren können.

1181a12–b12. Kritik an den «Sophisten» in 2 Punkten: 1. Die Politik ist so ziemlich dasselbe wie die Rhetorik; 2. Aufgabe der Gesetzgebung ist das Auswählen der besten Gesetze aus den bestehenden Verfassungen. – Aristoteles wendet sich nur gegen 2. mit der These, daß dergleichen Auswahlen nur dem nützen, der schon in der Sache Be-

scheid weiß. Wer die gemeinten Sophisten sind, wissen wir nicht;
an Isokrates zu denken, mag naheliegen, doch beweisbar ist dieser
Bezug nicht.

1181b12–13. Entweder sind unter den Früheren summarisch die 1180
b35ff. genannten Sophisten und Politiker zu verstehen, oder wir haben mit einer impliziten Polemik auch gegen Platon zu rechnen.
Schließlich betont die Politik II, 2–6 deutlich genug, daß Platons Staat
und Gesetze zwar scharfsinnig ausgedacht, aber praktisch unbrauch-
bar seien. Eingeschränkt wird die Polemik an unserer Stelle sofort
durch 1181b16, wo den Früheren zugestanden wird, daß sie «in
Einzelheiten» Richtiges gelehrt hätten.

1181b17–20. Etwas überraschend wirkt es, daß nach den scharfen Worten über die sophistische Methode des Sammelns von Gesetzgebungen
und Auswählens des Besten aus dem Vorhandenen Aristoteles nun
selbst auf seine Sammlung von Staatsverfassungen (die außer Athen
nur noch in geringen Fragmenten faßbare Sammlung der 158 Verfassungen) hinweist und aus ihr die notwendigen Folgerungen ziehen
will. Stillschweigend ist vorausgesetzt, daß er als Philosoph jene Ur-
teilsfähigkeit eben mitbringe, die er an den Sophisten vermißt.

1181b18–20. Auf die Programmatik von Politik III–VI wird deutlich
hingewiesen: Da der primäre Vorzug einer Staatsverfassung ihre
Dauerhaftigkeit ist, so ist zu erforschen, was einem Staate überhaupt
und was den verschiedenen Staatsformen im besondern Dauerhaftigkeit verleiht. Letzten Endes wird dann der dauerhafteste Staat auch
der vollkommenste sein müssen und umgekehrt. Nehmen wir weiterhin 1179b10–13 u.a. dazu, so wird der beste Staat derjenige sein
müssen, der die große Menge der Menschen am erfolgreichsten zur
Tugend zu zwingen vermag. Wieweit diese Bindung der Ethik an die
Politik eine sekundäre Konstruktion des Aristoteles ist, die dem ge-
nuinen Gehalt und Gefälle der Ethik nur teilweise gerecht wird, ist
hier nicht zu untersuchen.

# INHALT

# Platon
# Paperbackausgabe

Mit dieser acht Bände umfassenden Paperback-Sonderausgabe liegt *erstmals eine moderne Gesamtübersetzung* vor. Die getreue und schlichte Übertragung Rudolf Rufeners entspricht den Erwartungen eines breiteren Publikums wie den Ansprüchen des Philologen. Jeder Band erschliesst sich dem Leser durch die Einleitung von Olof Gigon. Der hervorragende Platonkenner zeichnet den Gedankengang jedes einzelnen Dialoges sorgfältig und kritisch nach, arbeitet den philosophischen Hauptkern heraus und ordnet die einzelnen Dialoge ins Gesamtwerk ein. Dass die Ergebnisse einer ausgedehnten internationalen Platonforschung eingearbeitet wurden, dafür bürgt Gigons Name.

Band I—VII übertragen von Rudolf Rufener, eingeleitet von Olof Gigon, Band VIII verfasst von Olof Gigon und Laila Zimmermann. Die acht Bände werden nur gesamthaft in einer Kassette abgegeben.

## Artemis

# Klassische Romane und Erzählungen

# Klassische Romane und Erzählungen

 **bibliothek**

## Literatur · Philosophie · Wissenschaft

 **bibliothek**

## Literatur · Philosophie · Wissenschaft

 **bibliothek**

## Literatur · Philosophie · Wissenschaft